暨南大学高水平大学建设经费资助丛书

暨南史学丛书

五代宋史论集

张其凡　著

中国社会科学出版社

图书在版编目(CIP)数据

五代宋史论集/张其凡著 . —北京：中国社会科学出版社，2018.2
ISBN 978 - 7 - 5203 - 1278 - 3

Ⅰ.①五… Ⅱ.①张… Ⅲ.①中国历史—五代十国时期—文集
②中国历史—宋代—文集 Ⅳ.①K240.7 - 53

中国版本图书馆 CIP 数据核字(2017)第 261065 号

出 版 人	赵剑英	
责任编辑	刘 芳	
责任校对	朱妍洁	
责任印制	李寡寡	

出 版	中国社会科学出版社	
社 址	北京鼓楼西大街甲 158 号	
邮 编	100720	
网 址	http://www.csspw.cn	
发 行 部	010 - 84083685	
门 市 部	010 - 84029450	
经 销	新华书店及其他书店	

印刷装订	北京明恒达印务有限公司	
版 次	2018 年 2 月第 1 版	
印 次	2018 年 2 月第 1 次印刷	

开 本	710 × 1000 1/16	
印 张	22.5	
插 页	2	
字 数	350 千字	
定 价	95.00 元	

目　　录

序　言

张其凡先生生前是知名宋代史专家，暨南大学中国文化史籍研究所教授、博士生导师，广东省文史馆馆员。他涉猎广泛，著作丰厚，对起自五代、下讫南宋的公元 10—13 世纪中国古代史的政治、经济、文化、军事各个领域都有精深而又独到的研究。其学术声名溢出宋代史学界而注入中古史的宽广土壤，研究成果为中国政治史、思想史各疆域的学人所接受和引用。

1978 年，张先生从雪域高原的西陲重镇新疆喀什市考入中国社会科学院历史研究所攻读硕士学位，是国家积年动乱之后招收的第一批研究生，其"含金量"之高可以想见。张先生的指导老师是著名学者陈乐素先生，作为一代宗师陈垣先生的哲嗣，乐素先生治学受援庵先生影响甚深，重视材料的收集与积累，在排比、考证材料的基础上力争让材料说话，走实证史学的路数。乐素先生从目录学入手，以校勘学、避讳学、史料学、年代学等为基础，强调版本目录与考据，主张"脑、手、笔、腿"四勤，以"时、地、人、事"为"治史四要"。每有著述，必先大量搜集有关史料，进行考订、分析、取舍，然后据以成文，几经删改，方肯刊布。言而有据，素称严谨，亦多成定论。张先生师法前贤，深造自得。大略而言，其学术成就在五代政治史、宋代政治史、制度史、人物研究、文献研究数端。大抵均能承续中国近世历史研究之主流，侧重于史实史料考订，表现出典型的实证主义风格。但是，小处的细心周密，并无碍大处能系统全面。严耕望先生自道：其之为学，既详征史料作深入之研究，又期广被于全面，严密组织，成其系统。张先生亦然，处当今各种理论方法分呈叠现，价值观念更是多元共处的时代，历史研究者不免常陷于困顿之中。但不管世相如何，历史研究总是一种重证据的学科，深掘冥搜，出其隐蕴，加以仔细辨析，精心组构，以期能密实有获，总是值得称道的。像那些不顾文献本意与史实本身而作随意发挥的"历史研究"，是对历史的不负责任。

作为宋代史研究专家，张先生的研究却从五代史入手，他早年出版的数部著作，如《五代禁军初探》《宋初政治探研》《赵普评传》《宋太宗》等，或直面五代政治史、军事史之大环节，或以宋初事端与人物为中心，向上延展至五代去找寻其源泉。自唐至宋，中国社会与文化之演变至深至巨，从政治方面着眼，犹如陈寅恪先生所云：其政治组织之构成，"一为受高深文化之汉族，且多为武则天专政以后所提拔之新兴阶级，所谓外廷之士大夫，大抵以文词科举进身者也；一为受汉化不深之蛮夷，或蛮夷化之汉人，故其人多出自边荒区域。凡自玄宗朝迄唐亡，一百五十年间身居内廷，实握政治及禁军之权者皆属此族，即阉寺之特殊阶级是也"。中晚唐至五代，正是这三种政治势力的消长变化，开启了中国政治制度、政治文化由唐入宋演进之历程，而五代乃一关键时期。晚唐五代以降，阉寺势力受到藩镇与宰臣的连续打击，趋于衰微；士族门阀为背景的外廷士大夫势力也受到武夫集团的强力压逼，如果说唐代政治仍是由士族、庶族共同创造，而宋代的文人政治则全然摆脱了士族门阀的社会背景。宋代文人政治的发展与成熟，显然是五代以来政治文化全面转型的结果。晚唐五代时，南方"九国"政权的相继建立，文人政治在"九国"的培育和发展，更是宋代文人政治形成前的探索与积累。张其凡教授治北宋政治史，重自五代入手，其缘由殆在于是。

张先生道山遽归，令人扼腕叹息。然其对于历史研究之贡献，历近40年的漫长岁月，已经展现在世人眼前，读其书，想见其人，呜呼！夫复何言。

范立舟

2017 年 3 月 26 日于北京旅次

卷 一

五 代 史

陶懋炳著《五代史略》引文正误[*]

人民出版社 1985 年出版的陶懋炳著《五代史略》，系国内第一部完整的五代史断代专著，是五代十国史研究领域中里程碑式的著作，具有引领后续研究向深入、全面、系统迈进的示范效应，学术价值及影响甚大，多年来备受学人青睐。然著者受制于撰稿时的客观条件，个别观点与结论明显带有特定时代学风的印记，与时下学界主流认识稍有不同。此外，因其时学术规范的强调，亦与今日有异，是以该著诸多注释中的引文存在脱漏、衍文、错讹，或出处有误等若干问题。笔者承人民出版社之约，近年在增订是书时，除对有异于当今学界共识的若干观点，进行力所能及的改正外，又针对注释中的上述不足，选用目前学界最为常见、通行的各种史籍版本，对其中的引文逐一进行了勘核，本篇即将正误所得，胪述如下。具体做法为，先以原书章目、页码、注释为序，列其引文；再于按语中，据现行注释规范，注明朝代、著者、书籍、卷数、卷名、版本、页次诸项，录入校正之文，以资对照。囿于篇幅，引文仅举其有误者，余不具引；其所误者，于引述、按语中加着重号标明，按语中不再另作说明；凡所引书籍在下文中先已标识朝代、著者、版本者，其后从略；标点破读之误，亦不拟在此罗列。

第一章　唐朝覆灭和后梁、后唐的嬗替

1. 页 13 注①，《元次山集》卷七，《问进士第三》，引文"开元

＊　与曾育荣博士合作。

之际……"

按（唐）元结：《次山集》卷7《问进士第三》，景印文渊阁四库全书本（第1071册），第552页，原文作"开元天宝之中……"

2.页15注②，《新唐书》卷六四，《方镇表序》，引文"喜则连衡以叛上……"

按（宋）欧阳修、宋祁：《新唐书》（下文简称《新书》）卷64，《方镇一》，中华书局点校本1975年版，第1759页，原文作"喜则连衡而叛上……"

3.页17注①，《旧唐书》卷一八四，《宦官·李辅国传》，引文"……外事一听老奴处置"

按（后晋）刘昫：《旧唐书》（下文简称《旧书》）卷184《李辅国传》，中华书局点校本1975年版，第4761页，原文作"……外事听老奴处置"。

4.页17注②，《资治通鉴》卷二四六，引文"天子不可令闲……"

按，此载当出自（宋）司马光：《资治通鉴》（下文简称《通鉴》）卷247，唐武宗会昌三年六月，中华书局点校本1956年版，第7985页。

5.页19注①，《旧书》卷十九下，《僖宗纪》，引文"……岭南四道……大约部将自擅……"

按《旧书》卷19下《僖宗纪》，第720页，原文作"……岭南西道……大约郡将自擅……"

6.页24注④，《通鉴》卷二五九，引文"令宗室诸王将兵巡警……"

按，此载当出自《通鉴》卷260，唐昭宗乾宁二年三月，第8467页。

7.页25注①，《通鉴》卷二五九，引文"……互相攻剽"。

按，此载当出自《通鉴》卷260，唐昭宗乾宁二年七月，第8472页，原文作"……互相剽掠"。

8.页25注②，《旧书》卷二十七，《昭宗纪》，引文"士庶追从幸者数十万……"

按，此载当出自《旧书》卷20上《昭宗纪》，第 754 页，原文作"士庶从幸者数十万……"

9. 页 27 注①，《旧书》卷一八四，《宦官·韩全诲传》，引文"……于上前以挝划地……"

按，此载当出自《旧书》卷 184《杨复恭传》，第 4776 页，原文作"……于上前以挝画地……"

10. 页 28 注①，《通鉴》卷二六三，引文"……东西其意……若唐世也……所以然者非它……"

按《通鉴》卷 263，唐昭宗天复三年正月臣光曰，第 8596 页，原文作"……东西出其意……如唐世者也……所以然者非他……"

11. 页 30 注⑤，《旧五代史》卷二，《梁太祖纪》二，引文"……使二人擒一人……""……至是，昭宗前后皆梁人矣"。

按（宋）薛居正：《旧五代史》（下文简称《旧史》）卷 2《梁太祖纪二》，中华书局点校本 1976 年版，第 35 页，原文作"……使一人擒二人……""……自是昭宗左右前后皆梁人矣"。

12. 页 34 注①，《旧书》卷二百，《秦宗权传》，引文"……所至屠戮人物，燔烧城邑……"

按，此载当出自《旧书》卷200 下《秦宗权传》，第 5398 页，原文作"……所至屠残人物，燔烧郡邑……"

13. 页 36 注⑤，《旧史》卷十二，《朱友宁传》，引文"……于城南土山……"

按《旧史》卷 12《朱友宁传》，第 162 页，原文作"……于城南为土山……"

14. 页 38 注④，《旧史》卷二五，《唐武皇纪》，引文"……仆与公等向南而定天下……"

按，此载当出自《旧史》卷 25《唐武皇纪上》，第 335 页，原文作"……仆与公等南向而定天下……"

15. 页 41 注①，《旧史》卷五十，《李克恭传》，引文"……未闲军旅"。

按《旧史》卷 50《李克恭传》，第 684 页，原文作"……未闲军政"。

16. 页 42 注①，《通鉴》卷二五九，引文"……克用军中莫及……"

按《通鉴》卷 259，唐昭宗乾宁元年三月，第 8453 页，原文作"……克用军中皆莫及……"

17. 页 42 注②，《旧史》卷十五，《李罕之传》，引文"……曾乞食于滑州酸枣县……掷钵于地，毁僧衣，投河阳诸葛爽为卒"。

按《旧史》卷 15《李罕之传》，第 206 页，原文作"……曾乞食于酸枣县……乃掷钵于地，毁弃僧衣，亡命为盗"。

18. 页 43 注①，《通鉴》卷二五七，引文"自是，罕之日以兵寇钞怀、孟、晋、绛……"

按，此载当出自《旧史》卷 15《李罕之传》，第 208 页。

19. 页 44 注①，《旧史》卷一三五，《刘守光传》，引文"览书谩骂……"

按《旧史》卷 135《刘守光传》，第 1800 页，原文作"览书嫚骂……"

20. 页 45 注①，《通鉴》卷二六〇，引文"……必对使者北面拜受之……倍长以年……"

按《通鉴》卷 260，唐昭宗乾宁三年闰正月，第 8483 页，原文作"……必对使者北向拜受之……倍年以长……"

21. 页 46 注①，《旧史》卷十四，《罗绍威传》，引文"……号曰'牙兵'……主帅易置……"

按《旧史》卷 14《罗绍威传》，第 188—189 页，原文作"……号曰'牙军'……主帅废置……"

22. 页 46 注④，《旧史》卷二，《梁太祖纪》二，引文"……军民无少长皆死"。

按《旧史》卷 2《梁太祖纪二》，第 39 页，原文作"……军民无少长皆杀之"。

23. 页 51 注③，《旧史》卷二六，《唐武皇纪》，引文"伏望大王崇德爱人……钱谷有钩……"

按，此载当出自《通鉴》卷263，唐昭宗天复二年三月，第 8571 页，原文作"伏愿大王崇德爱人……钱谷有句……"

24. 页 54 注①,《旧史》卷五三,《李存璋传》, 引文 "……蕃部人多干扰廛市……期日之间……"

按《旧史》卷 53《李存璋传》, 第 720 页, 原文作 "……藩部人多干扰廛市……期月之间……"

25. 页 54 注②,《通鉴》卷二六六, 引文 "……抚孤寡……"

按《通鉴》卷 266, 后梁太祖开平二年五月, 第 8696 页, 原文作 "……抚孤穷……"

26. 页 54 注⑤,《旧史》卷五二,《李嗣昭传》, 引文 "城中士民饿死大半……"

按《旧史》卷 52《李嗣昭传》, 第 704 页, 原文作 "城中士民饥死大半……"

27. 页 55 注③,《通鉴》卷二六七, 引文 "……光采眩耀"。

按《通鉴》卷 267, 后梁太祖开平四年十二月, 第 8731 页, 原文作 "……光彩炫耀"。

28. 页 55 注⑤,《通鉴》卷二六八, 引文 "弃粮食、资财、器械不可胜数"。

按, 此载当出自《通鉴》卷 267, 后梁太祖乾化元年正月, 第 8736 页, 原文作 "弃粮食、资财、器械不可胜计"。

29. 页 55 注⑥,《通鉴》卷二六八, 引文 "悉驱二州丁壮为奴婢……"

按, 此载当出自《通鉴》卷 267, 后梁太祖乾化元年正月, 第 8736 页。

30. 页 56 注②,《通鉴》卷二六八, 引文 "蓿之耕者皆荷鉏奋梃击之"。

按《通鉴》卷 268, 后梁太祖乾化二年三月, 第 8754 页, 原文作 "蓿之耕者皆荷鉏奋梃逐之"。

31. 页 57 注②,《旧史》卷五,《梁末帝纪》上, 引文 "夷门太祖创业之地……"

按, 此载当出自《旧史》卷 8《梁末帝纪上》, 第 115 页。

32. 页 58 注①,《旧史》卷十,《梁末帝纪》下, 引文 "其有私放远年逋负……"

按《旧史》卷10《梁末帝纪下》，第142页，原文作"其有私放远年债负……"

33. 页58注②，《通鉴》卷二六六，引文"……军士或思乡逃去，关津辄捕之，送所属……"

按《通鉴》卷266，后梁太祖开平元年十一月，第8687页，原文作"……军士或思乡里逃去，关津辄执之送所属……"

34. 页59注②，《旧史》卷十，《梁末帝纪》下，引文"……依浮屠氏之教……"

按《旧史》卷10《梁末帝纪下》，第144页，原文作"……依浮图氏之教……"

35. 页62注①，《通鉴》卷二六九，引文"朝廷忌吾军强盛……"

按《通鉴》卷269，后梁均王贞明元年三月，第8787页。原文作"朝廷忌吾军府强盛……"

36. 页62注③，《旧史》卷二三，《刘鄩传》，引文"……滔滔河流可胜既孚"。

按《旧史》卷23《刘鄩传》，第312页，原文作"……滔滔河流，可胜既乎"。

37. 页65注②，《通鉴》卷二七〇，引文"……不然王自取之，何问仆也……"

按《通鉴》卷270，后梁均王贞明三年十月，第8820页，原文作"……不然，王自取用之，何问仆为……"

38. 页66注①，《通鉴》卷二七〇，引文"曲事权要……"

按，此载当出自《通鉴》卷269，后梁均王贞明元年六月，第8791页。

39. 页66注②，《通鉴》卷二七〇，引文"殿下何时当平河南"等。

按，此载当出自《通鉴》卷271，后梁均王龙德二年十二月，第8878页。

40. 页70注①，《旧史》卷二七，《唐庄宗纪》一，引文"天下官名……"

按，此载当出自《旧史》卷30《唐庄宗纪四》，第 414 页。

41. 页 71 注②，《通鉴》卷二七一，引文"……欲备百官"。

按《通鉴》卷 271，后梁均王龙德元年七月，第 8866 页，原文作"……欲以备百官"。

42. 页 71 注⑤，《旧史》卷五七，《郭崇韬传》，引文"旌别流别……"

按《旧史》卷 57《郭崇韬传》，第 772 页，原文作"旌别流品……"

43. 页 72 注①，《通鉴》卷二七二，引文"……应前朝内官及诸道监军并私家所蓄者……"

按，此载当出自《通鉴》卷 273，后唐庄宗同光二年正月，第 8912 页，原文作"……应前朝内官及诸道监军并私家先所蓄者……"

44. 页 73 注①，《通鉴》卷二七二，引文"……其尤蠹政害民者景进为之首……遂委以耳目……"

按《通鉴》卷 272，后唐庄宗同光元年十一月，第 8905 页，原文作"……其尤蠹政害人者，景进为之首……遂委进以耳目……"

45. 页 73 注③，《北梦琐言》卷十八，引文"分天下财赋为内外府（库）……"

按，此载当出自《通鉴》卷 273，后唐庄宗同光二年二月，第 8914 页。

46. 页 74 注①，《北梦琐言》卷十八，引文"……声伎其所长"，"妾去乡之日……"

按（五代）孙光宪：《北梦琐言》（下文简称《琐言》）卷 18《刘皇后答父》，中华书局点校本 2002 年版，第 332 页，原文"……声伎亦所长"，"妾去乡之时……"

47. 页 74 注②，《琐言》卷十八，引文"……自负蓍囊……继岌造其卧内……"

按《琐言》卷 18《刘皇后答父》，第 333 页，原文作"……自负蓍囊药篚……笈造其卧内……"

48. 页 74 注③，《通鉴》卷二七三，引文"……欲拜全义为父"。

按，此载当出自《旧史》卷 63《张全义传》，第 843 页，原文作

"……欲拜全义为义父"。

49. 页74 注④，《通鉴》卷二七三，引文"……唯用写佛经、施僧尼……"

按，此载当出自《琐言》卷18《刘皇后笞父》，第333页，原文作"……唯写佛经施尼师……"

50. 页74 注⑦，《通鉴》卷二七三，引文"……租庸征榷亦须牒观察使"。

按《通鉴》卷273，后唐庄宗同光二年十月，第8925页，原文作"……租庸征催亦须牒观察使"。

51. 页75 注②，《通鉴》卷二七三，引文"……当有内变"。

按《通鉴》卷273，后唐庄宗同光元年十月，第8903页，原文作"……将有内变"。

52. 页79 注①，《通鉴》卷二七四，引文"……则坏其什物……吏皆窜匿山谷"。

按《通鉴》卷274，后唐庄宗同光三年十二月，第8950页，原文作"……则坏其什器……县吏皆窜匿山谷"。

53. 页81 注③，《琐言》卷十八，引文"唐业已衰……"

按《琐言》卷18《明宗独见》，第331页，原文作"唐运已衰……"

54. 页82 注②，《琐言》卷十八，引文"公辈以口击贼……"

按，此载当出自《旧史》卷35《唐明宗纪一》，第482页。

55. 页83 注①，《琐言》卷十八，引文"王法无私……""……苏秦说我不得……"

按，引文源自同书不同卷，宜分作二注。前引出自《琐言》卷18《明宗恶贪吏》，第338页。后引出自《琐言》卷19《戮丁延徽》，第352页，原文作"……苏秦说吾不得……"

56. 页84 注③，《琐言》卷十九，引文"……虽不能达其旨……"

按《琐言》卷19《明宗戒秦王》，第349页，原文作"……虽不深达其旨……"

57. 页84 注⑤，《通鉴》卷二七九，引文"……兵戈罕用……"

按《通鉴》卷279，后唐明宗长兴四年十一月，第9095页，原文作"……兵革罕用……"

58. 页85 注②，《五代史阙文》，引文"……遇乱世为众推戴，事不获己……"

按（宋）王禹偁：《五代史阙文》（下文简称《阙文》），《后唐史·明宗》，见傅璇琮、徐海荣、徐吉军主编：《五代史书汇编》（四），杭州出版社点校本2004年版，第2454页，原文作"……遇世乱为众推戴，事不获已……"

59. 页85 注③，《琐言》卷十九，引文"简拔贤俊……"

按，此载当出自《琐言》卷18《安重诲枉杀任圜》，第339页。

60. 页85 注⑤，《旧史》卷六六，《安重诲传》，引文"……而自恣胸襟"。

按《旧史》卷66《安重诲传》，第876页，原文作"……而悉自恣胸襟"。

61. 页85 注⑥，《旧史》卷六六，《安重诲传》，引文"……未尝见宰相、枢密奏事敢如此者……"

按，此载当出自《通鉴》卷275，后唐明宗天成二年五月，第9006页，原文作"……未尝见宰相、枢密奏事敢如是者……"

62. 页86 注②，《通鉴》卷二七八，引文"及长兴以后……"

按，此载当出自《通鉴》卷275，后唐明宗天成元年十一月，第8996页。

63. 页89 注①，《通鉴》卷二七九，引文"潞王悉敛城中将吏士民之财以赐军……"

按《通鉴》卷279，后唐潞王清泰元年三月，第9108页，原文作"潞王悉敛城中将吏士民之财以犒军……"

64. 页89 注③，《通鉴》卷二七九，引文"……玫请率京城民财以足……囚系满城……"

按《通鉴》卷279，后唐潞王清泰元年四月，第9116、9118页，原文作"……玫请率京城民财以足之……囚系满狱……"

65. 页91 注①，《通鉴》卷二六〇，引文"河夹滑河而东，为害弥甚"。

按《通鉴》卷 260，唐昭宗乾宁三年四月，第 8484 页，原文作"夹滑城而东，为害滋甚"。

66. 页 91 注②，《通鉴》卷二七〇，引文"决河水弥漫数里……"

按《通鉴》卷 270，后梁均王贞明四年二月，第 8824 页，原文作"决河水，弥浸数里……"

67. 页 91 注③，《旧史》卷二九，《唐庄宗纪》二，引文"自滑州南决破河堤……"

按，此载当出自《旧史》卷 29《唐庄宗纪三》，第 407 页。

68. 页 91，《通鉴》卷二九二，引文"河自扬刘至于博州百二十里……汇成大泽……"

按《通鉴》卷 292，后周太祖显德元年十月，第 9519 页，原文作"河自杨刘至于博州百二十里……汇为大泽……"

69. 页 91 注⑤，《册府元龟》卷四九，《邦计·河渠》，引文"发汴滑兵士修酸枣堤，修而复坏"。

按（宋）王钦若：《册府元龟》（下文简称《册府》）卷497《邦计部·河渠二》，中华书局影印本 1960 年版，第 5955 页，原文作"督汴、滑兵士修酸枣县堤……寻而复坏"。

70. 页 92 注①，《五代会要》卷十一，《水溢》，引文"……概东流，兖州、濮州界皆为水漂溺"。

按（宋）王溥：《五代会要》（下文简称《会要》）卷 11《水溢》，上海古籍出版社点校本 1978 年版，第 181 页，原文作"……一概东流，兖州、濮州界皆为水所漂溺"。

71. 页 92 注②，《旧史》卷八二，《晋出帝纪》，引文"滑州河决……"

按，此载当出自《旧史》卷 82《晋少帝纪三》，第 1090—1091 页。

72. 页 92 注③④，《册府》卷九三，《帝王部·赦宥》，引文"访闻富户田畴……""通言杂税……"

按，二注当出自《册府》卷 92《帝王部·赦宥十一》，第 1103 页。

73. 页 93 注①，《册府》卷九三，《帝王部·赦宥》，引文"……管纳仓物，邀请人户……疲敝生灵……"

按，此载当出自《册府》卷92《帝王部·赦宥十一》，第 1103 页，原文作"……受纳仓场，邀诘人户……疲毙生灵……"

74. 页 94 注①②，《会要》卷二六，《盐铁杂录》上，著文"九二八年（天成二年）明宗颁诏……"

按，此二注当出自《会要》卷 26《曲》，第 420—421 页。

75. 页 94 注③，《册府》卷五〇二，《邦计·常平》，引文"……百姓随地亩纽取钱物……"

按《册府》卷 502《邦计部·常平》，第 6025 页，原文作"……百姓随地亩纽配钱物……"

76. 页 95 注①，《会要》卷二七，《泉货》，引文"……所犯人准条奏处断讫申奏……"

按《会要》卷 27《泉货》，第 435 页，原文作"……所犯人准条奉处断讫申奏……"

77. 页 95 注④，《会要》卷二七，《泉货》，引文"……不得于市使钱内夹带铅锡钱……所使钱不计多少，所犯准条流科罪"。

按《会要》卷 27《泉货》，第 435 页，原文作"……不得于市使钱内，夹带铅铁钱……所使钱不计多少纳官，所犯人准条流科罪"。

78. 页 96 注④，《册府》卷五〇四，《邦计·关市》，引文"天下商旅处……"

按《册府》卷 504《邦计部·关市》，第 6052 页，原文作"天下商税处……"

79. 页 97 注①，《旧史》卷一四，《赵犨传》，引文"……俾以甓周彻四埔……"

按《旧史》卷 14《赵犨传》，第 197 页，原文作"……俾以甓周砌四埔……"

80. 页 97 注②③，《洛阳缙绅旧闻记》卷二，《齐王张全义外传》，引文"县邑荒废……""除杀人者死……"

按，此载当出自（宋）张齐贤：《洛阳缙绅旧闻记》（下文简称《旧闻记》）卷2《齐王张令公外传》，见傅璇琮、徐海荣、徐吉军主编：《五代史书汇编》（四），杭州出版社点校本 2004 年版，第 2398—2399 页。

81. 页 98 注①，《旧闻记》卷二，《齐王张全义外传》，引文"……悉召其家老幼慰劳之……见不熟……此少人手……"

按《旧闻记》卷 2《齐王张令公外传》，第 2399—2400 页，原文作"悉召其家老幼，亲慰劳之……见好田田中无草，必于田边下马，命宾客观之，召田主慰劳之，赐之衣物。若见禾中有草，地耕不熟……此少人牛……"

82. 页 98 注②，《阙文》，引文"……又通赂于刘皇后，乘庄宗幸洛……"

按《阙文》，《后唐史·张全义》，第 2454 页，原文作"……又通赂与刘皇后，仍请庄宗幸洛……"

83. 页 98 注③，《旧闻记》卷二，《李少师贤妻》，引文"珠宝等可得数十万（缗）"。

按《旧闻记》卷 2《李少师贤妻》，第 2403 页，原文作"珠金等，可得数十万"。

84. 页 98 注④，《容斋三笔》卷十，《朱梁轻赋》，引文"……属黄巢大乱之后……外严烽堠……励以耕桑……亦未至于流亡……盖赋敛轻而田园可恋故也……不三四年……"

按（宋）洪迈：《容斋三笔》卷 10《朱梁轻赋》，见《容斋随笔》，中华书局点校本 2005 年版，第 541 页，原文作"……属黄巢大乱之余……外严烽候……厉以耕桑……亦未至流亡……盖赋敛轻而丘园可恋故也……不四三年……"

85. 页 99 注③，《册府》卷七十，《帝王·务农》，引文"……诸道监冶除供常年定数铸办供军熟铁并器物外……"

按《册府》卷 70《帝王部·务农》，第 793 页，原文作"……诸道监冶除依尝年定数铸办供军熟铁并器物外……"

86. 页 99 注④，《册府》卷七十，《帝王·务农》，引文"河北、河东进农具以为式样"。

按《册府》70《帝王部·务农》，第 793 页，原文作"河东、河北进农具以为式样"。

87. 页 99 注⑤,《阙文》,引文"粗于小康"。

按《阙文》,《后唐史·明宗》,第 2455 页,原文作"粗为小康"。

88. 页 100 注①,《旧史》卷十五,《韩建传》,引文"……劝课农桑事……"

按《旧史》卷 15《韩建传》,第 203 页,原文作"……劝课农事……"

89. 页 101 注③,《会要》卷二六,《市》,引文"……致时物价腾贵……"

按《会要》卷 26《市》,第 415 页,原文作"……致时物腾贵……"

90. 页 103 注①,《全唐文》卷八六六,《复宫阙后上执政书》,引文"……且古尽地之数……既任其权势……莫能纠摘……莫先差科。富者既党护有人……嗟怨之人……"

按(清)董诰编:《全唐文》卷 866,杨夔:《复宫阙后上执政书》,中华书局影印本 1983 年版,第 9075 页,原文"……且古画地之数……既托其权势……莫能纠摘……莫先科差。富贵者既党护有人……怨嗟之声……"

91. 页 103 注②,《旧史》卷六十,《李敬义传》,引文"采天下奇花、异竹、珍木、怪石为园地之玩……园林扫地矣""……谁家园池复完……"

按《旧史》卷 60《李敬义传》,第 806—807 页,原文"采天下奇花异竹、珍木怪石,为园池之玩……园亭扫地矣""……谁家园池完复……"

92. 页 104 注②,《旧史》卷五四,《王熔传》,引文"……人士皆哀衣博带……"

按《旧史》卷 54《王镕传》,第 729 页,原文作"……人士皆褒衣博带……"

93. 页 105 注①,《旧闻记》卷四,引文"秀才不合令趋阶"。

按,此载当出自《旧闻记》卷 1《梁太祖优待文士》,第 2387 页,原文作"秀才不合趋阶"。

15

94. 页 105 注②，《琐言》卷十八，引文"貌状……"

按，此载当出自（五代）王仁裕：《玉堂闲话》（下文简称《闲话》）卷2《司马都》，见傅璇琮、徐海荣、徐吉军主编：《五代史书汇编》（四），杭州出版社点校本 2004 年版，第 1867 页。

95. 页 106 注①，《唐语林》卷一，《政事》上，引文"……皆乡县家吏……"

按（宋）王谠撰，周勋初校证：《唐语林校证》卷1《政事上》，中华书局 1987 年版，第 62 页，原文作"……皆乡县豪吏……"

96. 页 106 注②，《文苑英华》卷四二九，《会昌五年正月三日南郊赦文》，引文"……别立簿书……"

按（宋）李昉：《文苑英华》卷 429《会昌五年正月三日南郊赦文》，中华书局影印本 1966 年版，第 2173 页，原文作"……别立薄书……"

97. 页 106 注③，《册府》卷一五一，《帝王·慎罚》，引文"……兼恐内外形势官员私事寄禁……"

按《册府》卷 151《帝王部·慎罚》，第 1828 页，原文作"……兼巩内外刑势官员私事寄禁……"

98. 页 106 注④，《会要》卷二四，《街巷》，引文"……于别处及连宅买得菜园，令园子守把……"

按，此载当出自《册府》卷14《帝王部·都邑二》，第 164—165 页，原文作"……于别处及连宅置得菜园，令园子主把……"

99. 页 107 注①，《文献通考》卷五八，《职官考》十二，《枢密使》，引文"以宣武掌书记……"

按，此载当出自（元）马端临：《文献通考》（下文简称《通考》）卷12《职官考十二·枢密院》，中华书局影印本 1986 年版，考 523。

100. 页 107 注②，《通考》卷五八，《职官考》十二，《枢密使》，引文"……宰相非进时有所奏请及已受旨应复请者……"

按，此载当出自《通鉴》卷266，后梁太祖开平元年四月，第 8674 页，原文作"……宰相非进对时有所奏请及已受旨应复请者……"

101. 页 108 注③,《新五代史》卷二四,《郭崇韬、安重诲传赞》引文"……其备顾问、参谋议则有之……"

按(宋)欧阳修:《新五代史》(下文简称《新史》)卷 24《郭崇韬、安重诲传赞》,中华书局点校本 1974 年版,第 257 页,原文作"……其备顾问、参谋议于中则有之……"

102. 页 109 注②,《通考》卷五八,《职官考》十二,《枢密院》,引文"徒知宦官之不可用而不知枢密院之不必存"。

按《通考》卷 58《职官考十二·枢密院》,考 523,原文作"徒知宦者之不可用而不知枢密院之不必存也"。

103. 页 111 注②,《旧史》卷五四,《敬翔传》,引文"金銮因金銮坡以为门名……"

按《旧史》卷 48《敬翔传》,第 248 页,原文作"因金銮坡以为门名……"

104. 页 112 注①,《册府》卷四八一,《邦计·总序》,引文"……国命所能料者唯河西、山南、剑南、岭南四道"。

按,此载当出自《册府》卷 483《邦计部·总序》,第 5772 页,原文作"……国命所能判者唯河西、山南、剑南、岭南西道"。

105. 页 112 注③,《旧史》卷七二,《马绍宏传》,引文"……乃置内勾之名……"

按《旧史》卷 72《马绍宏传》,第 955 页,原文作"……乃置内勾之目……"

第二章　南方的相对稳定和社会经济的发展

1. 页 115 注①,《旧书》卷一八二,《高骈传》,引文"好为文,喜言理道"。

按《旧书》卷 182《高骈传》,第 4703 页,原文作"好为文,多与儒者游,喜言理道"。

2. 页 116 注①,《通鉴》卷二五二,引文"老幼孕弱悉驱去杀之……"

按《通鉴》卷 252,唐僖宗乾符二年六月,第 8179 页,原文作

"老幼孕病，悉驱去杀之……"

3. 页116注③，《旧书》卷一八二，《高骈传》，引文"于府第别建院……"

按《旧书》卷182《高骈传》，第4711页，原文作"于府第别建道院……"

4. 页116注④，《通鉴》卷一五四，引文"……所破者数百家……"

按，此载当出自《通鉴》卷254，唐僖宗中和二年四月，第8267页，原文作"……所破灭者数百家……"

5. 页117注②，《通鉴》卷二五七，引文"米斗直（值）钱五千缗……"

按《通鉴》卷257，唐僖宗光启三年十月，第8363页，原文作"米斗直钱五十缗……"

6. 页118注②，《通鉴》卷二五七，引文"……说和州孙瑞、上元张雄……"

按《通鉴》卷257，唐僖宗文德元年八月，第8381页，原文作"……说和州孙端、上元张雄……"

7. 页119注①，《通鉴》卷二五八，引文"儒扫地以来……"

按，此载当出自《通鉴》卷259，唐昭宗景福元年正月，第8425页，原文作"儒扫地远来……"

8. 页119注②，《通鉴》卷二五八，引文"……使复生产……"

按，此载当出自《通鉴》卷259，唐昭宗景福元年正月，第8425页，原文作"……使复生业……"

9. 页119注③，《通鉴》卷二五八，引文"……东西十里，扫地尽矣"。

按《通鉴》卷259，唐昭宗景福元年七月，第8431页，原文作"……东西千里扫地尽矣……"

10. 页121注④，《吴越备史》卷一，引文"……一概诛戮"。

按（宋）钱俨：《吴越备史》（下文简称《备史》）卷1《武肃王》，见傅璇琮、徐海荣、徐吉军主编：《五代史书汇编》（十），杭州出版社点校本2004年版，第6186页，原文作"……但一概诛戮"。

11. 页 121 注⑤，《备史》卷一，引文"……愚民俗吏致龟鱼符印者以万数……"

按《备史》卷 1《武肃王》，第 6186 页，原文作"……愚民俗吏致龟鱼符印者以百数……"

12. 页 123 注⑤，《旧史》卷一三四，《杨行密传》，引文"……驱之则战……"

按《旧史》卷 134《杨行密传》，第 1781 页，原文作"……驱之即战……"

13. 页 127 注①，《五代史补》，引文"行密尝命以大索为贯……"

按（宋）陶岳：《五代史补》（下文简称《史补》）卷 1《杨行密钱塘侵掠》，见傅璇琮、徐海荣、徐吉军主编：《五代史书汇编》（五），杭州出版社点校本 2004 年版，第 2477 页，原文作"行密尝命以大索为钱贯……"

14. 页 128 注①，《通鉴》卷二七〇，引文"……若兵连不解，方为诸公之忧……"

按《通鉴》卷 270，后梁均王贞明五年七月，第 8847 页，原文作"……若连兵不解，方为诸君之忧……"

15. 页 129 注②，《钓矶立谈》，引文"……类以威骜相高……"

按（宋）史温：《钓矶立谈》（下文简称《立谈》），见傅璇琮、徐海荣、徐吉军主编：《五代史书汇编》（九），杭州出版社点校本 2004 年版，第 5003 页，原文作"……类以威骜相高……"

16. 页 129 注③，《立谈》，引文"……蒜山之津不一昔（夕）而可以定事；舍此利而求入宣城山中……"

按《立谈》，第 5003 页，原文作"……蒜山之津，曾不一昔而可以定事。更舍此利，而求入宣城山中……"

17. 页 130 注②，《五国故事》上，引文"……无乃玷煊赫之名……"

按（宋）佚名：《五国故事》（下文简称《故事》）卷上《伪唐李氏》，见傅璇琮、徐海荣、徐吉军主编：《五代史书汇编》（六），杭州出版社点校本 2004 年版，第 3182 页，原文作"……无乃玷煊赫之名……"

18. 页130 注③，《立谈》，引文"……去浮靡……"

按《立谈》，第5005页，原文作"……屏去浮靡……"

19. 页130 注④，《通鉴》卷二七一，引文"以吴王命悉蠲天祐十三年以前逋税……""盛暑未尝张盖……"

按，前后两则材料源出不同书，宜分别作注。前引出自《通鉴》卷270，后梁均王贞明四年七月，第8831页，原文作"以吴王之命，悉蠲天祐十三年以前逋税……"后引出自《新史》卷62《南唐世家》，第766页。

20. 页130 注⑤，《新史》卷六一，《南唐世家》，引文"于是士民归心……"

按，此载当出自《通鉴》卷270，后梁均王贞明四年七月，第8831页，原文作"于是士民翕然归心……"

21. 页131 注③，《旧史》卷一三四，《李昪传》，引文"东暨衢、婺……"

按，此载当出自《旧史》卷134《李景传》，第1787页。

22. 页131 注⑥，《立谈》，引文"……盖车相望于道焉"。

按《立谈》，第5007页，原文作"……盖车马相望于道焉"。

23. 页132 注①，《立谈》，引文"……钱氏父子动以奉事中国为词……孟子谓燕人取齐……孰若舆税之入……乃以蔽障者也……得以施于境内……积日而试……以为天下倡……倘得遂北平僭伪，宁乂旧邦……"

按《立谈》，第5011页，原文作"钱氏父子，动以奉事中国为辞……孟子谓齐人取燕……孰若悉舆税之入……乃外以为蔽障者也……得以施之于统内……积日而不试……为天下倡……倘得遂北平僭窃，宁乂旧都……"

24. 页133 注①，《通鉴》卷二七〇，引文"……宦官不得干预政事，皆他国不能也"。

按，此载当出自《通鉴》卷282，后晋高祖天福四年正月，第9198页，原文作"……宦者不得预事，皆他国所不及也"。

25. 页133 注③，《立谈》，引文"内外寝兵……渐有中朝之风"。

按《立谈》，第 5007 页，原文作"中外寝兵……渐有中朝之风采"。

26. 页 136 注②，《旧史》卷一三三，《钱镠传》，引文"……海中夷落亦遣使封册焉"。

按《旧史》卷 133《钱镠传》，第 1768 页，原文作"……海中夷落亦皆遣使行封册焉"。

27. 页 136 注④，《旧史》卷一三三，《钱镠传》，引文"……岁时游于里内……"

按《旧史》卷 133《钱镠传》，第 1767 页，原文作"……岁时游于里中……"

28. 页 137 注①，《备史》卷一，引文"……皆复以锦幄……"

按《备史》卷 1《武肃王》，第 6193 页，原文作"……皆覆以锦幄……"

29. 页 137 注②，《备史》卷一，引文"……尔今为十三州主，与人争利……"

按《备史》卷 1《武肃王》，第 6184 页，原文作"……尔今为十三州主，三面受敌，与人争利……"

30. 页 137 注③，《备史》卷一，引文"……有所论则书之"。

按《备史》卷 1《武肃王》，第 6217 页，原文作"……有所记则书之"。

31. 页 137 注④，《备史》卷一，引文"常弹丸于墙楼之外，使其不寐，以应其事"。

按《备史》卷 1《武肃王》，第 6218 页，原文作"常弹丸于墙楼之外，以警宿直者，使其不寐以应其事"。

32. 页 137 注⑤，《备史》卷一，引文"……召吏厚赏之"。

按《备史》卷 1《武肃王》，第 6218 页，原文作"……召吏厚赐之"。

33. 页 138 注②，《通鉴》卷二八二，引文"除民田荒绝者租税"。

按，此载当出自《通鉴》卷277，后唐明宗长兴三年三月，第9066 页。

34. 页 139 注②，《琐言》卷六，引文"此人非常流……"

按《琐言》卷 6《韦氏女配刘谦事》，第 123 页，原文作"此人非常流也……"

35. 页 140 注⑤，《旧史》卷一三五，《刘隐传》，引文"用法清肃，威望颇振"。

按，此载当出自《旧史》卷 135《刘陟传》，第 1807 页。

36. 页 140 注⑥，《新史》卷六五，《南汉世家》，引文"……中朝人士以岭外最远……或当时任宦遭乱不得还者……"

按《新史》卷 65《南汉世家》，第 810 页，原文作"……中朝士人以岭外最远……或当时仕宦遭乱不得还者……"

37. 页 141 注①，《新史》卷六五，《南汉世家·刘隐传》，引文"吉凶礼法……略用次序……"

按，此载当出自《新史》卷 65《南汉世家》，第 810 页，原文作"为陈吉凶礼法……略有次序……"

38. 页 141 注②，《新史》卷六五，《南汉世家·刘隐传》，引文"……为尽力焉"。

按《新史》卷 65《南汉世家》，第 811 页，原文作"……为尽心焉"。

39. 页 141 注⑥，《旧史》卷一三五，《刘龑传》，引文"耻南海之号"。

按，此载当出自《旧史》卷 135《刘陟传》，第 1808 页，原文作"耻称南海之号"。

40. 页 142 注①，《旧史》卷一三五，《刘龑传》，引文"称大汉国王致书上大唐皇帝""……大陈贡物……"

按，此载当出自《旧史》卷 135《刘陟传》，第 1808 页，原文作"称大汉国主致书上大唐皇帝""……大陈物贡……"

41. 页 142 注②，《旧史》卷一三五，《刘龑传》，引文"自是与中国遂绝"。

按，此载当出自《旧史》卷 135《刘陟传》，第 1808 页。

42. 页 142 注③，《故事》下，引文"洺州刺史"，"自言家本咸秦……"

按，前后两则材料源出不同书，应分别作注。前引出自《故事》卷下《伪汉彭城氏》，第 3193 页。后引出自《新史》卷65《南汉世家》，第 812 页。

43. 页 143 注③，《通鉴》卷二五九，引文"耆老乃奉牛酒……"

按，此载当出自《旧史》卷134《王审知传》，第 1791 页。

44. 页 144 注①，《新史》卷六八，《闽世家》，引文"民自请输米饷军……"

按，此载当出自《通鉴》卷259，唐昭宗景福元年二月，第 8427 页。

45. 页 144 注⑥，《故事》下，引文"……乃取酒库酢袋而补之"。

按《故事》卷下《伪闽王氏》，第 3194 页，原文作"……乃取酒库醡袋而补之"。

46. 页 145 注①，《旧史》卷一三四，《王审知传》，引文"建学四门……"

按，此载当出自《新史》卷68《闽世家》，第 846 页。

47. 页 145 注②，《新史》卷六八，《闽世家》，引文"……轻徭薄赋……"

按，此载当出自《旧史》卷134《王审知传》，第 1792 页，原文作"……轻徭薄敛……"

48. 页 150 注②，《通鉴》卷二五八，"……截简径寸半……"

按《通鉴》卷258，唐昭宗大顺二年四月，第 8414 页，原文作"……截筒，径寸半……"

49. 页 150 注③，《通鉴》卷二五九，引文"……夺其资财……"

按《通鉴》卷259，唐昭宗景福元年七月，第 8431 页，原文作"……夺其赀财……"

50. 页 152 注②，《太平广记》卷一九○，引文"……汝等不得辄犯……"

按（宋）李昉：《太平广记》（下文简称《广记》）卷190《将帅二·张勍》，中华书局断句本 1961 年版，第 1424 页，原文作"……女辈不得辄犯……"

51. 页 153 注①，《通鉴》卷二五九，引文"……民皆窜山谷……都将择其善者……""又有甚于此者：今诸寨旦出六七百人入山淘虏……出弩手……负薪填壕为道……""……百姓未入山时多沤麻者……"

按《通鉴》卷 259，唐昭宗景福元年七月，第 8431—8433 页，原文作"……民皆窜匿山谷……都将先择其善者……""又有甚于是者：今诸寨每旦出六七百人，入山淘虏……出弓弩手……负薪土填壕为道……""……百姓未入山时多沤藏者……"

52. 页 153 注②，《旧史》卷一三六，《王建传》，引文"……宜援而固之……"

按《旧史》卷 136《王建传》，第 1819 页，原文作"……适宜援而固之……"

53. 页 154 注①，《通鉴》卷二五八，引文"……好施乐士，谦恭俭素"。

按《通鉴》卷 258，唐昭宗大顺二年十月，第 8420 页，原文作"……好施乐士，用人各尽其才，谦恭俭素"。

54. 页 154 注②，《史补》，引文"……今我恩顾比当时，才百分之一尔……"

按《史补》卷 1《王建礼待翰林学士》，第 2480 页，原文作"……今我恩顾，比当时才有百分之一尔……"

55. 页 155 注⑨，《广记》卷一九〇，引文"邛崃之南……"

按《广记》卷 190《将帅二·王建》，第 1425 页，原文作"邛崃之南……"

56. 页 157 注④，《故事》，引文"……以我伤害而死……"

按《故事》卷上《前蜀王氏》，第 3186 页，原文作"……以至我伤害而死……"

57. 页 158 注②，《故事》，引文"……一如常居栋宇之制……倒执烛炬千余条……及抵宫……""……往往于街市，（王）衍为步障所蔽而亦不知"。

按《故事》卷上《前蜀王氏》，第 3186 页，原文作"……一如居常栋宇之制……倒执烛蜡千余条……及抵宫中……""……往往至于街市，（王）衍为步障所蔽，而亦不知"。

58. 页 158 注③，《旧史》卷一三六，《王衍传》，引文"其母徐后同游青神山，驻上清宫，宫人皆衣道服……"

按《旧史》卷 136《王衍传》，第 1819 页，原文作"其母、徐妃同游青城山，驻于上清宫。时宫人皆衣道服……"

59. 页 159 注①，《旧史》卷一三六，《王衍传》，引文"……臣以东军出襄、邓……否则退还峡口……"

按《旧史》卷 136《王衍传》，第 1820 页，原文作"……臣以东师出襄、邓……否则退保峡口……"

60. 页 159 注④，《广记》卷二四一（《王氏闻见录》），引文"……从教户口资馋口……""……生灵餐进竟如何……"

按《广记》卷 241《诌佞三·王承休》，第 1862—1863 页，原文作"……从将户口资馋口……""……生灵餐尽意如何……"

61. 页 164 注③，《旧史》卷十七，《雷满传》，引文"入其郛，驱掠而去"。

按《旧史》卷 17《雷满传附雷彦恭传》，第 237 页，原文作"入其郛，焚荡驱掠而去"。

62. 页 167 注①，《旧史》卷十七，《雷满传附雷彦恭传》，引文"风烬圬落，舟楫上下于南郡、武昌之间……"

按《旧史》卷 17《雷满传附雷彦恭传》，第 237 页，原文作"烬墟落，榜舟楫，上下于南郡、武昌之间……"

63. 页 168 注①，《资治通鉴》卷二六六，引文"杨王地广兵强……"

按，此载当出自《通鉴》卷 265，唐昭宗天祐元年十二月，第 8638 页。

64. 页 169 注③，转引《太平寰宇记补阙》七，引文"巴子兄弟五人，立为五溪之长"。

按，此载当出自（宋）乐史：《太平寰宇记》（下文简称《寰宇记》）卷 119《江南西道十七》，台北文海出版社影印本 1971 年版，第 138 页，原文作"巴子兄弟立为五溪之长"。

65. 页 170 注①，《十国》卷八七，《楚·武穆王世家》，引文

"辰州蛮宋邺、溆州蛮潘金盛寇武冈"。

按，此载当出自（清）吴任臣：《十国春秋》（下文简称《十国》）卷67《楚二·武穆王世家》，中华书局点校本1984年版，第938页，原文作"辰州蛮宋邺寇湘乡、溆州蛮潘金盛寇武冈"。

66. 页170注②，《十国》卷八七，《楚·武穆王世家》，引文"辰州蛮宋邺……"

按，此载当出自《十国》卷67《楚二·武穆王世家》，第938页。

67. 页170注④，《九国志》卷十一，《楚·彭玕传》，引文"聚徒众得数千人……"

按（宋）路振：《九国志》卷11《楚·彭玕传》，见傅璇琮、徐海荣、徐吉军主编：《五代史书汇编》（六），杭州出版社点校本2004年版，第3355页，原文作"保聚徒众，得数千人……"

68. 页170注⑤，《九国志》卷十一，《楚·彭玕传》，引文"军纪严肃……"

按《九国志》卷11《楚·彭玕传》，第3355页，原文作"军政严肃……"

69. 页171注⑧，《十国》卷六八，《楚·文昭王世家》，引文"引锦州蛮万余人寇辰、澧二州……"

按《十国》卷68《楚二·文昭王世家》，第953页，原文作"引锦、溪州蛮万余人寇辰、澧二州……"

70. 页173注①，本主文据湖南博物馆拓本，参见《十国》《楚·李宏皋传》，引文"……吾伐叛德柔……乃依前奏授彭士愁溪州刺史……大振贫乏……勿恃悬崖绝壑……""……当都愿将本管都团百姓军人……其五部主首……本部申上科惩……"

按《十国》卷74《楚八·李宏皋传》，第1017—1018页，原文作"……吾伐叛怀柔……乃依前奏授彭士然溪州刺史……大振贫民……勿恃悬崖绝壁……""……当都愿将本管诸团百姓军人……其五姓主首……本都申上科惩……"

71. 页174注①，《十国》卷六八，《楚·文昭王世家》，引文"……皆先后来附"。

按《十国》卷68《楚二·文昭王世家》，第954页，原文作"……皆前后来附"。

72. 页175注③，《旧史》卷一三三，《高季兴传》，引文"乃招辑流散……"

按《旧史》卷133《高季兴传》，第1751页，原文作"招葺流散……"

73. 页176注③，《史补》，引文"……兵虽小而势实大……但恨未见得其便耳……"

按《史补》卷4《梁震裨赞》，第2517页，原文作"……兵虽小而势甚大……但恨未得其便耳……"

74. 页181注③，《十国》卷四，《前蜀》六，《张琳传》，著文"前蜀邛州节度使张琳在眉州修通济堰，溉田一万五千顷"。

按，此载当出自《十国》卷40，《前蜀六·张琳传》，第597页。

75. 页181注⑧，《备史》卷一，《武肃王》，引文"亲巡依锦城……"

按《备史》卷1《武肃王》，第6194页，原文作"亲巡衣锦城……"

76. 页182注①，《备史》卷尾，《杂考》，前引"……怒濑急湍……潮乃还钱塘"。次引"东趋西陵……作九重……塘岸益固"。末引"……故首出上云……"

按，此注引文宜作三注。前引出自（清）翟均廉：《海塘录》卷26《杂志》引《吴越备史》，景印文渊阁四库全书本（第583册），第795—796页，原文作"……怒潮急湍……潮乃退"。次引出自《海塘录》卷26《杂志》引《钱塘县志》，第796页，原文作"东趋南陵……作六重……岸益固"。后引出自（明）徐一夔：《史丰稿》卷7《杂述·辨钱塘铁箭》，景印文渊阁四库全书本（第1229册），第238页，原文作"……故幢首出土云……"

77. 页182注②，《十国》卷七八，《吴越武肃王世家》，引文"置都水营使以主水利，以主水事，号曰撩浅军……一路自急水港上淀山湖入海……""浚拓湖及新泾塘由小官浦入海……"

按《十国》卷78《吴越二·武肃王世家下》，第1090、1101页，原文作"置都水营使以主水事，募卒为都，号曰'撩浅军'……一路自急水港下淀山湖入海……""浚柘湖及新泾塘，由小官浦入海……"

78. 页183注①，《范文正公奏议集》上，《答手诏条陈十事》，引文"……为民美利……苏州有营田军四部……大半堕废……"

按（宋）范仲淹：《范文正公政府奏议》卷上《治体·答手诏条陈十事》，见《范文正公集》，四部丛刊初编本（第136册），商务印书馆影印本1926年版，页10—1~2，原文作"……为农美利……苏州有营田军四都……大半隳废……"

79. 页184注①，《吴唐拾遗录·劝农桑》，引文"吴顺义中……"

按，此载当出自《容斋续笔》卷18《宋齐丘》引《吴唐拾遗录·劝农桑》，见《容斋随笔》，第418页。

80. 页185注①，《备史》卷二，《文穆王》，引文"仍赦境内租税之半"。

按《备史》卷2《文穆王》，第6226页，原文作"仍赦境内今年租税之半"。

81. 页185注③，同上书（《备史》）卷四，《大元帅吴越国王》，引文"……由是境内无弃田……"

按《备史》卷4《大元帅吴越国王》，第6246页，原文作"……由是境内并无弃田……"

82. 页185注④，注引"《十国》卷一一六，《备考·吴越世家辩案》引《丹铅录》"所载，引文"……吴越王钱宏佐……欧阳永叔《五代史记》乃云……则以次唱笞之……欧阳修记钱氏重敛……乃诬其祖以重敛民怨之事。然则挟私怨于褒贬之间……"

按《十国》卷116《备考·吴越世家辩案》引《丹铅录》，第1777—1778页，原文作"……吴越王钱弘佐……欧阳永叔《五代史》乃云……则以次唱而答之……欧阳修记钱氏重敛之虐……乃诬其祖以重敛民怨之事。若然，则挟私怨于褒贬之间……"

83. 页186注③，同上书（《十国》）卷九四，《闽五·王审邽传》，引文"……兴定庐舍"。

按《十国》卷94《闽五·王审邽传》，第1363页，原文作

"……兴完庐舍"。

84. 页 186 注⑥，《通鉴》卷二七四，引文"湖南民不事蚕桑……"

按《通鉴》卷 274，后唐庄宗同光三年十二月，第 8953 页，原文作"湖南民不事桑蚕……"

85. 页 186 注⑧，《十国》卷七五，《楚·杂传》，引文"在马氏时……"

按，此载当出自《十国》卷 75《楚九·卒长传》，第 1035 页，原文作"当马氏时……"

86. 页 187 注①，《十国》卷三六，《前蜀·高祖本纪》，引文"……诸州县镇不敢归还者……今年正月初九日以前，应在府及州县镇军人及百姓……官中征没屋舍庄田，除已有指挥及有人经营收买外……并宜还却……"

按，此载当出自（宋）句延庆：《锦里耆旧传》（下文简称《耆旧传》）卷5，见傅璇琮、徐海荣、徐吉军主编：《五代史书汇编》（十），杭州出版社点校本 2004 年版，第 6029 页，原文作"……诸州县镇不敢放归还者……今年正月九日以前，应在府及州县镇军人百姓……官中收没屋舍庄田，除已有指挥及有人经官收买外……并宜给还却……"

87. 页 187 注③，《九国志》卷六，《前蜀·晋晖传》，引文"招徕逋窜，划陈蠹弊……"

按《九国志》卷 6《前蜀·晋晖传》，第 3294 页，原文作"招来逋窜，划除蠹弊……"

88. 页 188 注②，《九国志》卷七，《后蜀·石处温传》，引文"……常积谷数千万石，前后累献军粮二千余万石"。

按《九国志》卷 7《后蜀·石处温传》，第 3319 页，原文作"……常积谷数万千石，前后累献军粮二十余万石"。

89. 页 189 注③，《十国》卷七八，《吴越·武肃王世家》，引文"吴绫、越绫……""锦绮五百连""吴越异纹绫八千匹……"

按，引文源自同书不同卷，宜分作三注。前引出自《十国》卷78《吴越二·武肃王世家下》，第 1097 页。次引出自《十国》卷79《吴越三·文穆王世家》，第 1122 页，原文作"锦绮五百"。末引出自

《十国》卷 79《吴越三·文穆王世家》，第 1124 页。

90. 页 189 注⑥，《五代诗话》卷四，《张立》，引文"随驾宫人皆衣画云霞道服"。

按，此载当出自《旧史》卷136《王衍传》，第 1819 页。

91. 页 190 注①，《十国》卷六七，《楚·文昭王世家》，引文"土绢、土绫、吉贝布共三千匹"，"……锦绮缛面十条，锦绮皆十合（盒）"。

按《十国》卷 67《楚二·文昭王世家》，第 952、957 页，原文作"土绢、土絁、吉贝布共三千匹""……锦绮缛面十床，锦绮背十合"。

92. 页 190 注②，《通鉴》卷二八三，引文"……秋冬用木棉"。

按《通鉴》卷 283，后晋高祖天福七年十月，第 9241 页，原文作"……秋冬用木绵"。

93. 页 190 注⑤，《十国》卷一〇一，《荆南·文献王世家》，引文"御衣服段罗绫绢一百匹"。

按《十国春秋》卷 101《荆南二·文献王世家》，第 1442 页，原文作"御衣段罗绫绢一百五十匹"。

94. 页 191 注①，《学林新编》，引文"茶之佳品造在社前……"

按，此载当出自（宋）王观国：《学林》卷8《茶诗》，中华书局点校本 1988 年版，第 275 页，原文作"茶之佳品，摘造在社前"。

95. 页 191 注②，《三山老人语录》，引"五代诗人郑邀《咏茶》云"，引文"……夜血和烟捣……"

按，此载当出自（宋）阮阅：《诗话总龟·后集》卷30《咏茶门》，景印文渊阁四库全书本（第 1478 册），第 802 页，当作"五代诗人郑邀《茶诗》云"，原文作"……夜臼和烟捣……"

96. 页 191 注③，《学林新编》，引文"……白瓿封题寄火前"。

按，此载当出自《学林》卷8《茶诗》，第 275 页，原文作"……白硾封题寄火前"。

97. 页 191 注④，《十国》卷一六，《南唐·元宗本纪》，著文"吴几次致茶于后唐"。

按，此载当出自《十国》卷3《吴三·睿帝本纪》，第 60 页。

98. 页 191 注⑤，《谈苑》，引文"……始罢阳羡茶"。

按，此载当出自《十国》卷 16《南唐二·元宗本纪》，第 210 页，原文作"……始罢贡阳羡茶"。

99. 页 191 注⑥，《南唐拾遗录》，引文"取茶之乳作片，或号京铤的乳及骨子等名"。

按，此载当出自《诗话总龟·后集》卷30《咏茶门》，第 800 页，原文作"取其乳作片，或号曰京铤的乳及骨子等"。

100. 页 191 注⑦，《东溪试茶录》，引文"南唐时进建阳茶油花子大小形制各别，宫嫔缕金于面，皆淡妆以花饼施额上，时号北苑妆"。

按，此载当出自（宋）陶谷：《清异录》卷下《北苑妆》，见朱易安、傅璇琮等主编：《全宋笔记》（第一编），大象出版社点校本 2003 年版，第 76 页，原文作"江南晚季，建阳进茶油花子，大小形制各别，极可爱。宫嫔缕金于面，皆以淡妆，以此花饼施于额上，时号'北苑妆'"。

101. 页 192 注①，《十国》卷七九、八〇，《吴越·文穆王世家·忠献王世家》，著文"南唐境内官焙茶三十八处，官私制茶共一千三百三十六处"。

按，此注当出自（宋）宋子安：《东溪试茶录》，景印文渊阁四库全书本（第 844 册），第 655 页。

102. 页 192 注②，同上书（《十国》）卷三五，《前蜀·高祖本纪》，著文"吴越向中原王朝的贡品中有'茶二万七千斤'、'大茶、脑源茶二万四千斤'、'茶二万五千斤'、'脑源茶三万四千斤'"。

按，此载分见《十国》卷78、79、80《吴越二·武肃王世家下》《吴越三·文穆王世家》《吴越四·忠献王世家·忠逊王世家》，第 1101、1124、1135、1139 页。

103. 页 192 注③，《十国》卷五三，《后蜀·毋守素传》，引文"贡茶布等十万"，"籍其成都茶园以献……"

按，引文源自同书不同卷，宜分作二注。前引出自《十国》卷35《前蜀一·高祖本纪》，第 496 页。后引出自《十国》卷53《后蜀六·毋守素传》，第 783 页，原文作"籍其成都庄产茶园以献……"

104. 页 193 注①,《九国志》卷一,《吴·秦斐传》,引文"斐在治七年……"

按,此载当为《九国志》卷1《吴·秦裴传》,第3227页,原文作"裴在治七年……"

105. 页 193 注④,《史补》,引文"凡用数十万斤"。

按《史补》卷3《马希范奢侈》,第2500页,原文作"凡用数十万斤石"。

106. 页 194 注②,同上书(《十国》)卷九二,《闽·景宗本纪》,引文"银二千两"。

按《十国》卷92《闽三·景宗本纪》,第1341页,原文作"铤银二千两"。

107. 页 194 注③,见《江南野史》,著文"……官给盐一升,谓之'盐米'"。

按(宋)龙衮:《江南野史》(下文简称《野史》)卷3《后主》,见傅璇琮、徐海荣、徐吉军主编:《五代史书汇编》(九),杭州出版社点校本2004年版,第5172页,原文作"……官给盐二斤,谓之'盐米'"。

108. 页 194 注⑤,《通鉴》卷二九四,引文"……愿将海陵盐南属以赡军"。

按《通鉴》卷294,后周世宗显德五年五月,第9584页,原文作"……愿得海陵盐南属以赡军"。

109. 页 197 注③,《十国》卷一一六,《备考》,引文"洁白坚滑类高丽纸……"

按,此载当出自《十国春秋拾遗备考·吴越》,见《十国》,第1786页。

110. 页 199 注④,《史补》,引文"……可谓三千里外一条水,十二时中两度潮……两浙贡献自海路至青州……"

按《史补》卷5《契盈属对》,第2534页,原文当作"……盈对曰:'可谓三千里外一条水,十二时中两度潮'……两浙贡赋自海路而至青州……"

111. 页 200 注①,《十国》卷一一二,《地理表》下,引文

"……其门……"

按《十国》卷 112《地理表下》，第 1619 页，原文作"……其门七……"

112. 页 200 注②，《旧史》卷一三四，《王审知传》，引文"……汛海至登莱抵岸……"

按《旧史》卷 134《王审知传》，第 1792 页，原文作"……泛海至登莱抵岸……"

113. 页 200 注③，《新史》卷六八，《闽世家》，引文"招徕海中蛮夷商贾……"

按《新史》卷 68《闽世家》，第 846 页，原文作"招来海中蛮夷商贾……"

114. 页 201 注①，《旧史》卷一三五，《刘龑传》，引文"……穷奢侈娱，僭一方……"

按《旧史》卷 135《刘龑传》，第 1808 页，原文作"……穷奢极侈，娱僭一方……"

115. 页 201 注③，《通鉴》卷二七四，引文"……故能以境内之物易天下百货……"

按《通鉴》卷 274，后唐庄宗同光三年十二月，第 8953 页，原文作"……故能以境内所余之物易天下百货……"

116. 页 201 注⑥，《通鉴》卷二八八，引文"……乃上表谢罪……"

按《通鉴》卷 288，后汉高祖乾祐元年六月，第 9394 页，原文作"……乃遣使上表谢罪……"

117. 页 202 注③，《野人闲话》，引文"……华轩采舫，共赏百花潭上，至诸王功臣已下，皆各置林亭，异果、名花，充溢其"。

按（宋）耿焕：《野人闲话》（下文简称《闲话》），《颁令箴》，见傅璇琮、徐海荣、徐吉军主编：《五代史书汇编》（十），杭州出版社点校本 2004 年版，第 5991 页，原文作"……贵门公子，乘彩舫游百花潭，穷奢极丽。诸王、功臣已下，皆置林亭，异果名花，小类神仙之境"。

118. 页 202 注④，《蜀梼杌》，引文"城头尽种芙蓉……"

按（宋）张唐英著，王文才、王炎校笺：《蜀梼杌校笺》卷 4

《后蜀后主》，巴蜀书社 1999 年版，第 381 页，原文作"城上尽种芙蓉……"

119. 页 202 注⑥，《十国》卷五三，《后蜀·李昊传》，引文"秉利权资货……"

按，此载当为《十国》卷 52《后蜀五·李昊传》，第 774 页。

120. 页 202 注⑦，《故事》上，引文"倦立且饥……"

按，此载当出自《琐言》卷 1《日本国王子棋》，第 21—22 页。

121. 页 203 注①，《鉴诫录》，引文"二十万军高拱手"。

按（后蜀）何光远：《鉴诫录》卷 5《徐后事》，见傅璇琮、徐海荣、徐吉军主编：《五代史书汇编》（十），杭州出版社点校本 2004 年版，第 5903 页，原文"二十万军齐拱手"。

122. 页 204 注①，《通考》卷四，《田赋考》四，引文"……别输三升……"

按（元）马端临：《通考》卷 4《田赋考四·历代田赋之制》，考 53，原文作"……别输三斗……"

123. 页 204 注②，《通考》卷四，《田赋考》四，引文"……入仓库则有蘸米"。

按《通考》卷 4《田赋考四·历代田赋之制》，考 53，原文作"……入仓库则有蘸钱"。

124. 页 204 注④，《新史》卷六九，《南汉世家》，引文"遣巨舰指挥使暨彦赟以兵入海……"

按，此载当出自《新史》卷 65《南汉世家》，第 816 页。

第三章　契丹的崛起和中原人民的抗辽斗争

1. 页 206 注①，《辽史》卷一，《太祖纪》，引文"奇首生都庵山……"

按，此载当出自（元）脱脱等：《辽史》卷 2《太祖纪下》，中华书局点校本 1974 年版，第 24 页，原文作"奇首生都菴山……"

2. 页 207 注③，《旧书》卷一一〇，《李光弼传》，引文"父楷洛，开元初为羽林将军同正……"

按《旧书》卷 110《李光弼传》，第 3303 页，原文作"父楷洛，开元初，左羽林将军同正……"

3. 页 208 注⑤，《辽史》卷二，《太祖纪》二，引文"……挟其政柄……已有广土之志……"

按《辽史》卷 2《太祖纪下》，第 24 页，原文作"……执其政柄……已有广土众民之志……"

4. 页 208 注⑥，《旧史》卷一三五，《契丹传》，引文"燕之军民多为寇掠……"

按，此载当出自《旧史》卷137《契丹传》，第 1828 页，原文作"燕之军民多为寇所掠……"

5. 页 208 注⑧，《新史》卷 72，《四夷附录·契丹》，引文"中国之王无代者"。

按《新史》卷 72《四夷附录二》，第 886 页，原文作"中国之王无代立者"。

6. 页 209 注①，《通鉴》卷二六六，引文"……别为一部"。

按《通鉴》卷 266，后梁太祖开平元年五月，第 8678 页，原文作"……别自为一部"。

7. 页 209 注③，《辽史》卷一，《太祖纪》，引文"获生口九万五千""俘获生口万四千二百"。

按，两则材料出自同书不同卷，宜分别作注。前引出自《辽史》卷1《太祖纪上》，第 2 页。后引出自《辽史》卷2《太祖纪下》，第 15 页。

8. 页 210 注②，《辽史》卷三七，《地理志》一，引文"……户二千五百"。

按《辽史》卷 37《地理志一》，第 439 页，原文作"……户三千五百"。

9. 页 210 注④，《辽史》卷三七，《地理志》一，引文"……与汉民杂处，居户四千"。

按《辽史》卷 37《地理志一》，第 439 页，原文作"……与汉民杂居。户四千"。

10. 页 210 注⑦，《辽史》卷三八，《地理志》二，引文"地产铁，拨户三百采炼，随征转输"。

按《辽史》卷38《地理志二》，第469页，原文作"产铁，拨户三百采炼，随征赋输"。

11. 页210注⑨，《辽史》卷三九，《地理志》三，原文作"……多伎巧"。

按《辽史》卷39《地理志三》，第487页，原文作"……多技巧"。

12. 页211注①，《辽史》卷五九，《食货志》上，引文"各部大臣以上征伐……为其头下军州……"

按《辽史》卷59《食货志上》，第926页，原文作"各部大臣从上征伐……为头下军州……"

13. 页212注①，《辽史》卷四五，《百官志》上，引文"……兼制中国宦官分南北……"

按，此载当出自《辽史》卷45《百官志一》，第685页，原文作"……兼制中国，官分南、北……"

14. 页212注②，《辽史》卷四五，《百官志》上，引文"其实所治皆北面之事"。

按，此载当出自《辽史》卷45《百官志一》，第686页。

15. 页212注③，《辽史》卷四五，《百官志》上，引文"……夷离堇视刑部……于越坐而论议"。

按，此载当出自《辽史》卷45《百官志一》，第686页，原文作"……夷离毕视刑部……于越坐而论议以象公师"。

16. 页212注④，《辽史》卷四七，《百官志》下，引文"皇族四帐世预其选"等。

按，此载当出自《辽史》卷45《百官志一》，第690页。

17. 页212注⑤，《辽史》卷四七，《百官志》下，引文"乃用唐制……"

按，此载当出自《辽史》卷47《百官志三》，第772页。

18. 页213，《辽史》卷三五《兵卫志》上云："……常留骑兵，为部帐根本。"

按，此载当出自《辽史》卷35《兵卫志中》，第409页，原文作

"……常留余兵为部族根本"。

19. 页213 注①，《辽史》卷三二，《营卫志》中，引文"……谓之按钵"。

按《辽史》卷32《营卫志中》，第373页，原文作"……谓之'捺钵'"。

20. 页214 注①，《辽史》卷五九，《食货志》上，引文"……分北大浓兀二部……"

按《辽史》卷59《食货志上》，第924页，原文作"……分北大浓兀为二部……"

21. 页214 注②，《辽史》卷五九，《食货志》上，引文"……益以海勒水之善地"。

按《辽史》卷59《食货志上》，第924页，原文作"……益以海勒水之善地为农田"。

22. 页215 注①，《辽史》卷六〇，《食货志》下，引文"群牧蕃息……"

按《辽史》卷60《食货志下》，第931页，原文作"群牧蓄息……"

23. 页215 注③，《辽史》卷六〇，《食货志》下，引文"……有绫锦诸工作、宦者、翰林、伎术、教坊、解觚、秀才、僧、尼、道士皆中国人"。

按，此载当出自《新史》卷73《四夷附录二》，第906页，原文作"……有绫锦诸工作、宦者、翰林、伎术、教坊、解觚、秀才、僧、尼、道士等，皆中国人"。

24. 页215 注④，《辽史》卷六〇，《食货志》下，引文"……禺中交易市北，漏下交易市南……"

按《辽史》卷60《食货志下》，第929页，原文作"……禺中交易市北，午漏下交易市南……"

25. 页216 注②，《通鉴》卷二六九，引文"田租皆军食……"

按《通鉴》卷269，后梁均王贞明三年二月，第8813页，原文作"田租皆贡军食……"

26. 页216 注④，同上书（《通鉴》）卷二七一，引文"卢龙巡属诸州为之残弊"。

按，此载当出自《通鉴》卷270，后梁均王贞明三年八月，第8819页。

27. 页217注①，《通鉴》卷二七五，引文"若与我大河以北……"

按《通鉴》卷275，后唐明宗天成元年七月，第8989页，原文作"若与我大河之北……"

28. 页217注②，《通鉴》卷二七六，引文"……奋挝捭剑……""契丹北走者殆无孑遗"。

按《通鉴》卷276，后唐明宗天成三年五月、八月，第9019、9022页，原文作"……奋挝挥剑……""北走者殆无孑遗"。

29. 页219注③，《通鉴》卷二八〇，引文"……乞移兵柄……"

按《通鉴》卷280，后晋高祖天福元年四月，第9141页，原文作"……乞解兵柄……"

30. 页220注④，《通鉴》卷二八〇，引文"约为父子之国……"

按，此载当出自《旧史》卷137《契丹传》，第1833页。

31. 页221注①，《旧史》卷七〇，《张敬达传》，引文"……用毛索挂铃……始则削木节粪以饲其马……"

按《旧史》卷70《张敬达传》，第934页，原文作"……用毛索铃……始则削木筛粪，以饲其马……"

32. 页222注①，《通鉴》卷二八〇，"奉表称臣，谓契丹主为父皇帝……"

按，此载当出自《通鉴》卷281，后晋高祖天福三年七月，第9188—9189页。

33. 页222注②，《旧史》卷九一，《张从宾传》，引文"取内库金帛以给部伍"。

按，此载当出自《旧史》卷97《张从宾传》，第1289页。

34. 页225注①，《旧史》卷九八，《安重荣传》，引文"臣昨据熟吐浑节度使白承福、赫连公德等各领部族二万余帐……南北将沙陀安定九府等各领部族老小，并牛羊车帐甲马七八路募化归奔，俱至五台及当地府界，已来安泊……凌害至深……须令点检壮强……忿恨不已……又朔州节度副使赵崇与本城将校杀伪节度使刘山……"

按《旧史》卷98《安重荣传》，第1302—1303页，原文作"臣昨据熟吐浑节度使白承福、赫连公德等，各领部族三万余帐……南北将沙陀、安庆、九府等，各领部族老小，并牛羊、车帐、甲马，七八路慕化归奔，俱至五台及当府地界已来安泊……凌害至甚……须令点检强壮……忿惋不已……续又朔州节度副使赵崇与本城将校杀伪节度使刘山……"

35. 页226注①，《旧史》卷八一，《晋少帝纪》，引文"（六月）辛未，遣内外臣寮二十八，分往诸道州府率借粟麦……"

按《旧史》卷81《晋少帝纪一》，第1078页，原文作"（六月）辛未，遣内外臣寮二十八人分往诸道州府率借粟麦……"

36. 页227注①，《通鉴》卷二八三，引文"……令判官李治称贷于民……"

按《通鉴》卷283，后晋齐王天福八年十二月，第9258页，原文作"……又令判官李沼称贷于民……"

37. 页228注③④⑤，《旧史》卷七七，《杨光远传》，引文"由此怨望……"

按，三注均当出自《旧史》卷97《杨光远传》，分见第1291、1292、1292页。

38. 页229注②，《旧史》卷九五，《吴峦传》，引文"契丹主躬率步奚及激海夷等四面进攻""……敌之梯冲……""是日，敌复合围……"

按《旧史》卷95《吴峦传》，第1268页，原文作"契丹主躬率步奚及渤海夷等四面进攻""……贼之梯冲……""是日，贼复合围……"

39. 页229注③，《通鉴》卷二八三，引文"时用兵方略、号令皆延广……"

按《通鉴》卷283，后晋齐王开运元年正月，第9263页，原文作"时用兵方略号令皆出延广……"

40. 页230注③，《通鉴》卷二八四，引文"于是，诸军汹惧无部伍……"

按《通鉴》卷284，后晋齐王开运元年十二月，第9280页，原文作"于是诸军恟惧，无复部伍……"

41. 页 230 注④，《旧史》卷九五，《沈赟传》，引文"……忍以毡幕之众……"

按，《旧史》卷95《沈赟传》，第1267页，原文作"……忍以氈幕之众……"

42. 页 231 注④，《旧史》卷八三，《晋少帝纪》，引文"……若候风止……即呼众军齐力击贼……风声尤猛……"

按《旧史》卷83《晋少帝纪三》，第1103—1104页，原文作"……若俟风止……即呼诸军齐力击贼……风势尤猛……"

43. 页 232 注④，《旧史》卷八三，《晋少帝纪》，引文"……取敌戈矛……"

按，此载当出自《旧史》卷82《晋少帝纪二》，第1087页，原文作"……取贼戈矛……"

44. 页 232 注⑤，《旧史》卷八三，《晋少帝纪》，引文"援送所掠人口、宝货等由长芦入蕃"等。

按，此载当出自《旧史》卷82《晋少帝纪二》，第1087页。

45. 页 233 注①，《旧史》卷九十，《马全节传》，引文"……官府复扰之，则不堪命矣……"

按《旧史》卷90《马全节传》，第1181页，原文作"……官司复扰之，则不堪其命矣……"

46. 页 233 注③，同上书（《通鉴》）卷二八三，引文"……收兵北去"。

按，此载当出自《通鉴》卷284，后晋齐王开运元年三月，第9268页，原文"……收军北去"。

47. 页 233 注④，《旧史》卷一三七，《契丹传》，引文"……其国君臣稍厌兵革"。

按《旧史》卷137《契丹传》，第1834页，原文作"……蕃国君臣稍厌兵革"。

48. 页 234 注③，《旧史》卷八三，《晋少帝纪》，引文"每遇四方进献器皿……"

按，此载当出自《旧史》卷84《晋少帝纪四》，第1112页。

49. 页 235 注③，《通鉴》卷二八四，引文"中国疲惫……"

按《通鉴》卷 284，后晋齐王开运二年二月，第 9284 页，原文作"中国疲弊……"

50. 页 235 注④，《通鉴》卷二八四，引文"勒兵不出""及契丹退……"

按，此载当出自《旧史》卷88《景延广传》，第 1144 页。

51. 页 236 注④，《册府》卷一八〇，《帝王·滥赏》，引文"微有功名目，皆次第给缗帛"。

按《册府》卷 180《帝王部·滥赏》注引"史官曰"，第 2166 页，原文作"微有功名目，皆次第优给缗帛"。

52. 页 238 注②，《旧史》卷九五，《王清传》，引文"株守于此，营孤食尽"。

按《旧史》卷 95《王清传》，第 1262 页，原文作"守株于此，营孤食尽"。

53. 页 239 注②，《旧史》卷九八，《张彦泽传》，引文"所居财货山积"。

按《旧史》卷 98《张彦泽传》，第 1307 页，引文"又所居第，财货山积"。

54. 页 240 注③，《通鉴》卷二八六，引文"拟延寿为中京留守、大丞相、录尚书事、都督中外军事，枢密使，燕王如故""录尚书事，都督中外军事"。

按，此载当出自《旧史》卷98《赵延寿传》，第 1312—1313 页，原文作"拟延寿为中京留守、大丞相、录尚书事、都督中外诸军事，枢密使，燕王如故""录尚书事，都督中外诸军事"。

55. 页 240 注⑤，《旧史》卷九八，《赵延寿传》，引文"……每岁差伊分番于河外沿边防戍，上策也"。

按《旧史》卷 98《赵延寿传》，第 1312 页，原文作"……每岁差伊分番，于河外沿边防戍，斯上策也"。

56. 页 241 注③，《通鉴》卷二八六，引文"……其实无所颁，皆蓄之内库……"

按《通鉴》卷 286，后汉高祖天福十二年正月，第 9335 页，原文作"……其实无所颁给，皆蓄之内库……"

57. 页241 注④，《通鉴》卷二八六，引文"……山林之盗，由是而繁……又多以其子弟及亲信左右为节度使，不通政务，华人之狡狯者多依托其麾下……"

按《通鉴》286，后汉高祖天福十二年二月，第9342页，原文作"……山林之盗，自是而繁……又多以其子弟及亲信左右为节度使、刺史，不通政务，华人之狡狯者多往依其麾下……"

58. 页242 注①，《旧史》卷九九，《汉高祖纪》，引文"……时契丹以族人朗鄂为澶州节度使。朗鄂性贪虐……琼为水运什长，乃构夏津贼帅张乙……"

按《旧史》卷99《汉高祖纪上》，第1325—1326页，原文作"……时契丹以族人朗五为澶州节度使。契丹性贪虐……琼为水运什长，乃拘夏津贼帅张乙……"

59. 页242 注②，《旧史》卷九九，《汉高祖纪》，引文"……夺器数万计……城中遗民得七百人而已……王纪宏镇相州……"

按《旧史》卷99《汉高祖纪上》，第1327页，原文作"……夺器甲数万计……城中遗民，得男女七百人而已……王纪弘镇相州……"

60. 页242 注④，《旧史》卷九九，《汉高祖纪》，引文"丹州都指挥使高彦珣杀契丹所命刺史"。

按《旧史》卷99《汉高祖纪上》，第1326页，原文作"丹州都指挥使高彦珣杀伪命刺史"。

61. 页243 注②，《隆平集·武行德传》，引文"……行德谓众曰：'我与若等能为边地鬼耶?'众素优其威名，皆曰：'惟命!'遂攻孟州，逐走其节度使崔延勋，悉以州库分诸校而权领州事。"

按（宋）曾巩：《隆平集》卷16《武行德传》，台湾文海出版社影印本1967年版，第638页，原文作"行德谓众曰：'我与若等能为异域鬼邪?'辞气慷慨，涕泗横集。众素服其威名，皆曰：'惟命!'遂攻孟州城，走其伪节度使崔延勋，悉府库分诸校，而权领州事。"

62. 页243 注③，《旧史》卷一三七，《契丹传》，引文"我有三失：令上国兵士打草谷，一失也……"

按《旧史》卷137《契丹传》，第1836页，原文作"我有三失：杀上国兵士，打草谷，一失也……"

63. 页246注②，《旧史》卷九九，《汉高祖纪》，引文"分兵守境，以备寇患""应有贡物值契丹将刘九一自土门西入屯于南川，城内忧惧……"

按，两则材料源自不同书，宜分作二注。前引出自《旧史》卷99《汉高祖纪上》，第1324页。后引当出自《通鉴》卷286，后汉高祖天福十二年正月，第9336页，原文作"应有贡物，值契丹将刘九一军自土门西入屯于南川，城中忧惧……"

64. 页246注③，《通鉴》卷二八六，引文"赐诏褒美……"

按，此载当出自《旧史》卷99《汉高祖纪上》，第1324页。

65. 页246注④，《通鉴》卷二八六，引文"……未有它变……且观其所利，止在货财……"

按《通鉴》卷286，后汉高祖天福十二年正月，第9336页，原文作"……未有他变……且观其所利止于货财……"

66. 页247注①，《通鉴》卷二八六，引文"愤惋久之"等。

按，此载当出自《旧史》卷99《汉高祖纪上》，第1325页。

67. 页247注②，《阙文》，引文"……吾既为契丹所立……何不且留吾儿……"

按《阙文》，《汉史·王淑妃许王从益》，第2457页，原文作"……吾儿为契丹所立……何不且留我儿……"

68. 页247注③，《旧史》卷一百，《汉高祖纪》，引文"……东、西京一百内放今年夏税，一百里外及京城今年屋税并放一半……诸贬降官未量移、已量移者，与叙录……流人并放还……"

按《旧史》卷100《汉高祖纪下》，第1332—1333页，原文作"……东、西京一百里外放今年夏税；一百里内及京城，今年屋税并放一半……诸贬降官，未量移者与量移，已量移者与叙录……徒流人并放还……"

69. 页248注③，《旧史》卷一〇九，《杜重威传》，引文"邺城士庶殍殆者十之六七焉"。

按《旧史》卷109《杜重威传》，第1436页，原文作"邺城士庶，殍殍者十之六七"。

70. 页 249 注①，《册府》卷九五，《帝王·赦宥》，引文"……寰区为戎马之所……百万之重聚……"

按《册府》卷95《帝王部·赦宥十四》，第1133页，原文作"……寰区为虏马之乡……百万之生聚……"

71. 页 249 注②，《旧史》卷一〇八，《苏逢吉传》，引文"时有郓州捕贼使臣张柔尽杀平阴县十七村民……""好鲜衣美食，中书供膳……"

按《旧史》卷108《苏逢吉传》，第1424页。原文作"时有郓州捕贼使臣张令柔尽杀平阴县十七村民……""好鲜衣美食，中书公膳……"

72. 页 250 注①，《旧史》卷一〇七，《史弘肇传》，引文"其他断舌、决口、斮筋、折足者，仅无虚日"。

按《旧史》卷107《史弘肇传》，第1404页，原文作"其他断舌、决口、斮筋、折足者，仅无虚日"。

73. 页 250 注②，《旧史》卷一〇七，《史弘肇传》，引文"其府属公利……贪戾凶暴……以输宏肇……"

按《旧史》卷107《史弘肇传》，第1405页，原文作"其属府公利……贪戾凶横……以输弘肇……"

74. 页 250 注③，同上书（《旧史》）卷二，《王章传》，引文"专于权利……"

按，此载当出自《旧史》卷107《王章传》，第1410页。

75. 页 251 注①，《旧史》一〇七，《刘铢传》，引文"……至数百步方止，肌体无完者……"

按《旧史》卷107《刘铢传》，第1414—1415页，原文作"……至数百步外方止，肤体无完者……"

76. 页 251 注②，《册府》卷五四七，《净谏·直谏》，引文"……省余之外……""又放丝三万两配织绢五十匹……"

按《册府》卷547《净谏部·直谏十四》，原文作"……省条之外……""放丝三万两配织绢五千匹……"

77. 页 251 注③，同上书卷（《册府》卷五四七，《净谏·直谏》），引文"每秋苗一亩，率钱三十，夏苗一亩，率钱二千……"

按，此载当出自《旧史》卷107《刘铢传》，第1415页，原文作"每秋苗一亩率钱三千，夏苗一亩钱二千……"

78. 页254注①，《旧史》卷一一〇，《周太祖纪》，引文"常接宾客……幅巾短衣……昌锋刃……亲为抚循……"

按《旧史》卷110《周太祖纪一》，第1450—1451页，原文作"居常接宾客……幅巾短后……冒锋刃……亲为循抚……"

79. 页255注④，同上书卷（《旧史》卷一〇七），《王章传》，引文"……命有司高估其价……"

按《旧史》卷107《王章传》，第1410页，原文作"……命所司高估其价……"

80. 页256注①，《通鉴》卷二八九，引文"……今反以外制内，可乎"。

按《通鉴》卷289，后汉隐帝乾祐三年四月，第9422页，原文作"……今反以外制内，其可乎"。

81. 页256注③，《通鉴》卷二八九，引文"审图之，勿使他人有言"。

按《通鉴》卷289，后汉隐帝乾祐三年十一月，第9431页，原文作"审图之，勿令人有言"。

82. 页256注④，《通鉴》卷二八九，引文"健儿为国戍边……"

按，此载当出自《旧史》卷107《史弘肇传》，第1405页。

83. 页260注①，《旧史》卷一三五，《刘崇传》，引文"……朝廷命行，多不禀行……"

按《旧史》卷135《刘崇传》，第1811页，原文作"……朝廷命令，多不禀行……"

84. 页260注③，同上书卷（《通鉴》卷二九〇），引文"……自余薄有资给，故其国内少廉吏"。

按《通鉴》卷290，后周太祖广顺元年正月，第9454页，原文作"……自余薄有资给而已，故其国中少廉吏"。

85. 页261注①，《旧史》卷七〇，《东汉世家》，引文"……五台当契丹境上……"

按，此载当出自《新史》卷70《东汉世家》，第868页，原文作"……五台当契丹界上……"

第四章　统一趋势的发展和后周的改革

1. 页263注②，《故事》下，引文"诈病以死讣于（延）禀"。

按《故事》卷下《伪闽王氏》，第3195页，原文作"诈疾以死，讣于禀"。

2. 页263注③，《通鉴》卷二七七，引文"其初数年，颇亦善守"。

按，此载当出自《故事》卷下《伪闽王氏》，第3195页。

3. 页264注①，《故事》下，引文"度民万人为僧，由是闽中多僧"。

按，此载当出自《通鉴》卷276，后唐明宗天成三年十二月，第9026页，原文作"度民二万为僧，由是闽中多僧"。

4. 页264注②，《故事》下，引文"……致富人以罪而籍没其赀以任用……"

按，此载当出自《新史》68《闽世家》，第848页，原文作"……致富人以罪，而籍没其赀以佐用……"

5. 页265注⑤，《通鉴》卷二八一，引文"……藉而献之"。

按《通鉴》卷281，后晋高祖天福二年六月，第9176页，原文作"……籍而献之"。

6. 页265注⑦，《故事》下，引文"因召市井屠沽辈别立拱宸军名……饮食之器悉皆中金所给，奉赐复数倍于威武"。

按《故事》卷下《伪闽王氏》，第3196页，原文作"因召市井屠沽辈，别立宸卫军名……饮食之器悉皆中金，所给俸赐复数倍于威武"。

7. 页266注①，《故事》下，引文"锻银叶为酒杯，以饮群下，银叶既柔弱……惟饮乃可舍"。

按《故事》卷下《伪闽王氏》，原文作"锻银叶为酒杯，以赐饮群下，银叶即柔弱……惟饮尽乃可舍"。

8. 页266 注③，《故事》下，引文"福建之间，暴骨如莽"。

按，此载当出自《通鉴》卷282，后晋高祖天福六年七月，第9226页。

9. 页266 注④，《通鉴》卷二八二，引文"日进贷诸省务钱以足之""请令致仕者自非荫补……以资望高下及州县户口多寡定值……"

按《通鉴》卷282，后晋高祖天福六年六月，第9225页，原文作"贷诸省务钱以足之""令欲仕者，自非荫补……以资望高下及州县户口多寡定其值……"

10. 页268 注③，《十国》卷九一，《闽·惠宗纪》，引文"……科取之法率低唐两税而重焉"。

按《十国》卷91《闽二·惠宗纪》，第1323页，原文作"……科取之法，大率效唐两税而加重焉"。

11. 页268 注④，《十国》卷九二，《闽·康宗纪》，引文"诸州计口算钱……"

按，此载当出自《十国》卷91《闽二·康宗纪》，第1331页，原文作"诸州各计口算钱……"

12. 页268 注⑤，《通鉴》卷二八一，引文"诏民有隐年者杖……果蔬鸡豚皆重征之"。

按《通鉴》卷281，后晋高祖天福二年六月，第9176页，原文作"诏民有隐年者杖背……果菜鸡豚，皆重征之"。

13. 页268 注⑥，同上书（《通鉴》）卷二八二，引文"民避重赋者多为僧……"

按《通鉴》卷282，后晋高祖天福五年七月，第9216页，原文作"民避重赋多为僧……"

14. 页268 注⑧，《通鉴》卷二八三，引文"……赋敛繁重……将攻长汀，曾不忧金陵、钱塘相袭……括高赀户，多者补官……诸津征果菜鱼米……"

按《通鉴》卷283，后晋齐王天福八年五月，第9250—9251页，原文作"……赋敛烦重……将攻临汀，曾不忧金陵、钱塘乘虚相袭……括高赀户，财多者补官……延平诸津，征果菜鱼米……"

15. 页269 注②，《通鉴》卷二八三，引文"死者二万余人……"

按，此载当出自《通鉴》卷286，后汉高祖天福十二年三月，第9350页。

16. 页270注②，《史补》，引文"……今有子如此，高郁安得取此耶"。

按《史补》卷3《马希范杀高郁》，第2501页，原文作"……今有子如此，高郁安得取之耶"。

17. 页270注③，《史补》，引文"主上争战得天下，能有机数……若梁朝王彦章罢兵权……"

按《史补》卷3《马希范杀高郁》，第2501页，原文作"主上战争得天下，能用机数……若梁朝王彦章罢兵权也……"

18. 页272注①，《通鉴》卷二八三，引文"……秋冬用木棉"。

按《通鉴》卷283，后晋高祖天福七年十月，第9241页，原文作"……秋冬用木绵"。

19. 页272注②，《十国》卷六八，《楚·文昭王世家》，引文"又建会春园、嘉宴堂、金华殿，所费巨万"。

按《十国》卷68《楚二·文昭王世家》，第956页，原文作"又建会春园、嘉宴堂、金华殿，其费巨万"。

20. 页272注④，《通鉴》卷二八三，引文"但今田在，何忧无谷"。

按《通鉴》卷283，后晋齐王天福八年十二月，第9259页，原文作"但令田在，何忧无谷"

21. 页272注⑤，《通鉴》卷二八三，引文"……惟贫者受刑"，"又置函使人投匿名书相讦……"

按《通鉴》卷283，后晋齐王天福八年十二月，第9259页，原文作"……惟贫弱受刑""又置函，使人投匿名书相告讦……"

22. 页274注②，《通鉴》卷二八九，引文"……又作大象于高楼，手指水面……"

按《通鉴》卷289，后汉隐帝乾祐三年十二月，第9445页，原文作"……又作大像于高楼，手指水西……"

23. 页274注③，《通鉴》卷二八九，引文"……请令（许）可琼阵（岳麓）山前，臣以步兵三千自巴溪渡江，趋岳麓后，夜击之"。

按，此载当出自《新史》卷66《楚世家》，第828页，原文作"……请令可琼等阵山前，臣以步兵三千自巴溪渡江趋岳麓，候夜击之"。

24. 页274注④，《通鉴》卷二八九，引文"……所积宝货，悉入蛮落……"

按《通鉴》卷289，后汉隐帝乾祐三年十二月，第9445页，原文作"……所积宝货，皆入蛮落……"

25. 页274注⑥，《十国》卷六九，《楚恭孝王世家》，引文"府库既尽于乱兵……"

按，此载当出自《通鉴》卷290，后周太祖广顺元年三月，第9458页。

26. 页276注③，《九国志》卷十一，《王逵传》，引文"本无钤略，不能驭下""分厅案事，军政紊乱"。

按《九国志》卷11《楚·王逵传》，第3361页，原文作"本无钤略，不能驭群下""分厅案事，军政淆乱"。

27. 页277注⑤，《新史》卷六六，《楚世家》，引文"公用法太严而失人心，所以不敢留者……"

按《新史》卷66《楚世家》，第831页，原文作"公用法太严而失人心，所以不欲留者……"

28. 页277注⑦，《通鉴》卷二九三，引文"侍中境内弥无太保……"

按《通鉴》卷293，后周世宗显德三年七月，第9557页，原文作"侍中境内，弥天太保……"

29. 页279注①，《十国》卷五八，《南汉·高祖纪》，引文"……亦不失为风流天子"。

按《十国》卷58《南汉一·高祖纪》，第850页，原文作"……亦不失作风流天子"。

30. 页279注③，《十国》卷六六，《南汉·陈延寿传》，引文"先是，高祖（刘龑）宠任中官……因称士人为'门外人'，卒以此亡国"。

按《十国》卷66《南汉九·陈延寿传》，第923页，原文作"先是，高祖虽宠任中官……因谓土人为门外人，卒以此亡国"。

31. 页280注①，《通鉴》卷二七九，引文"昏暴益甚，为长夜之饮"。

按，此载当出自《故事》卷下《伪汉彭城氏》，第3193页。

32. 页280注②，《通鉴》卷二七九，引文"作乐酣饮，夜与倡妇微行……"

按，此载当出自《通鉴》卷283，后晋齐王天福八年三月，第9249页。

33. 页280注③，《新史》卷六五，《南汉世家》，引文"诸弟相次皆见杀"。

按《新史》卷65《南汉世家》，第815页，原文作"诸弟相次见杀"。

34. 页281注②，《十国》卷六六，《南汉·张遇贤传》，引文"张遇贤是第十罗汉，当为汝主"。

按《十国》卷66《南汉九·张遇贤传》，第925页，原文作"张遇贤是第十六罗汉，当为汝主"。

35. 页281注③，《九国志》卷九，《刘洪杲传》，引文"改元永乐，置百官"。

按，此载当出自《通鉴》卷283，后晋高祖天福七年七月，第9239页。

36. 页282注①，《新史》卷六五，《南汉世家》，引文"胡子自言玉皇降胡子身……"

按《新史》卷65《南汉世家》，第817页，原文作"自言玉皇降胡子身……"

37. 页282注②，《新史》卷六五，《南汉世家》，引文"澄枢皆上天使来辅太子，有罪不可问"。

按《新史》卷65《南汉世家》，第817页，原文作"澄枢等皆上天使来辅太子，有罪不可问"。

38. 页282注④，《新史》卷六五，《南汉世家》，引文"尽焚府库宫殿"。

按《新史》卷65《南汉世家》，第819页，原文作"尽焚其府库、宫殿"。

39. 页283注④，同上书（《十国》）卷六三，《南汉·梁嵩·周纾传》，引文"锡赉皆不受，请蠲本州一岁丁赋"。

按，此载宜作《十国》卷63《南汉六·梁嵩传》，第897页，原文作"锡赉皆却不受，请蠲本州一岁丁赋"。

40. 页283注④，同上书（《十国》）卷六三，《南汉·梁嵩·周纾传》，引文"睦邻封，续旧封……"

按，此载宜作《十国》卷63《南汉六·李纾传》，第898页。

41. 页284注②，《立谈》，引文"……朕借杨、徐遗业……锥未处囊中故也……"

按《立谈》，第5010页，原文作"……朕藉杨、徐遗业……锥未得处囊中故也……"

42. 页285注①，《立谈》，引文"……湖湘既定而复灭……"
按《立谈》，第5012页，原文作"……湖湘既定而复变……"

43. 页285注②，《通鉴》卷二八六，引文"陛下欲复祖业……"
按《通鉴》卷286，后汉高祖天福十二年正月，第9338页，原文作"陛下恢复祖业……"

44. 页286注①，《通鉴》卷二八七，引文"乃眷中原，本朝旧地"。

按《通鉴》卷287，后汉高祖天福十二年六月，第9368页，原文作"乃眷中原，本朝故地"。

45. 页286注③，《通鉴》卷二八七，引文"时唐士卒厌兵，莫有斗志……"

按，此载当出自《通鉴》卷288，后汉高祖乾祐元年十一月，第9404页。

46. 页286注④，《旧史》卷一一二，《周太祖纪》，引文"助兹凶恶，非良算也"。

按《旧史》卷112《周太祖纪三》，第1480页，原文作"助兹凶慝，非良算也"。

47. 页287注②，《十国》卷五二，《南唐·李家明传》，引文

"雨虽来，必不敢入城"等。

按，此载当出自《十国》卷32《南唐八·李家明传》，第460页。

48. 页287注③，《玉壶清话》卷十，《南唐遗事》，引文"……彦真托浚濠为名……彦真选上腴，贱价以市之……岁积百亿"。

按（宋）僧文莹：《玉壶清话》卷10《南唐遗事》，中华书局点校本1984年版，第101页，原文作"……彦贞托浚濠为名……彦贞选上腴贱价以市之……岁积巨亿"。

49. 页288注③，《十国》卷三十，《南唐·刘承勋传》，引文"蓄妓数百人，每置一妓……"

按《十国》卷30《南唐十六·刘承勋传》，原文作"蓄伎数十百人，每置一伎……"

50. 页288注④，《十国》卷二七，《南唐·孙晟传》，引文"……家益豪富，不设几案，使众妓各执一器，环立而侍，号'肉合盘'……"

按《十国》卷27《南唐十三·孙晟传》，第382页，原文作"……家益豪富，每食不设几案，使众伎各执一器，环立而侍，号'肉台盘'……"

51. 页289注①，《立谈》，引文"……今拔以取之，以傅斥鷃……"
按《立谈》，第5008页，原文作"……今拔取之以傅斥鷃……"

52. 页290注③，同上书卷（《九国志》卷七），《张业传》，引文"……犯者十倍征之，民不堪命"。

按《九国志》卷7《后蜀·张业传》，第3304页，原文作"……犯者十倍征之，吏民不堪其命"。

53. 页290注⑥，《故事》上，引文"昶好打毬走马……"

按，此载当出自《新史》卷64《后蜀世家》，第803页，原文作"昶好打毬走马……"

54. 页290注⑦，《新史》卷六四，《后蜀世家》，引文"而民间惧其搜选……"

按，此载当出自《故事》卷上《后蜀孟氏》，第3188页。

55. 页291注③，《容斋续笔》卷一，《戒石铭》，引文"……下民易虐，上无难欺……勉尔为戒，体朕深意"。

按《容斋续笔》卷1《戒石铭》，见《容斋随笔》，第220页，原文作"……下民易虐，上天难欺……勉尔为戒，体朕深思"。

56. 页292注②，《新史》卷六四，《后蜀世家》，引文"……至于溺器，皆以七宝为之"。

按《新史》卷64《后蜀世家》，第806页，原文作"……至于溺器，皆以七宝装之"。

57. 页292注③，《故事》上，引文"……环结珠香囊，垂于四角……"

按《故事》卷上《后蜀孟氏》，第3188页，原文作"……环结珠香囊至于四角……"

58. 页292注④，《闲话》，引文"……每春三月、夏四月多有游花浣及锦浦者……华轩采舫，共赏百花潭上；至诸王功臣已下，皆各置林亭、异果、名花，充溢其中"。

按《闲话》，《颁令箴》，第5991页，原文作"……每春三月、夏四月，人游花浣者、游锦浦者……贵门公子，乘彩舫游百花潭，穷奢极丽。诸王功臣已下，皆置林亭，异果名花，小类神仙之境"。

59. 页292注⑥，同上书（《十国》）卷五三，《后蜀·范禹偁传》，引文"贿厚者登高科而评其直（值）"。

按《十国》卷53《后蜀六·范禹偁传》，第782页，原文作"贿厚者登高科，面评其直"。

60. 页293注①，《旧史》卷七九，《晋高祖纪》，引文"群盗张达、任康劫清水德铁之城以应之"。

按《旧史》卷79《晋高祖纪五》，第1037页，原文作"群盗张达、任康等劫清水德铁之城以应之"。

61. 页293注②，《九国志》卷七，《张虔钊传》，引文"……雄武军节度使何重进出陇右……"

按《九国志》卷7《后蜀·张虔钊传》，第3308页，原文作"……雄武军节度使何重建出陇右……"

62. 页294注⑤，《旧史》卷一一三，《周太祖纪》，引文"辽幽州榷盐制置使兼防州刺史、知卢台军事张藏英以本军兵士及职员户人、孳蓄七千头归化"。

按《旧史》卷113《周太祖纪四》，第1497页，原文作"契丹幽州榷盐制置使兼防州刺史、知卢台军事张藏英，以本军兵士及职员户人孳蓄七千头口归化"。

63. 页296注⑤，《旧史》卷一〇九，《李守贞传》，引文"光远有孔目官宋颜者……"

按《旧史》卷109《李守贞传》，第1438页，原文作"光远有孔目官吏宋颜者……"

64. 页297注①，《廿二史札记》卷二二，《五代幕僚之祸》，引文"……然藩镇皆武夫，持权任气……"

按（清）赵翼著，王树民校证：《廿二史札记校证》卷22《五代幕僚之祸》，中华书局1984年版，第476页，原文作"……然藩镇皆武夫，恃权任气……"

65. 页297注⑤，《旧史》卷一〇一，《汉隐帝纪》，引文"……故当时从事鲜宾客之礼，重足一迹而事之……"

按《旧史》卷101《汉隐帝纪上》，第1349页，原文作"……故当时从事鲜宾客之礼，重足累迹而事之……"

66. 页298注①，马令：《南唐书》卷十三，《韩熙载传》，引文"（中原）用吾为相，取江淮如探囊中物耳"。

按（宋）马令：《南唐书》卷13《儒者传上》，见傅璇琮、徐海荣、徐吉军主编《五代史书汇编》（九），杭州出版社点校本2004年版，第5351页，原文作"中国用吾为相，取江淮如探囊中物尔"。

67. 页298注②，《旧史》卷一一〇，《周太祖纪》，引文"或云本常氏子……"

按《旧史》卷110《周太祖纪一》，第1447页，原文作"或云本常氏之子……"

68. 页299注①，《阙文》，引文"守贞在晋，累典禁军，因谓军情附己……广施惠爱……"

按《阙文》《周太祖冯道》，第2458页，原文作"守贞在晋累典禁兵，自为军情附己……广施恩爱……"

69. 页299注⑥，《旧史》卷一一一，《周太祖纪》，引文"仍诏有司……"

　　按《旧史》卷111《周太祖纪二》，第1468页，原文作"仍诏所司……"

　　70. 页300注①，《旧史》卷一一二，《周太祖纪》，引文"诸道州府系属户部营田及租税课利节级，一切停废。应有客户元（原）佃系庄田，桑土舍宇，便赐逐户，永为永业，仍仰县司给于凭由……所有见牛犊并赐本户，永不收系"。

　　按《旧史》卷112《周太祖纪三》，第1488页，原文作"诸道州府系属户部营田及租税课利等……其职员节级，一切停废。应有客户元佃系省庄田、桑土、舍宇，便赐逐户，充为永业，仍仰县司给与凭由……所有见牛犊并赐本户，官中永不收系"。

　　71. 页300注⑤，《通鉴》卷二九一，引文"……户部别置官司总额……"

　　按《通鉴》卷291，后周太祖广顺三年正月，第9488页，原文作"……户部别置官司总领……"

　　72. 页301注①，《会要》卷二五，《逃户》，引文"……五年内归业者，三分交还一分……如五周年外归田者……只仰交各与归业人佃莳……其庄田已被别户请射，无处归化……并庄园，三分内交还二分……十五周年内来者，三分交还一分……一，应有坐家破逃走人户……不限年岁，不在识认之列……其本户归业之时，不许计年限……"

　　按《会要》卷25《逃户》，第406—407页，原文作"……五周年内归业者，三分交还一分……如五周年外归业者……只仰交割与归业人佃莳……其庄田已被别户请射，无处归托……并庄园三分中交还二分……十五周年内来者，三分中交还一分……一，应有坐家破逃人户……不限年岁，不在论认之限……其本户归业之时，不计年限……"

　　73. 页302注①，《元氏长庆集》卷三八，《同州奏均田》，引文"至于富豪之家……"

　　按（唐）元稹：《元稹集》卷38《同州奏均田》，中华书局点校本1982年版，第435页，原文作"富豪兼并……"

　　74. 页302注②，《会要》卷二五，《租税》，引文"庶公王亲览，触目惊心，利国便民，无乱条例……"

按《会要》卷25《租税》，第402页，原文作"庶公王观览，触目警心，利国便民，无乱条制……"

75. 页302注④，《册府》卷四八八，《赋税》；卷四九五，《田制》，引文"总计检到户二百三十九万九千八百一十三……"

按《册府》卷488《邦计部·赋税二》，第5844页；同书卷495《邦计部·田制》，第5934页，原文作"总计检到户二百三十万九千八百一十二……"

76. 页302注⑥，《通考》卷四，《田赋考》四，原文作"先是，历代以圣人之后，不预租庸……"

按《通考》卷4《田赋考四·历代田赋之制》引"止斋陈氏说"，考54，原文作"先是，历代以圣人之后，不预庸调……"

77. 页303注①，《册府》卷四八八，《赋税》，引文"今后夏税以六月一日起征，秋税至十月一日起征……"

按《册府》卷488《邦计部·赋税二》，第5843页，原文作"今后夏税以六月一日起征，秋税以十月一日起征……"

78. 页303注②，《会要》卷二五，《租税·杂录》，引文"应有商贾兴贩牛畜，不计黄、水牛……"

按，此载当出自《会要》卷25《杂录》，第404页，原文作"应有商贾兴贩牛畜，不计黄牛、水牛……"

79. 页303注③，《册府》卷五四七，《谏净·直谏》，引文"……臣谓，聚僧不如聚兵……"

按《册府元龟》卷547《谏净部·直谏十四》，第6575页，"……臣以为，聚僧不如聚兵……"

80. 页304注②，《册府》卷十七，《帝王·务农》，引文"令民每口种韭一畦，以助其食"。

按，此载当出自《册府》卷70《帝王部·务农》，第794页。

81. 页305注①，《通鉴》卷二九四，引文"刻木为农夫蚕妇，置之殿庭"。

按《通鉴》卷294，后周世宗显德五年十月，第9588页，原文作"刻木为耕夫、蚕妇，置之殿庭"。

82. 页 305 注②，《通鉴》卷二九四，引文"诏诸州境乡村……"

按《通鉴》卷294，后周世宗显德五年十月，第9587—9588 页，原文作"诏诸州并乡村……"

83. 页 305 注⑦，《会要》卷二六，《盐》，引文"……今后青盐一石依旧抽税八百……"

按《会要》卷26《盐》，第419 页，原文作"……今后青盐每一石依旧抽税八百……"

84. 页 306 注②，《旧史》卷一四六，《食货志》，引文"曹、宋已西十余州皆食颗盐"。

按《旧史》卷146《食货志》，第1953 页，原文作"曹、宋已西十余州，皆尽食颗盐"。

85. 页 306 注③，《通鉴》卷二九一，著文"后周太祖改为五斤以上处死"。

按，此载当出自《通鉴》卷290，后周太祖广顺二年七月，第9481 页。

86. 页 306 注④，《通鉴》卷二九一，引文"……汉法，犯牛皮一寸处死"。

按《通鉴》卷291，后周太祖广顺二年十一月，第9486 页，原文作"……汉法，犯私牛皮一寸抵死"。

87. 页 306 注⑥，《册府》卷一六〇，《帝王·革弊》，引文"……凡蜀人所立诸色科条，悉罢之"。

按，此载当出自《通鉴》卷292，后周世宗显德二年十一月，第9533 页，原文作"……凡蜀人所立诸色科徭，悉罢之"。

88. 页 306 注⑦，《通鉴》卷二九四，引文"以克复之始，悉命除放，甚允来苏之望"。

按，此载当出自《册府》卷160《帝王部·革弊二》，第1938 页，原文作"以克复之始，悉命除放，民情悦，甚允（来）苏之望"。

89. 页 307 注⑥，《会要》卷二七，《疏凿利人》，引文"于雍、耀之间疏泾水以溉稻田"。

按《会要》卷27《疏凿利人》，第433 页，原文作"于雍、耀二州界疏泾水以溉田"。

90. 页 308 注①，《旧史》卷一一八，《后周世宗纪》，引文"诏疏下汴水一派……"

按，此载当出自《会要》卷27《漕运》，第431页。

91. 页 309 注①，《会要》卷二六，《城郭》，引文"……加之坊市之中……僦货之资……供办实多。而又屋宇交通……"

按《会要》卷26《城郭》，第417页，原文作"……加以坊市之中……僦赁之资……供办实难。而又屋宇交连……"

92. 页 309 注④，《会要》卷二四，《街巷》，引文"……倍减寒燠之苦……"

按，此载当出自《会要》卷26《街巷》，第414页，原文作"……倍减燠寒之苦……"

93. 页 310 注②，《玉壶清话》卷三，引文"……知景所造，赐酒犒其工……景后邀百货于楼……"

按《玉壶清话》卷3，第27页，原文作"……知景所造，颇喜，赐酒犒其工……景后邀巨货于楼……"

94. 页 311 注①，《册府》卷四九八，《邦计·漕运》，引文"……近闻彼民颇有劳弊……"

按《册府》卷498《邦计部·漕运》，第5973页，原文作"……近闻彼民颇甚劳弊……"

95. 页 311 注②，《册府》卷一六〇，《帝王·革弊》，引文"……每日课造军器……仍更于本部内配土产物……"

按《册府》卷160《帝王部·革弊二》，第1937页，原文作"……每日课定造军器……仍更于本部内广配土产物……"

96. 页 311 注③，《旧史》卷一一一，《周太祖纪》，引文"……兼占留属省物过当，乃令罢之……"

按，此载当出自《旧史》卷112《周太祖纪三》，第1485页，原文作"……兼占留属省物用过当，乃令罢之……"

97. 页 311 注④，《容斋随笔》卷十，《绝绸绢尺度》，引文"旧制织造绝、䌷、绢、布、绫、罗、锦、绮、纱、縠等幅阔二尺，起来年须及二尺五分……每匹须及十二两……"

按，此载当出自《容斋三笔》卷 10《绝绸绢尺度》，见《容斋随笔》，第 541 页，原文作"旧制：织造绝绸、绢布、绫罗、锦绮、纱縠等，幅阔二尺起，来年后并须及二尺五分……每匹须及一十二两……"

98. 页 312 注③，《会要》卷二七，《泉货》，引文"……其私下所纳到铜，据斤两付价钱"。

按《会要》卷 27《泉货》，第 437 页，原文作"……其私下所纳到铜，据斤两付给价钱"。

99. 页 312 注④，《通鉴》卷二九二，引文"……彼铜象岂所谓佛邪……亦非可惜也"。

按《通鉴》卷 292，后周世宗显德二年九月，第 9530 页，原文作"……彼铜像岂所谓佛邪……亦非所惜也"。

100. 页 313 注①，《通鉴》卷二九四，引文"……其后，罢诸司公廨钱……"

按《通鉴》卷 294，后周世宗显德五年十二月胡三省注，第 9589 页，原文作"……其后罢诸司公廨本钱……"

101. 页 313 注②，《册府》卷一六〇，《帝王·革弊》，引文"属州帐内有羊、猪、纸、炭等户并羊毛、红花、紫草及进奉官料……今欲并放为散户"。

按《册府》卷 160《帝王部·革弊二》，第 1937 页，原文作"属州帐内有羊、猪、纸、炭等户，并羊毛、红花、紫草及进奉官月料……今并欲放免为散户"。

102. 页 313 注③，《会要》卷二七，《诸色料钱》下，引文"右诸州府……"

按，此载当出自《会要》卷 28《诸色料钱下》，第 447 页。

103. 页 314 注①，《旧史》卷一一二，《周太祖纪》，引文"文宣王百代帝王之师，得无敬乎"。

按《旧史》卷 112《周太祖纪三》，第 1482 页，原文作"文宣王百代帝王师也，得无敬乎"。

104. 页 314 注②，《旧史》卷一一二，《周太祖纪》，引文"诏降兖州为防御州，仍为望州""诏端明殿学士颜衎权知兖州事"。

按《旧史》卷 112《周太祖纪三》，第 1481、1482 页，原文作

"诏兖州降为防御州，仍为望州""诏端明殿学士颜衍权知兖州军州事"。

105. 页314 注③，《旧史》卷一一三，《周太祖纪》，引文"……顷因唐末藩镇殊风，及历岁时……"

按《旧史》卷113《周太祖纪四》，第1497页，原文作"……顷因唐末藩镇殊风，久历岁时……"

106. 页315 注⑥，《旧史》卷一二四，《王殷传》，引文"……凡河北征镇有戍兵处……"

按《旧史》卷124《王殷传》，第1626页，原文作"……凡河北征镇有成兵处……"

107. 页316 注④，《旧史》卷一一二，《周太祖纪》，著文"考城县巡检供奉官马彦勋匿赦书，杀狱囚，处斩"。

按，此载当出自《旧史》卷111《周太祖纪二》，第1473页。

108. 页316 注⑤，《旧史》卷一一一，《周太祖纪》，著文"供奉官武怀赞盗马价入己，处斩"。

按，此载当出自《旧史》卷113《周太祖纪四》，第1498页。

109. 页316 注⑨，《旧史》卷一一三，《周太祖纪》，引文"在宋州日放得丝四万一千四百两请征入官"。

按《旧史》卷113《周太祖纪四》，第1496页，原文作"在宋州日出放得丝四万一千四百两，请征入官"。

110. 页316 注⑩，《旧史》卷一一二，《周太祖纪》，著文"中书舍人刘涛遣男刘顼代草制词，父子俱贬外任卑职"。

按，此载当出自《旧史》卷111《周太祖纪二》，第1475页，"刘顼"原作"刘项"。

111. 页317 注②，同上书（《旧史》）卷一一九，《周世宗纪》，著文"楚州防御使张顺隐落榷税钱五十万、官丝绵二千两赐死。楚州兵马都监武怀恩擅杀降军四人，处斩"。

按，此载当出自《旧史》卷118《周世宗纪五》，第1576页。

112. 页317 注③，《旧史》卷一一七，《周世宗纪》，著文"贬后遇赦重任的濠州刺史齐藏英犯法，处斩"。

按《旧史》卷117《周世宗纪四》，第1560页，"齐藏英"原作

"齐藏珍"。

113. 页 317 注⑥，同上书（《旧史》）卷一一五，《周世宗纪》，著文"太仆卿剧可久举人不当，罢官"。

按，此载当出自《旧史》卷116《周世宗纪三》，第 1549 页。

114. 页 317 注⑦，同上书（《旧史》）卷一一五，《周世宗纪》，著文"御史中丞杨昭俭、知杂侍御史赵砺、侍御使张糺审狱失实，并罢官。"

按，此载当出自《旧史》卷116《周世宗纪三》，第 1548 页。

115. 页 317 注⑧，同上书（《旧史》）卷一一六，《周世宗纪》，引文"为人清苦，临事有守"等。

按，此载当出自《旧史》卷115《周世宗纪二》，第 1531 页。

116. 页 317 注⑩，同上书（《旧史》）卷一一八，《周世宗纪》，引文"获行贼见在寿州……"

按《旧史》卷 118《周世宗纪五》，第 1572 页，原文作"获正贼，见在寿州……"

117. 页 318 注①，《通鉴》卷二九二，引文"以功臣、国戚为方镇者多不闲吏事……"

按，此载当出自《通鉴》卷290，后周太祖广顺元年正月，第 9451 页。

118. 页 318 注③，《旧史》卷一一五，《周世宗纪》，引文"……防御、团练、刺史州各置推事一员"。

按《旧史》卷 115《周世宗纪二》，第 1531 页，原文作"……防御团练刺史州，各置推官一员"。

119. 页 318 注④，《旧史》卷一二三，《高行周传》，引文"由是不敢复然，敬达遂为光远所害"。

按《旧史》卷 123《高行周传》，第 1613 页，原文作"由是不复敢然，敬达遂为光远所害"。

120. 页 319 注⑤，《旧史》卷一一三，《周太祖纪》，"……只以瓦代之。……陵内切不得伤他人命……"

按《旧史》卷 113《周太祖纪四》，第 1503 页，原文作"……只以砖代之。……切不得伤他人命……"

121. 页 320 注①，《旧史》卷一一五，《周世宗纪》，引文"……则何以见器量之浅深、知任用之当否……"

按《旧史》卷 115《周世宗纪二》，第 1526 页，原文作"……则何以见器略之浅深、知任用之当否……"

122. 页 320 注②，《旧史》卷一一五，《周世宗纪》，引文"……并量事状轻轻，连坐举主"。

按《旧史》卷 115《周世宗纪二》，第 1525 页，原文作"……并量事状重轻，连坐举主"。

123. 页 321 注②，《册府》，卷五〇八，《邦计·俸禄》，引文"文武百僚所请俸给，非唯后于诸军……此后并宜支实钱"。

按《册府》卷 508《邦计部·俸禄四》，第 6100 页，原文作"文武百僚所请俸给，支遣之时，非唯后于诸军……此后并宜支与实钱"。

124. 页 322 注①，《通鉴》卷二九三，引文"为政之本，莫大于择人……则以趋竞为能事……乞令即日宰相于南官三品、两省给（事）舍（人）以上……如有不称……试之以事……"

按《通鉴》卷 293，后周世宗显德四年九月，第 9571—9572 页，原文作"为政之本，莫大择人……则以趋竞为心……乞令即日宰相于南宫三品、两省给舍以上……若有不称……试之于事……"

125. 页 322 注⑤，《读通鉴论》卷三〇，《五代》，著文"明末清初的王夫之斥他是卖主求荣之徒"。

按，此载当出自（清）王夫之：《读通鉴论》卷 28《五代上》，中华书局点校本 1975 年版，第 1022 页。

126. 页 323 注②，《新史》卷五四，《杂传·冯道传》，引文"无德无才，痴顽老子"。

按《新史》卷 54《冯道传》，第 614 页，原文作"无才无德痴顽老子"。

127. 页 323 注③，《旧史》卷一二六，《冯道传》，引文"天下百姓如何得救""此时百姓，佛再出世救不得，惟皇帝救得"。

按《旧史》卷 126《冯道传》，第 1660 页，原文作"天下百姓，如何可救""此时百姓，佛再出救不得，唯皇帝救得"。

128. 页 324 注②，《通鉴》卷二九一，引文"……万民之众……"

按《通鉴》卷 291，后周太祖广顺二年十月，第 9517 页，原文作"……万机之众……"

129. 页 325 注①，《通鉴》卷二九〇，引文"……又罪非反逆，往往族诛"。

按《通鉴》卷 290，后周太祖广顺元年正月，第 9451 页，原文作"……又罪非反逆，往往族诛、籍没"。

130. 页 325 注③，《旧史》卷一一〇，《周太祖纪》，引文"今后应犯窃盗赃及和奸者……"

按《旧史》卷 100《周太祖纪一》，第 1460 页，原文作"今后应犯窃盗贼赃及和奸者……"

131. 页 325 注④，《旧史》卷一一〇，《周太祖纪》，引文"诏京兆、凤翔府……"

按，此载当出自《旧史》卷111《周太祖纪二》，第 1473 页。

132. 页 326 注①，《旧史》卷一四七，《刑法志》，引文"……有理须申者……俾甚平允……"

按《旧史》卷 147《刑法志》，第 1973 页，原文作"……有理须伸者……俾皆平允……"

133. 页 326 注②，《会要》卷十，《刑法杂录》，引文"候断遣犯录元案闻奏……"

按《会要》卷 10《刑法杂录》，第 163 页，原文作"候断遣讫录元案闻奏……"

134. 页 326 注③，《会要》卷十，《刑法杂录》，引文"……节级减稍罪人口食""如有疾病者……"

按《会要》卷 10《刑法杂录》，第 164 页，原文作"……节级减消罪人口食""如有病疾者……"

135. 页 326 注⑤，《旧史》卷一四七，《刑法志》，引文"……明与奏闻，量与甄奖"。

按《旧史》卷 147《刑法志》，第 1973 页，原文作"……明具闻奏，量与甄奖"。

136. 页 327 注①，《通鉴》卷二九一，引文"……所讼必须己事，毋得挟私客诉"。

　　按《通鉴》卷291，后周太祖广顺二年十月，第9485页，原文作"……所诉必须己事，毋得挟私客诉"。

　　137. 页327注②③，《会要》卷九十，《定格令》，引文"法书行用多时……""律令之有难解者……"

　　按，两载均当出自《会要》卷9《定格令》，分见第148、149页。

　　138. 页328注①，《通鉴》卷二九三，引文"……使贼人徒侣自相纠告，纠告不虚则以贼产之半赏其告者；或一人能告十人……然被告者不可令至极刑……特与赦放……见今年郑州封内……顷尉氏强民潜往密县行劫……镇将诣村验纵……"

　　按，此载当出自《册府》卷476《台省部·奏议七》，第5689页，原文作"……使贱人徒侣自相纠告，纠告不虚则以所告贼产之半赏其告者；或一人能告十贼……然所被告者不可令至极刑……特与疏放……见今郑州封内……顷岁尉氏强民潜往密县行劫……镇将诣村验踪……"

　　139. 页328注②，《会要》卷八，《经籍》，引文"九经书、五经文字、九经字样各二部，一百三十册"。

　　按《会要》卷8《经籍》，第129页，原文作"进印板《九经》书、《五经文字》、《九经字样》各二部，共一百三十册"。

　　140. 页330注①，《旧史》卷一一四，《周世宗纪》，引文"澶之里衖湫溢，公署毁圮"。

　　按《旧史》卷114《周世宗纪一》，第1510页，原文作"澶之里衖湫隘，公署毁圮"。

　　141. 页330注③，《通鉴》卷二九〇，引文"……日中不起，国人谓之'睡王'"。

　　按《通鉴》卷290，后周太祖广顺元年九月，第9463页，原文作"……日中方起，国人谓之'睡王'"。

　　142. 页331注①，《辽史》卷六，《穆宗纪》，引文"政事令娄国、林牙敌烈、侍中神都、郎君海里等谋乱就戮"。

　　按《辽史》卷6《穆宗纪上》，第70页，原文作"政事令娄国、林牙敌烈、侍中神都、郎君海里等谋乱就执"。

143. 页 331 注⑥，《旧史》卷一一四，《周世宗纪》，引文"未便学太宗"。

按《旧史》卷114《周世宗纪一》，第1511页，原文作"未可便学太宗"。

144. 页 332 注②，《旧史》卷一三五，《刘崇传》，引文"僵尸弃甲，填满山谷"等。

按，此载当出自《旧史》卷114《周世宗纪一》，第1513页。

145. 页 333 注①，《旧史》卷一三五，《刘崇传》，引文"廷诲馈盘食、解衣裘而与之""……即仓皇而去"。

按《旧史》卷135《刘崇传》，第1812页，原文作"廷诲馈盘餐、解衣裘而与之""……即苍黄而去"。

146. 页 334 注④，《会要》卷十二，《京城诸军》，引文"……今春高平与刘崇及蕃军相遇……况百户农夫未能赡一军士……"

按《会要》卷12《京城诸军》，第206页，原文作"……今春朕在高平与刘崇及蕃军相遇……况百户农夫未能赡一甲士……"

147. 页 335 注①，《会要》卷十二，《京城诸军》，引文"……进武艺超绝及有身首者……"

按《会要》卷12《京城诸军》，第206页，原文作"……选武艺超绝及有身首者……"

148. 页 335 注③，《旧史》卷一一四，《周世宗纪》，引文"召诸道募山林亡命之徒有勇力者……"

按《旧史》卷114《周纪宗纪一》，第1511页，原文作"诏诸道募山林亡命之徒有勇力者……"

149. 页 336 注②，《通鉴》卷二九二，引文"……原去者给资装而遣之"。

按《通鉴》卷292，后周世宗显德二年十一月，第9533页，原文作"……愿去者给资装而遣之"。

150. 页 337 注①，《旧史》卷一二八，《王朴传》，引文"……则所向无敌矣""……然其力已丧，不足以为边患，可为后图，候其便，则一削平之"。

按《旧史》卷128《王朴传》，第1679—1680页，原文作"……

则所向无前矣""……但亦不足以为边患，可为后图，候其便则一削以平之"。

151. 页340注①，《通鉴》卷二九二，引文"无才略，不知兵""专为贪暴，积财巨万……"

按《通鉴》292，后周世宗显德三年正月，第9535页，原文作"无才略，不习兵""专为贪暴，积财巨亿……"

152. 页340注③④，《通鉴》卷二九二，引文"初，唐人以茶盐强民而征其粟帛……""专事俘掠……"

按，两载均当出自《通鉴》卷293，后周世宗显德三年七月，第9558页。

153. 页340注⑤，《通鉴》卷二九二，引文"……或负糗粮以送之"。

按，此载当出自《通鉴》卷293，后周世宗显德三年七月，第9558页，原文作"……或负糗糒以送之"。

154. 页342注①，《旧史》卷一一七，《周世宗纪》，引文"……自用兵以来被虏却骨肉……"

按《旧史》卷117《周世宗纪四》，第1557页，原文作"……自用兵以来，被掳却骨肉者……"

155. 页343注②，《通鉴》卷二九三，引文"吾得身免，幸矣……"

按《通鉴》卷293，后周世宗显德四年十二月，第9576页，原文作"吾身得免，幸矣……"

第五章　五代的周边各族与中外经济文化交流

1. 页352注③，《辽史》卷三九，《地理志》三，引文"岁贡布十五万端、马千匹"。

按，此载当出自《辽史》卷72《宗室传·义宗倍》，第1210页。

2. 页352注④，《辽史》卷七二，《义宗纪》，著文"大批渤海民户被强徙于冀州、东州、宁州等地"。

按，此载当出自《辽史》卷38《地理志二》，第473—475页，宜作"大批渤海民户被强徙于东州、尚州、宁州、归州等地"。

3. 页 352 注⑤,《北风扬沙录》,转引陈述《契丹社会经济史稿》六六页,著文"后唐朝,黑水部经常遣使至汴洛通商进贡……"

按,此载当出自《新史》卷74《四夷附录三》,第 920 页。

4. 页 352 注⑥,《契丹国志》卷二二,引文"阿保机虑女真为患……"

按,此载当出自《北风扬沙录》,转引自陈述《契丹社会经济史稿》,生活·读书·新知三联书店 1963 年版,第 66 页。

5. 页 353 注①,《新史》卷七三,《四夷附录·契丹》,引文"……不出租税……兵回,各逐便归于本处……所产人参、白附子、天南星、茯苓、松子、猪苓、白布等物,并系契丹枢密院所管"。

按,此载当出自(清)厉鹗:《辽史拾遗》卷18《属国表》,景印文渊阁四库全书本(第 289 册),第 1029 页,原文作"……无出租赋……回,各逐使归于本处……所产人参、白附子、南星、茯苓、松子、猪苓、白皮等物,并系契丹枢密院所辖"。

6. 页 353 注③,《辽史》卷三三,《营卫志》,引文"……天赞八年有东扒里厮胡损者……以奚部给役户……命勃鲁思主之……"

按《辽史》卷 33《营卫志下》,第 387 页,原文作"……天赞二年有东扒里厮胡损者……以奚府给役户……命勃鲁恩主之……"

7. 页 353 注⑥,《辽史》卷三三,《营卫志》,引文"……为挞马狘沙里……"

按《旧史》卷 33《营卫志下》,第 387 页,原文作"……为达马狘沙里……"

8. 页 359 注①,《宋史》卷四九二,《吐蕃传》,引文"……小者百十一家……"

按(元)脱脱等:《宋史》卷 492《吐蕃传》,中华书局点校本 1985 年版,第 14151 页,原文作"……小者百十家……"

9. 页 359 注②,《会要》卷二八,《吐蕃》,引文"番僧四人……"
按,此载当出自《会要》卷30《吐蕃》,第 468 页。

10. 页 359 注③,《旧史》卷一三八,《吐蕃传》,引文"问其牙帐所居,曰:'西去泾州三千里。'明宗赐其虎皮……"

按,此载当出自《旧史》卷 138《吐蕃传》,第 1841 页,原文作

"问其牙帐所居，曰：'西去泾州二千里。'明宗赐以虎皮……"

11. 页361注②，《会要》卷三十，《高丽》，著文"九五九年（显德六年）又送来《别集孝经》一卷、《越王新义孝经》八卷……"

按《会要》卷30《高丽》，第472页，当作"显德六年（959）又送来《别序孝经》1卷、《越王孝经新义》8卷……"

12. 页362注⑦，《旧史》卷一一五，《刘龑传》，引文"广聚南海珠矶"。

按，此载当出自《旧史》卷135《刘龑传》，第1808页。

13. 页362注⑧，《新史》卷六八，《闽世家》，引文"招徕海中蛮夷商贾"。

按《新史》卷68《闽世家》，第846页，原文作"招来海中蛮夷商贾"。

14. 页362注⑫，《十国》卷十六，《南唐·元宗纪》，引文"凡中国外名香以至和合燕饮、佩带粉囊共九十二种，皆江南所无也"。

按《十国》卷16《南唐二·元宗纪》，第214页，原文作"凡中国、外域，名香以至，和合煎饮，佩带粉囊，共九十二种，皆江南所无也"。

15. 页362注⑬，《十国》卷十六，《南唐·元宗纪》，著文"又从南海输入龙涎香"。

按《十国》卷16《南唐二·元宗纪》，第219页，宜作"又从南海输入龙脑浆"。

第六章　五代十国的科学文化

1. 页365注①，《梦溪笔谈》卷十八，《技艺》，引文"凡屋有三分……则法堂也……前竿垂尽臂为'峻道'；前竿平时，后竿平肩为'平道'；前竿垂手，后竿平肩，此之谓'慢道'，谓之'下分'"。

按（宋）沈括著，胡道静校注：《梦溪笔谈校证》卷18《技艺》，古典文学出版社1957年版，第570页，原文作"凡屋有三分法……则厅堂法也……前竿垂尽臂、后竿展尽臂为'峻道'；前竿平肘、后竿平肩为'慢道'；前竿垂手、后竿平肩为'平道'，此之谓

'下分'"。

2. 页365 注②，《梦溪笔谈》卷十八，《技艺》，引文"钱氏据两浙……钱帅患其塔动。匠师云，未及布瓦……乃以瓦布之……"

按《梦溪笔谈校证》卷18《技艺》，第613页，原文作"钱氏据两浙时……钱帅登之，患其塔动。匠师云，未布瓦……方以瓦布之……"

3. 页366 注①，《会要》卷八，《经籍》，引文"……各从所业本经句度，抄写注出，仔细看读。然后雇召能雕字匠人，各部随秩刻印板……""……并须所印敕本，不得更便亲本交错""见在雕印板九经内，有《周礼》、《仪礼》、《公羊》、《谷梁》未有印本，今欲集学官校勘四经文字镂印"。

按《会要》卷8《经籍》，第128—129页，原文作"……各以所业本经句度抄写注出，子细看读。然后顾召能雕字匠人，各部随帙刻印板……""……并须依所印敕本，不得更使杂本交错""见在雕印板《九经》内，有《周礼》、《仪礼》、《公羊》、《谷梁》四经未有印本，今欲集学官校勘四经文字镂板"。

4. 页368 注①，《旧史》卷十，《梁末帝纪》，引文"皆须直书，不用词藻"。

按《旧史》卷10《梁末帝纪下》，第146页，原文作"皆须直书，不用文藻"。

5. 页368 注②，《会要》卷十八，《史馆·杂录》，著文"凡内外臣僚奏行公事……"

按，此载当出自《旧史》卷10《梁末帝纪下》，第146页。

6. 页368 注③，《旧史》卷二十，《唐明宗纪》，著文"史馆建议……"

按，此载当出自《会要》卷18《史馆杂录》，第303页。

7. 页368 注④，《会要》卷十八，《前代史》，著文"又闻成都有唐朝实录……"

按，此载当出自《旧史》卷37《唐明宗纪三》，第510页。

8. 页368 注⑤，《史补》，著文"修撰诸臣中，贾纬倡议撰唐史……"

按，此载当出自《册府》卷557《国史部·采撰三》，第6693页。

9. 页368 注⑥，《册府》卷五五七，《国史·采撰》，著文"张昭远也征集唐昭宗史料……"

按，此载当出自《阙文》，《梁史·梁太祖》，第2449页。

10. 页368 注⑦，《旧史》卷四三，《赵熙传》，著文"赵熙删削订正，颇有成效"。

按，此载当出自《旧史》卷93《赵熙传》，第1235页。

11. 页371 注②，陈垣：《中国佛教史籍概论》，第十一页，著文"……载于《南汉金石录》"。

按陈垣：《中国佛教史籍概论》，中华书局1962年版，第41页，原文作"……载于《南汉金石志》"。

12. 页372 注①，《宋高僧传》卷七，《五代棣州开元寺恒超传》，引文"虚著褐老衣，浮杯道不成，誓传经传死，不染利名生""如其复尔，则吾在卢龙塞外矣"。

按（宋）赞宁：《宋高僧传》卷7《汉棣州开元寺恒超传》，中华书局点校本1987年版，第153页，原文作"虚著褐衣老，浮杯道不成。誓传经论死，不染利名生""而其复尔，则吾在卢龙塞外矣"。

13. 页372 注②，《宋高僧传》卷七，《五代棣州开元寺恒超传》，引文"具陈出家之人，岂得留心虚名薄利"。

按《宋高僧传》卷7《汉棣州开元寺恒超传》，第153页，原文作"具陈出家之人岂得虚名薄利而留心乎"。

14. 页375 注④，《旧史》卷六十，《李袭吉传》，引文"毒手尊拳，交相于幕衣……"

按《旧史》卷60《李袭吉传》，第802页，原文作"毒手尊拳，交相于暮夜……"

15. 页376 注①，《十国》卷五七，《前蜀·僧可朋传》，引文"农舍田头鼓……"

按，此载当出自《十国》卷57《后蜀十·僧可朋传》，第830页。

16. 页377 注①，《蜀梼杌》，引文"锦衣鲜华手擎鹘，闲行气貌多轻息……"

按《蜀梼杌校笺》卷1《前蜀先主》,第114页。"锦衣鲜华手擎鹘,闲行气貌多轻忽……"

17. 页377注②,《五代诗话》卷八,引文"举世只知伤逝水……"

按(清)王士禛编,郑方坤删补:《五代诗话》卷8《僧贯休》,人民文学出版社点校本1989年版,第314页,原文作"举世只知嗟逝水……"

18. 页377注④,《六一居士诗话》,引文"唐之晚年……"

按,此载宜作(宋)欧阳修:《欧阳修全集》卷128《诗话》,中华书局点校本2001年版,第1952页。

19. 页377注⑥,《诗史》,引文"井梧纷堕砌……"

按,此载宜作《五代诗话》卷3《徐楷》,第170页。

20. 页378注③,《史补》,引文"凡用兵皆以所撰词授之,使扬声而唱……则众齐作,故人忘其死"。

按《史补》卷2《庄宗能训练兵士》,第2487页,原文作"凡用军,前后队伍皆以所撰词授之,使揭声而唱……则众歌齐作,故凡所斗战,人忘其死"。

21. 页379注①,《南唐二主词》,引文"……还与韶光共憔悴……"

按曾昭岷等编:《全唐五代词》正编卷3《李璟》,中华书局1999年版,第726页,原文作"……还与容光憔悴……"

22. 页380注①,《南唐二主词》,引文"……无限江山……"

按《全唐五代词》正编卷3《李煜》,第765页,原文作"……无限关山……"

23. 页381注④,《梦溪笔谈》卷十七,《书画》,引文"……神气出,别有生动之意"。

按《梦溪笔谈校证》卷17《书画》,第555页,原文作"……神气迥出,别有生动之意"。

(原载《徽音永著:徐规教授纪念文集》,
华东师范大学出版社2012年版)

五代翰林学士考[*]

  翰林学士自唐代产生，与作为艺能技巧之人的翰林待诏、翰林供奉有不同的性质。他们作为差遣性的使职，代表皇帝草写制诏，分割了中书舍人的职权，是一类比较特殊的知识分子。翰林学士有"天子私人"之美誉，"宠惊人间"，与中书舍人（及他官知制诰）相对，分别称为内、外制。到宋代，翰林学士成为有品的朝官，是升迁执政的"四入头"之一。宋代的"翰林学士"有时还成为帖职，以作为对文官的优宠。五代处于纷乱动荡之中，翰林制度看起来也比较乱，实质上却是在变。但是，至今尚未见到对这一时期翰林学士做系统考察与研究的论著，^① 因而本文试图将唐宋之间的五代作为一个历史单元，对五个政权中的历任翰林学士做一考察，并探究这一时期翰林制度的变迁。不妥之处，敬请批评指正。

一 五代的历任翰林学士

  五代时期的翰林学士院，简称为学士院，翰林学士供职其中，扮演着皇帝高级秘书的角色。笔者通过钩沉爬梳，统计得出五代政权下的翰林学士59人（参见表一、表二、表三、表四）。他们在动荡不安

---

  * 与张胜海硕士合作。

  ① 关于五代翰林学士的研究，着墨较多的有杨果《中国翰林制度研究》，武汉大学出版社1996年版；白钢主编，俞鹿年著《中国政治制度通史》卷5，人民出版社1996年版；郑学檬《五代十国史研究》，上海人民出版社1991年版；小野达哉《两制制度的成立》，《东洋史研究》第57卷第1号，平成十年（1998）；程遂营《士人与五代中枢政治》，《河南师范大学学报》（哲学社会科学版）2002年第1期。另外，陶懋炳《五代史略》（人民出版社1985年版）、董恩林《五代政治体制考略》（《中南民族学院学报》1989年第4期）等，对之也有论及。

的五代具有与和平时代不同的命运，在五代的各个政权下也呈现不同的景象。

由于急于篡代而政治上又不够成熟，梁初，在对唐朝遗臣镇压的同时，仍保留了不少唐臣，据毛汉光先生统计，在后梁继续任职的唐朝文职官占梁朝文职官总数的53%，他们起到封建政治延续的作用。① 就翰林学士而论，梁太祖时的历任翰林学士中，有4人在唐朝有过出任翰林学士的经历，即张策、杜晓、韦郊、李琪。这4人中至少有3人出身于关陇地区，其中张策、杜晓、李琪还成为后梁宰相。梁太祖草创政权，并未大量换用河南人，新任的几位翰林学士中，也并无明显的河南优势，倒是关陇之地出身者最多，有科举出身的也以此地为多，体现了对前代文官体系的继承。但是，这时有一个现象是与五代盛行的大量征用幕职僚佐相一致的，即梁代君主同样宠信曾经效力于自己的幕职僚佐。太祖立国后倚重张策、李琪，并用为学士，就是很好的例子。

表一   后梁始任的翰林学士

姓名	首次入院时间	入院前官职	籍贯出身	相关资料来源②
张策	开平初年	（唐朝翰林学士）	敦煌	[1]（V3, 4, 18）
杜晓	开平初年	（唐朝翰林学士）	京兆	[1]（V3, 5, 18）
韦郊	开平初年	（唐朝翰林学士）	进士	[1]（V3）
李琪	开平初年	左补阙	敦煌，进士	[1]（V7, 10, 58）
卢文度	乾化二年二月前			[1]（V7, 30）
封舜卿	开平三年		渤海	[1]（V68）
郑致雍	开平三年		有出身	[1]（V68）
赵光裔	开平初	中书舍人	京兆，进士	[2]（V550 选任）
裴皞	后梁		河东，进士	[1]（V92），[3]（V57）

---

① 毛汉光：《中国中古政治史论》，上海书店出版社2002年版，第422—425页。

② 此列"相关资料来源"包括该学士身份和主要的任职经历的文献依据，其中，[1][2][3][4][5][6]分别指代《旧五代史》《册府元龟》《新五代史》《资治通鉴》《宋史》《登科记考》，"V"表示"卷"，阿拉伯数字指卷数，涉及传记的卷、篇，如不特别说明，则指各人本传。

姓名	首次入院时间	入院前官职	籍贯出身	相关资料来源
郑珏	梁太祖时	起居郎	河南，进士	[1]（V58），[3]（V54）
王权	后梁中	职方员外郎知制诰	太原，进士	[1]（V92），[3]（V56）
封翘	贞明三年七月	刑部员外郎	渤海	[1]（V9，30，42，68）
窦梦征	后梁时	拾遗	同州①，进士	[4]（V269），[1]（V9，30，41，42，68）
窦专	贞明四年四月	刑部郎中史馆修撰	同州白水②	[1]（V9），[5]（V262）
刘岳	贞明初	侍御史	洛阳，进士	[1]（V30，68）
崔居俭	贞明年间	中书舍人	清河，进士	[3]（V55）
姚顗	贞明年间	礼部员外郎	长安，进士	[1]（V30，46，92）
任赞	后梁时		进士③	[1]（V30）
李怿	后梁时	都官郎中	京兆，进士	[1]（V92，30，36，41，46）

　　灭梁之后，李存勖以"唐"为国号，意为继唐之祚。后唐统治者虽然一直斥梁为"伪"，但对后梁文官却并未大肆诛杀或替换。后唐大量任用文官的同时，对翰林学士等高层文官也存有疑虑，梁末的翰林学士就在同光元年十月全被贬到地方。④ 但是，即使在尚武的年代，文士依然不可缺少，有才之人仍被重用。同光元年十月贬谪的 6 位翰林学士中有 3 位又被起用为内职，即窦梦征、刘岳、李怿。另有卢文度，后梁时也曾任翰林学士，后唐庄宗时又征入。这 4 人籍贯多属关陇地区（卢文度不明），且多为进士出身。从整个后唐看，新任翰林

---

　　① （宋）司马光《资治通鉴》卷二六九"后梁末帝贞明二年七月"记为棣州人，与《旧五代史》不同。见中华书局点校本 1956 年版，第 8803 页。

　　② （元）脱脱等《宋史》卷二六二《窦贞固传》，记为同州人，故此处列窦专为同州人。见中华书局点校本 1985 年版，第 9057 页。

　　③ （宋）薛居正《旧五代史》卷一二八《卢损传》载："卢损……举进士……与任赞……同年擢第。"可知任赞也有出身。见中华书局点校本 1976 年版，第 1688 页。

　　④ （宋）司马光：《资治通鉴》卷二七二，后唐庄宗同光元年十月，中华书局点校本 1956 年版，第 8900 页。

学士中，有科举出身的有5人，约为1/3。后唐国主起于河东，所用翰林学士中出于关陇之地的急剧减少，然而又不见河东人被重用，地域分布上反而有比较明显的河北优势，这很值得注意。"庄宗嗣晋王位，又得（卢）汝弼，有若符契，由是除补之命，皆出汝弼之手。"①卢汝弼是范阳人，地域上属河北，庄宗对他很是重用。实际上，代北集团在形成过程中，沙陀人李克用不重用河东人，而以河北人作为统治的核心和基础，这一点同样也能体现后唐文官，包括翰林学士地域分布上的特点。

表二　　　　　　　　　　　**后唐始任的翰林学士**

姓名	首次入院时间	入院前官职	籍贯出身	相关资料来源
冯道	同光元年四月	河东掌书记	瀛州景城	[1]（V126，29，36）
卢质	同光元年二月	河东节度判官	河南	[1]（V93，29，36）
冯锡嘉	同光元年十一月	弘文馆学士		[1]（V30）
刘昫	同光元年	太常博士	涿州归义	[1]（V89，30，42，44）
赵凤	同光元年十一月	扈銮书制学士、行仓部员外郎	幽州	[1]（V67，30，36，40）
于峤	同光元年十一月	左拾遗		[1]（V30），[3]（V28）
李愚	同光初	主客郎中	渤海无棣，进士	[1]（V67，38，41，42），[3]（V54）
张砺	天成初	左拾遗、直史馆	磁州、进士	[1]（V98，42）
崔棁	唐明宗时	监察御史	博陵，进士	[1]（V93，76，78）
和凝	天成年间	主客员外郎知制诰	汶阳，进士明经	[1]（V127，47，76，78，79）
马裔孙	清泰元年四月	观察判官	棣州进士	[1]（V46，47，48，127）
李崧	长兴末	直枢密院	深州饶阳	[1]（V108，76）

---

① （宋）薛居正：《旧五代史》卷六〇《卢汝弼传》，中华书局点校本1976年版，第809页。

续表

姓名	首次入院时间	入院前官职	籍贯出身	相关资料来源
程逊①	长兴年间在任		寿春	[1]（V96，46，76）
王仁裕	后唐末帝时	前蜀翰林学士	天水	[3]（V57），[1]（V100，103）

后晋始任的翰林学士，其地域分布开始趋于均衡。但是，后汉的统治时间更短，官员系统还没来得及更新换代，所任翰林学士不多，参见表三。

表三　　　　　　　后晋、后汉始任的翰林学士

姓名	首次入院时间	入院前官职	籍贯出身	相关资料来源
赵莹	天福元年十一月	节度判官	华阴	[1]（V89，76）
桑维翰	天福元年十一月	节度掌书记	洛阳，进士	[1]（V89，76）
窦贞固	天福元年十一月	节度推官	同州白水，进士	[5]（V262），[1]（V76，77，78，100）
李慎仪	天福初			[1]（V76，79，84），[4]（V284）
李澣	天福二年十一月	右拾遗	京兆，有出身②	[1]（V76，79，82），[4]（V287）
张昭远	天福二年十一月	户部侍郎	沧州无棣	[1]（V76，80），[5]（V326）
吴承范	天福四年十一月	祠部郎中知制诰	魏州，进士	[1]（V92，78）

---

① 翻检《旧五代史》可发现程逊的官职变动中有个缺环，而卷四七《唐末帝纪》载，清泰二年十二月，"以翰林学士承旨、户部侍郎程遂为兵部侍郎"，"遂""逊"两字的繁体写法是很容易混淆的，其前后官职又恰能补其缺环。"程遂"当为"程逊"之笔误，舍"程遂"。

② 李涛为其兄，据《宋史》卷二六二《李涛传》知其籍贯，见中华书局点校本1985年版，第9060页；据《玉壶清话》卷二，李澣称和凝为座主，知其有出身，见中华书局点校本1984年版，第19页。

续表

姓名	首次入院时间	入院前官职	籍贯出身	相关资料来源
殷鹏①			大名，进士	[6]（V25）
徐台符	开运元年六月	金部郎中知制诰	真定②	[1]（V82, 84, 112, 115），[4]（V287）
刘温叟	开运元年六月	刑部郎中	洛阳	[1]（V68, 82），[5]（V262）
范质	开运元年六月	主客员外郎	大名宗城，进士③	[1]（V82, 84, 101, 103, 111），[5]（V249）
张允	开运二年五月	御史中丞	镇州束鹿	[1]（V84, 100, 108）
张沆	开运二年六月	祠部员外郎知制诰	徐州，进士	[1]（V131, 84, 85, 112）
边光范	开运三年十月	礼部侍郎	并州	[1]（V85, 100）
李涛	汉高祖时		京兆进士	[1]（V100），[5]（V262）
陶谷	晋高祖时		邠州④	[1]（V114, 116）
鱼崇谅	后汉高祖时	契丹国翰林学士	楚州	[1]（V111, 113）[5]（V269），[2]（V550 选任）

① （宋）苏易简《续翰林志（下）》有言："（张）沆与（吴）承范及（商）鹏……进士擢第……同年范禹偁、江文蔚流落吴、蜀……一牖之内学士五人……"另，《登科记考》卷二五"江文蔚"条，引《偶隽》，言其"与张沆、吴承范、殷鹏、范禹偁为学士"，可知，商鹏即殷鹏，当为避宋太祖父讳而改。

② （宋）薛居正《旧五代史》卷一三一《贾纬传》记载，贾、徐二人为同乡，知徐台符为真定人。见中华书局点校本 1976 年版，第 1729 页。

③ （宋）欧阳修《新五代史》卷五六《和凝传》载，"凝举进士及第时第五，后知举，选范质为第五"。见中华书局点校本 1974 年版，第 640 页。

④ （元）脱脱等：《宋史》卷二六九《陶谷传》，中华书局点校本 1985 年版，第 9235 页。

后周的学士与前代相比，有不同的面貌：新任翰林学士全部都为进士出身；在地域分布上，关陇地区翰林学士继续减少（统计数为0）。由于郭威是河北邢州尧山（今河北隆尧）人，他所任用的学士有不少都是河北人，这是地缘关系的亲近所致。

表四　　　　　　　　　后周始任的翰林学士

姓名	首次入院时间	入院前官职	籍贯出身	相关资料来源
王溥	广顺二年三月	左谏议大夫枢密直学士	并州，进士①	[1]（V112，113），[5]（V249）
窦仪	广顺时	仓部员外郎知制诰	蓟州进士	[1]（V115，117），[5]（V263）
申文炳	广顺初	金部郎中知制诰	洛阳，进士	[1]（V119，131）[2]（V551 词学）
扈载	显德三年六月	水部员外郎知制诰	幽州②，进士	[1]（V116，131），[3]（V31）
王著	显德三年六月	度支员外郎	单州，进士	[1]（V116，120），[5]（V269）
李昉	显德四年冬	主客员外郎知制诰	深州，进士	[1]（V120），[5]（V265）
杨昭俭	显德间		京兆，进士	[1]（V115），[5]（V269）
窦俨	显德五年十一月前		蓟州进士	[1]（V118），[5]（V263）
沈遘	周世宗时	金部郎中知制诰	睢阳，进士	[1]（V131）

———————————

　　① （宋）薛居正《旧五代史》卷一二八《王仁裕传》注引《舆地纪胜》云："王仁裕知贡举时，所取进士三十三人……李昉、王溥为冠。"知其出身。见中华书局点校本1976年版，第1690页。
　　② 参见吴兰庭《五代史记注纂误补》卷三对"北燕"的辨析。

通过对五代历任翰林学士的考察，我们可以看到这段时期翰林学士的某些特点。他们当中科举出身者的比例不低于 59.3%，而且主要为进士。但是这个比例比唐代的 71%①要低得多，这是同五代动荡不宁的社会形势相符合的。若与宋代相比，差距就更大了：两宋翰林学士有进士出身者至少 88%，其他科名 4%，② 这是因为宋代政局总体上较为稳定，科举得力，且选用官员比较看重资历、出身。五代，尤其是后唐、后晋、后汉三朝的翰林学士，有科举出身者较少。这不是因为科举考试没有进行或者举行过少，而是五代的特殊环境造成了科举选人有限（质量也不能保证），荐举和征辟无常，进入幕府就职则成为文人入仕的要途。③ 另外，由于政局多变，统治者又多疑忌，用人往往以亲信为重。如同光元年四月，庄宗即召河东掌书记冯道和节度判官卢质入院为学士;④ 其后又用卢质为学士承旨，并打算提拔为宰相，宠信有加。唐明宗时擢冯道为相。后晋石敬瑭在任节度使时也辟用了不少文人，其中如赵莹、桑维翰、窦贞固等，都在天福初充任翰林学士，前二人还在任学士期间分别知太原府事、知枢密院事，在短期内拜为宰相。另外，刘昫、赵凤、马裔孙、吴承范、张允、张沆、陶谷、和凝等，也都有过供职幕府的经历，由此受到锻炼并获得信任，达到显位。五代文官中出身于士族者的比例，远比唐代为低，家庭出身对任官的影响不大，⑤ 翰林学士也是如此，其家庭背景参差不齐，没有严格标准，如后唐明宗时同任学士的崔棁和张砺，一个出于"累世冠冕"之族，⑥ 另一个其家却是"世为农"⑦。这正好反映

　　① 毛蕾：《唐代翰林学士》，社会科学文献出版社 2000 年版，第 47 页。

　　② （宋）欧阳修：《新五代史》卷六《唐明宗纪》，中华书局点校本 1974 年版，第 61 页。

　　③ 程遂营：《五代幕府文职僚佐》，《南都学刊》2001 年第 5 期。

　　④ （宋）薛居正：《旧五代史》卷二九《唐庄宗纪三》，中华书局点校本 1976 年版，第 404 页。

　　⑤ 毛汉光之《五代之政治延续与政权转移》为《中国中古政治史论》第八篇，考察了五代的文官出身，认为后梁任用文官不以出身背景为标准且以后士族出身的比例更低。

　　⑥ （宋）薛居正：《旧五代史》卷九三《崔棁传》，中华书局点校本 1976 年版，第 1231 页。

　　⑦ （宋）薛居正：《旧五代史》卷九八《张砺传》，中华书局点校本 1976 年版，第 1314 页。

了门阀氏族观念在五代的式微，家庭出身好坏对其仕途并无重大影响。

二 五代的翰林学士制度

（一）翰林学士的选拔和员额。不论经历和身份差距多大，五代翰林学士大体都有较高的文学、文化修养。这是受翰林学士的工作性质决定的。然而，仅凭较高的文学修养，不一定就能进入学士院，他们尚需要一定的政治经验和能力。所以，有一定仕宦经历的地方判官、掌书记、拾遗、补阙、员外郎、郎中、中书舍人和侍郎等，都是充任翰林学士的很好人选。而且，他们当中较多的人本来就曾知制诰，或有在三馆工作的经历。但是，这样还不够，他们仍然需要通过一定的考试，合格了才能进入学士院。

史载，开平年间，封舜卿与郑致雍一起受命入翰林，封舜卿"才思拙涩，及试五题，不胜困弊，因托致雍秉笔"①。这就是入院需要考试的一个例证。封舜卿因为无法在短时间内完成五题，竟能借门生之手去应付，这也反映了考试制度的执行并不严格。五题考试制度是在唐朝逐渐形成的，②考试内容也屡有变化。后唐刘昫说："本院旧例，学士入院，除中书舍人即不试。余官皆先试麻制、答蕃、批答各一道，诗、赋各一道，号曰五题。所试并于当日内了，便具呈纳。"这五题既体现对考生文学素质的要求，又有对实际操作能力的考察，与翰林学士的执掌是对应的，能较为全面地考察人选适宜与否。但是，由于考试内容不适应时代特点，管理也并不严格，私门请托严重，"召试"的弊端日益突出。据《次续翰林志》卷一三《翰林院》记载，刘昫于是提出了三题考试法，只试麻、制、答，不考诗、赋，应该说是更为务实了。考试之外，大臣的推荐，对士人迈入学士院来说，也很有效，如张昭远由桑维翰推荐入院，王仁裕由范延光荐入，

---

① （宋）薛居正：《旧五代史》卷六八《封舜卿传》，中华书局点校本1976年版，第903页。

② 毛蕾：《唐代翰林学士》，社会科学文献出版社2000年版，第40—41页。

等等。这与五代时政动荡的形势下，要求务实和提高效率的呼声是合拍的。

另外，五代翰林学士的选拔，要求避嫌的制度依然存在。梁末帝想以窦专为翰林学士，让李振问宰相说："专是宰臣萧顷女婿，令中书商量可否？"中书奏曰"宰相亲情，不居清显，避嫌之道，虽著旧规，若蒙特恩，亦有近例，固不妨事"①，结果末帝任窦专为翰林学士。可见，虽有"旧规"，也不敌"特恩"，作为宰相亲属，窦专能侍从皇帝身边，这也体现了制度规定与实际运行之间的差距。

翰林学士的员额，唐朝时基本形成六员制度，《册府元龟》卷五五〇《词臣部·总序》说："其翰林学士、中书舍人分为两制，各置六员，梁因之。"《旧五代史》等史籍中也有"六学士"的指称和记载，如卷七，乾化二年四月，"赐宴宰臣、文武官及六学士……"且从同光元年十月同罢梁朝六翰林，亦可证梁末翰林学士有六位。同光元年四月，后唐召冯道、卢质入翰林，于峤、赵凤、冯锡嘉在十一月被任命为学士，此时刘昫也已经是学士了（卢质为承旨），由此可证，后唐初期员额也为六员。开运元年六月恢复翰林学士院，敕书明确指出，翰林学士原来有六员，自今复置学士院，"却仍旧贯"，从制度上再次肯定了六员之制。后周时，学士遇到父母丧事，可以暂时去职后再起复，② 这也渐成制度，如张沆③等人可为其例，这有效地保障了学士员额的稳定。

（二）翰林学士的职权。翰林学士的主要职责是代表皇帝草写白麻制诏并充当顾问侍从。翰林学士常常奉命在皇帝身边扈从、宴饮，文献对此多有记载。后唐末帝在有契丹之扰时，"好咨访外事，常命端明殿学士李专美、翰林学士李崧、知制诰薛文遇……等更直于中兴

① （宋）薛居正：《旧五代史》卷九《梁末帝纪中》，中华书局点校本1976年版，第134页。

② （宋）苏易简：《续翰林志》卷八，新世纪万有文库本，辽宁教育出版社2003年版，第60页。

③ （宋）薛居正：《旧五代史》卷102《汉隐帝纪中》，中华书局点校本1976年版，第1360页。

殿庭，与语或至夜分"①。翰林学士这样服侍帝侧，谈时论政，当然可以像唐代学士一样参与机要，影响不可低估。翰林学士参与机要，是没有制度上的规定的，但是在武人当政的时代，朝中文臣明显受到压抑，而国家的大政决策又不能缺少知识分子的辅佐，在五代，像翰林学士这样处于朝廷之外的近侍之人，则很适于担当此任（当然，后来出现的端明殿学士等也属此列）。②

草写制诏方面，翰林学士仍然与中书舍人、他官知制诰分掌内、外制，主要还是专承内命，代表皇帝书诏。如《资治通鉴》卷二七九记载，唐末帝为避免言路阻塞，对学士马裔孙说，"卿为朕作诏书，宣朕意"，免去史在德奏事严厉之过，平息了执政及朝士的怒火。学士同样有对外蕃草制诏的权力，例如，《资治通鉴》卷二八五记载，开运三年十二月，翰林学士范质受命草制，对契丹投降。

五代翰林学士草写白麻制诏，除了前代已有的内容外，又有了扩展。《五代会要》卷一三《翰林院》记载，"凡赦书、德音、立后、建储、行大诛讨、拜免三公宰相、命将制书，并使白麻书，不使印"，这些都是由学士负责的。天福二年四月，又规定了以后立妃、封亲王等项事宜由学士草白麻制书。据《旧五代史》卷一一〇记载，郭威在后汉拜枢密使，"旧制，枢密使未加使相者，不宣麻制"，但自此有了变化，开始用麻，使翰林学士的职权进一步增长。

唐朝时翰林学士另外所具有的职责，如撰文（辅政）、撰碑（表彰）、选拔人才等方面，在五代时期都有所延续。如后梁太祖诏杜晓为冯行袭撰德政碑，③后周世宗诏陶谷撰神道碑文给郑仁诲以表特别恩遇，都属此例。④撰文方面，如《旧五代史》卷一一五载，周世宗令学士承旨徐台符等撰《为君难为臣不易论》和《平边策》，希望他

①　（宋）司马光：《资治通鉴》卷二七九，后唐末帝清泰二年六月，中华书局点校本1956年版，第9311页。

②　程遂营《士人与五代中枢政治》和董恩林《五代政治体制考略》等文表述了相近的观点，可参考。

③　（宋）薛居正：《旧五代史》卷一五《冯行袭传》，中华书局点校本1976年版，第211页。

④　（宋）薛居正：《旧五代史》卷一二三《郑仁诲传》，中华书局点校本1976年版，第1621页。

们能够为国献计献策。在选用人才上，翰林学士不仅能够发表自己的意见，还拥有提名荐举甚至直接选拔人才的权力。同光三年四月癸酉，卢质覆试新及第进士；①显德五年三月庚子，李昉覆试新及第进士②等，都属此类。但是五代翰林学士不仅能够主持科考复试，而且可带"权知贡举"之名，如和凝在"翰林充学士，转主客郎中充职，兼权知贡举"③，崔棁为翰林学士承旨，同时还"权知贡举"④。这是唐代所没有的现象。而到了宋代，翰林学士知贡举，更不足为奇，甚至连"权"字都去掉了。在五代本来不太受重视的整个文官群体中，翰林学士作为知识型的人才，由于更为熟悉典章礼法，其文化功能客观上也有所增强，如后周窦仪任翰林学士时为礼仪使，还多次撰歌词定舞乐。

（三）翰林学士的工作方式与学士承旨。翰林学士承旨，是唐德宗时设立的，由学士中德高望重的一人充任，也称为承旨学士，是学士院的院长，地位比众学士要高。内外密奏，皇帝所关心的事情，都由他"专受专对"（后梁为避讳一度改称"奉旨"）。天成三年八月敕："学士入院，并以先后为定准。承旨一员出自朕意，不计官资先后，在学士之上。"⑤这就不仅确定了承旨学士班位最高，还改变了学士班位混乱的局面，使学士院的制度更为完备。有一点需要提及的是，五代翰林学士入阁朝见、辞谢，能够不随百官同行，而直出直入，这从一个侧面反映了学士的特殊身份。但是，宰臣冯道看不惯这种"礼僭序失"的行为，在天福五年正月奏请禁止，让翰林学士依

① （宋）薛居正：《旧五代史》卷三二《唐庄宗纪六》，中华书局点校本1976年版，第447页。

② （宋）薛居正：《旧五代史》卷一一八《周世宗纪五》，中华书局点校本1976年版，第1571页。

③ （宋）薛居正：《旧五代史》卷一二七《和凝传》，中华书局点校本1976年版，第1672页。

④ （宋）薛居正：《旧五代史》卷一四八《选举志》，中华书局点校本1976年版，第1978页。

⑤ （宋）王溥：《五代会要》卷一三《翰林院》，上海古籍出版社点校本1978年版，第226页。

百官例，不能先出。①

承旨学士特别受到皇帝的垂青，却不一定是由众翰林学士中选任，如赵莹、张允入院直接就充承旨，并非由常规的途径升迁，这正是由于承旨的特殊，同时也说明了五代时制度执行不够严谨。天福五年六月敕："承旨者承时君之旨，非近侍重臣，无以禀命，是以大朝会则以宰臣承旨，草诏书则以学士承旨。若无区别，何表等威。除翰林学士承旨外，殿前承旨改为殿直，枢密院承旨改为承宣，御史台、三司、阁门、客省承旨，并令别定其名。"② 因此有学者认为，五代的翰林学士中只有承旨学士才有权草诏，③ 笔者以为这种理解是有失准确的。很明显，"以宰臣承旨""以学士承旨"中的"承旨"都是动词，因为我们找不出"宰臣承旨"这一官职来。本敕令并不是说由承旨学士专门草诏书，而是强调草诏书也要有专人来"承旨"，不是宰臣，也不是三司等。"承时君之旨"，简单地说也就是传达圣旨，学士院中当然是最具权威的承旨学士适合来做了。

翰林学士的工作方式很特别，首先是宿直，这是他们发挥重要作用的先决条件。文献中就有不少翰林学士夜间工作的事实，如前引《资治通鉴》卷二七九，翰林学士、端明殿学士、枢密直学士等更直于中兴殿，学士当夜草制为薛文遇除目等，俱为例证。翰林学士的本官越高，宿直任务越轻。这一原则，在唐、五代、宋都是一致的，后晋经杨昭俭修定，更成为范式。学士宿直，并不是每人每晚都要守在那里，这里有"儤值"即连值的制度，"其内制儤值，及吉凶疾病诸假，则例自具《翰林旧规》"④ 但是，宿值人员如何搭配、轮替，并非一成不变，具体如何安排已不易得知。其次，翰林学士的草词工作往往会涉及军国机密，这就是锁院制度的必要性所在。关于唐、宋的锁院制度已有多人论及，作为制度在五代的实际执行情况到底如何，

---

① （宋）王溥：《五代会要》卷六《杂录》，上海古籍出版社点校本 1978 年版，第 100 页。

② （宋）王溥：《五代会要》卷二四《诸使杂录》，上海古籍出版社点校本 1978 年版，第 392 页。

③ 参见董恩林《五代政治体制考略》，《中南民族学院学报》1989 年第 4 期。

④ （宋）苏易简：《续翰林志》卷八，新世纪万有文库本，辽宁教育出版社 2003 年版，第 60 页。

还无法详知。但是，苏耆《次续翰林志》卷九有言："飐值之制，自五代以还，颇亦湮废，虽有旧规，而罕能遵守。"由此可见一斑。

关于翰林学士的工作环境，文献记载并不多见，但作为皇帝的高级秘书，其办事机构自当设施完备，条件优越，犹如唐宋之时的学士院，有藏书、寝膳设施等。翰林学士李瀚曾有"玉堂旧阁多珍玩，可作西斋润笔不"① 之句，从一个侧面反映了院内的某些景象。看来，学士们工作的环境还是比较宜人的。翰林学士工作享有优厚的酬资，很令人羡慕。李瀚诗中所提的"润笔"，就是固定俸禄以外的报酬，是跟他们的工作量挂钩的。"草麻润笔自隋唐以来皆有之"，到宋代更是"无敢有阙"②，另外还有不时赏赐，此不赘述。

翰林学士的朝参，五代时也多有强调。《五代会要》卷五《朔望朝参》载，天福二年，中书希望规范朝参制度，对翰林学士也提出要求。后周世宗时，改变了以前翰林学士与常参官五日一起居的制度，令"当直下直学士……逐日起居，其当直学士仍赴晚朝"③，对翰林学士更加亲重，接触的机会更多了。

（四）翰林学士的考课和升迁。既有所掌，自当有一定的考课方法。翰林学士院的工作，各方面都有一定之规，甚至诏制格式也有固定式样。《五代会要》卷一三"翰林院"条记载："高丽国未曾有人使到关，院中并无彼国诏书式样，未审呼卿呼汝，兼使何色纸书写，及封裹事例"，可知学士草制诏的工作是有严格的规范的。

《册府元龟》卷五五三《词臣部·谬误》记载，开平三年四月，"翰林学士郑珏、卢文度以书诏漏略王言，罚两月俸"，反映了在五代，学士的工作也需要考核。漏泄、稽缓、忘误、违失，这"四禁"早已有之，至宋也相沿不废。五代翰林学士入院后同样有一段试用期，一般是入院满一年，考课合格才加"知制诰"衔，如刘温叟、范质都是如此。但实际上，由于他们的工作经验、能力、资历以及受

---

① （宋）释文莹：《玉壶清话》卷二，中华书局点校本1984年版，第19页。

② （宋）孙逢吉：《职官分纪》卷一五《翰林学士》，中华书局点校本1988年版，第345页。

③ （宋）王溥：《五代会要》卷一三《翰林院》，上海古籍出版社点校本1978年版，第228页。

宠程度的不同，试用期并不完全固定，如冯锡嘉、赵凤等，入院之时就知制诰。

五代翰林学士所带外官的迁转，基本上与唐朝时一样，还是按照员外郎—郎中—中书舍人—侍郎—尚书的方向迁转，如和凝、范质、李愚、窦贞固的经历大体可说明。翰林学士升迁枢密院之职，是五代的新现象，联系到五代的时代特征和枢密院的作用，就不难理解了，范质即是一例。但是，李崧、边光范、王溥等人入学士院之前，都曾在枢密院做过枢密直学士，这种中枢系统内人员的相互流动，反映了其文官制度的某些不成熟性。

从前后时代的比较中，我们可以看出一些或隐或显的规律和变化，比如学士所带外官的变化。除了由于某种官职（如御史中丞等）本身的特别，社会和政策的变迁也对此有所影响。诚如论者所言，唐代的翰林学士基本不带礼部侍郎、吏部侍郎、御史中丞。[①] 到了五代，则有很多学士官带礼部侍郎了，宋代时御史中丞与翰林学士互迁，甚至兼任的现象，在五代还未出现。另外，五代的翰林学士，基本不见带太常卿的，这与唐、宋翰林都是一致的。

五代翰林学士大约有三分之一的人位至宰辅，但自后唐端明殿学士出现以来，翰林学士入端明殿，则成了入相的一个更有保障的关节点。在五代，翰林学士迁为端明殿学士的有7人，其中6人五代时为相，（第7位窦仪，入宋也不失显位）。当然他们并非都在担任翰林学士的本朝拜相的，甚至有在政权更替时受到贬谪的（如姚顗）。这反映了五代君主用人，并非特别忌讳旧朝之臣，而是以才为先。

三　五代的翰林学士与两制及其他

五代时，翰林学士仍为"天子私人"，臣下不能随意指使。后唐秦王从荣，虽贵为皇子，欲用翰林学士崔棁为元帅府判官，明宗也不答应，说："学士代予诏令，不可拟议。"这就让他很不愉快，怨明

---

① 毛蕾：《唐代翰林学士》，社会科学文献出版社2000年版，第50页。

宗"阻其请僚佐",后来只好要了个刑部侍郎作判官。① 这表明,翰林学士作为"天子私人"的尊贵依然不可忽视。

（一）两制的固定。天福五年九月,后晋废除翰林学士院,其事务归中书舍人掌握。《资治通鉴》卷二八二"天福五年九月"载:"翰林学士李澣轻薄多酒失,上恶之,丙子,罢翰林学士,并其职于中书舍人。"胡三省注:"当是时,枢密直学士既罢,仅有翰林学士尚为近亲儒生;李澣之酒失,罢之是也,因而罢翰林学士,非也。"后晋之时,大有规范中书事权、加强宰相权力的倾向,晋高祖恐怕不会因一人酒失而废除学士院。此前,晋高祖曾诏宰臣一人知中书印,② 天福四年又"以枢密院印付中书"③,"天福五年废端明殿学士"④。这几项变革使得几种侍从儒士不再发挥作用,中书及宰相的权力却大为增长,在客观上也省减了机构。而翰林学士废除后,其职事归还到中书舍人手里,中书舍人分为昼夜两班当直,夜直者负责原来由翰林学士掌握的内制。⑤ 如《职官分纪》卷一五"翰林学士"条有"赵上交,晋初会废翰林学士,以上交为中书舍人,同任学士"。这样,原来的内、外制两相分担,就以新的形式出现,强化了中书舍人的职权,从而也间接地提高了宰相的权力。可见,翰林学士能够在中央权力层起到一种调节制衡的作用。⑥ 由于政务需要,翰林学士在废除几年后,于开运元年六月又回到历史舞台上,重掌制诰之权,后来又得赐诏书金印一面,⑦ 这就使内制翰林学士与外制中书舍人的分工就更

---

① （宋）薛居正:《旧五代史》卷五一《唐宗室列传》,中华书局点校本 1976 年版,第 694 页。

② 晋高祖:《以宰臣一人知中书印诏》,载（清）董诰编《全唐文》卷一一四,中华书局影印本 1983 年版,第 267 页。

③ （宋）薛居正:《旧五代史》卷七八《晋高祖纪四》,中华书局点校本 1976 年版,第 1028 页。

④ （宋）孙逢吉:《职官分纪》卷一五《翰林学士》,中华书局影印本 1988 年版,第 347 页。

⑤ 同上书,第 342 页。

⑥ 持此论者还有小野达哉《两制制度的成立》,《东洋史研究》第 57 卷第 1 号,平成十年（1998）;张东光《唐宋时期的中枢秘书官》,《历史研究》1995 年第 4 期。

⑦ （宋）王溥:《五代会要》卷一三《翰林院》,上海古籍出版社点校本 1978 年版,第 228 页。

为明确了，翰林学士的地位也更稳定了。

（二）五代翰林学士的地位。五代的学士官职名目繁多，有金銮殿大学士、扈銮书制学士、端明殿学士、枢密（崇政）院直学士、弘文馆学士等，让人看起来眼花缭乱。其中，端明殿学士天成元年初设时，由原翰林学士冯道、赵凤充任，"以备应对"，具有明显的顾问秘书特点。次年正月，又规定端明殿学士的班位高于翰林学士，而且，"只于翰林学士内选任"，并进而移"职"在"官"上，① 使端明殿学士的地位愈加显要。端明殿学士与翰林学士承旨一样，是"出自朕意"的。随着政权更替以及枢密直学士地位不断提高，端明殿学士却往往从枢密直学士中"选任"，而不是仅在翰林学士中挑选。端明殿学士与枢密直学士，职能上都有备顾问的成分，后来他们又都增加了录送诏书、奏议、修日历的职责，这两者也能够谋议参政，并且往往一同直夜宿于禁中，② 翰林学士的"内相"地位因而受到了一定的影响。

端明殿学士设立后，权力、地位都不断提高，成为新的内相。《旧五代史》卷九六记载："每朝廷有大事，（房）暠（后唐枢密使）与端明殿学士等环坐会议。"端明学士能参大政之重，到宋代名号虽有变化，其贵不减，这使翰林学士的地位颇为逊色。其实在端明殿学士设立之初，就注定了学士院要作为其发展基地。唐明宗入洛后寻访冯道，冯道当时为翰林学士，明宗说："此人朕素谙悉，是好宰相。"很快，冯道便为首任端明殿学士，继而拜相。③ 这一点很好地说明了两"学士"的微妙关系。

唐朝时，翰林学士还有差遣的性质，一般不带外司职务。职能的固定，大为有利于其制度的完善。到宋代学士院制度发展完备，翰林学士成了正式职官，有时候则作为文官帖职使用。五代翰林学士同端

---

① （宋）王溥：《五代会要》卷一三《端明殿学士》，上海古籍出版社点校本1978年版，第225页。

② 樊文礼《五代的枢密直学士》（《烟台师范学院学报》2003年第4期）对此有所论述。据《职官分纪》卷一五《端明殿学士》"轮修日历送史馆"下注：明宗朝，命端明殿及枢密直学士皆轮修日历旋送史馆。"轮修日历"之职，樊文没有提到。

③ （宋）薛居正：《旧五代史》卷一二六《冯道传》，中华书局点校本1976年版，第1656页。

明殿学士、枢密直学士一样都称为"职",翰林学士一般都负有学士的实际职务,与宋代的文官帖职不同。《中国政治制度通史》关于五代翰林学士讲到,"后唐时为翰林学士者又另加殿阁学士之号",并取"翰林学士、尚书户部侍郎、知制诰冯道,翰林学士、中书舍人赵凤,俱以本官充端明殿学士"为例,来说明翰林学士地位的提高。① 对此,笔者颇有不同意见。首先,他们的本官不是指翰林学士,"端明殿学士"不是针对翰林学士加的。其次,此事亦见于《旧五代史》卷三六,其后卷三七载,端明殿学士冯道迁兵部侍郎,赵凤为户部侍郎,"并依前充职",自此只见有以"端明殿学士"指称他们,而无"翰林学士"的描述了(其他迁端明殿学士者也是如此)。同书卷一二六《冯道传》用语则更为明确:"再为翰林学士,改授端明殿学士。"和凝为翰林学士,后拜端明殿学士兼判度支,转户部侍郎,"曾废端明之职复入翰林充承旨",之后也不见有以端明殿学士相称的记载了。此亦可证,他们并不兼有两种学士的身份。另外,如上文所述,后唐时规定,端明殿学士的班位在翰林学士之上,并给予他们独立的班位,这也不是"加衔"所能解释的了。

《五代会要》卷五《朔望朝参》载,天福二年中书门下奏,"文官除端明殿翰林学士、枢密院学士……外,有兼官兼职者,仍各发遣本司公事",《旧五代史》也载录这条奏文。② 这里有两点值得注意。第一,"端明殿翰林学士",应然解读为并列的两类学士,而不是指一人二任。学士相兼,在宋代方才普遍,此处两词连用,恰也显示了二者具有密切的关系。③《文献通考》卷五四《端明殿学士》言,冯道、赵凤"俱以翰林学士充",此类用语,或许就是使人们对二类学士的关系认识产生混乱的原因。第二,学士的兼官兼职现象,在五代已是常见的事了,也受到时人的认可。

---

① 白钢主编,俞鹿年著:《中国政治制度通史》(第五卷),人民出版社 1996 年版,第 203 页。

② 中华书局点校本《旧五代史》卷七六中的用词是"翰林端明殿学士",而《百衲本二十四史·旧五代史》(张元济主编,商务印书馆 1958 年缩印本)语序则与《五代会要》相同。点校本有误。

③ 日本学者河崎章夫有《五代端明殿学士的二问题》一文(载《史泉》第 3 期,1955 年 11 月),惜未得拜读,不知对此是否有所论述。

　　翰林学士"有兼官兼职者"不须发遣本司,可见,在政府的正式奏文中,他们的身份首先是翰林学士,而与本司无关。翰林学士从唐朝产生开始就在"本司"之外而存在,此时强调他们与本司的关系,也让人考虑翰林学士院作为一个机构的独立性,也即它的性质问题。北宋王溥所作《五代会要》卷一三"翰林院"条,记载的主要是关于学士院以及翰林学士的事实和法度,《旧五代史》中亦多有称学士院为翰林院,称翰林学士为翰林院学士的说法。《旧五代史》卷一四九《职官志》、《文献通考》卷五四《翰林学士》等资料中也有金銮殿"与翰林院相接"之语,那么,五代时期,翰林院仍然存在,翰林学士院是不是一个独立的机构呢?是否为了机构简化而与翰林院产生了隶属关系,或者仍旧为平行的关系,甚至只是名称详简有别而实为一体?这还需要更多材料的证实,在此不能断论。

　　我们已经可以判断:冯道、赵凤任端明殿学士时,已经不是翰林学士了。而学士兼学士的现象,宋代才多见起来,与宋代复杂的官制有关。但是,五代的翰林学士同时兼领其他职事的现象,也已不断出现,如赵莹知河东军府事,桑维翰知枢密院事[1]等。后晋崔棁草制被宰相桑维翰改动,按旧例应当罢职,此时却让他带学士之名权知贡举(后来因为知贡举不称职,才罢免了学士之职)。[2]诸如此类,翰林学士权知贡举等领外司职事的现象,恰恰反映了五代翰林学士作为学士的临时差遣性在不断减弱,向外朝官发展的趋势却日益明显。

　　(注:本文的写作中,原烟台师范学院历史系樊文礼教授给予诸多帮助,特此致谢!)

　　　　　　　　　　　　　　　　(原载《社会科学辑刊》2005年第7期)

---

　　① (宋)薛居正:《旧五代史》卷七六《晋高祖纪二》,中华书局点校本1976年版,第992页。

　　② (宋)薛居正:《旧五代史》卷九三《崔棁传》,中华书局点校本1976年版,第1232页。

谈谈高氏荆南国史研究[*]

五代十国，干戈相寻，群雄竞逐，裂土为王。后梁开平元年（907），高季兴（本名季昌，后唐庄宗即位，避其祖父李国昌讳更名）以荆南兵马留后擢任节度使，潜有割据之意，荆南政权始此。稍晚，季兴先后分别为后梁、后唐和杨吴进封渤海王、南平王和秦王；死后，又为后唐追封为楚王。荆南高氏"传袭四世五帅，至宋乾德改元，国除，凡五十七年"①。然终未尝称帝建号，此政权被后世史家目为南方九国之一，史书亦称之为"南平"或"北楚"。

荆南政权据有荆州（今江陵）、峡州（今宜昌）、归州（今秭归），② 而下辖17县（此为公元963年入宋时版图），③ 以今湖北江陵为统治中心，是五代十国时期湖北地区内部的区域性割据政权。荆南因处战略要冲之地，政治、军事地位突出，自唐后期以来就一直陷于兵连祸结之中，逮高季兴奄有其地，渐以独立姿态出现于五代十国风云激荡之历史舞台。值此之时，湖北地区能从中部渐次崛起，既受南方经济文化迅猛发展的拉动，又与高氏荆南政权的恢复、发展措施密不可分，借此而为湖北经济文化水平的全面提升奠定了历史条件，亦为本地经济文化的后续开发提供了历史智慧和资源。然迄今为止，学界关于高氏荆南政权的研究成果尚不够全面深入，致使湖北开发史整

---

* 与曾育荣博士合作。

① （清）吴任臣：《十国春秋》卷一〇一《荆南二·侍中继冲》，中华书局点校本1983年版，第1453页。

② （宋）欧阳修：《新五代史》卷六〇《职方考》，中华书局点校本1974年版，第728页。

③ （宋）李焘：《续资治通鉴长编》卷四，乾德元年二月，中华书局点校本2004年版，第85页。

体面貌的勾勒尚有缺环。为深度挖掘历史资源以服务于当代湖北经济、文化建设，本文拟就高氏荆南国的研究前史、研究缘起及意义、内容与思路等问题，谈谈一些粗浅看法，一并求教于学界同好。

一　研究前史回溯

在断代史研究中，五代十国史研究相对薄弱，关于高氏荆南国的探究则更为稀少，仅有的几部专著，如陶懋炳《五代史略》、郑学檬《五代十国史研究》、张其凡《五代禁军初探》、武建国《五代十国土地所有制研究》、任爽主编《十国典制考》等均对此题着笔甚少。沈起炜《五代史话》与卞孝萱、郑学檬《五代史话》，为体裁与形式所限，仅言其概貌。而在区域断代史研究中，李文澜《湖北通史·隋唐五代卷》中有"五代十国时期的荆楚地区"一节，因受篇幅所限，稍欠具体详尽。此外涉及历史时期湖北地区经济开发研究的论著，如黄惠贤、李文澜主编《古代长江中游的经济开发》、牟发松《唐代长江中游的经济与社会》、陈钧等主编《湖北农业开发史》、梅莉《两湖平原开发探源》、鲁西奇《区域历史地理研究：对象与方法——汉水流域的个案考察》、鲁西奇等《汉水中下游河道变迁与堤防》等，虽与本题有涉，但均非论述高氏荆南的专著。不惟如是，相关专题论文也极少见。正因如此，高氏荆南时期政治、经济、文化的发展，乃至历史地位以及在湖北开发进程中所发挥的历史作用仍需逐步探索。

与此相对应的是，近年来围绕五代十国时期地方性割据政权的专史却迭有所见，杨伟立《前蜀后蜀史》、任爽《南唐史》、邹劲风《南唐国史》、杜文玉《南唐史稿》、何勇强《钱氏吴越国史论稿》、罗庆康《马楚史研究》等，均是以同期川渝、江浙、苏皖、湖湘等地的南方割据政权而撰写的专著。此类成果极大地丰富了地方断代史的研究，有益于地方传统文化资源的整理与开发，也为同类课题的确立提供了范例。湖北省是中部地区的教育大省、文化大省和旅游大省，极有必要进一步挖掘本地区的历史资源，补上高氏荆南政权这一缺环。

二 研究缘起及意义

史载，荆南"地狭兵弱，介于吴、楚为小国"，高氏父子又不以屈节为耻，四向称臣，故"诸国皆目为'高赖子'"①。在史家的这种正统观念偏见之下，高氏荆南国史的研究长期以来未能引起学界足够的注意。实际上，荆南居于吴、南唐、楚、蜀和中原之间，在夹缝中求生存，拦劫过往商旅，固为不耻，"但从自存角度看，高氏父子确有权术，善于利用矛盾，以维护自己的统治"②。五代史专家陶懋炳的看法是："'赖子'为王，割据一隅，传之四世，历时数十年，看来是滑稽可笑的事。其实，这不过是分裂割据下出现的特殊情况而已。"单靠诸方"平衡"，劫取财物、骗赏赐是无法自存的。"史籍斥言其无赖，极嘲笑之能事，忽视了它赖以存在的主要条件，显系正统观念的偏见。"③郑学檬曾说，荆南处四战之地，"环境复杂，政局稳定与否主要取决于高氏本身的对策是否得当"④。而高氏父子享国50余年，个中原因确乎值得深究。学界予此已有探讨，陶懋炳认为是保境息民，恢复生产。⑤沈起炜则以为，荆南高氏不耽于享乐，"荆南经济全靠南北通商，政治生命全靠同人家搞好关系"，为其生存之本。⑥曾国富的研究表明，与中原王朝长期的密切关系，与四邻的和睦相处，坚固的城防，重视、重用人才，是荆南政权能在列国夹缝中立足的主要原因。⑦李文澜指出，"从外部条件看，唐末五代形成的分裂割据势力还相当强大，在一定时期内统一的条件尚未形成"。从内部原因来看，荆南高氏政权"尚能招致人才、知人善任、听忠纳

① （宋）欧阳修：《新五代史》卷六九《南平世家》，中华书局点校本 1974 年版，第859 页。

② 卞孝萱、郑学檬：《五代史话》，北京出版社 1985 年版，第 11 页。

③ 陶懋炳：《五代史略》，人民出版社 1985 年版，第 177 页。

④ 郑学檬：《五代十国史研究》，上海人民出版社 1991 年版，第 14 页。

⑤ 陶懋炳：《五代史略》，人民出版社 1985 年版，第 177 页。

⑥ 沈起炜：《五代史话》，中国青年出版社 1983 年版，第 109 页。

⑦ 曾国富：《五代南平史三题》，《中国史研究》1996 年第 1 期。

谏；在境内又能保境息民，这是它能生存一个时期的政治条件"①。
以上诸家所言甚是公允，此亦是澄清"'赖子'为王"的历史真相，
评判高氏荆南政权所应取的基本尺度。

有鉴于此，着手高氏荆南国史研究极有必要，原因在于：

首先是形成对湖北开发史整体认识的重要环节。如前所述，从湖
北开发史研究的既有成果来看，学界关于五代十国时期高氏荆南政权
的研究仍极为有限，亟须弥补。

其次是挖掘历史资源、产业资源和文化资源以服务于当前湖北经
济文化建设的客观需要。唐末以降，本地虽屡经战火冲刷，以至于
"（高）季昌到官，城邑残毁，户口凋耗"②，然高氏父子奋发作为，
保境安民，经济渐见恢复和发展，农业生产、商贸活动处于稳步上升
的态势中。而从产业资源看，其时荆南之茶、柑橘等经济作物品质优
良，素有盛誉，一直是对中原王朝的上贡品；草市镇增多，商业贸易
活动频繁，特别是勃兴的沙头市迅即蹿升为长江中游的又一商业都
会；荆南位于江汉平原腹心，自唐末即为中原王朝财赋中转孔道，是
闽、南汉、楚进贡中原的必经之地，因此随着南北物资交流规模的扩
大，荆南作为交通枢纽的地位日益凸显。凡此种种，无不表征着其时
荆南经济良好的发展势头。而荆南政权审时度势，力挽唐末以降本地
经济发展颓势，充分利用本地资源发展经济的各种举措及思路，当有
益于今人为复兴本地经济作出理性思考。即使仅从当前文化建设视角
看，今存高氏政权之众多遗迹（如"高氏堤""高氏井"等），也是
极应珍惜的文化遗产，值得保护、修缮和开发。

再次是理解高氏荆南政权在全国从分裂迈向统一过程中独特地位
的需要。处于四战之地的高氏荆南政权，北有中原王朝，东向继有
吴、南唐，南有马楚，西向迭有前、后蜀，拘一隅之地而能在复杂动
荡的军事斗争中存在半个世纪之久，该政权实际上起着平衡各种势
力、缓冲不同军事集团对抗的作用。一旦维系这种均势的力量平衡被

① 李文澜：《湖北通史·隋唐五代卷》，华中师范大学出版社1999年版，第407—408
页。
② （宋）司马光：《资治通鉴》卷二六六，后梁太祖开平元年五月，中华书局点校本
1956年版，第8680页。

打破，荆南政权即被统一大潮所淹没。对此，正如研究者所指出：控制湖北成为统一与分裂天平的一个决定性的因素。① 以此为出发点，客观揭示荆南政权在五代嬗递、十国纷争格局各不同阶段所发挥的独特功能，明了其在全国统一进程中至关重要的作用，庶几方能对荆南政权的历史地位做出准确评价。

最后是从区域发展史的角度理解唐宋变革期学说的有益尝试。唐宋变革期在经济层面上的一个主要表现便是商品经济的崛起，从经济角度审视，荆南政权之传统农业经济母体内商品经济成分的显著增多，商贸活动的内容和对象较之此前的长足突破，以南北通商为维系政权之国策可谓已尽现商贸立国的初始形态。此点对于深化唐宋变革期的认识极有助益。

基于上述理解，从事高氏荆南国史研究的意义可简单概括为：

其一，探明本地区经济、文化发展的条件、进程和实绩，以及高氏荆南政权作为平衡南北力量政治斗争调节器的特殊地位，弥补既往湖北地方史研究的不足。

其二，着力挖掘此特定历史阶段地方自然资源（如茶叶、柑橘等经济作物）、文化资源，寻找历史智慧，服务于当前湖北经济迅速崛起和文化再度繁荣的客观需要。特别是强调深入认识本地产业品牌、便利的交通、丰富的水域等经济资源在拉动整个经济发展过程中的基础性作用。

其三，以唐宋变革期学说为指导，将荆南政权与南北政权的互动关系置于唐宋之际历史演进的总体框架中予以考察，切实增进五代十国时期"表面上乱，实质是变"，②"乱而后治，治中有乱"③等精赅之论的理解，并将之落实到高氏荆南政权的历史实际中去。

① 王赓武：《长江中游地区在唐代的政治地位》，赵鸿昌译，《研究集刊》1985 年第 1 期，转引自李文澜《湖北通史·隋唐五代卷》，华中师范大学出版社 1999 年版，第 403 页。

② 熊德基：《五代史略·序》，载陶懋炳《五代史略》，人民出版社 1985 年版，第 1 页。

③ 郑学檬：《五代十国史研究》，上海人民出版社 1991 年版，第 13 页。

三 研究内容与思路

依笔者目前的认识来说,所形成的关于本课题的主要观点有:第一,高氏荆南政权是五代中原王朝与南方诸国之间力量制衡的枢纽,是各种势力交锋的缓冲地带,其存在与否直接关系到南方各国的安危存亡。据有此地则是中原王朝对长江流域、珠江流域实施统治的前提,故为恢复和重建大一统王朝所必争之地。第二,高氏荆南政权对本地的经济文化开发,适应了晚唐以降经济文化重心南移的大势,积极地促进了宋元明清时期湖北地区的开发进程。第三,荆南地处南北要冲,是其时南北经济文化交流与融合的重镇,经济文化方面的进步辐射、渗透于周边地区。第四,荆南高氏父子的种种政治作为顺应了历史发展的潮流,有利于本地的恢复与发展。第五,高氏荆南政权的存亡兴衰又受制于相邻势力的伸缩消涨,只有中原王朝强大到足以有能力建立统一王朝时,荆南政权才会退出历史舞台。上述认识又统一于荆南地区在全国政治、经济、文化发展格局中不容忽视的历史地位。

与此相联系,本课题的研究内容初步圈定于下述方面:①荆南政权兴亡的历史条件和原因分析(含政治、经济、文化资源的全面考察);②荆南政权对本地区经济文化开发的具体内容和深度;③荆南政权的内政外交与南方诸国的比较研究;④荆南政权与南方政局变动;⑤荆南政权内士人群体的历史作用分析;⑥荆南的灭亡与宋初的统一。在展开对上述问题的分析时,重点在于把握五代十国的历史演进趋势,将荆南政权的兴亡与唐宋之际的社会变革联成一体予以研探,并在历史的剖析中融入对现实的思考,在现实的思考中挖掘历史资源,以为振兴湖北的经济文化建设服务。

如所周知,"五代乱世,文字不完,而史官所记亦有详略"①,材料的较为匮乏一直是五代史研究面临的难题,南方割据政权研究更是

①(宋)欧阳修:《新五代史》卷五八《司天考二》,中华书局点校本1974年版,第711页。

如此，而传承至今关于高氏荆南国的记载则尤其零散，加之可资借鉴的学界成果又较少，本题的研究注定无法回避上述客观制约。然而，历史学研究恰恰强调对历史信息的广采博收、排比筛选，否则研究就会失去坚实可信的基础，所得结论也无法经得起推敲和检验，故而从各种相关的历史记述中认真爬梳所涉史料，亦是开展此项研究的前奏。纵览史乘，可以发现，历代传世文献中关涉高氏荆南国的记载主要散见于《旧唐书》《新唐书》《旧五代史》《新五代史》《册府元龟》《资治通鉴》《宋史》《续资治通鉴长编》等典籍，相关的零碎材料则散见于宋代和清代的文人文集、笔记和考证材料中。另外，宋元明清各代的方志，也间有相关记述。还有，同时期关于四邻政权的相关记载中，也有一些反映高氏荆南国的材料。因此，笔者认为，充分利用现有传世史料，并非绝无可能完成此项研究。由是出发，目前所形成的关于此题的研究思路，即以荆南立国历史条件的阐述为出发点，逐一勾勒其与周边邻国的诸般互动行为，尤其是在经济文化重心南移的大背景之下，着力探讨荆南政权的政治、经济行为所产生的实际效果。在此基础上，分层次、分步骤地研究课题所涉问题，力求揭示荆南国的历史全貌，并注重与其他历史时期本地区的开发进程相比较，以便能站在历史的高度如实描绘荆南国在五代十国整体局势演进下所扮演的角色，进而准确把握其经济文化发展的脉络及特征，填补湖北开发史上的断裂环节，以鉴当世。

需要进一步明确的是，此题的研究将置于唐宋社会大变革的总体视野下，注意考察荆南与南方诸国、中原王朝的互动关系，并在湖北开发史贯通的总体框架内揭示荆南经济文化开发的亮点。诚如黄仁宇所言，五代十国"上接李唐下承赵宋，彼此都是连亘约三百年的大帝国，可见中国社会在这过程中虽经颠簸，并没有完全垮台；并且，这54年内，尚可能产生若干积极的因素，这样才能让自北魏和拓跋氏所创的'第二帝国'继续在历史进程中迈进"。"李唐王朝之崩溃，并非由于社会之退化，而是由于社会之进化。"① 正是在这样一个大

---

① 黄仁宇：《赫逊河畔谈中国历史》，生活·读书·新知三联书店1999年版，第134页。

震荡、大变革的时代，社会经济和文化的发展既有遭受严重破坏的一面，但同时又有得到发展的一面。是以，对唐宋社会转型的深层次考察及其本质内容的揭示，绕不开五代十国史的深入研究，高氏荆南国史研究自是此题中应有之义。反之，五代十国史的研究更不应游离于唐宋转轨的历史考察之外。

值得注意的是，关于高氏荆南国的性质问题，当今学界仍有不同声音。南平并未建国称帝，不应当做一国看待的理由是：地域狭小，没有稳固的经济基础，称藩于中原王朝，军备力量弱小等。① 对于这种说法，笔者在此仅想强调的是，南方九国的说法由来甚久，迄宋以降，此说已成共识。历代史家之所以将并未建国称帝的马楚、闽和荆南视为独立国家，而将即帝改元的刘燕、擅置官号的秦岐排除在外，乃是针对分裂割据的异态而作的特殊区分，不宜与常态时等量齐观。限于篇幅，具体的史源考证无法展开，嗣后当另具文申论。

由于此论题学界尚无专项成果问世，以高氏荆南国为核心而展开的研究，当能在一定程度上促进人们对五代十国史的深入认识，并有助于全面审视和客观评判湖北开发史的整体面貌。具体而论，高氏荆南政权是南北王朝力量冲突的调节器，是解读南方诸国政局变动不可或缺的要素之一。其内政外交策略有利于推动整个历史发展的进程，积极意义值得重视。而且，本地区经济文化的发展，既有受制于经济格局变动历史大环境影响的一面，同时其综合实力的提升，又在无形中将积极因子扩散至周边地区，以至对经济格局整体面貌的改善发挥积极作用。从唐宋社会转型的历史高度加以考察，明显可见其时政治的有序变革、经济文化重心的南移、知识阶层力量的壮大等时代特点，在高氏荆南政权时期均有迹可寻。更重要的是，在深度挖掘历史时期本地产业资源及文化资源优势的基础上，能进一步明晰湖北经济文化发展的历史必然性及客观条件，从而为本地区的再次腾飞提供历史论证。其成果在理解唐宋社会转型这一重大学界课题上也会有一定帮助。

（原载《湖北大学学报》2006 年第 3 期）

---

① 曾国富：《五代南平史三题》，《中国史研究》1996 年第 1 期。

卷 二

宋 代 史

王素——名扬庆历真谏官[*]

　　王素（1007—1073），是《清虚杂著》作者王巩的父亲，王旦（957—1017）最小的儿子。王旦是太宗、真宗朝名臣，太宗时同知枢密院事，进入二府，真宗时官至宰相，为二府大臣十八年，使"三槐王氏"的声誉达到顶峰。

　　王素以父荫出仕，久历中外，卓著劳效，特别是在庆历年间（1041—1048）为谏官，与欧阳修、蔡襄、余靖合称"庆历四谏官"，而王素居其长。四人犯颜敢谏，名扬天下，被称为"一棚鹘"，是宋代最著名的谏官群。[①] 王素尤其突出，号称"独打鹘"。王素在庆历之前，曾出知地方，庆历之后，更久历中外，当方面之寄。三十多年间，治理地方，有不少可称道的政绩。这些政绩，既有文治之效，也有武略之功，可以说，王素在每个职位上，都有非常出色的表现。

一　生平仕宦

　　王素，字仲仪，生于宋真宗景德四年（1007）"丁未八月二十四日辰时"[②]，卒于"熙宁六年（1073）三月甲寅"[③]，享年六十七岁。

　　王素十一岁时，其父王旦逝世，时值真宗天禧元年（1017）。王

---

[*] 与李贵录博士合作。

① （宋）王巩：《闻见近录》，景印文渊阁四库全书本，第1037册，台湾商务印书馆1986年版，第199页。

② （宋）吴处厚：《青箱杂记》卷四，中华书局点校本1985年版，第42页。

③ （宋）王珪：《华阳集》卷五八《王懿敏公（素）墓志铭》，景印文渊阁四库全书本，第1093册，台湾商务印书馆1986年版，第435页。另，清代王氏宗谱记载他卒于"八月二十日"，当误。

旦为相十二年，誉望高隆，深受皇帝宠遇。真宗推恩录孤，"（王）素补太常寺太祝"①。后迁大理评事、同勾当太府寺斗秤务，这是王素初次踏入仕途。

仁宗天圣五年（1027），"召试学士院，赐进士出身"②。"又召试，得通判颍州，更怀州、许州，累迁太常博士。"③ 这是王素入仕的开始。此后王素在四十余年的仕宦生涯中，担任过许多职务，辗转地方，成为当代的名臣。其仕宦经历见下表：

王素职任简表

职任	任职年月	任职时间	年龄	史源	备注
通判颍州，更怀州，许州	天圣五年（1027）后	十二年	二十一	王《铭》卷五八	
知宣州，更侍御史	宝元二年（1039）	不足一年	三十三	《宋传》	
知宿州	宝元三年（1040）	近三年	三十四	王《铭》	
知谏院、同判国子监	庆历二年（1042）	一年	三十六	同上	
兵部员外郎、并知谏院	庆历三年（1043）三月	七个月	三十七	《宋传》	
淮南都转运按察使	同年十月	八个月	三十七	《长编》卷一四四	
泾原经略安抚使兼知渭州	庆历四年（1044）六月	十个月	三十八	《长编》卷一五〇	
知华州	庆历五年（1045）四月	两个月	三十九	《长编》卷一五五	

---

① （宋）司马光：《涑水记闻》卷七《王旦》，中华书局点校本1989年版，第143页。
② （宋）王珪：《华阳集》卷五八《王懿敏公（素）墓志铭》，景印文渊阁四库全书本，第1093册，台湾商务印书馆1986年版，第431页。王氏宗谱说他是："明经贡，遗恩补官。天圣二年召试，登宋郊榜进士。"不知何据？不取。
③ （宋）王珪：《华阳集》卷五八《王懿敏公（素）墓志铭》，景印文渊阁四库全书本，第1093册，台湾商务印书馆1986年版，第431页。

续表

职任	任职年月	任职时间	年龄	史源	备注
知江州	同年闰五月	未行	三十九	《会要》职官六四之四九	降知
知汝州，更潞州	同年六月	数月	三十九	《长编》卷一五六	落待制知
（丁太夫人袁氏忧）	庆历五年（1045）	二年	三十九	张《碑》	
知兖州	庆历七年（1047）	四年	四十一	韩《集》	
知渭州	皇祐三年（1051）四月	四年	四十五	《长编》卷一七一	再知
以枢密直学士权知开封府	至和二年（1055）三月	一年半	四十九	《大郡守臣考》	
知定州	嘉祐元年（1056）八月	三年	五十	《长编》卷一八三	
知成都府	嘉祐四年（1059）	二年	五十三	《宋传》	
知开封府	嘉祐六年（1061）八月	一年	五十五	《大郡守臣考》	再知
知许州	嘉祐七年（1062）	二年	五十六	王《铭》	再知
知渭州	英宗治平元年（1064）	二年	五十八	《宋传》	三知
澶州观察使、真定路安抚使、知成德军	治平三年（1066）	二年	六十	王《铭》	
青州观察使	神宗熙宁元年（1068）	数月	六十二	同上	

续表

职任	任职年月	任职时间	年龄	史源	备注
河东四路安抚使、知太原	同年	一年	六十二	《宋传》	
知通进司、银台司兼门下封驳事	熙宁二年（1069）	数月	六十三	同上	提举醴泉观
知汝州	同年	一年	六十三	王《铭》	再知
加工部尚书致仕	熙宁三年（1070）		六十四	《宋传》	
（卒于家中）	熙宁六年（1073）		六十七	王《铭》	谥懿敏

注：1. 王《铭》：王珪《华阳集》卷五八《王懿敏公墓志铭》；

2. 《宋传》：《宋史》卷三二〇《王素传》；

3. 《长编》：李焘《续资治通鉴长编》；

4. 《会要》：徐松辑《宋会要辑稿》；

5. 张《碑》：张方平《张方平集》卷三七《宋故端明殿学士金紫光禄大夫行工部尚书致仕上柱国太原郡开国公食邑三千八百户食实封一千二百户谥懿敏王公神道碑》；

6. 韩《集》：韩琦《安阳集》；

7. 《大郡守臣考》：李之亮《北宋京师及东西路大郡守臣考》。

从上表可以看到，王素在四十年的仕宦生涯中，任职地方的时间长达三十多年，在中央政府的任职时间（包括知开封府），只有五年多。他在治理地方期间，都取得不俗政绩。而且，王素的仕途，中间虽有小小的顿挫，大体上是比较顺遂的。

在中央政府，王素最辉煌的经历就是在庆历年间任谏官，这为他赢得了极大的声誉。而他两知开封府，政绩却不够理想，甚至还有些微词。所以任职时间都不长，就又外放地方了。至于最后知通进、银台司，那已是准备致仕了，所以也就没有什么作为了。工部尚书是致仕前的升职，以尚书故职致仕，是王素的荣耀。

在地方职任上，王素的经历也是比较复杂的，北到潞州、定州，东到青州、兖州，南到鄂州、宿州，西到太原、渭州，并知成都府。

而许、颖、汝等，都在中原。在这些任上，尤其是知渭州与成都府，都有出色的治绩。

熙宁六年（1073）卒，谥曰"懿敏"。安葬于"开封县新里大边村文正公原下"①。

另外，在地方志的记载中，王素还曾知仪真县、知通州。隆庆《仪真县志》说："王素，字仲彝，莘人，进士，天禧中任。时方以苛为明，素独不摘细故，即有贪刻，必续治穷竟，以故下吏悉畏其察。"② 万历《通州志》云："王素，字仲仪，旦之子，赐进士出身。自筮仕至大吏，所至称能，为政务合人情。知通州，爱民勤政，举废兴贤，人多怀之。既居台谏，风裁独持，仁宗有'真御史'之称，人目为'独击鹘'。官至端明殿学士、工部尚书，谥'懿敏'。"③ 是书第一卷，记载王素知通州，在仁宗宝元年间（1038—1040）。其实隆庆《仪真县志》记载的王素的行为，与王素在庆历三年为淮南都转运按察使时的事迹相吻合，当是治方志者掠美。且天禧年间（1017—1021），王素的年龄是十一到十五岁，不可能任为知县，也不可能有如此成熟的表现。而王素知通州的记载，也不正确。王素在宝元年间，先后知宣州、鄂州、宿州，没有知通州的记载。而《舆地纪胜》卷四一却载："王素，开宝九年（976）曾知（通州）。"修方志者以此易彼，把"开宝"易为"宝元"，两个王素就被混淆了。

二　铮铮谏臣

庆历三年（1043）三月，在面临内外政治、军事局势不稳的情况下，宋仁宗罢免了吕夷简，改用章得象、晏殊为相。"时陕右师老兵顿，京东西盗起。吕夷简既罢相，上遂欲更天下弊事，故增谏官

① （宋）王珪：《华阳集》卷五八《王懿敏公（素）墓志铭》，景印文渊阁四库全书本，第1093册，台湾商务印书馆1986年版，第435页。

② 隆庆《仪真县志》卷四。

③ 万历《通州志》卷六《名宦》。

员。"① 为了加强谏院，宋仁宗亲自选拔王素为兵部员外郎、太子中允，欧阳修为太常丞，并知谏院，余靖为右正言，谏院供职，当时称为"三谏官"。欧阳修的朋友蔡襄，以诗为贺：

> 御笔新除三谏官，士民千口尽相欢。昔时流落丹心在，自古忠贤得路难。好竭谋猷居帝右，直须风采动朝端。人生万事皆尘土，惟是功名永远看。②

不久后，由于这三个人的推荐，蔡襄也被任命为谏官，这就是著名的"庆历四谏官"。同时，章得象、晏殊、贾昌朝、韩琦、范仲淹、富弼被任为宰执。这体现了仁宗皇帝欲广纳士论、改革弊政的决心，受到了大部分正直官员的拥护。诗人石介，为此特作《庆历圣德颂》以歌咏之。其于王素云：

> 素相之后，含忠履洁，昔为御史，几叩予榻。③

而王素在谏官任上的表现，也证明他是一名非常称职的言官，成为宋代历史上著名的谏官，受到后人的敬仰。

王素作为谏官，真正体现了他刚正不阿、遇事敢言的性格。虽然史籍记载，王素有文集二十卷，但今已不存。所以王素无文集传世，遂使其忠言谠论，泯灭无闻，诚为可惜。但我们透过宋人的零星记载，还是可以了解王素的一些情况。概括说来，王素主要从以下几个方面，进行了谏诤。

首先是对皇帝过失的劝谏。史载：

---

① （宋）李焘：《续资治通鉴长编》卷一四〇，庆历三年三月癸巳，中华书局点校本2004年版，第3359页。

② （宋）蔡襄：《端明集》卷四《喜欧阳永叔、余安道、王仲仪除谏官》，景印文渊阁四库全书本，第1090册，台湾商务印书馆1986年版，第373页。

③ （宋）石介：《徂莱集》卷一《庆历圣德颂》，景印文渊阁四库全书本，第1090册，台湾商务印书馆1986年版，第188页。

仁皇帝庆历中亲除王素、欧阳修、蔡襄、余靖为谏官,风采倾天下。王公言王德用进女口事,帝初诘以宫禁事何从知?公不屈。帝笑曰:"朕真宗之子,卿王旦之子,有世旧,岂他人比。德用实进女口,已服事朕左右,何如?"公曰:"臣之忧,正恐在陛下左右耳。"帝即命宫臣,赐王德用所进女口钱各三百千,押出内东门。讫奏,帝泣下。公曰:"陛下既不弃臣言,亦何遽也?"帝曰:"朕若见其人留恋不肯去,恐亦不能出矣。"少时,宫官奏宫女已出内东门,帝动容而起。

　　仁皇帝庆历年,京师夏旱。谏官王公素乞亲行祷雨,帝曰:"太史言月二日当雨,一日欲出祷。"公曰:"臣非太史,是日不雨。"帝问故,公曰:"陛下幸其当雨以祷,不诚也。不诚不可动天,臣故知不雨。"帝曰:"明日祷雨醴泉观。"公曰:"醴泉之近,犹外朝也,岂惮暑不远出耶?"帝每意动则耳赤,耳已尽赤,厉声曰:"当祷西太乙宫。"公曰:"乞传旨。"帝曰:"车驾出郊不预告,卿不知典故。"公曰:"国初以虞非常,今久太平,预告使百姓瞻望清光者众耳,无虞也。"谏官故不扈从。明日,特召王公以从。日色甚炽,埃雾涨天,帝玉色不怡。至琼林苑,回望西太乙宫,上有云气如香烟以起,少时,雷电雨甚至,帝却逍遥辇,御平辇,撤盖还宫。又明日,召公对,帝喜曰:"朕自卿得雨,幸甚。"又曰:"昨即殿庭雨立百拜,焚生龙脑香十七斤,至中夜,举体尽湿。"公曰:"陛下事天当恭畏,然阴气足以致疾,亦当慎。"帝曰:"念不雨,欲自以身为牺牲,何慎也。"[①]

　　以上两则故事,既说明了王素的耿直,在皇帝非常愤怒时,犹能从容进言,神色不为少动,同时也说明了王素因为父亲的缘故,与仁宗的君臣关系非同一般,其所作所为,也不是普通臣僚能做得到的。

　　庆历三年(1043)三月癸巳(二十六日),当时有传言说,如果皇子诞生,"将议大赦,进拜群臣官及赏诸军"。王素因此上疏:"方元昊叛,契丹多所要求,县官财用大屈,谓宜惜费以宽民力。且将士

---

① (宋)邵博:《邵氏闻见后录》卷一,中华书局点校本1983年版,第3—4页。

久劳待赏而臣下乃坐享无穷之俸，皆非所以为国计也。"因而其议不行。①

其次是对一般官员的监察和论奏。庆历三年（1043）五月己巳（三日），王素与欧阳修一起上言弹劾屯田员外郎凌景阳、昭信节度掌书记魏庭坚及郑州观察判官夏有章，说"景阳给婚非类，有章尝坐赃，而庭坚亦有逾滥之罪"。三人都被罢职。②

七月戊辰（三日），王素、欧阳修等为谏官，数言事，为苏绅嫉恨。苏绅上言："国之号令，不专于上，威福之柄，或移臣下，虚哗愤乱，故其咎僭。"又说："庶位逾节兹谓僭。刑赏妄加，群阴不附，则阳气胜，故其罚常旸。今朝廷号令，有不一者，庶位有逾节而陵上者，刑赏有妄加于下者，下人有谋而僭上者。此而不思，虽祷于上下神祇，殆非天意。"③ 他的意思很明显，是指谏官的。欧阳修则弹劾苏绅所荐马端，建议"寝端成命，黜绅外任，不可更为人主侍从"。结果，苏绅出为龙图阁学士、知河阳，马端不久也出为太常博士、延州通判。④

这个谏官群体有时对官员的弹劾，也有些过分。这年八月壬戌（二十八日），由于西夏李元昊乞和而不称臣，翰林侍读学士、左司郎中杨偕上书以为："连年出师，国力日蹙，宜权许之，徐图诛灭之计。"王素、欧阳修、蔡襄累章劾奏："偕职为从官，不思为国讨贼，而助元昊不臣之请，罪当诛。陛下未忍加戮，请出之，不宜留处京师。"仁宗把这些人的奏章给杨偕看，杨偕不自安，求外补，知越州，改知杭州。⑤ 在这件事上，这帮谏官不免有点儿小题大做，皇帝也就

① （宋）李焘：《续资治通鉴长编》卷一四〇，庆历三年三月癸巳，中华书局点校本2004年版，第3360页。

② （宋）李焘：《续资治通鉴长编》卷一四一，庆历三年五月己巳，中华书局点校本2004年版，第3373页。

③ （元）脱脱等：《宋史》卷二九四《苏绅传》，中华书局点校本1985年版，第9813页。

④ （宋）李焘：《续资治通鉴长编》卷一四二，庆历三年七月戊辰，中华书局点校本2004年版，第3395—3396页。

⑤ （宋）李焘：《续资治通鉴长编》卷一四二，庆历三年八月壬戌，中华书局点校本2004年版，第3424—3425页。

不去深究杨偕之责，只以外放了事，还是知杭州这样的好缺。看来仁宗也有自己的主见，虽然他信任谏官，但也并非全凭谏官之言而处理政事。

再次，是对于国计民生有利的事情，有机会就提出推行。史载："初，洺州肥乡县田赋不平，久莫能治，转运使杨偕患之。大理寺丞郭咨曰：'是无难者，得一往，可立绝决也。'偕即以咨摄令，并遣秘书丞孙琳与共事。咨等用千步方田法四出量括，得其数，除无地之租者四百家，正无租之地者百家，收逋赋八十万，流民乃复。及王素为谏官，建议均天下田赋，欧阳修即言咨与琳方田法简而易行，愿召二人者。三司亦以为然，且请于亳、寿、汝、蔡四州择尤不均者均之。于是遣咨与琳先往蔡州，首括上蔡一县，得田二万六千九百三十余顷，均其赋于民。既而咨言州县多逃田，未可尽括，朝廷亦重劳人，遂罢。"① 此事《宋史》亦有记载："时患州县赋役之烦，诏诸路上其数，俾二府大臣合议蠲减。又诏曰：'税籍有伪书逃徙，或因推割，用幸走移，若请占公田而不输税。如此之类，县令、佐能究见其弊，以增赋入，量数议赏。'既而谏官王素言：'天下田赋轻重不等，请均定。'而欧阳修亦言：'秘书丞孙琳尝往洺州肥乡县，与大理寺丞郭咨以千步方田法括定民田，愿诏二人者任之。'"②

由于王素等人恪尽职守，这一年的九月丁卯（三日），仁宗特赐知谏院王素三品服，余靖、欧阳修、蔡襄五品服，"面谕之曰：'卿等皆朕所自择，数论事无所避，故有是赐。'"③

最后，是王素积极参与了范仲淹主持的"庆历新政"。庆历三年（1043）十月，范仲淹的"庆历新政"全面推行。史书所云范仲淹所行十事，是为：明黜陟（考核官吏）、抑侥幸（整顿吏治）、精贡举（改革科举）、择官长（选拔人才）、均公田（改革职田）、厚农桑

① （宋）司马光：《涑水记闻》附录一《辑佚·郭咨均田赋》，中华书局点校本1989年版，第341—342页。

② （元）脱脱等：《宋史》卷一七四《食货志上二·赋税》，中华书局点校本1985年版，第4207页。

③ （宋）李焘：《续资治通鉴长编》卷一四三，庆历三年九月丁卯，中华书局点校本2004年版，第3447页。

（发展农业）、修武备（加强京师戍守）、推恩信（以信于民）、重命令（严禁官吏受财枉法）、减徭役（合并州县）。这十事的首要，应是选择可以信任的并且支持改革有才干的官吏。欧阳修建言："天下官吏员数极多，朝廷无由遍知其贤愚善恶……乞特立按察之法，于内外朝官中，自三丞以上至郎官中，选强干廉明者为诸路按察使……使至州县，遍见官吏，其公廉才干，明著实状，及老病不材、显有不治之迹者，皆以朱书于姓名之下。其中材之人，别无奇效，亦不致旷败者，则以墨书之。使还具奏，则朝廷可以坐见天下官吏贤愚善恶，不遗一人，然后别议黜徙之法。"① 王素作为新政的积极支持者，首膺重命。丙午（十二日），一批官员被任命为各地方的都转运按察使，王素为"天章阁待制、淮南都转运按察使"。这批官员被赋予了很大的权力，"委使自择知州，知州择知县，不任事者皆罢之"②。

但这一改革却招致很多人的反对。为了消除人们对自己的集中攻击，范仲淹请求出巡陕西。庆历四年（1044）六月壬子（二十二日），即出范仲淹为陕西、河东宣抚使。范仲淹既已不在朝中，攻击他的人自然就更加无所顾忌，仁宗日闻毁言，对范仲淹也就有了疑心，最终导致庆历新政的失败。

史臣在评价范仲淹的改革时说道：仁宗"倚以为治，中外想望其功业。仲淹亦以天下为己任，裁削幸滥，考核官吏，日夜谋虑兴致太平。然更张无渐，规摹阔大，论者以为不可行。及按察使出，多所举劾，人心不悦。自任子之恩薄，磨勘之法密，侥幸者不便，由是谤毁稍行，而朋党之论浸闻上矣"③。

王素也从此结束了自己的谏官生涯，庆历四年（1044）六月庚戌，"淮南都转运按察使、兵部员外郎、天章阁待制王素为刑部郎中、

① （宋）欧阳修：《欧阳修全集》卷九八，《奏议集》卷二《论按察官吏札子》，中华书局点校本 2001 年版，第 1505—1506 页。

② （明）陈邦瞻：《宋史纪事本末》卷二九《庆历党议》，中华书局点校本 1977 年版，第 243 页。

③ （元）脱脱等：《宋史》卷三一四《范仲淹传》，中华书局点校本 1985 年版，第 10275 页。

泾原路经略安抚使，兼知渭州"①。

其实王素的奏疏远不止以上所引，前面曾说到"王素、欧阳修为谏官，数言事"，司马光也记载："庆历三年九月，知谏院王素、余靖、欧阳修、蔡襄以言事不避，并改章服。十月，王素除淮南转运使，将之官，入辞，上谓曰：'卿今便去，谏院事有未言者，可尽言之。'"②

王珪也记载："仁宗方留精政事，思闻得失，御笔亲除谏官，而欧阳修、蔡襄、余靖与公（王素）相次进用。公起少年，蒙上所知，辄遇事感发。尝言凡朝廷欲有所更，其初不出于士大夫之论，则中书不敢以自行；愿陛下收威福之权，明利害之分，事如无可疑，毋须下议两制，徒为纷纷也。礼部取士，不询采行实，顾文辞漫涹，不足以应务。请郡国置学，择明师，使通知经术，稍近三代里选之法。自景德以来，较今内外无名之费，数倍于前，请置官三司，量一岁所入，其用非急者，皆省去之……仁宗间御天章阁，出手诏，问两府大臣所以兴治革弊之方，公又大疏时政姑息十余事，皆人所难言者，末以'非知之艰，行之惟艰'为戒。"③

这段记载里其实包含了好几件事，都是王素在谏官任上之所为。因为没有具体的时间，就放在这里一起叙述。

三　作用和影响

宋代的谏官，始置于北宋初年，只不过那时由于立国未久，诸事皆循唐制，而反不及唐的规范。宋太祖用文臣知州县，防止地方割据，故在朝文职官员多带京职而外任州县，谏官也不例外，以至于供本职者实际并无几人。至真宗时，天下久已一统，作为制度建设，谏

①　（宋）李焘：《续资治通鉴长编》卷一五〇，庆历四年六月庚戌，中华书局点校本2004年版，第3635页。

②　（宋）司马光：《涑水记闻》卷八《仁宗听纳不倦》，中华书局点校本1989年版，第148页。

③　（宋）王珪：《华阳集》卷五八《王懿敏公（素）墓志铭》，景印文渊阁四库全书本，第1093册，台湾商务印书馆1986年版，第432页。

官之设才开始被重视。天禧元年（1017）二月七日，真宗颁诏，规定三院御史、两省谏官各置六员，皆不兼领职务；又规定"诏令不允，官曹涉私，措置失宜，刑赏逾制，诛求无节，冤滥未伸，并仰谏官奏论，宪臣弹举"，并许诺"言有失当，必示曲全"①。虽未明说给予谏官、御史风闻言事的特权，而实际上却表达了谏官无论纠弹失实还是见解差谬，都不会加罪的态度。这就从制度上保障了谏官风闻言事的安全。

但真宗并没有完全实践其诏书的规定，几年后就去世了。仁宗即位，刘太后垂帘听政。直到十年后，刘太后死，仁宗亲政，方下诏云：

> 善治之主，不自任其聪明，以天下耳目为视听，守约施博，无蔽惑壅塞之失，而济之忠厚，故王道平、国风正也。永念遐观，思复盛烈，何尝不咨访群言，端诚虚受。傅之政体，要于当然。而取之众则泛滥难察，任之专则推择易明。兹用寄耳目于台谏，由公共而听断也。……咨尔多士，审吾志意。②

宋仁宗重视谏官，使谏官在这一时期极具威势，形成了足可以与宰相抗衡的又一政治势力。

王素等人就是在这样的背景下，被仁宗选定为谏官的。而他们在谏官任上，的确也做出了让世人瞠目的成绩。如谏阻吕夷简参决军国大事；谏止夏竦已被任枢密使的诏命，并使其不得入国门，排御史中丞王举正，使之外任；谏罢仁宗所宠张贵妃叔父张尧佐任宣徽使。这些都是当时的大事。

仁宗皇帝重视谏官的作用，与当时仁宗欲削弱相权以保持政局的稳定有关，谏官实际上成了皇权与相权这座天平上的一颗砝码。仁宗时期，谏官员数少，权责重，故其选任极为严格，要求有较高的文化素养、实际的从政经验和业绩，并限于较高的官阶和资序。因此，谏

---

① （清）徐松辑：《宋会要辑稿》职官三之五一，中华书局影印本1957年版，第2423页。

② 佚名：《宋大诏令集》卷一九四《诫约台谏诏》，中华书局排印本1962年版，第712页。

官对朝局的影响十分重大，举凡政局演变、党派纷争、人物进退，皆与之有关。仁宗也有意培养台谏官之锐气，对谏官所言，多会施行。有时甚至所论不实，被论之人也会改易差除以申台谏之气，甚至"言及乘舆，则天子改容，事关廊庙，则宰相待罪"①，所以，宋人有"天下事非辅相大臣不得行，非谏官御史不得言"② 和"国事成败在宰相，人才消长在台谏"③ 的说法。

王素在谏官任上是很有名气的。南宋王氏后人王从所辑王素之子王巩的《清虚杂著补阙》云："庆历间，仁宗亲除先公、欧阳文忠（欧阳修谥）、蔡君谟（蔡襄字）、余安道（余靖字）四公为谏官，先公实居其长。三公曰：'公宰相子，且不贫，朝廷责之，必不至岭外，纵远亦可行。我辈疏远且贫，凡论事，必期先之。'先公以为然，当时号先公曰'独打鹘'，三公曰'一棚鹘'云。"④

王素后人的这一记载，其中美化其先人的痕迹太过明显。欧阳修、余靖与蔡襄都不是庸碌之辈，也不是胆小怕事之人，绝不会因人成事，自居其功。但记载中说到王素的地方，应该说大体还是正确的，有他书为证。

另有记载："王素待制，大丞相旦之子，自筮仕所至，称为能吏。既升宪台，风力愈劲。尝与同列奏事上前，事有不合，众皆引去，公方论列是非，俟得旨乃退。帝曰：'真御史也。'议者以公为'独击鹘'。"⑤ 这可能才是其绰号"独击鹘"的来历。

对后世而言，王素的谏垣生涯，也产生了很大的影响，明代王沐，把王素列为自北宋开国至仁宗时的"四大直谏之臣"之一："自乾德至庆历，上下百年间，语直谏者，得四臣焉：雷德骧发钧轴之遗

① （宋）苏轼：《苏轼文集》卷二五《上神宗皇帝书》，中华书局点校本1986年版，第740页。
② （宋）杨时：《龟山集》卷三四《陆少卿墓志铭》，景印文渊阁四库全书本，第1125册，台湾商务印书馆1986年版，第419页。
③ （元）脱脱等：《宋史》卷四一一《欧阳守道传》，中华书局点校本1985年版，第12364页。
④ （宋）王巩撰，王从辑：《清虚杂著补阙》，知不足斋丛书本。
⑤ （宋）江少虞：《宋朝事实类苑》卷四六《休祥梦兆王素》，景印文渊阁四库全书本，第874册，台湾商务印书馆1986年版，第408页。

奸，以正道揆；王禹偶明宫闱之大义，以植纲常；孔道辅斥吕夷简之废立，以匡君德；王素去南威之色，以固君身，万代如见。"① 给予王素以极高的评价。

王素在谏官职任上，应该是有谏章集子的。其子王巩云：仁宗曾对王素说："卿在谏院日，章疏有可以为朕规戒者，一一录来，要留观禁中。"王素于是"以谏疏稿悉上之"②。张方平也说王素："即为御史谏官，论事上前，不挠权势，不顾嫌忌，称为敢言；侍读经阁，至于前言往行，必精切开说，因以讽劝。仁宗常命公悉上御史谏官时所论事，间省阅之。盖有简于上心者深矣。"③ 可惜的是，他的谏疏文集未能流传下来。

王素虽无文集留下来，以供研究，但从他留下的若干谏诤的文字，也足以说明王素的远见卓识。这些谏言，又往往可以与其他三位谏官的言论互为表里，相得益彰，共同构成了庆历之治的基石，也为后世留下了一份宝贵的财富。

四 主要政绩考述

王素生平多在地方任职，达三十多年，表现出色。兹将其主要政绩缕述如次。

1. 减轻赋税，重视民生

宋代官员俸禄优厚，取敛于民者，赋税往往过重。王素宦迹所至，特别重视减轻当地人民的负担。在濮州任上时，"转运使欲加赋临河之田，素言：'日者河决本道而民困于失职。今河新还，流者犹未尽复，可益以重敛乎？'于是诏自濮七州，毋得令民过出租"④。

他在知鄂州时，"荆湖一道配民率口鬻盐，公持利害不从，鄂人

---

① （明）王洙：《宋史质》卷三三，台湾大化书局影印本1977年版，第212页。

② （宋）王巩撰，王从辑：《清虚杂著补阙》，知不斋丛书本。

③ （宋）张方平：《张方平集》卷三七《宋故端明殿学士金紫光禄大夫行工部尚书致仕上柱国太原郡开国公食邑三千八百户食实封一千二百户谥懿敏王公（素）神道碑铭》，中州古籍出版社点校本1992年版，第647页。

④ 嘉靖《濮州志》卷七。

独免"①，故"鄂人德之"②。

王素在淮南都转运按察使任上时，当时的转运使有一大弊政，就是在国家规定的赋税额之外，另行加征，称为"羡余"，进献给皇帝，以期博得"能吏"的名声和皇帝的好感而得到升迁。王素却反其道而行之，"罢覆折二税羡缗数十万"③，减轻了民间的额外负担。朝廷"闻而善之，举以戒诸路"④。

王素知成都府时，做了几件事。第一件事是裁约费用。"先是，牙校岁输酒坊钱以供厨传之费，前后日加丰而不知约，故输者益加困而不能胜。公为一切裁约之。"第二件事是罢铸成都的铁钱，"铁钱惟行于两川，岁加铸不止，故钱轻货重，商旅不行，公为罢铸十年，而物价以平"。第三件事是"利州路饥，公遣发廪贩救，民得无流徙。诏适下而公奏至"⑤。史称王素"临下以恕，简而易从，条教明审，人情安便"，"为政在便人情"⑥。所以，蜀地百姓感念他，"录公所行为王公异断"⑦。

以上几件事，不是王素自己一个地方官的权限就能做得到的，还需要有勇气与上司对抗，或者还要冒一定的风险申奏朝廷才能施行，尤其是不申奏而开仓赈灾，这是有杀头危险的，王素都不惮艰险地做到了。

---

① （宋）张方平：《张方平集》卷三七《宋故端明殿学士金紫光禄大夫行工部尚书致仕上柱国太原郡开国公食邑三千八百户食实封一千二百户谥懿敏王公（素）神道碑铭》，中州古籍出版社点校本1992年版，第644页。

② （宋）王珪：《华阳集》卷五八《王懿敏公（素）墓志铭》，景印文渊阁四库全书本，第1093册，台湾商务印书馆1986年版，第432页。

③ 同上。

④ （宋）张方平：《张方平集》卷三七《宋故端明殿学士金紫光禄大夫行工部尚书致仕上柱国太原郡开国公食邑三千八百户食实封一千二百户谥懿敏王公（素）神道碑铭》，中州古籍出版社点校本1992年版，第644页。

⑤ （宋）朱熹：《三朝名臣言行录》卷四《王素》，四部丛刊初编本，第49册，上海商务印书馆影印本1926年版。

⑥ （宋）张方平：《张方平集》卷三七《宋故端明殿学士金紫光禄大夫行工部尚书致仕上柱国太原郡开国公食邑三千八百户食实封一千二百户谥懿敏王公（素）神道碑铭》，中州古籍出版社点校本1992年版，第644页。

⑦ （宋）王珪：《华阳集》卷五八《王懿敏公（素）墓志铭》，景印文渊阁四库全书本，第1093册，台湾商务印书馆1986年版，第433页。

王素为河东四路经略安抚使、知太原府时，"会汾河大溢，公曰：若坏平晋，遂将灌州城。乃命先具舟橇，筑堤以捍城。一夕水果至，人得无恐。至今人每过公所作堤而留叹之"。"晋荐饥，公劝大姓出粟，活殍者十余万人。及公去，州人迓马首环泣，终日不得前。"①看来，只要是为老百姓做过好事的，人民都是感激他的。

2. 严于执法，无所避惮

王素在担任地方长官时，还能严于执法，不为权势所挠。

他在很年轻时，已担当重任，知濮州，当时很多人因其年少，对他的施政，采取观望的态度。"有大姓，倚要人横猾。公弹治竟法，吏民耸慑，政有能名。"②

庆历四年（1044），王素被任命为淮南都转运按察使。这是"庆历新政"的一大举措。但因"初加按察之名，以假司官之重"，故"奉使者率以苛峻为称职"③，王素"独不摘细故，即有贪刻，必绳治穷竟，以故下吏爱而畏之"④。

他在知开封府任上，也有不俗的表现。王珪记载："至和二年（1055）秋，大雨坏蔡，河水入都城中。密诏马军都指挥使范恪，障朱雀门。公违诏止之曰：'方上不豫，军民庐舍多覆压，奈何障门更以动众耶？'"王素自己更是"昼夜检访奸攘，都下为之肃然"⑤。敢抗皇帝之旨而安民，这的确是需要非常的胆量和勇气的，也反映出他正直无畏的品格。

3. 御军有略，洞烛机先

王素有"文韬"，亦有"武略"，多次出知边庭渭州，颇立威名，

---

① （宋）王珪：《华阳集》卷五八《王懿敏公（素）墓志铭》，景印文渊阁四库全书本，第 1093 册，台湾商务印书馆 1986 年版，第 433 页。

② （宋）张方平：《张方平集》卷三七《宋故端明殿学士金紫光禄大夫行工部尚书致仕上柱国太原郡开国公食邑三千八百户食实封一千二百户谥懿敏王公（素）神道碑铭》，中州古籍出版社点校本 1992 年版，第 643 页。

③ 同上书，第 644 页。

④ （元）脱脱等：《宋史》卷三二〇《王素传》，中华书局点校本 1985 年版，第 10403 页。

⑤ （宋）王珪：《华阳集》卷五八《王懿敏公（素）墓志铭》，景印文渊阁四库全书本，第 1093 册，台湾商务印书馆 1986 年版，第 433 页。

为人所信重。

他在边郡所树立的威望，连西夏人都为之震慑。

英宗治平元年（1064）秋，西夏军侵犯静边寨，由于边庭守将处置不当，夏军围困童家堡。"朝议择帅，谓无易公者，除端明殿学士，复知渭州。"① 王素入见英宗时，英宗对他说："端明旧德，不当更守边。但顾在庭无如端明者，且为官家行，便当召还。"② 得知王素要来的消息，"三镇、泾原蕃夷故老皆欢贺，比至，敌解去"③。史载：宋皇祐五年（1053）夏四月，是西夏福圣承道元年，西夏侵静边砦。"讹庞索古渭不得，纵兵入德顺军，围静边，闻端明殿学士王素来知渭州，泾原蕃夷士庶数万皆欢迎，遂罢还。"④ 记事属实而时间有误。

在处理边郡军务方面，王素具有远见卓识。

王素在渭州，有两件事可以说明他的知人处事与应变之才。第一件事是关于蒋偕筑堡事。"原州蒋偕建议筑大虫巇堡，宣抚使听之。役未具，敌伺间要击，不得成。偕惧，来归死。素曰：'若罪偕，乃是堕敌计。'责偕使毕力自效。总管狄青曰：'偕往益败，不可遣。'素曰：'偕败则总管行，总管败，素即行矣。'青不敢复言，偕卒城而还。"⑤ 王素这等胸襟，的确是人所难具的。第二件事反映了王素在复杂而又紧急的情况下，所具有的应变和判断力。有一日，王素正宴食于堂上，"边民传寇至，惊入城。诸将曰：'使奸人亦从而入，将必为内应，合拒勿内。'素曰：'若拒之东去，关中必摇。吾在此，

① （宋）张方平：《张方平集》卷三七《宋故端明殿学士金紫光禄大夫行工部尚书致仕上柱国太原郡开国公食邑三千八百户食实封一千二百户谥懿敏王公（素）神道碑铭》，中州古籍出版社点校本1992年版，第645页。

② （宋）王巩：《闻见近录》，景印文渊阁四库全书本，第1037册，台湾商务印书馆1986年版，第198页。

③ （元）脱脱等：《宋史》卷三二〇《王素传》，中华书局点校本1985年版，第10404页。

④ （清）吴广成：《西夏书事》卷一九，续修四库全书本，第334册，上海古籍出版社影印本1996年版，第447页。按：皇祐五年（1053），王素已在渭州两年多，并非初到任，所以也不会出现"端明殿学士王素来知渭州"的事，且王素当时的帖职，也还不是端明殿学士，而是"天章阁待制"，《西夏书事》是把王素第三次知渭州的事，误置于第二次知渭州之时了。

⑤ （元）脱脱等：《宋史》卷三二〇《王素传》，中华书局点校本1985年版，第10403页。

敌必不敢犯我，此当有奸言。'乃下令：'敢称寇至者斩。'有顷，候骑从西来，人传果妄，诸将皆服其明"①。

王素不仅有武略，而且还善于御下与抚民。

同时代的王珪，称赞王素"屡帅泾原，驭将卒有恩，无不得其欢心"，"故其涵养士气，名为勇悍，它路莫能及"②。而这些作为，为他赢得了渭州的民心，渭州百姓十分感念他，"刻功于石，画像于祠"③，来纪念王素的功绩。

此外，王素在渭州，还有不少值得称道的事。如对番官密斯哥问题的处理，就说明王素的自信，而这种自信是建立在知彼知己的基础上。密斯哥是天水羌人，此人"粗有计略，群羌所信"，与西夏人互为利用，"前帅欲羁縻之，请以为诸族巡检。事下公议，公数其罪，械送本道，中路亡去。诸将请重购之，以绝后患。公曰：'是乌足以为者。'不购，亦竟无能为"④。其余事迹还有："西陲诸路内属番部，因事质留者，有至老死不得出，公阅其籍，情非甚恶而系久者，戒谕散遣之，莫不感悦。弓箭手，边劲兵也，先有千余家在境上，无城栅，寇至莫自保。公筑八堡分处之，老幼感泣曰：'自此有生计矣。'旧事，弓箭手人骑分领于东西路巡检。公曰：'是属官但给田，使自衣食，聚而役之，是废其业。'趣使就耕，有警则发之，故战士竞劝，怀于自效。拓州之西南城，浚隍三周，无虑二十万工，而民不知役。"⑤ 而且，王素对于弓箭手，"其行阵出入之法，身自督训"。由

① （元）脱脱等：《宋史》卷三二〇《王素传》，中华书局点校本 1985 年版，第 10404 页。

② （宋）王珪：《华阳集》卷五八《王懿敏公（素）墓志铭》，景印文渊阁四库全书本，第 1093 册，台湾商务印书馆 1986 年版，第 433 页。

③ （宋）张方平：《张方平集》卷三七《宋故端明殿学士金紫光禄大夫行工部尚书致仕上柱国太原郡开国公食邑三千八百户食实封一千二百户谥懿敏王公（素）神道碑铭》，中州古籍出版社点校本 1992 年版，第 646 页。

④ 同上书，第 645 页。

⑤ （宋）张方平：《张方平集》卷三七《宋故端明殿学士金紫光禄大夫行工部尚书致仕上柱国太原郡开国公食邑三千八百户食实封一千二百户谥懿敏王公（素）神道碑铭》，中州古籍出版社点校本 1992 年版，第 646 页。

于王素的努力，渭州"积粟支十年"①，这对于边防的稳定和有效抵御西夏的入侵，显然是十分有利的。虽然王素知渭州时，无战斗却敌之功，然其镇服西夏，使之不敢轻举妄动，其功又胜于决胜沙场。

五　对王素的评价

由于王素久历中外，颇有时誉，在朝廷也很有影响，所以，一些重大的人事安排，连皇帝都会征询他的意见。其子王巩记载："先公尹京，一日以府事对，仁宗留之曰：'朕有一事，要与卿议。今待命一相，谁人为可？'先公曰：'臣在谏院，不避嫌疑，人指为朋党。今陛下命相，臣安敢荐人。'上曰：'卿事朕久，何所形迹。'先公曰：'臣安敢言其姓名，但不因内臣言，宫女不知姓名者，是好宰相。'上曰：'除是富弼也。'先公再拜曰：'陛下得人矣。'数日锁院，富文忠拜相。数日，先公再对，上曰：'前日与卿议富弼作相，果慰人望。当麻出时，朕遣十数小珰伏朝堂，及麻出，百僚皆曰好宰相，朕喜累日。卿有事，无问如何，但奏取来。'"② 联系到以前王素劝止仁宗纳王德用女口事，仁宗对王素比其他近臣要更亲近、随意一些。这多半是因为其父久相真宗，其家与皇族多有接触的结果。

王素最后致仕，也十分荣耀。熙宁四年（1071）二月辛酉（初五日），"端明殿学士、尚书左丞王素为工部尚书、端明殿学士致仕"。"故事，致仕者例不带职。王安石以为，致其职事于君，无落职之理。皆以本职致仕，自王素始。"③ 虽然带职致仕，据李焘记载，并非始于王素，但王素是第一个留下姓名的带职致仕的高官。连南宋的洪迈也说："熙宁以前，待制学士致仕者，率迁官而解其职。若有疾就闲者，亦换为集贤院学士，盖不以近职处散地也。带职致仕，方

①　（元）脱脱等：《宋史》卷三二〇《王素传》，中华书局点校本 1985 年版，第10404 页。

②　（宋）王巩撰，王从辑：《清虚杂著补阙》，知不足斋丛书本。

③　（宋）李焘：《续资治通鉴长编》卷二二〇，熙宁四年二月辛酉，中华书局点校本2004 年版，第5038 页。

自熙宁中王素始。"①

当然，王素作为一位中古时代专制社会的官员，自有其时代的局限性，尤其是他出身豪门，一生富贵荣华，很难真正了解民间的疾苦。

王素有爱惜百姓的一面，同时也有遭人非议的一面。他在第二次知渭州时，便因"尝属河东转运使刘京市材木"，下御史台议，刘京得罪贬黜，而王素虽辩解"所市无私民"，仍被降职知华州。② 王素私自贩运木材谋利，虽说不曾扰民，毕竟触犯了国家的法令。

王素在第二次知开封府时，因官场一时不得志，很有些心灰意懒，"厌倦烦剧，府事多卤莽不治"。据司马光记载："开封府先有散从官马千、马清，善督察盗贼，累功至班行，府中赖之。或谓素：'二马在外，威福自恣，大为奸利。'素奏，悉逐之远方。于是京师盗贼累发，求捕不获。台官言素不才，亦自乞外补，朝廷因而罢之。"③ 因个人原因而耽误政事，也是极不可取的。

王素的胸怀也嫌不广，他曾与欧阳修在皇帝面前多次称誉富弼，即前文所述，富弼入相，王素出了很大的力气。王素这样做，是希望富弼引荐自己以登执政之位。但富弼却没有援引他。王素既不如志，反过来又诋毁富弼，求出外任。④ 这也是王素受人诟病的地方。

王素生长富贵，生活豪奢，数出游宴，同时代人也对他这一点颇有微词。至于司马光说他在定州、益州，"皆以贿闻。为人无志操，士大夫多鄙之"⑤。显然与正史所载其正直的品行相抵牾，其真实性大可怀疑。至于希望富弼援引等行为，王素在这里所表现的急功近利，应该与其企图维持三槐王氏的家声不坠，甚至扩大其影响有很大的关系。

①　（宋）洪迈：《容斋随笔》卷九《带职致仕》，中华书局点校本 2005 年版，第 119 页。

②　（宋）王珪：《华阳集》卷五八《王懿敏公（素）墓志铭》，景印文渊阁四库全书本，第 1093 册，台湾商务印书馆 1986 年版，第 432 页。

③　（宋）司马光：《涑水纪闻》卷一○《王素出为外官》，中华书局点校本 1989 年版，第 198—199 页。

④　同上书，第 198 页。

⑤　同上。

南宋黄震说他："起少年，慷慨论天下事，号'独击鹘'；帅西边，吏士欢呼，虏不敢犯，公固伟人也。然公平生淫侈，蓄声妓夸客，乃必欲其君逐女口。古称无诸己而后非诸人，况于君耶？"① 其说亦颇中王素之病。然王素谏仁宗不纳王德用女口，其意恐不在惧君耽色误政事，而是怕惑于色而为小人所利用，得以内外相通，互相勾结。所以王素才说；"正恐在陛下左右耳。"这才是其深意。黄震还是未能说到点子上。

总的来说，王素在四十多年的仕宦生涯中，无论文治武功，都有建树，堪称古代官场的强干官员，非徒以家世相炫以祖荫博取功名的纨绔子弟。他维持了三槐王氏的清白家声，并能发扬光大。虽有微瑕，不足以掩瑜。

---

① （宋）黄震：《黄氏日抄》卷五〇《王懿敏公（素）墓志铭》，景印文渊阁四库全书本，第708册，台湾商务印书馆1986年版，第337页。

南宋史籍《中兴遗史》及其
作者赵甡之研究[*]

引言

    两宋之际，是中国历史上的一个大动荡时期。北方的金朝，大举南下，攻击宋朝。宋钦宗靖康元年（1126）闰十一月，宋都开封被金军攻破。靖康二年（1127）四月，宋朝的徽、钦二帝被掳，北迁不还，北宋灭亡。此即宋人所称"靖康之耻"。康王赵构于靖康二年五月一日在南京（今河南商丘）称帝，改元建炎，南宋政权开始。

    靖康之耻，"不特宋人所不能遗忘之痛，亦汉民族史上最大耻辱之一"①。自南渡以后，士大夫们面临"靖康之祸，古未有也"的国仇家恨，"伤时感事，忠愤所激，据所闻见，笔而为记录者无虑数百家"，这些笔记的作者，包括曾任宰臣的李纲、赵鼎、朱胜非等人，以及官衙之书吏、军营之小校。他们纷纷著书立说，记录北宋末年至南宋初年的动荡局势，所叙"各有所同异"②，但都是研究两宋之交历史的珍贵史料。赵甡之著《中兴遗史》（以下简称《遗史》），③ 即其中之一种。此书在诸家著述的基础上，广采慎取，对宋钦宗、宋高

---

* 与许起山硕士合作。
    ① 陈乐素：《三朝北盟会编考》，载《中央研究院历史语言研究所集刊》第六本第二、第三分册，1935、1936 年。后收入氏著《求是集》（第一集），广东人民出版社 1986 年版，第 140 页。
    ② （宋）徐梦莘：《三朝北盟会编·序》，上海古籍出版社影印本 1987 年版，第 3 页。
    ③ "甡"，一些书中作"性""牲"等，皆是传抄之误。

宗两朝数十年间及同时期金朝的历史，有较为独到的记述，颇为当时史家所重。

记述两宋之际历史的"数百家"著作，多是在南宋初期完成的。时局的动荡，战事的频繁，民众的流离迁徙，使其中的一些著作难以流传。加之宋高宗、秦桧等人对私家著述的限制、焚毁，更加剧了这些著作的散佚、毁灭。徐梦莘（1126—1207）在修《三朝北盟会编》（以下简称《会编》）时，即深感记载有关北宋末、南宋初这段重要历史的相关典籍散佚严重，"深惧日月浸久，是非混淆"，于是在《会编》中他有选择地抄录了许多当时尚存的各家著述内容，包括一些近乎实录性的史著。李心传（1167—1244）欲著史书时，也不禁连连痛惜渡江以来的史料欠缺，"使明君、良臣、名儒、猛将之行事犹郁而未彰"，"兵戎财赋之源流，礼乐制度之因革，有司之传，往往失坠"①。在徐、李时代，《中兴遗史》保存尚好，因其史料价值较高，《会编》《建炎以来系年要录》（下简称《要录》）等书屡见引录。然而，由于受到各书的体例、作者的思想、统治者的意愿等方面的限制，不可能收入《遗史》的所有内容。迨至南宋末年，宋元战争频繁，百姓流离失所，公私著述损毁严重，一些极有价值的书籍便在此时亡佚了。时人研究两宋之际的历史，所能见到的相关史料，远不及徐、李时代丰富了，《遗史》大约在此时亡佚，故原文很难见到有书籍直接引用了。元明清时期，亦未见有书籍直接引用《遗史》一书，间接证实了《遗史》已于宋末亡佚。

《遗史》一书虽然亡佚了，但后人在研究宋、金历史时，仍时常从其他史籍间接引用。而对该书的作者、体例、成书时间、史料价值等方面研究，却极少有人涉猎。迄今为止，对《遗史》一书的研究，成绩最显著的是陈乐素（1902—1990）先生，他于1935年、1936年在《史语所集刊》上所发表的《三朝北盟会编考》一文，在考察《会编》引用书目时，对《遗史》有数百字的研究。陈先生的研究虽然只有寥寥数语，但却十分精审，发前人所未发。后人研究《遗史》，皆未能超越陈先生的论断。由于文章体例等方面的限制，陈先

---

① （宋）李心传：《建炎以来朝野杂记·序》，中华书局点校本2000年版，第3页。

生虽然对《遗史》的相关问题做了探讨，但仍嫌不足，今人依旧不能对《遗史》及其撰者赵甡之有深入、全面的了解。

另外，郭预衡先生所著《中国散文史》，对《会编》卷七九所引的一段《遗史》原文，主要从语言学角度做了分析。郭先生认为，《遗史》直录当时人的口语，使人物描写显得生动、真切，"《遗史》这段记事，写官写民，都写出了历史的真实"①。

此外，尚未见到有学者对《遗史》一书有更进一步的专门的研究。虽然一些学者在提到《遗史》时，也尝试着在前人研究的基础上有所突破，但所得结论，要么未突破陈乐素先生的研究成果，要么论断尚欠公允。

《遗史》共有六十卷，与南宋初年成书的其他史籍相比，卷数较大，内容可谓丰富。赵甡之以当时人记当时事，并采录了不少重要的奏疏、谕旨、书信等第一手的史料，所叙可谓翔实。《遗史》无疑是研究两宋之际历史的重要史料。有不少学者根据其他书中所抄录的《遗史》相关内容，解决了一些重要的问题。

因该书原文散见多处，利用起来十分不便且易受到引用者的影响。更何况，在不能全面审视全书内容的情况下加以转引，有时难免有断章取义之嫌。"书籍递嬗散亡，好学之士，每读前代著录，按索不获，深致慨惜。"② 笔者不揣谫陋，将《遗史》现存佚文进行了摸底、搜集、分类，辑而成书，并参照其他典籍，试对《遗史》的作者、成书时间、流传情况、取材、主要内容、史料价值等方面作一简单梳理，以为参考。

一　《中兴遗史》作者考

（一）作者之疑

最早著录《中兴遗史》的目录书，是南宋尤袤（1127—1194）所著《遂初堂书目》，但限于体例，只著录了书名，未注作者为谁、

---

① 郭预衡：《中国散文史》（中），上海古籍出版社 2000 年版，第 593—594 页。

② 梁启超：《中国近三百年学术史》，上海三联书店 2006 年版，第 234 页。

卷数多少。① 南宋前期的晁公武的《郡斋读书志》，则没有著录此书。其后，南宋后期的陈振孙在《直斋书录解题》（下简称《解题》）中，有了较为详细的著录。《解题》卷四载：

> 《中兴遗史》六十卷。从义郎赵甡之撰。庆元中上进。其书大抵记军中事为详，而朝政则甚略，意必当时游士往来边陲、出入幕府者之所为。及观其记张浚攻濠州一段，自称姓名曰开府张鉴。然则此书鉴为之，而甡之窃为己有也。或曰鉴即甡之妇翁，未知信否？②

在陈振孙仅百字的著录中，包含着十分丰富的内容。首先，他指明《遗史》的作者为赵甡之。其次，他对《遗史》的内容做了考察。再次，推测作者为"当时游士往来边陲、出入幕府者"。最后，他提出了一个很重要的问题，即本书可能为张鉴作，怀疑赵甡之窃取了张鉴的成果。

陈氏说"观其记张浚攻濠州一段，自称姓名曰开府张鉴"，可惜现存的《遗史》佚文中，已见不到这段记载。读陈氏所言，他对自己的推测并不是十分肯定，所以紧接着他又说："鉴即甡之妇翁，未知信否？"③ 后来，马端临撰《文献通考》（以下简称《通考》）时，在《经籍考》部分，照录了陈氏的原语。④ 陈氏虽存怀疑，但在著录时，依然注明《遗史》的作者为赵甡之。但其存疑，给后人研究《遗史》带来了不少困惑。后世有不少人以疑为真，就连目录学造诣很深的明人毛晋也认为："俾赵甡之窃妇翁张鉴书以为己有者，闻之

---

① （宋）：尤袤《遂初堂书目》，《四库提要著录丛书》本，史部第 60 册，北京出版社影印本 2012 年版，第 648 页。
② （宋）陈振孙：《直斋书录解题》卷四《编年类》，上海古籍出版社点校本 1987 年版，第 119 页。
③ 同上书，第 119—120 页。
④ 点校本《解题》作"开府张鉴"，未出校勘记。《通考》中华书局点校本作"开封张鉴"，亦未出校勘记。《中华再造善本》影印国家图书馆藏元泰定元年西湖书院刻本《文献通考》，作"开府张鉴"。此处张鉴，事迹已不可考，"开封"，疑当为"开府"。

不惭惶无地耶?"① 毛氏所言，当是根据《解题》而加发挥的。

其实，《中兴遗史》的作者为赵甡之，是毋庸置疑的。

元朝史臣所修《宋史》，其《艺文志》部分，多是照录宋人所编国史中的《艺文志》。在著录《中兴遗史》时，直书其作者为赵甡之。在引用《遗史》原文的诸书中，凡是涉及该书作者的，皆作赵甡之，未见一处提及张鉴的。②《会编》与《要录》引用《遗史》原文最多，③善考证者如徐梦莘、李心传辈，在引录时，皆直书《遗史》作者为赵甡之，没有提出任何怀疑之语。李心传在《旧闻证误》中也引用了一处《遗史》原文，并在文后考证中说到其他书的记载"与赵公所记疏不同"④。显然，"赵公"指的是赵甡之。更明显的是，《遗史》在叙述采石之战时，自书"甡之尝试以允文二札论之"⑤，更能说明《遗史》作者为赵甡之。以上所举诸书，成书多在陈振孙所著《解题》之前。陈氏所见到的《遗史》原文中有"自称姓名曰开府张鉴"这一情况，详情已不可考，仔细分析，应是甡之著《遗史》时引书过多，一时疏忽，只抄录了相关材料，漏写引用书目而已。当然了，《遗史》是否存在着传抄过程中出现错误或甡之未来得及整理原稿便去世等情况，也未可知。所以，陈乐素先生也认为赵甡之窃张鉴所作《中兴遗史》一说，"恐不然"⑥。

---

① 见清人毛晋对王明清《挥麈后录》所作题跋，附在《后录》卷一一后。可参照《丛书集成初编》据《津逮》本影印之《挥麈后录》，中华书局排印本1985年版，第705页。毛晋题跋也见《挥麈录》点校本附录，上海书店出版社2001年版，第260页。汪圣铎《〈宋史全文〉插引史论文献研究》，将毛晋题跋当作王明清书中原语，显误。汪文载《宋史研究论丛》第15辑，河北大学出版社2014年版，第491页。

② （元）脱脱等：《宋史》卷二○二《艺文志一》，中华书局点校本1985年版，第5033—5034页。

③ 汪圣铎《〈宋史全文〉插引史论文献研究》说"徐梦莘《三朝北盟会编》引录〈遗史〉凡十一次"，显然这是用电子版文渊阁《四库全书》检索的结果，但检索得又不彻底，《会编》实引《遗史》原文一百四十余条。

④ （宋）李心传：《旧闻证误》卷三，中华书局点校本1981年版，第50页。

⑤ （宋）徐梦莘：《三朝北盟会编》，绍兴三十一年十一月八日丙子，引《中兴遗史》，上海古籍出版社影印本1987年版，第1715页。

⑥ 陈乐素：《求是集》（第一集），广东人民出版社1986年版，第281页。

（二）赵甡之事迹钩沉

赵甡之，《宋史》无传，宋人众多笔记杂谈之中，也罕见与此人有关的记载。根据现存史料，尽力钩沉，方才找到如下线索。

1. 赵哲之子，又名赵洪。

关于赵甡之的史料，除了前文引用陈振孙《解题》中的模糊记载，仅在《要录》卷三八中，在记述张浚斩赵哲时有蛛丝马迹：

> 建炎四年冬十月庚午朔，张浚斩同州观察使、环庆路经略安抚使赵哲于邠州。

此段后李心传有小注云：

> （赵）哲之诛，史及诸书不载，《日历》："绍兴四年八月二十一日，承节郎赵甡之进状，父哲建炎四年落阶官①，除同州观察使，于当年十月一日，宣抚张浚挟私，辄从军法身死。"故系于此日。②

李心传的此条小注中引用的《日历》原文，对研究赵甡之来说，是一条关键史料。从李心传引用《日历》原文可知，赵甡之是赵哲的儿子，在绍兴四年（1134）八月已经为官，其官职是承节郎。

赵哲是南宋建炎年间陕西的重要将领，建炎四年十月一日被张浚所杀。

绍兴四年八月，甡之向朝廷进状，要求为其父恢复原官。朝廷正

---

① 需要注意的是，《要录》所引用《日历》将赵哲落阶官及被张浚处死之事，误置在"建炎三年"，中华书局点校本此处未出校记。陈乐素先生《三朝北盟会编考》已经考证，"应作四年"。见《求是集》（第一集），广东人民出版社1986年版，第280页。故此处引用时直接改为"建炎四年"。

② （宋）李心传：《建炎以来系年要录》卷三八，建炎四年十月庚午，中华书局点校本2013年版，第847页。

式为赵哲平反，是在绍兴四年的七月十三日，[1] 但未恢复原官职。甡之八月份进状要求为其父恢复原官。其时甡之的官职为承节郎，此官应是朝廷七月为赵哲平反后，对其后代的赏赐。

承节郎，属宋代武阶官中的小使臣八阶列。小使臣八阶分别为从义郎、秉义郎、忠训郎、忠翊郎、成忠郎、保义郎、承节郎、承信郎。承节郎位于小使臣八阶的倒数第二位，北宋政和二年（1112）由三班奉职改，南宋绍兴年间定为入品武阶五十二阶之第五十一阶，从九品。由此可知，绍兴四年时，甡之官职是很低的，应是起家之职，正合其初授官的情况。

《解题》中还提到了甡之撰书时的官职为"从义郎"，此官当是他的最后官职。从义郎，依然属于武阶小使臣之列，只是属于小使臣中最高一等，为武阶五十二阶之第四十五阶，从八品。所见《遗史》现存佚文的最晚记载，是绍兴三十二年（1162）高宗退位后。时隔近三十年，甡之才由从九品的承节郎上升到从八品的从义郎，并且始终未突破小使臣之阶，可谓升迁极慢，故其一生在政治、军事上不可能有大的作为。因而陈振孙、马端临对其生平经历显得十分陌生。

《要录》卷七八绍兴四年七月十三日又提到：

> 诏故威武大将军、宣州观察使曲端，故亲卫大夫、明州观察使赵哲并追复旧官。……先是，言者数论张浚杀端、哲为非，是故皆复之。已而哲子承节郎洪讼于朝，乃锡哲同州观察使告身焉。赵哲换给告身在八月戊戌。[2]

据此段记载，朝廷七月十三日为赵哲追复官职时，追复的是明州观察使。但赵哲儿子赵洪"讼于朝"，应是诉说其父赵哲生前为同州观察使，朝廷应该追复原官。于是朝廷便在八月改赐赵哲为同州观察使的告身。根据这则史料来看，赵哲还有一位名叫赵洪的儿子，且在

---

① （清）徐松辑：《宋会要辑稿》职官七六之六六，中华书局影印本 1957 年版，第 4128 页。

② （宋）李心传：《建炎以来系年要录》卷七八，绍兴四年七月庚申，中华书局点校本 2013 年版，第 1475 页。

赵哲复官后，也以承节郎身份"讼于朝"。由正文后的李心传所作小注可知，朝廷赐赵哲同州观察使的告身也在八月戊戌（二十一日）。而前引《日历》那段有关赵甡之的记载，甡之向朝廷进状，也是在追复赵哲官职后，也是以"承节郎"身份，换告身时间也为八月二十一日（戊戌）。

卷七八记载未言出处，当非出于《日历》，故与卷三八记载稍异，不作"赵甡之"而作"赵洪"。

前后所引两段文字对比可知，所述史实基本一致，皆是记载赵哲复官同州观察使一事。这两则史料皆提到了有关赵哲之子，一则史料提到了其子赵甡之，另一则史料提到了其子赵洪，这样看来，赵哲应有两个儿子。果如是邪？若赵甡之与赵洪为兄弟，在朝廷追复其父官职后，不可能赐予二人同为承节郎的官职，二人也不可能为同一事分别向朝廷进状，要求追复其父为同州观察使，又在同一天换告身。更何况，既为同胞兄弟，缘何一人名甡之，一人名洪呢？

进状时间同，进状时官职同，上书方式同，上书缘由同，所得结果同，只有一种可能，即赵甡之、赵洪是一人。因为赵甡之一生不显，李心传对其较为陌生，在抄录材料时，又因史源不同，一条在卷三八，一条在卷七八，相隔四十卷，或未察觉其异，故赵哲之子出现了两个名字。赵甡之与赵洪当为一人无疑，但究竟是赵甡之先名洪而后改为甡之，还是赵洪字甡之，以字行呢？现已不可考知。从诸家典籍引用《遗史》时，提到撰者皆作赵甡之来看，疑赵洪字甡之，以字行于世，久而久之，人们只提赵甡之，而不提赵洪了。可以肯定的是，赵甡之又名赵洪无疑。

除《要录》中直言赵甡之为赵哲之子外，陈乐素先生又找到另一佐证，现将陈先生的考证移录于此：

> 惟《会编》卷一四二"建炎四年九月二十三日张浚军于富平，为娄宿所败"一条之下，有引文一段，记此役经过颇详，于张浚多作贬词。此尚未足为异。特文中诸人俱径称其名，而末乃云："诸军皆溃，惟环庆路经略赵都承先走到汾州，乃稍定。"赵都承者，赵哲也。何以于哲独称其官而不名？故余疑此段文采自

《中兴遗史》，同时疑《中兴遗史》之撰者乃赵哲之子也。

　　陈先生得出赵甡之为赵哲之子的结论，是没有疑问的。但陈先生此段佐证所用《会编》版本，乃光绪三十四年（1908）许刻本，此本在当代史学界中认为是通行本中较好的本子。但细查《会编》其他版本，发现"诸军皆溃，惟环庆路经略赵都承先走到汾州，乃稍定"一句，光绪四年（1878）袁活字本、《四库全书》文津阁本、文渊阁本《会编》与许本有明显差异。袁本、文津阁本、文渊阁本此句皆作"诸军皆溃，唯环庆路经略赵哲牌旗不及卷。众呼曰：'环庆路经略赵郡丞先走。'至汾州，乃稍定"。对比可知，许本阙"赵哲牌旗不及卷众呼曰环庆路经略"十五字。且只有许本作"赵都承"，其他本子皆作"赵郡丞"。考当时赵哲为环庆路经略使，其官为都承，即枢密都承旨，而非郡丞。许本得其实。何况，在《景定建康志》中明载赵哲"建炎年，左武大夫、明州观察使、枢密都承旨，权主管侍卫马军司公事"①。所以，许本作"赵都承"为确。但许本脱了较为关键的十五字，此段记载便不及他本了。因为许本之失，此处并没有出现陈先生所说的"于哲独称其官而不名"的情况，而是称名在前，"赵都承"乃是引用当时兵民对赵哲的称谓。所以，此段并不是《遗史》的原文，是不能拿来佐证赵甡之为赵哲之子的。

　　2. 何地之人

　　甡之为何地之人，所见史料中皆未提起，但从其父赵哲处或可推知。《要录》卷二中提到赵哲为"将家子，有胆略"②。南宋初年的主要将领多出生在陕西、山西，③ 这些地区也出现了不少将领世家，依此或可推测，赵哲很有可能是西北人。

　　但有一点稍可注意，在所存《遗史》佚文中，甡之多次径直引用了京城开封地区的方言。如靖康元年二月七日，在叙述京城百姓挽留

---

　　① （宋）周应合：《景定建康志》卷二六《官守志三·侍卫马军司》，《宋元珍稀地方志丛刊》甲编，四川大学出版社点校本 2007 年版，第 1247 页。

　　② （宋）李心传：《建炎以来系年要录》卷二，建炎元年二月戊寅，中华书局点校本 2013 年版，第 61 页。

　　③ （清）赵翼著，王树民校证：《廿二史札记校证》，中华书局 2013 年版，第 602 页。

燕王时，引录了两位百姓的话："大王家的亲人都去，奈何一城生灵？不如留一人，以存国祚。"① 两位百姓自然是开封人，其语言充满了当地特色。

另外，《遗史》对范琼的语言描写，多是直录其口语。如靖康二年二月九日，范琼助金人镇压在京士庶时情形：

> 琼大呼曰："自家懑只是少个主人，东也是吃饭，西也是吃饭。譬如营里长行健儿，姓张底来管着是张司空，姓李底来管着是李司空。汝军民百姓各各归业，照管老小。"军民闻之，皆气愤而去，然骂琼不绝声。②

靖康二年三月一日，范琼安抚在京诸军民所言：

> 交割取一个活张相公，致他死后，便是恁懑不肯推戴，故杀了他也。③

甡之所收录范琼这两段言语，皆带有明显的方言气息。而《会编》卷一二九引《姓氏录·叛逆传》曰："范琼字宝臣，开封人也。自卒伍补官。"④ 范琼是开封人，又是行伍出身，当时又是以卖国求荣者的身份向开封城中的军民喊话，故而行为粗暴，言语鄙俗。但其所言皆属开封方言。《遗史》直录范琼口语，不加修饰，既生动又形象，毋庸多言，便充分反映了范琼的丑恶嘴脸。

《遗史》的这种叙述方式，在描写非开封地区的人物时并未见到。这种直录方言的叙述方式，非对当地语言有深刻了解者，甚有困难。

---

① （宋）徐梦莘：《三朝北盟会编》卷七九，靖康元年二月七日丁卯，引《中兴遗史》，上海古籍出版社影印本 1987 年版，第 595 页。

② （宋）徐梦莘：《三朝北盟会编》卷七九，靖康二年二月九日己巳，引《中兴遗史》，上海古籍出版社影印本 1987 年版，第 598 页。

③ （宋）徐梦莘：《三朝北盟会编》卷八三，靖康二年三月一日辛卯，引《中兴遗史》，上海古籍出版社影印本 1987 年版，第 625 页。

④ （宋）徐梦莘：《三朝北盟会编》卷一二九，建炎三年六月七日甲寅，上海古籍出版社影印本 1987 年版，第 940 页。

疑牲之或为开封人，故而对开封地区的方言驾驭得如此娴熟。

3. 生平事迹钩沉

牲之因官职不显，也没有诗词文章传世，史料中少有对其专门论述的文字。所见最多的是，南宋人在引用《遗史》时，顺便提到他的名字。所以，牲之何时出生、何时去世、何处为官、有何事迹、有无后代等，流传下来的史料，都没有提及。

虽然史料缺载，但根据所存《遗史》内容，对牲之的大概活动时间还可以做一简单推测。《会编》卷七〇引《遗史》原文，其中有一段叙述：

> 有忠训郎张永祺者，尝为余言："城陷之日，身在西水门之北作守御官。城陷之夜，官兵犹守地分。翌旦，方弃城逃遁。"永祺下城时，已闻百姓喧传万胜门放人出。又有保义郎吴琦者，为平南军兵马监押，与余同僚，亦为余言城陷之日，身为亲事官，逃命奔窜，无所适从。①

显然，在开封城破之时，牲之并不在城中，所述城破之景象，是从亲身经历者张永祺、吴琦等处听来的。但牲之说平南军兵马监押吴琦，"与余同僚"，可以看出，牲之也在平南军中做过官，其年龄大概应与吴琦相仿。以此可推知，牲之没有目睹城破经过，而吴琦"身为亲事官"，其年龄应不低于二十岁。牲之既与他同僚，也应在二十岁左右。再依《要录》卷三八所引《日历》：

> 绍兴四年八月二十一日，承节郎赵牲之进状，父哲建炎四年落阶官，除同州观察使，于当年十月一日，宣抚张浚挟私，辄从军法身死。

可知，在绍兴四年时，他当时身份是承节郎，应是在此年张浚被

---

① （宋）徐梦莘：《三朝北盟会编》卷七〇，靖康元年闰十一月二十六日丁巳，引《中兴遗史》，上海古籍出版社影印本1987年版，第527页。

贬后所授，乃上书为其父赵哲诉冤的。此时甡之思想、举动已经成熟，其年龄当在二十岁以上了。而赵哲在建炎年间与韩世忠（1089—1151）、刘光世（1089—1142）、张俊（1086—1154）等人一起领军作战，其年龄大概与他们大略相当。到了绍兴四年，韩、张、刘等人已在四十五岁至五十岁之间，赵哲此时也应有四十多岁了。据前文所述，甡之应是赵哲长子，按其父年龄推算，此时甡之年龄理应超过二十岁了。

从现存《遗史》原文中还可知，甡之在采石之战发生后不久，曾亲自到原来战场视察地形，询问当地百姓战事。① 采石之战发生在绍兴三十一年（1161）末，其到采石考察，最早也应在次年。此时间后，在目前所存史料中，便见不到赵甡之的相关记载了。

从靖康元年（1126）开封城破至绍兴三十二年（1162）高宗禅位，大约三十六年。依前所推，甡之在开封城陷之时约二十岁算起，到亲自去考察采石战场，已在六十岁左右了。

现存《遗史》内容，最晚叙述到绍兴三十二年。但《舆地纪胜》卷一引《遗史》一则遗文中，却提到了"孝宗"一词，现将原文移录于下：

> 磁州有崔府君祠，陈汉之崔子玉，名犯孝宗旧讳，从玉从爱，封嘉应侯，号曰应王。及上至磁州，人拥神马，谓应王出迎。守臣宗泽启上谒其庙，而王云为百姓所害。磁州人力请上无北去，上乃回相州，召勤王兵。②

宋孝宗去世后方有庙号，时为绍熙五年（1194）。此时距绍兴三十二年（1162）又有三十二年，甡之已逾九十岁，依然存活在世的概率甚为渺茫。在所存佚文中，仅有此条提起"孝宗"二字，且无关紧要。此句应是王象之在修《舆地纪胜》时，抄录《遗史》原文，

---

① （宋）徐梦莘：《三朝北盟会编》卷二三八、二三九，绍兴三十一年十一月八日丙子，引《中兴遗史》，上海古籍出版社影印本 1987 年版，第 1712—1717 页。
② （宋）王象之：《舆地纪胜》卷一《行在所》引《中兴遗史》，四川大学出版社点校本 2005 年版，第 26 页。

因"崔瑗"之名犯孝宗名讳，故改为"崔子玉"，并加注曰："名犯孝宗旧讳，从玉从爰。"后来，《舆地纪胜》在传抄过程中，注文混入正文。是故，此条记载不能说明甡之在孝宗继位后仍然在世。

所以，甡之经历了北宋末年的繁华与破败，和平与战乱，更经历了南宋初期十几年的战乱与二十年左右的和平。《遗史》所记载的从靖康元年至绍兴三十二年的这段历史，皆是在甡之所生活的时代所发生的事。他是宋初建炎年间著名将领赵哲的儿子，又在军中做事，且善于史实考证，以毕生精力著成了《遗史》。宋孝宗朝初年，也有复杂的宋、金战争，但甡之没有任何记载。料想甡之此时已去世，或已病重，行动不便了。

二 《中兴遗史》的成书与流传

陈振孙在《解题》中说到，《中兴遗史》在"庆元中上进"，后世学者多据此认为《遗史》修成于庆元年间（1195—1200）。如刘兆祐《宋史艺文志史部佚籍考》[1]、何勇强《鲜于绰〈传信录〉真伪辨析》[2]、汪圣铎《〈宋史全文〉插引史论文献研究》[3]、陈乐保《姚平仲劫寨之战述论》[4]、杨翼骧编著《增订中国史学史资料编年》（宋辽金卷）[5] 等著作，皆将《中兴遗史》的成书时间置于庆元年间。其实，陈振孙并未说明《遗史》成书于何时，只是说上进于庆元中。依前考述的赵甡之的生平，此书不可能在庆元年间才著成，然后上进。应是成书后数十年，到了庆元年间，才由其后代或者他人上进。

---

① 刘兆祐：《宋史艺文志史部佚籍考》，台湾编译馆中华丛书编审委员会，1984年，第244—245页。

② 何勇强：《鲜于绰〈传信录〉真伪辨析》，《烟台师范学院学报》（哲学社会科学版）2002年第4期，第26页。

③ 汪圣铎：《〈宋史全文〉插引史论文献研究》，《宋史研究论丛》第15辑，河北大学出版社2014年版，第492页。

④ 陈乐保：《姚平仲劫寨之战述论》，《宋代文化研究》（第二十辑），四川大学出版社2013年版，第130页。

⑤ 杨翼骧编著，乔治忠、朱洪斌订补：《增订中国史学史资料编年》（宋辽金卷），商务印书馆2013年版，第324页。

《遗史》到底成书于何时呢？

首先，据《遗史》现存内容，最晚记述的是绍兴三十二年十二月宋高宗禅位后，孝宗冒雨送高宗事，其中有"高宗"一词。①宋高宗禅位时，尚无"高宗"之称，而是称为"上皇"。宋高宗绍兴三十二年禅位，又做了二十多年的太上皇，直至淳熙十四年（1187）年死去。淳熙十六年（1189），宋孝宗也退位了。"高宗"当是李心传著书时所改，原文应为"上皇"。绍兴以后的事，迄今尚未见到一条佚文。孝宗朝是多事之秋，《遗史》却无只字提起，故疑其书当撰成于孝宗继位不久，故全书只记录了钦宗、高宗朝的史实。

其次，《遗史》中经常出现"格某""张某""马某""范某""石某""方某""周某""杨某"之类，应是甡之著书时，这些人还健在，不便直接提到这些人的确切名号，因而在叙述相关事实时，加以姓而省略其名罢了。经历过靖康、建炎这段历史的人还健在，也说明甡之撰《遗史》时，不可能与高宗朝相隔太久。更何况，甡之撰《遗史》，自然是供当时人阅览的，甡之以某某称之，虽然有避讳之意，但也考虑到当时人阅读到此，只说姓便熟知某人为谁了。否则，让时人读了一头雾水，还不如索性不提某人某事。到了李心传撰《要录》时，时间已久，人们对有些事件中的某些人，已经陌生了，不能只读姓便知其为何人了。所以李心传在引用《遗史》原文时，才要对这些简称进行一番考索。依当时人存活时间来估计，《遗史》应成书于绍兴三十二年高宗禅位后不久。否则，若《遗史》所叙事件中的当事人都已去世，甡之声名不显，也无须顾忌已死之人了。

再次，《遗史》中往往对宋高宗一味求和、对金人再三忍让的态度表示扼腕，对金国使者的横行无忌十分气愤，对积极抗金者大加褒扬，也与孝宗继位后一改高宗对金求和的政治立场而形成的社会氛围相契合。同时，甡之对武将的描述较文臣更为详尽，尤其是对关键性战役考之甚详。甡之此书，有如此明显立场，其成书当在隆兴二年（1164）十二月宋金和议前。

---

① （宋）李心传：《建炎以来朝野杂记》乙集卷一，中华书局点校本2000年版，第508页。

最后，牲之对虞允文指挥的采石之战功绩，经过反复考索，周密求证，认为虞氏夸大战功，虚张声势，目的是"大其劳绩，意在于邀求厚赏，以结将士之心，自誉己才，而冀异日之用"。"允文藉此，盖有心望为宰相也。""可谓之要君，亦可谓之欺君矣！"① 牲之对允文的批评可以说是很尖锐的，没有给其留任何情面。由"盖有心望为宰相也"一语也可知，牲之撰《遗史》时，允文尚未得任宰相。允文在隆兴二年十一月除端明殿学士、同签书枢密院事。十二月，为同知枢密院事兼权参知政事。乾道元年（1165）三月，拜参知政事兼知枢密院事。② 在数月之内，允文接连升迁，直至宰执，可谓风头正盛。而此前，执政大臣担心允文会得宰执之位，多次阻其进朝做官。根据上述情况，牲之撰《遗史》，当在隆兴二年十月前。

以上对《中兴遗史》的成书时间做了大致考察，由此看来，《遗史》的成书在南宋史籍中是相对比较早的。王曾瑜先生认为陆游《老学庵笔记》及赵牲之《中兴遗史》"出现较晚，决非两个亲历现场，了解秦桧归宋的底细，无非是得之道听途说"。他认为何忠礼先生在《南宋史稿》中根据两书记载，得出秦桧是从金地逃归南宋的结论是错误的。③ 综上所考可知，说《遗史》"出现较晚"，是不正确的。

《遗史》成书于隆兴二年前，为何直到数十年后才上进朝廷呢？疑至少有三点原因：

一是牲之撰此书，实事求是，对宋高宗等投降派给予揭露，《遗史》成书时，高宗还健在，牲之怕招来焚书之祸，自然不敢上进朝廷。二是牲之声名不显，所交往者也非高官权贵，没有人代为上进或向朝廷介绍此书。三是牲之本人可能也无以此书邀名的想法，并不急

---

① （宋）徐梦莘：《三朝北盟会编》卷二三九，绍兴三十一年十一月八日丙子，引《中兴遗史》，上海古籍出版社影印本 1987 年版，第 1716 页。

② （宋）徐自明撰，王瑞来校补：《宋宰辅编年录校补》卷一七，中华书局 1986 年版，第 1177—1183 页。

③ 王曾瑜：《关于秦桧归宋的讨论》，《历史研究》2002 年第 3 期，第 167 页。此后，何忠礼、何兆泉在《历史研究》2002 年第 5 期发表《关于秦桧归宋问题的再讨论——兼与王曾瑜先生商榷》一文，认为王曾瑜"轻轻一笔加以否定的"做法是不公正的，他们也没有注意到《遗史》成书的时间问题。

于将此书上进朝廷以得赏赐。

虽然没有及时上进朝廷，没有得到官方的提倡，但参考现存南宋典籍看，此书还是流传开来，许多著作引用或参考了其内容。就目前所见，宋、元时期的著述引用《遗史》原文的大致有《三朝北盟会编》《建炎以来系年要录》《建炎以来朝野杂记》《旧闻证误》《鄂国金佗稡编》《朱子语类》《舆地纪胜》《方舆胜览》《宋宰辅编年录》《宋史全文》等。又如《桯史》《齐东野语》《清容居士集》等书，虽也提到了《遗史》书名，但并没有直接引用其文，只是或多或少参考了其中内容。现在所能见到的最晚引用《遗史》原文的宋、元典籍，当是元人从一些宋人著述中抄录而成的《宋史全文》。其中共有三条《遗史》原文，经过核对，此三条皆为《要录》等书所引，当是元人抄录《要录》时，连同《遗史》内容一并抄录的，并非从《遗史》原书中抄得。

在元代，除了上面所举《宋史全文》，未见时人其他著述中对《遗史》原文有所引用。但一向究心于宋朝史实并对修《宋史》有极大热情的袁桷（1266—1327），在其所撰《书冯将军翠峰诗后》一文中提道：

> 胶西之战，李宝功诚不得泯，若冯将军事，独不得见于史，为可恨。惟赵氏《遗史》所记，号为详悉。而所谓当时卓然奇功，皆归于李宝之偏将曹洋，乃于冯将军深有异论，且谓"独请海艘，借勇以避虏，弃阵却走于凯旋之先"。余尝反复其事，有知其不然者。[①]

紧接着，袁桷做一番考评，又发出"《遗史》重妄之罪，深矣！"的感叹。根据文后袁桷所注撰文时间"丁酉岁正月辛未"，可知此文撰于元成宗元贞三年（1297）。袁桷所提胶西之战事，已不能在现存《遗史》佚文中寻得。照此条记载，袁桷当是见过《遗史》原书的。

[①]（元）袁桷：《清容居士集》卷四七《书冯将军翠峰诗后》，《元史研究资料汇编》本，中华书局影印本2014年版，第545页。

但是，二十多年后，袁桷向朝廷所进《修辽金宋史搜访遗书条列事状》时，感慨"徽、钦围城受辱，北行遭幽，正史不载"①。向朝廷建议搜寻有关野史、杂书以作修前朝史实所用。所列书目共二十种，《中兴遗史》名列其中。显然，作为备员史馆近二十年的袁桷，在其主持修《宋史》时，已见不到《遗史》一书。早年撰文提到《遗史》相关记载，或是所见他书引用《遗史》原文，或是早年从他处借阅，晚年欲寻原书已不可得。袁桷是否见过《遗史》一书，现在已不可考知，只能存疑。依袁桷向朝廷上书，要求努力搜寻《遗史》等书，以作修《宋史》之用，也可知在元修《宋史》时，已见不到《遗史》了。

在现存宋元书目中，只见《遂初堂书目》《直斋书录解题》《文献通考》对《遗史》有所著录。在元人所修《宋史·艺文志》中，著录《遗史》为二十卷。陈乐素先生在《宋史艺文志考证》中认为《宋志》"作二十卷，疑亦误"②。陈乐保先生认为"《直斋书录解题》言《中兴遗史》六十卷，而《宋史》所记但有二十卷，可知此书至宋元之际已渐亡失"③。他认为《遗史》由宋人著录的六十卷减至元人著录的二十卷，是因为元人著录时，《遗史》只剩下二十卷了。此说看似新颖，但却是不明史源之言，没有考虑到元代史臣修《宋史》时所撰《艺文志》，是"在宋代四部国史（三朝、两朝、四朝、中兴）的《艺文志》的基础上编撰而成的"④，而非史臣自撰。所以，《遗史》在《宋志》虽有存目，不能证明在元代依旧存在，也不能说到了元末《遗史》还残存二十卷。

到了明代，明人所著各种书中，尚未见有人对《遗史》原文有所征引。虽然在现存《永乐大典》中有两处引用了《遗史》原文，但《大典》内容皆是从他处抄来的，极有可能是从宋人著作中转录而

---

① （元）袁桷：《清容居士集》卷四一《修辽金宋史搜访遗书条列事状》，《元史研究资料汇编》本，中华书局影印本 2014 年版，第 248—249 页。

② 陈乐素：《宋史艺文志考证》，广东人民出版社 2002 年版，第 77 页。

③ 陈乐保：《姚平仲劫寨之战述论》，《宋代文化研究》（第二十辑），四川大学出版社 2013 年版，第 130 页。

④ 陈智超：《宋史艺文志考证·前言》，广东人民出版社 2002 年版，第 1 页。

来，不能作为《遗史》在明代依旧存在的根据。在焦竑所著《国史经籍志》中，有"《中兴遗史》六十卷赵甡之"的一条著录。但是，焦氏在著书时，往往抄录前代目录之书，此条或抄自《解题》，也不能说明《遗史》在明朝依旧存在。柯维骐所撰《宋史新编》，著录"赵甡之《中兴遗史》二十卷"，与《宋志》同，应是从《宋志》中抄录的。

在清人著作中，《中兴遗史》这一书名，屡见不鲜。并且，有一些学者引用了《遗史》原文。如陈景云《韩集点勘》、厉鹗《宋诗纪事》、施国祁《金史详校》、孙诒让《温州经籍志》、胡宗楙《张宣公年谱》各引一条，彭元瑞《宋四六话》引六条，黄以周等辑注《续资治通鉴长编拾补》在小注部分共引十余条，李有棠撰《金史纪事本末》共引原文近二十条。但以上所举诸书所引《遗史》之文，皆被《会编》《要录》等书引用过。清人引用时，直言某段文字、某句话出自《遗史》，而不言是转引还是直引。经过比勘，很明显，凡清人引用《遗史》内容者，多是从《会编》《要录》转抄而得。甚至，还出现了有人随意增减《遗史》内容以就其说、引用他书内容而冒称《遗史》之名者。就连精于考证的全祖望，在叙述采石之战时，言"允文杨林之胜，张皇已甚。吾以《中兴遗史》考之……而耳食者，以虚声言史事，妄加褒贬，其可信耶？"① 乍一看，全氏定是见过《遗史》。但细考之，应是根据《会编》所引《遗史》原文，而实未见其书也。

清人的一些目录书，如张金吾《爱日精庐藏书志》在著录《舆地纪胜》时说道："其所引书如《国朝会要》《中兴会要》《高宗圣政》《孝宗圣政》《中兴遗史》等书，皆传本久绝，藉此得考见崖略。"② 后来，陆心源在《皕宋楼藏书志》中也照抄了此条著录。③ 孙诒让在《温州经籍志》中也说："至于（《宋宰辅编年录》）援引宋

① （清）全祖望撰，朱铸禹汇校集注：《全祖望集汇校集注》，《鲒埼亭集》外编卷三七《刘锜论》，上海古籍出版社 2000 年版，第 1526 页。

② （清）张金吾著，冯惠民整理：《爱日精庐藏书志》卷一五，中华书局 2012 年版，第 199 页。

③ （清）陆心源：《皕宋楼藏书志》卷二九，中华书局影印本 1990 年版，第 1331 页。

代史籍，若《遗史》《日历》《丁末录》《拜罢录》诸书，今并不传，亦藉是存其崖略。"① 张、陆、孙三人皆藏书丰富并深通目录之学，但他们皆说《遗史》早已失传，也可知《遗史》在清代是不存在的。

要之，《中兴遗史》在南宋时，流传还算是比较广的。究竟有无刻本流传，现在已不可考知。但到了元人修《宋史》时，已见不到《遗史》了，明、清典籍虽有引用，但所引《遗史》原文，皆能在现存典籍如《会编》《要录》等书中找到，当是转引而来，不能证明《遗史》在明清时期依旧存在。从元代以后的公私目录中也可看出，《遗史》自宋亡以后，绝少被著录，即使有一两种著录者，亦是抄自《解题》《宋史》等书。清代一些善于考证的学者，径言此书失传已久。所以，《遗史》一书，应是失传于宋元之际战火频仍的时期。

三 《中兴遗史》的取材

《中兴遗史》一书取材广泛，现存佚文中，还可见到参考、引用各家著述的事例。现将所引几种典籍做一简单研究。

1. 《朝野佥言》

尤袤《遂初堂书目·本朝杂史》，著录了《朝野佥言》。②

晁公武《郡斋读书志》卷六著录有"《朝野佥言》一卷"，"记靖康时事也"③。

陈振孙《解题》卷五曰：

《朝野佥言》二卷。不著名氏。有序。建炎元年八月《系年录》称夏少曾，未详何人。④

---

① （清）孙诒让撰，潘猛补校补：《温州经籍志》卷一三，上海社会科学院出版社2005年版，第526—527页。

② （宋）尤袤：《遂初堂书目》，《四库提要著录丛书》本，史部第60册，北京出版社影印本2012年版，第647页。

③ （宋）晁公武撰，孙猛校证：《郡斋读书志校证》卷六《杂史类》，上海古籍出版社1990年版，第273页。

④ （宋）陈振孙：《直斋书录解题》卷五《杂史类》，上海古籍出版社点校本1987年版，第152页。

马端临《文献通考》卷一九七抄录了《解题》。

可知在晁、陈时代，《朝野佥言》已有卷数差异。

检今本《要录》，凡提到此书作者，皆作夏少曾。然而，《要录》所引，最晚至建炎元年三月（当时还是靖康元年，此年五月一日，赵构即位，改元建炎）。今本《要录》在建炎元年八月，不见陈振孙所提到的引用了《朝野佥言》。今本《要录》，乃是四库馆臣从《永乐大典》中辑出的，莫非漏辑了此条？既然《郡斋读书志》已言《朝野佥言》记靖康时事，一般情况下，也不应出现在建炎元年八月。

《会编》卷九七，亦称该书作者为夏少曾。可知《朝野佥言》的作者为夏少曾，是没有疑问的。

明人彭大翼编《山堂肆考》，有"《朝野佥言》，宋石茂良撰"①一句。石茂良为《避戎夜话》的作者，与此书无关，彭大翼所言有误。

今本《朝野佥言》已无序言，但《会编》卷一三九提道：

> （陈）规有《朝野佥言后序》曰："规守顺昌日，得《靖康朝野佥言》②，具载金人攻城始末。反覆熟读，痛心疾首，不觉涕零。"③

陈规之《后序》，又见其所作《守城录》卷一。《解题》中提到的"序"，不知是陈规所作《靖康朝野佥言后序》否？由此记载也可知，此书又名《靖康朝野佥言》。

在《说郛》《古今说海》《历代小史》等丛书中，皆收有《朝野佥言》一书，都不著录作者，有的题作《靖康朝野佥言》。《古今说

---

① （明）彭大翼编：《山堂肆考》卷一二三《文学·著书下》，景印文津阁四库全书本，第 324 册，台湾商务印书馆 2005 年版，第 373 页。

② "《靖康朝野佥言》"，许本《会编》阙"朝野"二字，现据袁本、文渊阁本、文津阁本补。

③ （宋）徐梦莘：《三朝北盟会编》卷一三九，建炎四年六月十一日辛巳，上海古籍出版社影印本 1987 年版，第 1012 页。

海》与《小史》收录的《朝野佥言》，共有八条内容。所记时间分别
为靖康元年十一月二十五日，闰十一月初六日、初七日、初八日、二
十六日、二十八日、二十九日，十二月初一日、初三日、初四日，靖
康二年正月初十日、十五日、二十九日，二月初七日。从金兵围城，
至徽宗与诸王等赴金营。经过比对，此两种书所收录的《朝野佥
言》，乃出自同一源。《古今说海》成书较早，在校勘方面，又是优
于《小史》本的。《说郛》所收，基本与《古今说海》《小史》本所
收内容相同，但在字句上稍有差异。如《古今说海》《小史》本第二
条，就比《说郛》本少了"人皆欣悦"四字。第三条，《古今说海》
《小史》作"哭声仰天军民逾城出走者十余万人"，《说郛》作"号
哭之声上彻穹苍官吏将士百姓逾城由万胜门同子门出计十余万"。
《会编》中共引录《朝野佥言》之文十一处，《要录》共引七处，有
些内容为传本《朝野佥言》所无。故知今本《朝野佥言》，当是
节本。

《遗史》在叙述刘延庆事迹时，提到了《朝野佥言》一书，并且
说明，此书原载刘延庆事实是十分详细可靠的，但因后来其子刘光世
显贵，"好事者诌奉之，乃改"①。由此可知，在刚刚成书不久，当时
所流传的《朝野佥言》一书，已经是被人篡改过的了。所以姓之在
最后劝诫道："后人览《朝野佥言》者，当求旧本，而改本失实，故
不可以不详辩。"姓之所强调的这一点，是我们今天研究和使用《朝
野佥言》时，值得重视的。

2. 《孤臣泣血录》

《遗史》在叙述张邦昌事实时，提到了《泣血录》。② 《泣血录》
一书，《遂初堂书目》有著录，紧接着又著录了《泣血拾遗》。③《解

① （宋）徐梦莘：《三朝北盟会编》卷七〇，靖康元年闰十一月二十六日丁巳，引
《中兴遗史》，上海古籍出版社影印本 1987 年版，第 527 页。

② （宋）徐梦莘：《三朝北盟会编》卷八六，靖康二年三月十九日己酉，引《中兴遗史》，
上海古籍出版社影印本 1987 年版，第 640—641 页。

③ （宋）尤袤：《遂初堂书目》，《四库提要著录丛书》本，史部第 60 册，北京出版社
影印本 2012 年版，第 648 页。

题》著录为："《孤臣泣血录》三卷、《拾遗》一卷，丁特起撰。"①
可知，《泣血录》还有《拾遗》一卷。现存各家著录的书名有《孤臣
泣血录》《泣血录》《靖康孤臣泣血录》《靖康纪闻》。傅增湘先生认
为此书又名《靖康蒙尘录》，②不知何据。

　　宋代书目中没有著录《靖康纪闻》的，宋人引此书时皆作《孤
臣泣血录》或简称为《泣血录》。此书原名应为《孤臣泣血录》，后
来才改名为《靖康纪闻》。从现存版本中的丁特起所作序言也可看
出，凡是书名为《孤臣泣血录》者，前言第一句作"《孤臣泣血录》
者，靖康二年中事也"；凡是书名为《靖康纪闻》者，前言第一句作
"《纪闻》者，纪靖康元年中事也"。显然，《靖康纪闻》一书，乃是
好事者将《孤臣泣血录》的书名改换成《靖康纪闻》，同时改动了丁
特起的原序。但改动并不高明，此书是记载靖康元年、二年之事的，
《靖康纪闻》的序言竟改为"纪靖康元年中事也"。更有甚者，在一
部明抄本中，竟然将书名改成了《靖康纪闻录》，在序言中还作《靖
康纪闻》，正文部分却增加一"录"字。③只看书名，还以为是两部
书。明人有妄改古书之恶习，疑《靖康纪闻》书名为明人所改。最
先改称《靖康纪闻》者，现已不可考知，或是书商牟利所为。

　　《四库全书总目》将《孤臣泣血录》入存目：

　　　　旧本题宋太学丁特起撰。所纪自钦宗靖康元年十一月五日
　　起，至高宗建炎元年五月一日即位止。载汴京失守，二帝播迁
　　之事。

　　又曰：

　　①　（宋）陈振孙：《直斋书录解题》卷五《杂史类》，上海古籍出版社点校本 1987 年
版，第 153 页。
　　②　（清）傅增湘：《藏园群书题记》卷三，上海古籍出版社点校本 1989 年版，第 158
页。
　　③　中国国家图书馆编：《原国立北平图书馆甲库善本丛书》，国家图书馆出版社影印
本 2013 年版，第 194 册。

此本仅存一卷，然首尾完具，年月联贯，不似有所阙佚者。殆后人所合并耶？

又曰：

特起不知何许人，又直书"太学生丁特起上书"者三，皆不似自述之语。前载特起自叙，粗鄙少文。其叙事亦多俚语。岂当时好事者所为，以特起上书有名，故以托之欤？①

《会编》《要录》《通志》等书，提到《泣血录》时，皆题作丁特起撰。故此书为丁特起撰无疑。《四库总目》伪托之说，未见有力证据。

《要录》卷一有太学生徐揆与丁特起等人各写书信欲给金帅、留守司事，卷九二有绍兴五年"贵州文学丁特起特差鼎州龙阳县尉"的记载。《会编》卷六八"靖康元年闰十一月十八日己酉"有"太学生丁特起上书乞早决用兵、议和之计"事。从这几条记载中可知，在金兵包围开封城时，作为太学生的丁特起，表现也是十分活跃的。后来还做了贵州文学、龙阳县尉等官。

《泣血录》原有三卷，现存几种版本，只有两卷本和一卷本。将《会编》《要录》等书所引《泣血录》原文与现存《泣血录》比对，发现有些内容为今本所无。可知，现存《泣血录》，当是节本。并且有些部分，虽同叙一事，但语句差别较大，应是在流传过程中有所改动。

《四库总目》提到的是一卷本《孤臣泣血录》，为"编修汪如藻家藏本"。《四库全书存目丛书》收录了《靖康孤臣泣血录》一书，共二卷，为明万历三十三年（1605）三鱼堂刻本。汪如藻家藏本，现已不能见到。需要指出的是，凡是题作《靖康纪闻》的，仅有一卷本。经过比对，两卷本的《孤臣泣血录》与一卷本的《靖康纪闻》

---

① （清）永瑢等：《四库全书总目》卷五二《史部·杂史类》存目一，中华书局影印本1965年版，第469页。

内容基本一致，只是在个别字句上稍有差异。但是，有两点需要注意。一是《孤臣泣血录》与《靖康纪闻》所叙内容皆止于康王赵构称帝改元，即建炎元年五月一日止，但《孤臣泣血录》附有赵构初继位时的赦书内容七百余字，而《靖康纪闻》却无此内容。二是流传至今的《靖康纪闻》几种版本，多附有《靖康纪闻拾遗》一卷。此《拾遗》止十三条，在《学津讨源》本《靖康纪闻拾遗》后附有江曾祁跋，说道："后附《拾遗》一卷，类举当时情事，不著撰者姓名。或特起之流亚欤？"江氏不确定该《拾遗》是否为丁特起所撰。后来，他把《靖康纪闻》连同《拾遗》送给了张海鹏。《续修四库全书》影印《靖康纪闻》时，在卷后附上了张氏手跋，其中也言"不著作者姓氏"①，但张氏根据陈振孙的《解题》中有"《拾遗》一卷"之语，而将此《拾遗》当作陈氏所言《拾遗》附在《靖康纪闻》卷后。《四库全书存目丛书》史部第四十四册影印了明抄本《靖康纪闻拾遗》一卷，所据版本为"北京图书馆藏明钞靖康纪闻附"。也不提撰人，内容与《学津讨源》本《靖康纪闻》卷后所附《拾遗》一致。

凡今所存《孤臣泣血录》各种版本，皆未附《拾遗》内容，若《靖康纪闻拾遗》果为陈振孙著录的《孤臣泣血录拾遗》，缘何现存版本中没有收此内容呢？更何况张海鹏明言《拾遗》一书原无作者姓氏。那么，《靖康纪闻拾遗》到底是不是丁特起所撰《孤臣泣血录拾遗》呢？

《会编》卷九六引录了"丁特起《孤臣泣血录拾遗》"一条，将此内容与今本《靖康纪闻拾遗》比对，所引正是今本《拾遗》的第一条及第二条的部分内容。由此可知，现存《靖康纪闻拾遗》，即为丁特起原撰《孤臣泣血录拾遗》。除《会编》直言引《拾遗》此条外，尚未见他书引过《拾遗》内容。但今本《拾遗》第十一条大部内容，在《会编》卷六九中也可见到，但没有说明是引自《拾遗》。今本《拾遗》是否为原来《拾遗》完本，尚不可考知。

《四库总目》在著录《孤臣泣血录》后，仅隔一条，又著录了

---

① （宋）丁特起：《靖康纪闻》，《续修四库全书》影印《学津讨源》本，上海古籍出版社 2002 年版，第 423 册，第 320 页。

《靖康纪闻拾遗》，《提要》曰：

> 不著撰人名氏。案：《文献通考》载《靖康拾遗录》一卷，何烈撰。又名《靖康小史》，又名《草史》，疑即是书也。①

此说显然有误，没有将《靖康纪闻拾遗》当作对《靖康纪闻》的补充。陈乐素先生在《三朝北盟会编考》中即有辩证，是《四库提要》编撰者"误以为何烈之《靖康小史》，盖因《通考》所题《靖康拾遗录》一名类似而致"②。故《四库全书存目丛书》所影印之《靖康纪闻拾遗》，亦非《提要》撰写者所理解之《靖康纪闻拾遗》。

赵姓之对此书评价很低，并批评太学诸生，因为得到了张邦昌的恩惠，而"为邦昌粉饰其事"。所以姓之没有直接引用此书，但参照过此类书。

3.《渡江遭变录》

《遗史》记述朱胜非事时，末有一句"胜非有《遭变录》具载其事"③。可知，姓之著《遗史》时，参阅过朱胜非所作《遭变录》。

《遭变录》，即《渡江遭变录》，共一卷，为朱胜非所撰，《遂初堂书目》有著录。

《解题》卷五曰：

> 《渡江遭变录》一卷，丞相上蔡朱胜非藏一撰。记苗刘作难至复辟事。④

宋汪应辰《文定集》卷一一《书朱丞相渡江遭变录》认为，朱胜非此书记载他自己的事详尽，有些地方还刻意夸大己功，而有意遮

---

① （清）永瑢等：《四库全书总目》卷五二《史部·杂史类》存目一，中华书局影印本1965年版，第469页。
② 陈乐素：《求是集》（第一集），广东人民出版社1986年版，第288页。
③ （宋）徐自明撰，王瑞来校补：《宋宰辅编年录校补》卷一四，引《中兴遗史》，中华书局1986年版，第933—934页。
④ （宋）陈振孙：《直斋书录解题》卷五《杂史类》，上海古籍出版社点校本1987年版，第155页。

盖张浚、吕颐浩等人的功劳。并在一些关键的地方语焉不详，"差误疏略如此，果何意耶？"《遭变录》中说张浚为黄潜善所知而受到重用，汪应辰为张浚辩解道："黄虽误国，岂不容其知人？况是时为执政者其与黄同乎？异乎？"汪氏还认为，《遭变录》所记平定苗、刘作难事细微曲折不一，但至少要把此事本末大概叙述一遍。所以他才要撰此文，来考证事情原委，以揭露朱书中应书未书、评价不当之处。① 朱胜非此书，今已不存，观汪应辰文，稍稍知其大概。

4. 《林泉野记》

《要录》卷四四引《遗史》一段原文，李心传在段后小注中说道："所云刘益密告吴玠事，乃据《林泉野记》。"② 李心传认为这段记载是赵甡之据《林泉野记》修入的。

然《林泉野记》一书，诸家书目不见著录。《会编》《要录》引此书皆有数十处，皆只提书名，不提著者。此书大抵以叙述靖康、建炎年间人物为主，每一部分皆以人物为中心。就目前所见，对此书研究较深的只有陈乐素先生所作《三朝北盟会编考》，③ 可供读者参考。

5. 《不当用文臣论》

此《论》不知为何人所作，《遗史》共节引一百四十五字。④

绍兴元年，南宋政权尚未稳固，正是选兵任将之时。与北宋时候相比，朝廷对诸将较为优待，也是时势所必然。汪藻见诸将兵重，权势日隆，便向朝廷上书，引述祖宗家法，要求处置骄横的将领，削弱他们的兵权。诸武将看到汪藻对他们的轻蔑与诋毁，便令门下士做了《不当用文臣论》，作为反击。

《要录》引用此《论》时，有言"是时，诸将中刘光世尤横，故

① （宋）汪应辰：《文定集》卷一一《书朱丞相渡江遭变录》，景印文津阁四库全书本，第 380 册，台湾商务印书馆 2005 年版，第 551 页。

② （宋）李心传：《建炎以来系年要录》卷七三，绍兴四年二月辛丑，中华书局点校本 2013 年版，第 945 页。

③ 陈乐素《求是集》（第一集），广东人民出版社 1986 年版，第 289—290 页。

④ （宋）徐梦莘：《三朝北盟会编》卷一四五，绍兴元年二月二十六日癸巳，引《中兴遗史》，上海古籍出版社影印本 1987 年版，第 1054 页。

汪藻有是言"①。但也未说明此《论》为刘光世门下士所作。

此《论》，除了《遗史》，《要录》卷四二、《宋史全文》卷一八（上）亦引之，所引内容与《遗史》同。经过比对，《宋史全文》与《要录》在字句上完全相同，或是抄自《要录》。但只有《遗史》提到此《论》为《不当用文臣论》，《要录》《宋史全文》皆未提此《论》之名。

四 《中兴遗史》的内容特点、体裁创新与史料价值

《中兴遗史》共六十卷，为编年体史书。所记内容，起自宋钦宗靖康元年至宋高宗绍兴三十二年，约三十七年史事，时间大概与李心传《要录》相仿。其内容虽然比不上《会编》《要录》丰富，但因其成书在二者之前，著者赵甡之又未在史馆任职，撰成六十卷的《遗史》，可谓不易。既然名之为"遗史"，顾名思义，自然收录了不少当时官方或通行著述中遗漏的史实。

《中兴遗史》是一部编年体史书，编年体史书是按照时间顺序叙事的，把重要的事情按照流水账般给予记载。这种叙述方式的缺点是让人难以对一件事情的始末、发展情况一目了然。针对编年体的这种缺陷，南宋人发明了纪事本末体为之补充。《遗史》虽为编年体史书，但在叙述一些事件、某个人物时，往往采取追述的方式，将事情的原委、人物的一生集中介绍清楚。这样的叙述方式，虽然在时间上跨度较大，但由于事件的因果相连，把一人的主要事迹集中反映，可使事件、人物描写显得更为鲜明。无论将后事放在前面叙述，还是将前事放在后面叙述，皆避免了前后重复，又方便读者翻检。

甡之撰《遗史》，所叙内容皆为宋钦宗、宋高宗朝事，而他正好经历了这段多事之秋。所以，甡之所记录，多是亲眼所见、亲耳所闻，可以说是当代人记当代史。这一点，要比出生较晚的《会编》

---

① （宋）李心传：《建炎以来系年要录》卷四二，绍兴元年二月癸巳，中华书局点校本2013年版，第910页。

作者徐梦莘、《要录》作者李心传等，具有很大的优势。比如《要录》卷八引《遗史》：

> （陈）东疏中有云，上不当即大位，将来渊圣皇帝来归，不知何以处此。

此条揭露了宋高宗斩陈东的重要原因。而现存陈东文集《少阳集》卷三中，保留了陈东死之前的三份奏疏，但并无《遗史》所云内容。可知陈东文集中的奏疏，是遭他人删改过的。李心传在撰《要录》时，也只能说："东书本不传，今且附此。"[1] 可见，李心传时代，已见不到陈东这一奏书。高宗与秦桧多次下令焚毁、删改对自身不利的各家著述，高宗为了隐瞒杀陈东的真正原因，理所当然要令人删去此段文字了。而甡之能够见到这句关键性的文字，并大胆加以引用，也可见其很早便究心于史事了。

同样，《遗史》也记载了另一太学生上书事：

> （建炎二年正月）癸丑，太学生魏祐上书，论黄潜善、汪伯彦误国十罪，不报。

此条下，李心传有小注说道："此据赵甡之《遗史》，其书未见。"[2]

此外，《要录》卷四记郭京被捉事，李心传也说："赵甡之《遗史》载此事颇详，而《实录》差略，今从《遗史》。"[3]《要录》卷五引《遗史》原文："上即位，欲立后宫潘氏为皇后，吕好问谏以为不

---

① （宋）李心传：《建炎以来系年要录》卷八，建炎元年八月壬午，中华书局点校本2013年版，第234页。

② （宋）李心传：《建炎以来系年要录》卷一二，建炎二年正月癸丑，中华书局点校本2013年版，第320页。

③ （宋）李心传：《建炎以来系年要录》卷四，建炎元年四月乙亥，中华书局点校本2013年版，第122页。

可，乃以为贤妃。"李心传在后面有小注："它书皆无之也。"①

凡此之类，李心传在《要录》中引用《遗史》原文时，其在引文后所作考证中，会提到一些史实，《日历》《实录》《国史》等官方记载未书，也不见于其他书中，唯有《遗史》有所记载。可知，李心传虽然博览群书，但一些稀有史料，在他所处的时代，也只能在《遗史》中找到了。

《遗史》还保存了许多珍贵的外交史料。如开封城破前后，宋与金各种形式的交往，《遗史》记录很多。尤其难能可贵的是，在"靖康二年正月一日辛卯"下，在叙述诸国使人来宋礼节一段，姓之用简单几百字对各国、各地方使者的服饰、礼仪、下榻处等做了全面的描写，对研究宋代外交史甚有价值。②

李心传在《要录》中提到《遗史》之名不下数百处，而向来被学者所称誉的徐梦莘所著《会编》，直接引用《遗史》原文达一百四十余处，且多是大段引用，所引字数最为可观。到了清代，学者们记录宋、金之事实，虽然《遗史》久佚，但仍然从他处多次转录《遗史》原文。由此可知，《遗史》的保存史料之功，不仅得到了宋代史学家的信赖，也得到后人的公认。

总之，从现存佚文来看，《遗史》既注重重大政治、军事事件，也重视不同人物在不同场合发挥的不同作用。观其存文，可谓内容丰富，叙事周全，体例完备，精于考证，史料价值极高。③

---

① （宋）李心传：《建炎以来系年要录》，建炎元年五月壬辰，中华书局点校本2013年版，第136页。

② （宋）徐梦莘：《三朝北盟会编》卷七四，靖康二年正月一日辛卯，引《中兴遗史》，上海古籍出版社影印本1987年版，第554页。

③ 近年来，《遗史》在宋史研究中的重要史料价值，逐渐引起了学者们的重视，并因此解决了一些关键性问题。如顾宏义先生所撰长文《宋金采石之战考》，载《东北史地》2010年第3期，主要运用《中兴遗史》中的相关史料，对采石之战的规模、虞允文的功绩等，有十分精准的论述。顾先生又撰《"层累地造成"的宋金采石之战史发覆》一文，载辛薇主编《南宋史及南宋都城临安研究》（续）上，人民出版社2012年版，第521—550页。他运用多种史料，对宋金采石之战史及其演变，进行了细微的考索，同时证实了《中兴遗史》对采石之战记述的可靠性。

五　赵甡之的史识

在史学史上，赵甡之不是一位著名的历史学家，但他具有伟大历史学家必有的史识。甡之身份不显，又未在史馆任过职，正因如此，他才能摆脱官方、人情等方面的一些束缚，独立著史，所叙史实更值得信赖。

甡之的父亲赵哲，在建炎年间战功卓著。现存《遗史》佚文，没有发现甡之对其父赵哲的只字记述。赵哲因富平之战的失利，被张浚斩杀，人皆认为其冤。但甡之在叙述到与张浚有关的事情时，并没有刻意报复。在很多人对张浚攻击时，甡之并没有记载像一般人所说的张浚诸多过失，反而保留了许多张浚反对求和，积极抗金的史料。如其记载：

> 初，张浚谪永州居住，秦桧既死，已令逐便居住矣。至是，浚进书乞勿信沈该、万俟卨二相，宜修武备。或谓浚无此书，憸人伪撰而进之。又或以为金人令奸细诈作浚进书，虽不可明，然该、卨大怒。①

当时张浚是否上过书，时人多有争议。经过李心传的考证，张浚上书反对议和确有其事。② 甡之在不确定的情况下，没有轻易道出张浚再贬缘由，既公允又审慎。

甡之往往对史实发表一些简短的议论，既弥补了编年体史书在叙事之后一般不发表议论的缺陷，又便于读者更深一层理解书中的内容。而所发议论是否客观、准确，便体现了甡之的史识所在。

李纲因积极主张抗战而为汪伯彦、黄潜善所忌，终遭罢相。李纲的罢免制词中充满了深诬痛诋，与不久前的拜相制词相比，大相径

---

① （宋）徐梦莘：《三朝北盟会编》卷二二四，绍兴二十六年十月二十九日丁酉，引《中兴遗史》，上海古籍出版社影印本 1987 年版，第 1616 页。

② （宋）李心传：《建炎以来系年要录》卷一七五，绍兴二十六年十月丁酉，中华书局点校本 2013 年版，第 3348—3349 页。

庭，未免让人寒心。所以甡之评论道：

> 李纲初负时望，上欲倚之以图中兴，故初除尚书左仆射，制词甚美。及罢相之制，其恶如此。议者谓国朝进退人材之弊，在乎专尚文华而遂至失实也。①

在称赞主战派李纲、宗泽等人时，也没有掩其不足之处。如南宋以后，对李纲、宗泽的评论多是褒词。整部《宋史》，也少有传记能比得上李、宗二人之传读之让人易于动情。但甡之也直接记载了李纲的缺失：

> 李纲初气锐而轻敌，（解）潜既败，纲气遂挫。乃顿兵怀州不敢进，日与邹柄、张牧论事。诸将禀事者，先请柄、牧，将士怨之。②

宗泽的积极抗金是名垂史册的，其报国之心，人人皆知。甡之与他书一样，记录了不少宗泽抗金的英勇史实。但甡之对宗泽抗金的战略战术不尽认同，如宗泽听信路人，盲目造大车，与金军战于南华县，大败，"泽变易衣服，随败兵队中，夜奔走得脱"③。甡之在赞扬宗泽的雄心抱负时，也说道："泽志大才疏，功虽不就，而人皆惜之。"④ 综观宗泽生前所为，此评论可谓公允。

对靖康元年闰十一月枢密都承旨王健在宰臣的支持下创建奇兵一事，甡之不以为然，评论道："盖自古兵法皆临机对敌，奇正相变，无非正兵也。出奇用之，则为奇兵耳。未闻预以奇兵自名者。况未尝

---

① （宋）徐自明撰，王瑞来校补：《宋宰辅编年录校补》卷一四，引《中兴遗史》，中华书局1986年版，第904页。

② （宋）徐梦莘：《三朝北盟会编》卷五一，靖康元年八月三日乙未，引《中兴遗史》，上海古籍出版社影印本1987年版，第386页。

③ （宋）徐梦莘：《三朝北盟会编》卷八五，靖康二年三月十二日壬寅，引《中兴遗史》，上海古籍出版社影印本1987年版，第636页。

④ （宋）徐梦莘：《三朝北盟会编》卷一一七，建炎二年八月，引《中兴遗史》，上海古籍出版社影印本1987年版，第856—857页。

出奇，何奇之有?"①

靖康二年二月，金人以诈和手段，欲将宋朝宗室一网打尽。大臣既无远虑，又只知保身。于是，甡之写道：

> 唯恐上皇出城稍迟，致贻金人之怒，纵兵入城，恐其室家例遭劫虏。乃以好言诱劝上皇如期出郊，虽市井皆不及知。可谓坟为私谋，不顾君父矣。呜呼！任事大臣不能靖国家之乱，及祸乱已炽，又不能执主辱臣死之节，乃甘心以君父分付敌人之手，尚可以履戴天地而施面目见人乎?②

张邦昌在金人扶持下称帝时，极力表现自己实在不愿意登帝位，是迫不得已才有此举。甡之评论道："邦昌盖欲收士誉，虽曰无意于神器，吾不信也。"③

在叙述高宗所宠医师王继先时，甡之这样评论："大抵主上以国事委之（秦）桧，以家事委之（张）去为，以一身委之（王）继先。所以凭恩恃宠，靡所忌惮。而中外之士，莫敢议者三十年。"④

绍兴三十一年宋金战争后，许多人对邵宏渊的战绩宣扬不已，但甡之经过考证说："其力战迎敌之誉起于百姓，后好事者不究其实，为请立祠堂于二州，可谓不虞之誉矣。"⑤

甡之在考察采石之战的规模时，认为虞允文向朝廷呈递的奏疏太过夸大战功，不及当地亲历战事的百姓之言可以依赖。他说道："愚

① （宋）徐梦莘：《三朝北盟会编》卷六六，靖康元年闰十一月一日壬辰，引《中兴遗史》，上海古籍出版社影印本 1987 年版，第 495 页。

② （宋）徐梦莘：《三朝北盟会编》卷七九，靖康二年二月七日丁卯，引《中兴遗史》，上海古籍出版社影印本 1987 年版，第 595 页。

③ （宋）徐梦莘：《三朝北盟会编》卷八六，靖康二年三月十九日己酉，引《中兴遗史》，上海古籍出版社影印本 1987 年版，第 640—641 页。

④ （宋）徐梦莘：《三朝北盟会编》卷二三〇，绍兴三十一年八月十一日辛亥，引《中兴遗史》，上海古籍出版社影印本 1987 年版，第 1658 页。

⑤ （宋）徐梦莘：《三朝北盟会编》卷二三六，绍兴三十一年十月十九日戊午，引《中兴遗史》，上海古籍出版社影印本 1987 年版，第 1695 页。

取之遂为定说，不敢诬天下，亦不敢诬后世也。"① 又认为允文上书中夸大战功，不是允文一人之事，"允文有门下士，昧于名教典礼，乃拾掇三札溢其虚美，作为记事之文，夸大允文之功。允文，蜀人也，首自蜀中传写之，众皆和之。于是，蜀人家家有传本矣。愚恐万世之后，忠佞不分，故不得不力辨。"②

观《遗史》存文，不难看出甡之坚定的抗金立场。这种思想贯穿于整部《遗史》中，也符合当时的大环境，人心所向，国情所致。甡之撰《遗史》时，处处体现其对故土的怀念，对求和派的厌恶，对抗金的积极与坚定。甡之对一些史实的评论，秉笔直书，一语中的，发人深省。对一些重要的史实，他一直具有独立的见解，不为一时言论所迷惑。在一些关键问题上，不惧权贵，忠于史实，还人真相。甡之于此，可谓深具史识矣！

六 南宋著名史家李心传对《遗史》的态度

李心传字微之，又字伯微，号秀岩，隆州井研（今四川井研县）人。

李心传撰《要录》，参照《遗史》尤多。据聂乐和先生研究，《要录》参阅《遗史》达三百一十七次，仅次于《高宗日历》和《中兴小历》。③ 足见李心传对《遗史》的重视。李心传精于考证，往往将《遗史》所记相关内容作为其考证的材料，但直接依据《遗史》内容修入《要录》正文的并不多。所以，李心传虽然在《要录》中提到《遗史》之名不下数百次，但多数只是参照了其内容，并不是每条皆引用了《遗史》原文，更难见长篇引录。李心传往往只提一下《遗史》之名，而不录其原文内容。

李心传对《遗史》的史料价值，整体上评价不高。在提到《遗

① （宋）徐梦莘：《三朝北盟会编》卷二三九，绍兴三十一年十一月八日丙子，引《中兴遗史》，上海古籍出版社影印本1987年版，第1712—1713页。
② （宋）徐梦莘：《三朝北盟会编》卷二三九，绍兴三十一年十一月八日丙子，引《中兴遗史》，上海古籍出版社影印本1987年版，第1718页。
③ 聂乐和：《建炎以来系年要录的编撰和流传》，《史学史研究》1988年第2期。

史》的地方，往往会说："《遗史》小误""误矣""甡之不深考耳""得之于传闻""甡之误记"等。当《遗史》与《日历》《国史》记载有不同时，李心传多不认为《遗史》的记载为确。当然，李心传也有一些根据《遗史》修入或者直言《遗史》所述是正确的。但是，这种情况出现时，李心传总会有补充说明，此条不见于他书，只有《遗史》记载，"姑附此，待考""当求他书考之""传闻之词，恐不至是"等，显得勉强与不得已。

李心传对《遗史》的这种态度，固然源于他精于考证，对待史实的认真考辨。他认为《遗史》错误较多，故评价不高。李心传如此对待《遗史》，疑尚有其他原因。

就目前所能见到的《遗史》佚文，甡之虽然对蜀人中的正义之士褒扬时不吝笔墨，但他对蜀人中一些大众公认的优秀者，有时也会不以为然。杜莘老弹劾王继先，世人皆称其敢言直谏，但甡之却说："惜乎莘老蜀人，去国稍远，不知继先出处。""其所言十事，盖继先之细过耳。"① 虞允文亦为蜀人，甡之更是对其谎报战功、另有所觊的作为大加批判，并且认为世人对虞允文的称颂是源于蜀人的推波助澜，"允文，蜀人也，首自蜀中传写之，众皆和之。于是，蜀人家家有传本矣"②。

甡之对蜀人的态度，综合观来，也没什么刻意褒贬的成分在里面。但是，他在某些地方，特意强调一下某某人为蜀人，蜀人见此，不免有想法。甡之缘何有此书法，现在很难确知其因，但有一点还是要重复提起，其父赵哲是被蜀人张浚斩杀的。如前所述，甡之对张浚的评价还算公允，亦未因一人而蔑视全蜀。但李心传对《遗史》的态度，或是受《遗史》对蜀人描写的影响，或者他考虑到甡之与张浚有杀父之仇，故而认为甡之对蜀人有成见。甡之对蜀人虽然是秉笔直书，但李心传常常为蜀人辩解，甚至认为甡之道听途说，不足为据。

---

① （宋）徐梦莘：《三朝北盟会编》卷二三〇，绍兴三十一年八月十一日辛亥，引《中兴遗史》，上海古籍出版社影印本1987年版，第1659页。

② （宋）徐梦莘：《三朝北盟会编》卷二三九，绍兴三十一年十一月八日丙子，引《中兴遗史》，上海古籍出版社影印本1987年版，第1718页。

《宋史》在李心传本传中，虽然也说"心传有史才，通故实"，但又说他"志在川蜀，而薄东南之士"①。《四库总目》认为《宋史》本传对心传的评论有失公允，并举张浚等人的例子为其辩诬，认为李心传撰《要录》"未尝以乡曲之私，稍为回护"②。后人也多以此称颂李心传史笔公允。但细读《要录》，李心传作为蜀人，确实有对其乡曲之人回护之处，甚至指斥不利于蜀人的记载，并专引利于蜀人者为据，对乡贤加以称颂。李心传为张浚杀曲端事隐饰，这一点是不值得称颂的。因为此事详情众人皆知，在南宋人心目中，张浚此举确实鲁莽。李心传再有神通，也不可能为张浚翻案。而前文所引张浚杀赵哲事，与《会编》相比，《要录》所述，已刻意隐晦，后人只读《要录》，根本看不出赵哲为冤死。

顺便提一下，李心传的父亲李舜臣，在《宋史》卷四〇四有传。传中有云："教授成都府。时虞允文抚师关上，辟寘幕府，用举者改宣教郎、知饶州德兴县，专尚风化。"③ 可知，李舜臣曾为虞允文幕僚，并因得到了虞允文的器重而升迁。甡之在《遗史》中对虞允文如何在采石之战后谎报战功、冒领厚赏、觊觎相位的做法叙述甚详，并对允文几封邀功奏疏，一一给予反驳，论据充分，让人信服。甡之认为允文这种欺世之举，是因为"允文有门下士，昧于名教典礼，乃拾掇三札溢其虚美，作为记事之文，夸大允文之功"。而李心传的父亲李舜臣，恰好做过虞允文的幕僚。李心传在《要录》中没有全引甡之对采石之战规模的考证，只在小注中摘录了几句内容，且做了长达四百八十余字的反驳。认为甡之深诋允文，"掩允文之功，尤非其实"④。对比赵甡之、李心传二人对采石之战的叙述，李心传未免有

① （元）脱脱等：《宋史》卷四三八《李心传传》，中华书局点校本 1985 年版，第12985 页。

② （清）永瑢等：《四库全书总目》卷四七《史部·编年类》，中华书局影印本 1965年版，第 426 页。

③ （元）脱脱等：《宋史》卷四〇四《李舜臣传》，中华书局点校本 1985 年版，第12224 页。

④ （宋）李心传：《建炎以来系年要录》卷一九四，绍兴三十一年十一月辛巳，中华书局点校本 2013 年版，第 3798—3799 页。

失公允。① 心传在《要录》中对《遗史》的态度，多少受乡贤、亲情的影响。②

徐梦莘编撰《会编》，不但在数百种引书中引用《遗史》原文条数最多，且多取《遗史》所述作其叙事依据。正是因为李心传有那样的乡曲心态，所以他没能像徐梦莘在《会编》中那样对《遗史》的价值充分认可。总体来讲，李心传对《遗史》评价以及对赵甡之的批评，有很多失当之处。

七　结语

《中兴遗史》是一部文献价值很高的编年体史书，其作者确为赵甡之，这一点是毋庸置疑的。甡之为名将赵哲之子，曾在军队中做过小官，积极主张抗金。但甡之一生平平，既见不到他有显赫的功绩，典籍中也没有留下他与一些名人雅士交往的记载。但从《遗史》所体现出的各方面价值可知，甡之对北宋末、南宋初的政治、军事、社会等方面是知之甚悉的。其对当时史事的了解，对时局的洞察，对文臣、武将的评论，非一般人所能及。也可知甡之在当时并非平庸之辈。因为甡之名声不显，所以才会叙事客观，秉笔直书，不会顾忌时人过多。

甡之撰成《遗史》，当在宋孝宗隆兴二年十月前。其撰《遗史》的目的，无非是据实直书所经历过的钦宗朝、高宗朝史事，使忠臣义士之声名得以发扬，使奸臣小人之恶迹得以显露，激励士心，积极抗

---

① 顾宏义先生《"层累地造成"的宋金采石之战史发覆》一文，对李心传在《要录》中有关采石之战的失实记载，有详细考评，可供参考。载辛薇主编《南宋史及南宋都城临安研究》（续）上，人民出版社 2012 年版，第 521—550 页。

② 李心传对虞允文的袒护，不仅表现在对《遗史》的不合理斥责，在其他地方也有。如在采石之战中，水军统领盛新功劳卓著，但功最多而赏最轻。主要是虞允文向朝廷所进奏疏中，对盛新的战功有所隐瞒。王明清《挥麈三录》说"盛新功多而获赏最轻，抑郁而死"。而李心传在引《挥麈三录》时，却改作"自以功多而赏轻，抑郁而死"，似乎是盛新自我所致，与虞允文毫不相干。此处足见李心传为乡人回护之心态。详细论请参见顾宏义先生《"层累地造成"的宋金采石之战史发覆》，载辛薇主编《南宋史及南宋都城临安研究》（续）上，人民出版社 2012 年版，第 543—544 页。

金，以图国家振兴。当时有许多学者撰写史书，一旦书成，便上进朝廷。有时书未成，先将一部分上进朝廷，以得朝廷厚赏，或者在社会上获得巨大声誉，以作进身之途径。《会编》《要录》等书，在徐梦莘、李心传还在世的时候便上进了朝廷，得到了嘉奖。甡之撰成此书动机，毫无邀名、流芳之意，所以他撰成书后并没有上进朝廷，而是直到数十年后的庆元年间才由他人上进。此时，甡之已去世，备受瞩目的二百五十卷的《会编》和二百卷的《要录》已经修成。此前，二书在撰写时，参考了《遗史》中的大量内容。六十卷的《遗史》虽撰成在先，但上进却晚于二书，在内容方面总体上又不及二书详细，更何况甡之比起徐梦莘、李心传二人的声名要低很多。所以，《遗史》上进朝廷后，不能引起官方和世人足够的重视，也是理所当然的事。久之，《遗史》一书便随着宋朝的亡国而亡佚了。

　　《遗史》中收录了不少制词、奏疏、诗文、信札等第一手文献资料，甡之也亲身考察，采访传闻，细心勾勒。此书记载的钦宗朝、高宗朝史事，对了解北宋灭亡及南宋立国、宋金交战形势等，甚有价值。甡之此书，语言简洁，用笔审慎，考证精核，叙述公允，深具史识，其史料价值一直为学者所重视。甡之虽功名不显，生前也无心于名利，但他颇具才华与史识地撰写了《中兴遗史》一书，也足以让他名垂千古。研究两宋之际的历史，《遗史》一书，不容忽视。

2015 年 5 月于广州

《丞相世家：南宋四明史氏家族研究》序

　　稍微了解一些南宋历史的人都知道，一部南宋政治史，贯穿着权相的统治。专权达十年以上的权相，即有秦桧、韩侂胄、史弥远、贾似道四人，合称"四大权相"。秦桧专权约 16 年，韩侂胄专权 14 年，史弥远专权 27 年，贾似道专权 22 年，合计 79 年之久。南宋自1127—1279 年，共计 152 年，四大权相的专政时间超过了一半，对南宋政治有着决定性的作用。然而，对"四大权相"的研究，一直都比较缺乏，相关论著十分稀见。在"四大权相"中，史弥远和贾似道的专权时间最长，即使放入两宋 320 年历史中，也位列第一、第二位。而在"四大权相"中，也以史弥远与贾似道的研究更为不足。中国大陆学者中，贾似道的研究著述未曾见到，而史弥远的研究论著，就更寥若晨星了。

　　美国学者戴仁柱（Richard L. Davis）先生，乃美国普林斯顿大学的高才生，师从著名美籍华裔学者刘子健先生（1919—1993）攻读博士学位，故其治学，深受刘先生影响。鉴于南宋史研究的缺乏，刘子健先生曾大力呼吁加强南宋史研究，并身体力行，发表了多篇指导性的论文，提出了不少高见。本书的初稿，即是戴先生在刘先生指导下所作的博士论文，经修订后，于 1986 年出版了英文版。20 世纪八九十年代，中国正处于改革开放的初期，对外交流有限，加之又是英文著作，因此，戴先生的大著鲜为中文读者所知，实在遗憾。2006年，戴先生到香港岭南大学任教后，来往方便，内地也完全开放，故而交往日密。2009 年，经我介绍，戴先生同意并授权，刘广丰博士与惠冬博士共同将此书译为中文，书名定为《丞相世家：南宋四明史氏家族研究》。经过一年多努力，中文稿已译妥，即将交中华书局付梓。戴先生希望我作个序，不能推辞，慨然应允。由于戴先生精通中文，两位博士又是专攻宋史的，故而此书的中译，具有相当高的水平，是中译史学著作中较好的一部。此书的出版，不仅使我们可以通过戴先生的大著窥知美国的中国史研究状况，也可以说是中美学术与文化的交流。是故，也乐为之序。

从政治学角度出发，作者认为，"宋朝政府的一个重要特征"，是"政治权力总体上的制度化和宰相在具体实施层面的自主权"，并将其称为"中国历史的积极进展"。因此，他对四明史氏家族的三位宰相都寄予了极大的关注，进行了热情的称赞。他认为，"史氏最终创造了宋朝最伟大的成功史"，出现了28位进士，200多位各级官员，"史氏族人在南宋的权力巅峰是在宁宗、理宗两朝，他们支配着临安朝廷，所拥有的政治权力无人能及"，将明州变成了全国的政治核心（见第一章"四明故事"）。作者在"绪论"中谈及选择明州史氏家族作为研究对象时提出了三个原因："第一，他们创造了可能是那个朝代最震撼人心的成功史。"第二，史氏家族步入官场及升迁，主要依赖于科举体系，而这种经历是当时大部分士大夫晋升的缩影。第三，史氏家族一直受到皇帝眷顾，其衰败是自然过程，并非突发的朝廷政变结果。这种选择说明，作者是把史氏家族作为科举制度下成功的一大家族来看待的，这个家族的发展史乃是一部辉煌的成功史，其衰败则是"自然过程"。从"考镜源流""植根皇城"到"春华秋盛"，作者用三章的篇幅叙述了史氏的家世、发迹直至辉煌的历史，重点是史弥远。作者将开禧三年诛杀韩侂胄的主谋认定为杨皇后，而史弥远仅是帮凶，这一观点是令人颇感新鲜的。

本书的最大优点，是作者融会史料后以通俗文字写出，流畅易懂。当然，这与译者有很大关系，但作者原文是基础、是最为重要的。否则，译者纵有通天本事，亦难完全改变原有文风，而另成一番风貌。

深入浅出，有鲜明的时代感，是本书的第二大优点。刘子健先生重视南宋史的研究，力求从整体上把握与剖析南宋政局，有一系列精彩论断。作为刘先生的高足，作者奠基于此，进而分析四明史氏家族在南宋中后期政局的发展及影响，开掘甚深，并加深了我们对当时南宋局势的认识,再配以通俗流畅之文字,不愧"深入浅出"四字,殊足称道。

因是较早与少见的有关史弥远家族的专门研究,本书颇多创获。如对于史浩政治态度的分析,对于杀韩侂胄事变与史弥远时代杨皇后的作用的考察,对于史嵩之政绩的开掘,都颇见新意,为本书增添了光彩。总之,本书是一部较好而又通俗易懂的史学著作,值得一读。当然,本书也有一些瑕疵,此不赘言,当另文指出。

自 2006 年到香港岭南大学任讲座教授兼历史系主任之后,戴先生参与内地学术活动日益频繁,对他熟悉的内地学者也逐日增多。他的《山下有风》一书,就颇受青睐;而《伶人·武士·猎手:后唐庄宗李存勖传》更是广传。相信本书的出版,亦会引人注目,增强人们对于南宋史研究的了解和兴趣。近年来,杭州市南宋史研究中心在南宋史研究方面做了大量工作,出版了几十部著作。本书的出版,亦为这一工作添了砖、加了瓦,值得称道。尤其是作为一个美国人来说,更为难得。

张其凡

2011 年 6 月 7 日

于广州暨南花园

(原载戴仁柱著,刘广丰、惠冬译:《丞相世家:南宋四明史氏家族研究》,中华书局 2014 年版)

崔与之著述版本源流及其价值[*]

一代名臣崔与之（1158—1239），是南宋著名的政治家、军事家。"始终无玷缺，出处最光明"，是对他一生最好也是最高的评价。作为政治家的崔与之，虽不以文学名世，但对岭南文学的影响还是很大的，后人称之为"岭南儒宗"。崔与之著述颇丰，但在元初就已散佚不全，流传下来的不过原著的十之一二。我们现在见到的崔与之著述，是元代以后，后人在其残缺的基础上不断增补而成的，经过历代的刊刻流传，崔与之的著述出现了很多不同的版本。对于其著述的版本源流情况，历代收藏家有一些零碎的记载，今人饶展雄、汪延奎、罗志欢和陆勇强等先生也有过一些考证，^① 但不够充分和全面。为了更好地整理和利用崔与之著述，必须对其版本源流及价值作一番认真的考订。

一　版本源流

（一）宋元时期

崔与之门人李昴英在《崔清献公行状》（以下简称《行状》）中说："崔与之家藏御札七通，有文集十卷，其文明白谨严，家大酉书其端曰：'东海北海天下老，亦有盍归西伯时。白麻不能起南海，千

　＊　与孙志章硕士合作。

　　① 详见陆勇强《〈崔清献公集〉版本初考》；饶展雄、汪延奎《崔与之著述版本和佚文》；罗志欢《崔与之著述及其传记资料述略》。此三篇均载于骆小民主编《崔与之研究文集》，广东高等教育出版社 1995 年版。

载一人非公谁?'"① 这说明,在宋代就已有十卷本《菊坡文集》行世,还有家大酉在文集首页题的诗。李昂英见过此文集,在崔与之家中即有此书。此外,另有"御札七通",并未收入十卷本文集之中。

宋人陈思编、元人陈世隆补的《两宋名贤小集》,也称崔与之"有《菊坡集》",并从其中录有诗九篇十首,编为《菊坡集》一卷。显然,《两宋名贤小集》所录远非《菊坡集》的全部,只是当时《菊坡集》的一小部分,但冠以《菊坡集》的名。要之,宋时崔与之著述就已有刊本行世,其名为《菊坡集》或《菊坡文集》,至于是自己编的还是他人辑的,编于何时,已不得而知。

又清初厉鹗所编《宋诗纪事》中,收有一首不见于《两宋名贤小集·菊坡集》、题名为《峡山飞来寺》的诗,此诗不知从何而来,厉鹗亦言崔与之"有《菊坡集》"。不知是真见过,还是据《两宋名贤小集》而言。

此外,宋时除《菊坡集》之外,崔与之还有《岭海便民榜》和《海外澄清录》两书行世。此二篇最早见载于崔与之门人李昂英的《行状》。《行状》云:"初,公持节广右,见于施行者,维扬倅高惟肖锓梓,曰《崔公岭海便民榜》,珠崖之人,又编次其罢行扰民之政,曰《崔公海外澄清录》。"其相关史实,则详见于李肖龙的《言行录》。《言行录》云:"公益自奋力,以为岭右去天远甚,官吏任情摧剥,须澄清之。视事日,首榜所属,明示要束,吏奸民瘝,纤悉毕载,号令明肃,观者惧焉。以公击搏,不避权势,贪污之徒,有望风解印绶去者。其榜,一曰狱囚充斥之弊,二曰鞫勘不法之弊,三曰死囚怨望之弊,四曰赃物供摊之弊,五曰户长科役不均,六曰弓手土军骚扰,七曰催科泛追,八曰缉捕生事,九曰奸猾健讼,十曰州县病民等事,后真守高惟肖、广舶赵汝楷见之,服为吏师,梓行于世。"又云:"公为广西宪,欲渡海决囚,吏人云:'海滨有神最灵,若欲渡海,须预决于神,不然,鲜克有济。'公曰:'海外诸州,官吏不法久矣,我欲为民除害,岂问神耶?'遂理舟渡海。离岸方顷间,风涛大作,柁为之折,公亦不祷于天,须臾,天色开霁,风涛帖息。及至

---

① (宋)崔与之:《宋丞相崔清献公全录》卷三,明嘉靖十三年刻本。

海，劾四郡贪黠吏数人。自此，官吏始知有国法，不敢害民矣。至今，海外立公祠堂，岁时祀公不绝。亦公恤民一念，上通于天故也。广人集公政绩为《岭海澄清录》。"后世皆言此二篇均已失传，《四库全书·崔清献公全录·提要》云："与之所著《菊坡文集》，佚于兵火，又有《岭海便民榜》《海上澄清录》二书，皆记其当时政事，后亦不传。"此二篇，在清阮元《广东通志》卷一九〇，嘉庆《增城县志》卷一六，民国《增城县志》卷二六皆有记载，并皆言其已亡佚，实误。按：《言行录》所载，已录有《岭海便民榜》，即所谓十事也，而《海外澄清录》，则确已佚失。

要之，宋时崔与之的著述共有三种：其一，其文集《菊坡集》十卷；其二，为《岭海便民榜》，现存于《言行录》中；其三，为《海外澄清录》。今尚可见全帙者，《岭海便民榜》十事而已。

经宋末兵燹，元初《菊坡文集》散佚不见。崔与之的再传弟子、增城人李肖龙对崔与之著述进行了重辑并付梓。李肖龙字叔膺，增城人，咸淳进士，摄长乐事，除太社司令，累迁朝请大夫。[①] 今存于《宋丞相崔清献公全录》的李肖龙跋云："壬午（按，即元世祖至元十九年，1282 年）冬，偶游宝邑，求访残编，仅得一二，哀集诠次，即正于梅先生、李处士，乃寿诸梓。"[②] 这是崔与之著述的元刻本。从跋中可知：第一，李肖龙见过《菊坡文集》，不然，"仅得一二"之语，从何而来？第二，经过兵燹，元初崔与之著述已散佚，李肖龙辑的只是崔与之著述的残本。明代黄佐的《广州人物传》卷九，谓李肖龙"暇日编辑《崔清献公言行录》，以传其言……论者不以为过"。崔与之五世孙子璲在《纪祠堂兴废之由》中说："邦之君子，取其言行切于事者录之，辞章系乎政治者集之，刊梓传世，盖有年矣。"[③] "邦之君子"当指李肖龙，如此说来，李肖龙既编辑了崔与之的文集，又为崔与之编辑了《言行录》。李肖龙刻本是迄今所知崔与之文集在元朝的唯一刻本。

---

① （明）黄佐：《广州人物志》卷九，广东高等教育出版社 1991 年版。
② （宋）崔与之：《宋丞相崔清献公全录》卷九，明嘉靖十三年刻本。
③ （宋）崔与之：《宋丞相崔清献公全录》卷十，明嘉靖十三年刻本。

总而言之，经过宋末兵火之后，在元代《菊坡集》已散佚，所留存而为李肖龙辑刊者，仅为全书之十之一二而已。李肖龙又别辑《崔清献公言行录》梓行于世，保存了崔与之事迹及《岭海便民榜》十事。

（二）明代

明朝，崔与之著述的刻本最多，也是崔与之文集内容变化最大的时期。主要刻本有：

1. 永乐刻本

（1）永乐五年（1407）刻本。明代洪武三十一年（1398），崔与之五世孙子璲对崔与之著述进行了整理，这是崔与之后人对崔与之著述的第一次整理。其原因，他自己在《纪祠堂兴废之由》中说："值元季兵之燹，家藏文集为之灰烬，所存者《言行录》一编，尤虑清献公美迹不耀于后，乃搜撮乡间田野。"下面又说："因翻其故笈，得嘉定诰命并奏稿一十六篇，敢不敬爱，用附于录。"从中可知：第一，子璲所云"存者《言行录》一编"，即指李肖龙所辑的《言行录》，而崔氏家族所藏的崔与之文集，由于"值元季兵之燹"而"为之灰烬"。第二，子璲所辑的只是崔与之的文集而非《言行录》，并把他所辑的文集附录于《言行录》之后，可见其书名应为《言行录》或《崔清献公言行录》。永乐五年（1407）刘履序说："子璲辑清献政事、文章、德行曰《言行录》，将镂梓……求予考正讹舛，序篇端。"由此可知，崔子璲所辑的崔与之著述虽成于洪武三十一年，却未于此年刻印，而是直到永乐五年才刊行问世。故此本当称为"永乐五年本"，不当称为"洪武三十一年本"。

（2）永乐十四年（1416）刻本。永乐十四年，余鼎在序中曰："南海崔伯胄偕妻弟伯张，持其六世祖清献公《言行录》……予序之。"① 即永乐十四年，崔与之六世孙伯胄、伯张又对崔与之的著述进行过刊刻。此刻本距离永乐五年刻本不远，又系崔与之后裔刊刻，当是以永乐五年刻本作为底本或永乐五年刻本的翻刻本。

---

① （宋）崔与之：《宋丞相崔清献公全录》卷一，明嘉靖十三年刻本。

2. 弘治十年（1497）刻本

弘治十年，由宋端仪主持刊刻。宋端仪（1447—1501），字孔时，号立斋，福建莆田人，成化辛丑（1481）进士，官礼部主事，按察金事督广东学校，卒于官。[①] 宋端仪在序中说："他书载，公有《菊坡集》，与夫所谓《岭海便民榜》《海外澄清录》，今皆亡佚。子孙所传写，不过辞荣、章奏、若诰、敕答及遗文诗歌一二而已，又皆与《言行录》参错无伦绪。予皆略为之更定，而并以其所知者，增益焉。"[②] 宋端仪所说的"子孙所传写"，应该是崔与之五世孙和六世孙所辑的崔与之著述。由此可知，宋端仪对永乐两刻本进行了"略为更定"，并且在原来的基础上又加进了一些内容，至于加入了什么，不得而知。

3. 正德十一年（1516）刻本

正德十一年，由增城县令林钺主持刊刻。林钺和甘镛对此刻本皆写有跋，题名同为《跋崔献公言行录后》，[③] 但时间相差两年。甘镛在跋（1514）中说："宗主兰溪章公，既而见推府汪公，出兹《言行录》以示，谓其字讹简脱，览者慨然，特命以校之。用是归而日与郑生彦、胡生凤来辈，正其讹舛，定其编次。而尤旁考史传诸书，以补其脱略，间有字画灭没而不可晓，姑阙之，以竢知者，因又冠以图像、赞语。而于其末也，谨采自宋至国朝诸制作，并内翰甘泉湛先生《新置祀田记》，一以增附之，庶俾天下后世，知公居在增城凤凰山阳，且用以解越人之嘲焉耳。若公平生出处之大节，与其心事之微，则古今诸名公，或序、或记、或题跋，俱已载于录中也。"林钺在跋（1516）中说："右《崔清献公言行录》，乃宋太社司令李公衰集，诠次，梓行久矣。嗣是辑校者，崔公六世孙伯胄也。慨其坏，翻刻之者，旧尹今侍御郑公行也。补略，则节推汪君润亦与有力焉。甲戌（1514）秋，予忝令增邑，首及是录，惜其或有遗也。适甘邑博镛亦有志于是，遂相与采其见于别籍及故老珍藏者若干篇为附录，并间有

---

① （清）张廷玉等：《明史》卷一六一《宋端仪传》，中华书局点校本 1974 年版，第 4394—4395 页。

② （宋）崔与之：《宋丞相崔清献公全录》卷末，清抄本。

③ 张人凤：《张元济古籍书目序跋汇编》，商务印书馆 2003 年版，第 503 页。

残失者易补之。"此二跋对崔与之著述的刊刻情况进行了比较详细的概述。从此二跋可知：第一，正德本整理的时间前后两年（1514—1516）。第二，在此本刊刻之前，郑行又据永乐十四年刻本进行了一次翻刻，刊刻时间当在弘治和正德九年之间。第三，此本是以永乐十四年刻本为底本，增以图像、赞语、诸挽赠诗文等。因此，正德刻本是自元刻本以来最完整的本子，并为以后各种版本奠定了基础。

清人金元功的跋说："就卷末诸文考之，盖五世孙子璲重编于洪武之年，八世孙晓增辑于成化之世。"① 检《宋丞相崔清献公全录》卷十，确有崔晓增辑的一篇文章，但崔晓似乎并未刊刻过《全录》，也未见任何记载有崔晓之刊本。

4. 嘉靖刊本

宋、元、明崔与之著述的各种版本，今均已不可见，现在所见崔与之著述最早刻本，出现在明朝嘉靖年间，主要有以下三个版本。

（1）嘉靖十三年（1534）赣州唐胄、邵炼刻本（简称唐本）。

唐胄（1471—1539），字平侯，琼山人。弘治十五年（1502）进士，任户部主事。后历任员外郎、广西提学佥事、金腾副使、广西左布政使、擢右副都御史，巡抚南赣，移山东，迁南京户部右侍郎。②

唐胄在《崔清献公全录序》说："崔清献，予少知慕之，而喜见其行之状于门人李文溪者，后读本传，而知其状之未备。及观宋立斋先生校增公《言行录》，又知虽传，亦不能备公也。"又曰："是录哀状传、言行，而盖以新得者为较全。余久得之于蒲圻胡大参廷献，凡入滇、入京、复广不离箧。"③ 由此可证：第一，唐胄在刊刻之前已从胡廷献那里得到了新的《言行录》。唐胄从胡廷献处得到的崔与之著述，不知是什么本子，从他谈到的"以新得为较全"，应是正德本，正如祝尚书所说："既称所得本'较全'，当即正德本。"④《宋集珍本丛刊书目提要》也说"《崔清献公全录》其底本盖即正德本"，是有道理的。第二，唐胄见到宋端仪校增的《言行录》，即弘治本。

① （宋）崔与之：《宋丞相崔清献公全录》卷末，清抄本

② （宋）崔与之：《宋丞相崔清献公全录》卷首，清抄本。

③ 祝尚书：《宋人别集叙录》卷二四，中华书局 1999 年版，第 1179 页。

④ 张人凤：《张元济古籍书目序跋汇编》，商务印书馆 2003 年版，第 503 页。

从唐胄《序》的题名可知，唐本题名应为《崔清献公全录》或《宋丞相崔清献公全录》。这也是崔与之著述自刊刻以来第一个称《全录》的本子，以后各本凡以《全录》题名，都属于此一系统。这个刻本也是现在所能见到的最早的崔与之著述的版本。

此刻本十卷，半页十行十九字，黑口，四周双边，卷首有唐胄序。前三卷为《言行录》，《言行录》卷一，首载黎贞、刘履、余鼎、宋端仪序，卷三附载李昂英《行状》《宋史》列传及陈子经编《续通鉴纲目节要》；卷四至卷七奏札，卷八遗文遗诗，卷九宸翰、赠挽，卷十赠挽。

清代金元功藏有《宋丞相崔清献公全录》四册十卷，其跋云："集凡十卷，卷一至三，言行录及行状本传；卷四至七，奏札；卷八，遗文遗诗；卷九、十，宣赐除转之诏敕及同时后世题赠之诗文。卷首嘉靖甲午琼山唐胄序，谓：'久得是录，至赣，与吴诚、杨昱校之，付邵宪炼梓以广传'云云。但不记编纂何人。就卷末诸文考之，盖五世孙子璪重编于洪武之年，八世孙晓增辑于成化之世。当时迄未刊行，其后稿本辗转为唐胄所得，遂假其手以传。千顷堂、培林堂两家书目，均载此集，卷数同。《四库全书》列入传记类存目。"清代季振宜《季沧苇藏书目》（又名《延会宋版书目》）著录有"《宋清献公崔与之集》十卷，四册。"卷、册与金元功藏本同，未知是否此刻本，待考。

《中国古籍善本书目》也有著录。《百川书志》卷十二著录《崔清献公集》十卷；《徐氏家藏书目》卷六著录《清献集》十卷；《海源阁宋元秘本书目》卷四著录，明本《崔清献公全录》十卷，五册。不知是否唐胄刻本，待考。日本静嘉堂亦藏有此刻本。国内收藏单位有：国家图书馆、北京大学图书馆、上海图书馆、复旦大学图书馆、湖北图书馆、中山大学图书馆，南京图书馆，南京图书馆藏本有清丁丙跋。《嘉业堂藏书志》云："此嘉靖十三年刊本，唐胄序，版刻尚佳，抱经楼藏书。"

（2）嘉靖十五年（1536）崔与之十世孙崔燨刻本（简称燨本）。

崔燨在《重梓先祖清献公言行录后序》中说："是书新刻于多公者，若宋、若曾、若汪、若郑、若林、若甘，表彰不一。是以南闽、西广在在而有，厥传富矣。独家藏缺腐，几至湮没，殊为不称。用是不揣僭取旧本而嗣刻之。甫成，而乡雅令尹庞君来自京师，以今司徒西洲先生命至，谓曰：'闻子有事先录，特以全其是归。'呜呼！百年缺典，一旦复完，若有墨相然者，此可幸而致哉！观所叙文，有曰：'少而慕之，则夫心同道同旷世相感，隐然可见。爱其人，故重其书。入滇、入京、复广，不离厥笥。'既刻于赣，以嘉惠乎江右之士；又推其余以及后人，先生之用心，仁矣；引进后学之意，勤矣；是即古人买卖康节居宅之心也。爌不敏，无以对扬嘉贶，谨冠叙文，以贲卷首，特其全篇，兼哀状传，尤为祥洽，恨版刻业定，力不及再事，姑录其所未备者于类。"由爌序可知，崔爌看到了唐本，并且崔爌认为唐本不在自己的刻本之下。但在得到唐本之前，爌本已刻好，《宋集珍本丛刊书目提要》说"崔爌据唐本翻于广州"，实误。

《四库全书·崔清献公全录·提要》云："兵部侍郎纪昀家藏本诗文，题其十世孙爌所重编，成于嘉靖庚申（1560），前有测引一篇，称'重编先录既成，有谓不当以行先言者，有谓不当以臣先君者，后见旧板篇次记号，乃知新本为后人铲改，爌所重编，实还其旧。'今观其书，虽并十卷为五卷，而次序略与子璲本合，则所谓还其旧者，确不诬也。"《提要》中所云"纪昀家藏本"，当是爌本，今未见传世。另《提要》中云"嘉靖庚申（三十九年）"，误，据崔爌后序，应为"嘉靖丙申（十五年）"。

爌本把崔与之的著述分为内集二卷，外集三卷，共五卷：内集二卷，前卷为《言行录》，后卷为奏札诗文；外集三卷，上卷为所赐诏札，中卷为《宋史》本传及《续通鉴纲目》诸书所记与之事，下卷为题赠诗文。这一体例是崔爌开创的，这样就构成了崔与之版本的另一个系统。以后各本凡是这一体例的，都属此系统。

是刻本五卷，半页十行二十字，黑口，四周双边。傅增湘《藏园订补邵亭知见传本书目》卷五著录，内称"庚戌李子东自南来携津求售者"，今亦未见。清代李盛铎《木犀轩藏书题记及书录》，著录有《宋丞相崔清献公言行录》内集二卷，外集三卷，明代崔爌辑，明嘉靖刻本。其题记云：是刻"半页十行，行二十字，前有嘉靖甲午

（1534）唐胄序，嘉靖乙未（十四年，1535）曾守约序，嘉靖丙申（十五年，1536）周采序，洪武戊寅（三十一年，1398），五世孙燧序，遗像并赞。有增城凤山书院录。后有嘉靖乙未万潮所撰广西重刻崔清献录后序，丁酉（嘉靖十六年，1537）三月孙崔爌跋。"是刻只见著录，未见传世。

（3）嘉靖三十二年（1553）广州重刻本（简称广州本）。

何维柏在《崔菊坡先生言行录序》中说："吾乡菊坡崔先生《言行录》已行于世，惟广郡未有，梓之者潘参一吾。李公过予论及，因出二帙。公阅之，称缺典云，遂以尚于宪学来溪张公刻之，以风示来学，俾予序之。"① 此当是据唐胄刊本翻刻于广州者。傅增湘《藏园群书经眼录》卷十四尝著录之，云"半页十行，行十九字，黑口，单阑，卷首有唐胄、何维栢序"。广东省中山图书馆藏《宋丞相崔清献公全录》，四册十卷。卷首有唐胄序和何维栢序，书中提到"嘉靖三十八年（1559）春，寓京师就拣选，得舞阳县，后五月十二日，董浔瓾觊此书作赆"。此本当是广州重刻本。是刻本傅增湘《藏园群书经眼录》亦有著录。

5. 蒋写本

据《四库全书·崔清献公全录·提要》云："蒋曾莹家别有写本。分为二集，内集二卷，前卷为言行录，后卷为奏札诗文；外集三卷，上卷为所赐诏札，中卷为《宋史》本传及《续通鉴纲目》诸书所记与之事，下卷为题赠。"又据王重民先生考证，《四库全书·提要》所称蒋曾莹所藏写本，疑从崔爌原本出。②

6. 崇祯刻本

此本书前有（1640）崇祯十三年崔兆元序云；嘉靖十三年（1534）唐胄序；嘉靖三十二年（1553）何维栢序；洪武三十一年（1398）崔子璲序；嘉靖十五年（1536）崔爌测引，以及像赞。书后有两篇明嘉靖十四年（1535）广西重刻崔清献录的序，故知嘉靖年间，广西亦刻过崔与之著述。崔兆元序云："今者家食之暇，爰取旧

---

① （宋）崔与之：《宋丞相崔清献公全录》卷首，清抄本。
② 骆小民：《崔与之研究文集》，广东高等教育出版社 1995 年版，第 163 页。

篇，付诸剞劂而重修之。"此本体例与爝本相同，亦分内外二集，共
五卷。因此，序中所言"旧篇"，当为爝本。此本藏美国国会图书
馆，广东中山图书馆藏有一册本，著录为"崇祯十三年刻本"。

（三）清代

清朝时，崔与之著述，基本上翻印和重抄明朝各本，并略有增
益，主要刻本有以下几种。

1. 乾隆刻本

道光三十年重镌的《崔清献公言行录》书前录有两篇乾隆时期
的序：一篇是崔与之十九世孙起湘（字楚江）在乾隆三十四年
（1769）写的序，序中说："我曾祖罗峰公深痛断简残篇，爰取旧
藏，新付剞劂，辄令人于浏览之余，弥增慨慕，迄今数十年矣。集
中字句已多颓毁，湘恐坠曾祖之志，爰依原本而辑刊之，翼耀先美
于永乐耳，岂敢以管见妄自删补？致负续貂之诮耶？"另一篇是崔
与之十七世孙崔锦堂在乾隆四十七年（1782）写的序，其序称：先
祖遗集自五世祖"于千百年什一中采集成编，付之梨枣，而先公之
集灿然复明于世，其后一修于十世伯夷公（即崔爝），再修于十三
世公兆元公，板凡数刻。及于今，木板朽败，文字不可复辨，而遗
编散帖，亦罕有存者……吾是以惧，搜其故箧，仅得一二本，捐资
付镌。非敢为好事也，聊以体前人珍惜之意云尔。至于编刻，皆仍
其旧，简有讹舛，不敢擅易"。由此可知：第一，乾隆四十七年锦
堂刻本当为残本。此本一册，书中缺失严重，世传奏札全无，因
此，此本当是据乾隆四十七年锦堂本的重刻本，体例与爝本同，属
爝本系统。第二，在爝本系统里，崇祯本之前没有出现过其他刻
本。广东中山图书馆藏有《崔清献公言行录》六册本和三册本，其
中六册本，广东省中山图书馆著录为"明嘉靖十五年（1536），万
历、崇祯增修本"。此二本中的楚江序均位列众序之首，可证此两
刻本皆为崔与之十九世孙楚江所刻乾隆三十四年本，其体例与爝本
亦同，均属爝本系统。

2. 道光刻本（又称芹桂堂刻本）

此本三册，乃道光三十年（1850）由崔与之二十世孙崔益屏刊

刻。封面名称为《崔清献公集》，并有"道光三十年（1850）重镌"和"芹桂堂藏板"字样。其体例实同爋本，亦分内外二集，共五卷。内集前卷和外集后卷，有历代刊刻之序和重刻之序。崔益屏序称："先祖清献公遗集自十七世锦堂公续刻，暨十九世孙楚江公又刻，至今两本版留贻未久，已有遗失，不能尽存……承其所失无多，轻而易举，遂相协力，即检其朽坏遗失，照旧抄续，并搜后来遗咏诗章附入。"从序中可知，道光本是乾隆时的两种刻本的刊刻。

3.《岭南遗书》（下简称《遗书》）刻本

此本是道光三十年（1850）由南海伍崇曜粤雅堂刊刻。此本将崔与之著述分为两部分：一是《崔清献公言行录》三卷，题"增城李肖龙叔膺撰"。自李肖龙编撰崔与之《言行录》以来，到伍氏手中，已经历过多次修订，且伍氏所编《言行录》卷三仅四篇，与前两卷篇数相差悬殊，因此，与李氏所编《言行录》相去甚远。正如《四库全书总目提要》所云："其言行录三卷，林钺跋称宋太社司令李公衮辑，而不载其名。宋端仪序称略为更定，甘镛跋又称旁考史传，补其脱略，然则已非原本矣。"二是《崔清献公集》五卷：一至四卷为奏札，第五卷是遗文遗诗，并附录李昂英《崔清献公行状》和《宋史》本传为一卷。

此本的两部分，伍崇曜都写有跋，在《崔清献公集跋》中，伍崇曜说：崔与之"原集久佚，其五代孙子瑑得五卷，而以《言行录》三卷先焉，裒为一编，名曰《全录》。其十世孙爋又重编之，颇嫌芜杂，故《四库提要》列于附存目中，令特录出而另刊之"。由此可知，伍氏认为崔与之五世孙子瑑辑崔与之著述，其名称是《全录》而不是《言行录》，并在跋中谈到了《四库全书》把它列入存目的原因是"颇嫌杂芜"。

把《遗书》本和其他各本对照，可知《遗书》本是唐本系统的版本，只是把其中的序跋全部剔除。伍氏如此处理，很可能是因《四库提要》的评价"十世孙爋又重编之，颇嫌杂芜"，而欲加校订的结果。《遗书》本的"简洁"，赢得了后世对它的较高评价，不过有"矫枉过正"之病。是刻本半页 11 行 22 字，黑口，四边单边。收藏是刻者甚众，有国家图书馆、北京大学图书馆、清华大学图书馆、上

海图书馆、复旦大学图书馆、天津图书馆、辽宁图书馆、广东中山图
书馆。

此外，广东中山图书馆还藏有伍氏粤雅堂刊刻的《崔清献公集》
一至四卷。明黄虞稷《千顷堂书目》和清卢文弨《宋史艺文志补》，
皆著录《崔与之奏议》四卷，疑即据此刊刻本。把崔与之著述分开
刊刻，并非伍氏独创，今可见分别著录者还有：明郭棐《广东通志》
卷三六（有黎贞序）；清阮元《广东通志》卷一九〇；嘉庆《增城县
志》（有明柯维栢序）；民国《增城县志》卷二六；《广东考古辑要》
卷三一和明黄虞稷《千顷堂书目》皆著录有《崔清献公言行录》
三卷。

4. 清钞本

此钞本题名《宋丞相崔清献公全录》，卷首分别录有何维栢作的
《崔菊坡先生言行录序》和唐胄的《崔清献公全录序》，其行款、体
例与唐本一致。因此，此钞本当是据嘉靖三十二年广州本抄录而来。
内容中凡出现"寇""虏"二字皆缺，盖出于避讳。由于此钞本没有
自己的序跋，因此，此钞本出于何时何地何人之手，今皆不详。此本
今藏于暨南大学中国文化典籍研究所资料室，是 20 世纪 80 年代，由
陈乐素收购来的。

（四）其他

同治二年（1863），顺德罗云山编辑《广东文献》，收有《菊坡
集》。但是，罗云山并未见到《菊坡集》，只是搜集了一些崔与之的
著述。罗云山自己说："此集久经散佚，兹从别本搜求补之，吉光片
羽，弥用宝贵，阅者幸无少见焉。"此集中一些内容是以上各本中没
有的，如《复李俊明札》。

此外，晁瑮（明嘉靖间人）《晁氏宝文堂书目》著录有《崔清献
公言行录》和《崔清献公全集》。卢文弨订正《宋史艺文志补》，著
录："《清献集》十卷，未见。"是否即《崔清献公全录》？待考。
《文渊阁书目》著录《崔菊坡奏疏》一部三册；徐勃《徐氏红雨楼书
目》著录《菊坡集》。

民国二十四年到二十六年（1935—1937），上海商务印书馆排印

《丛书集成初编》本，所据乃伍氏《岭南遗书》本，并进行了断句。1985 年，中华书局又重印了《丛书集成初编》。1980 年，上海古籍书店排印的崔与之著述也是据《岭南遗书》本。《续修四库全书》本和《四库全书存目丛书》，本都是据北京大学图书馆藏明嘉靖十三年（1534）唐胄邵炼刻本影印。《宋本珍集丛刊》则影印了两个版本的崔与之著述：一种是据伍氏的《岭南遗书》本影印，另一种是据清钞本《宋丞相崔清献公全录》影印。在影印两版本前，王智勇先生分别写了简要的版本说明，台湾庄严出版社在 1996 年据北京大学图书馆藏明嘉靖十三年（1534）唐胄等人的刻本，也影印了《宋丞相崔清献公全录》。

二 崔与之文集之内容和价值

《全录》十卷，由四部分内容构成。

《全录》一至三卷为李肖龙所辑《言行录》，从所注出处看，其绝大部分内容出自崔与之家集和奏稿，也有少部分内容是从他书中节录的，如有关崔与之开仓赈济江浙饥民事件，就引自洪咨夔的《平斋文集》。第三卷的《言行录》与前两卷相比，内容仅三篇，疑有缺佚。因此，为了与前两卷平衡，后人在此补入崔与之门人李昴英所撰《行状》《宋史·崔与之传》以及《续通鉴纲目》中有关崔与之的材料。

《言行录》所记载的，是崔与之在各地做官时的事迹。这些事迹，在正史《宋史·崔与之传》中也有记载，但远不及《言行录》记载具体和详细。如对崔与之巡历朱崖之事，《宋史·崔与之传》的记载是："至浮海巡朱崖，秋毫无扰州县，而停车裁决，奖廉劾贪，风采凛然。"而《言行录》中的记载是："公为广西宪，欲渡海决囚，吏人云：'海滨有神最灵，若欲渡海，须预决于神，不然，鲜克有济。'公曰：'海外诸州，官吏不法久矣，我欲为民除害，岂问神耶？'遂理舟渡海。离岸方顷间，风涛大作，柁为之折，公亦不祷于天，须臾，天色开霁，风涛帖息。及至海，劾四郡贪黠吏数人。自此，官吏始知有国法，不敢害民矣。"从上可以看出，《言行录》所载，把崔与之那种不畏艰险的意志和惩处官吏的决心刻画得栩栩如生，而这一点在正史的记载中很难体现出来。

《全录》四至七卷为崔与之奏札，主要是嘉定十二年（1219）至端平三年（1236）的奏札，这些奏札绝大部分是辞免状。以与之之才及其政绩，既身受朝廷的重用又为群众所爱戴，为何频频请辞？他既不是对现实的不满而辞官归隐，又不是受人排挤。究其原因，主要有以下两点。

首先，年老体弱，疾病缠身。嘉定十二年（1219），崔与之已经62岁，已感到体力不支，准备泛舟南归，但毕竟当时还能任职。因此，在屡辞不允的情况下，只能仍然勉力支撑，直至嘉定十七年（1224）。这时，他已深感力不从心，难以为继。因此，这时虽被朝廷召为礼部尚书，还是力辞南归，他在《再辞免礼部尚书》中说："宿恙日深，百骸柴立，去夏一病，死而复生，虽残息仅存，已成沉痼。"回到广州后，每篇辞免状几乎都有相似的言辞，而且表达得更为强烈，再加上路途遥远艰险，要出仕更是不可能。

其次，皇帝昏庸，权臣当道。宁宗时，大权先是旁落于韩侂胄，后由史弥远把持。韩侂胄不顾当时敌强我弱的实情，坚决主张与金朝开战，结果惨败，这对本来就危机重重的南宋王朝来说，更是雪上加霜。史弥远和韩侂胄在对金的态度上刚好相反，一味对金妥协投降，比秦桧有过之而无不及。这两大权臣当道，扶植同党，打击异己，皇帝已成为他们手中的玩物。史弥远死后，大权又落入奸臣贾似道手中，贾似道与史弥远如一丘之貉，继续着南宋的黑暗政治。因此，可以说，崔与之为官时，朝廷是一片黑暗。崔与之出身贫寒，没有显赫的家族背景，没有任何可以倚仗的势力，在恶浊的官场能够做到"一生无玷缺，出处更光明"，他的内心却未尝没有畏惧之感。深谙政治的崔与之，对于朝廷黑暗的政治形势了然于胸。因此，崔与之大部分时间都在远离京城的地方做官，在京城临安做官的时间不到三年。在地方，一方面可以实实在在为百姓做些事情，另一方面可以远离权力斗争的中心，以防不测。崔与之回到广州之后，虽然屡有除命升官，但即使位至宰相，也不为所动，尽量避开权力斗争的中心地带。这不能不说是崔与之政治眼光的高明之处。

　　《全录》卷八为崔与之遗文、遗诗。此部分数量不多，遗失较为严重，遗留下来的只是崔与之诗文中的吉光片羽。遗文有十一篇，其中他在做官时的公文七篇，为他人作的记、跋四篇，有诗二十四首，词仅两首。与其他很多中国古代官员一样，崔与之既是官员，又是儒者。崔与之作为著名的政治家，并不以文学名世，但他的诗文还是得到了后人的推崇。清乾隆时人梁善长编选的《广东诗粹》，对崔与之的诗词给予了高度的评价："高华壮亮，犹有唐人遗音。"尤其是崔与之的《题剑阁》词，更是千古传颂。此词气贯长虹，雄健豪迈，正如近代学者麦丈云所指出的："菊坡虽不以词名，然此词豪迈，何减稼轩。"对研究岭南词学乃至宋代词学都有着重要的参考价值。此词毛泽东也极为推崇，曾亲笔题写。此词从内容到格调，对岭南词学的影响很大，它也开启了岭南词伤时忧国的价值取向和豪迈雄健的词风。这些诗词文章不仅有其文学价值，同时对研究崔与之思想以及南宋晚期的政治形势也不失其重要的参考价值。

　　《全录》卷九至卷十为宸翰和赠挽。其中宸翰是理宗给崔与之颁下的诏书，赠挽是历代学者对崔与之的赞颂。崔与之一生近乎完美，年愈高，德愈重，位愈隆，上自皇帝，下至百姓，都非常敬重他。在诏书中，皇帝对他给予了极高的评价，如卷九中宁宗《四川制置乞辞不允诏》，称赞崔与之说："卿道德足以镇浮，智识足以制变。"理宗对他更是注想弥切，连颁七诏，恳请崔与之出仕，并且虚相位以待之，均被崔与之婉言辞谢。崔与之谢世之后，理宗茶饭不思，派专人前往吊唁，并大书"菊坡"二字赐其家，崔与之受皇帝的恩宠可见一斑。后世学者文人的赞颂更是见之于历代，他们对崔与之的赞颂，有诗有文，如卷九文天祥在《跋崔丞相二帖》中，称其"盛德清风，跨映一代"。又如卷十元人黄甲登称他"出处一生无玷玉，功名千载不刊碑"。

　　崔与之原著早已散佚，后人在收集整理其著作的过程中，虽倾注了极大的心血，但仍不免有一些史料散见于他书，没有收集到。因此，此次点校的同时，还广泛搜集散见于他书中有关材料，并加以整理，编为附集，力求为研究崔与之提供最为翔实的史料。尽管如此，由于史籍浩瀚，个人能力有限，纰漏之处，不可避免，尚希识者指正。

三　现存崔与之著述各版本校勘价值比较

见于记载的崔与之的著述，共有三种：《菊坡集》《岭海便民榜》《海外澄清录》。至宋末元初，《菊坡集》毁于兵火，仅余残篇；《海外澄清录》，又名《海上澄清录》，今不传；《岭海便民榜》，亦无单行本，而见录于其事迹中。元初，李肖龙收集《菊坡集》残存之文而刊行之，又辑菊坡事迹为《言行录》，亦刊行之，实为崔与之著述传世之大功臣。今日能见到崔与之著述，均由李肖龙所辑二书衍生而来。但真正能见到的菊坡著述的刻本却不多，宋本、元本、永乐本、弘治本、正德本及爛本，今均不见传世，无法校勘，也无法与以后各本进行比照。因此，我们只能根据现有的各种崔与之著述版本进行对照，以此来确定其校勘价值的高低。

《言行录》与文集，或单行，或合刻，流行于世，衍生出明代的各种版本。现存崔与之著述主要有三个版本系统：一是宋本；二是唐本；三是爛本。宋本可见于《两宋名贤小集》，因仅为一卷，虽有极高的校勘价值，但无法作为底本。

以唐本为首的版本系统，是崔氏族外人用崔与之后人名称进行编辑和整理的，属于这一版本系统的还有：1. 广州本；2. 清钞本；3.《遗书》本。唐本是目前能见到的崔与之著述最早的刻本，它以正德本为底本，内容又最多，这一系统的版本价值是最大的。广州本据唐本翻刻，其内容比唐本多了卷首何维栢序、卷八遗诗《题金精山诗》和卷末附录三卷，其他与唐本完全一致。清钞本虽然字迹醒目，但字句错误较多，且内容中凡提"寇"和"虏"二字，皆空缺。因此，广州本除卷后附录三篇外，可供辑佚补缺，其他内容校勘的价值不大。清钞本虽无多大校勘价值，但可辑佚。《宋集珍本丛刊书目提要》云："此本实为国内现存崔氏文集最古者。且此钞本字迹醒目，当存嘉靖本之旧，又无漫漶之弊，亦可谓完善之本矣。"实则不然。《遗书》本虽然把崔与之著述一分为二，从其内容可知，此本实属唐本系统。是本序跋、题诗、图像、颂文及赠挽全无，其他内容除个别字词外，与唐本一致。从校勘的角度来看，意义也不大。总之，这一版本体系中，最有校勘价值的当属唐本。

以爔本为首的版本系统由崔氏后人编辑和整理，题名皆为《言行录》，各篇题名亦一致，且在一些篇名下皆注有"新增"二字。所谓新增者，实源于正德本，由爔本系统袭用。爔本仅见有著录，未见传世。同属爔本系统的现有：1. 崇祯本；2. 乾隆本（六册本、三册本和一册本）；3. 道光本。崇祯本是最接近爔本且以爔本为底本的，因此，此本校勘价值在爔本系统中最大。三册本与六册本对照，除增加了二篇《崔清献从祀》外，其他内容基本一致，因此，三册本当是根据六册本重刊，皆为乾隆三十四年刊本；一册本是乾隆四十七年的残本。道光本是这一系统中最晚的刻本，保留了崇祯本和乾隆本中历代所有的序跋，但内容较崇祯本和乾隆本皆有缺佚，外集后卷部分内容有重复著录和手钞补录的痕迹，字句除个别外，与前两本一致。

崔与之著述的两大版本系统，在内容编排和体例安排上有很大不同。爔本系统中的"行实五十段"，相当于唐本系统中除本传和《通鉴纲目》节要外的《言行录》上、中、下三卷。但爔本系统把唐本《言行录》部分内容移到其他地方，如唐本系统《言行录》卷三中《行状》前二段内容，爔本系统把它们置于"外集后卷"中单独成篇，题名分别为《成都三贤阁记》和《增城邑宰陈公龙肇举墓记之由》。且唐本系统《言行录》中的内容要多于爔本系统"行实五十段"中的内容。唐本系统中的卷四、卷八中的内容和卷九中的赠挽部分相当于爔本系统中的"内集后卷"和"外集前卷"中的内容，但有部分内容篇名不一致。两大系统在遗文遗诗方面互有缺佚，如唐本系统中有一首据"赣本志"的《金精山诗》，爔本系统无；而爔本系统中有二篇题名为《赠相士》和《书涟州治听》的内容，唐本系亦缺。唐本《言行录》卷三中的本状和《通鉴纲目》节要，爔本系统俱置于"外集中卷"。总之，通过比较这两大版本系统，爔本系统的各版本确实"颇嫌芜杂"。因此，唐本系统要优于爔本系统。唐本最早也最能体现崔与之著述的原貌，校勘价值最大，点校时可作为崔与之著述的底本。广州本、崇祯本、乾隆本校勘价值次之，可作为主要校本。《遗书》本、清钞本又次之，亦可参校，两大系统的其他各本及根据这两大版本系统影印的版本，均没有多少校勘价值。

（原载《安徽师大学报》2007 年第 3 期）

《陈乐素先生诞生 110 周年纪念文集》序

　　陈乐素先生（1902—1990），是我国著名历史学家、教育家，是 20 世纪中国宋史研究的开拓者与奠基者之一。今年，恰逢陈先生诞生 110 周年，暨南大学拟于 12 月初举办"纪念陈乐素先生 110 周年学术研讨会"。

　　陈乐素先生，广东新会人。出身于书香门第，其父陈垣（1880—1971），字援庵，从事教育工作 70 年，任大学校长 47 年，是著名教育家，又是著述等身的一代学术大宗师。

　　陈乐素 16 岁时留学日本，在明治大学攻读政治经济学。21 岁归国，在中学教历史等课程。1926 年大革命时，参加了北伐军，在第五军政治部任宣传员。1929 年，担任上海《日本研究》杂志主编，发表了一系列研究日本古代史的文章。

　　1931 年"九一八"事变后，开始研究宋史，刊布《宋徽宗谋复燕云之失败》。从此，即以宋史研究为主，长达 60 年之久。

　　1942 年，经史学大师陈寅恪推荐，到贵州遵义的浙江大学任教授，旋兼史地研究所导师，开始指导研究生。1945 年，陈先生指导的第一个研究生毕业；1986 年，陈先生指导的最后一批研究生倪根法、梁紫虹毕业。在长达 40 年的时间内，陈先生陆续指导研究生数十人。

　　1954 年，经人民教育出版社社长叶圣陶先生提议，中央组织部下令陈乐素进京，任人民教育出版社编审兼历史室主任，从事中小学历史教科书的编审工作。1956 年，被中国科学院历史研究所聘为兼职研究员。

　　1978 年，任杭州大学历史系教授，被推选为浙江省历史学会会长。同时，中国社会科学院历史研究所聘他为兼任研究员。这一年，全国开始招收研究生，陈乐素在杭州大学和中国社会科学院研究生院两处招收宋史研究生。

1979 年，陈乐素南下广州，任暨南大学历史系教授、宋史研究室主任。1980 年，中国宋史研究会成立，被推举为副会长。1982 年，国务院古籍整理规划小组重新成立，被聘为顾问。1984 年，经教育部批准，暨南大学成立了古籍研究所（中国文化史籍研究所），出任所长。1987 年，任名誉所长，直至逝世。

陈乐素平生论著，主要有《求是集》第一、第二集与《宋史艺文志考证》，已刊论著百余万字。陈乐素主要是研究宋史，在宋史研究的三个领域辛勤耕耘：文献学方面贡献最大，迄今无人超越；在政治与经济领域，也有自己独到贡献，成为一家之说。

陈乐素治学，深受陈垣先生影响，重视材料，让材料说话。他从目录学入手，以文献学、校勘学、史料学、年代学等为基础，强调版本目录与考据。每有著述，必先大量搜集有关史料，进行考订、分析、取舍，然后据以成文；继而又以文稿广事商榷，征求意见，几经删改，方肯刊布。因此，他一生公开发表的论著不算多，但多高水平之作，受到学术界的重视与赞扬；其所考订，言而有据，素称严谨，亦多成定论。

2012 年 7 月 5 日于暨南园

卷 三

文 献

20 世纪以来中国关于唐宋
翰林研究之综述

翰林院、学士院、翰林待诏、翰林供奉、翰林学士、翰林侍读学士、翰林侍讲学士等，自唐代产生以来，历千余年而不废，即使非汉族政权也有设置，姑且把它们总称为翰林系统。开元二十六年（738），学士院开始设立，这对翰林制度的发展有重要意义。后来因为与翰林院同处"翰林之门"内，而冒"翰林"之名，称为翰林学士院，不过仍可简称为学士院。学士院中的翰林学士负有草写制诏、备顾问的职权，而被视为皇帝的高级秘书，翰林院中的供职者则主要作为皇帝艺能侍臣而存在。由唐至清的千余年间，唐宋时期是翰林制度产生和发展的最重要时期，也最受人注意，进入 20 世纪以来，学者们对翰林系统的研究日益深入，不断取得新成果，本文即试图对 20 世纪以来中国有关唐宋之际翰林系统的研究作一综述，以见其概况。所述难免有失，期望得到识者的批评、指正。

一

20 世纪头 30 年，经检索，尚未发现有研究翰林系统的文章发表。在 40 年代，岑仲勉先生的《补唐代翰林两记》《翰林学士壁记注补》（《历史语言研究所集刊》第十一、第十五本，1943 年、1948 年）两文，是近代以来最早对唐代的翰林学士进行爬梳整理的著作，利用了正史、诗文、笔记小说以及金石资料，对《重修承旨学士壁记》所记录的唐代翰林学士的任、罢经历进行辨正补充，具有极大参考价值。50 年代，有张陵的《历史上的翰林学士》（台湾《新希望》第 47、第 48 期，1955 年 1 月）。此文以约五千字的篇幅，考述了由唐到清翰林学士的概况和沿革。指出翰林学士由前代的"郎"演变而来，唐玄宗建立学士院，才正式定其名"翰林学士"，"那时翰林不止一种，自文学以至医卜伎术之流，都有其人"。还提及翰林学士的职掌、工作方式、升迁出路等。但其行文中不少概括性的说法，还是需要进一步推敲的。80年代中期，开始出现比较系统的研究，其中以大陆学者的研究为主，港台发表的论著仅占很小的比重。经不完全统计，80年代以来，中国学者公开发表的有关唐宋翰林系统的研究论著有80多篇（部）。

1985年，杨果《简论唐代的翰林学士》（《争鸣》1985年第2期）从考索"翰林"和"学士"的起源入手，概括了唐代的翰林制度发展状况，认为翰林学士之设立主观上适应于加强君主专制，客观上适应了封建生产关系的局部调整。同年，杨友庭《唐代翰林学士略论》（《厦门大学学报》1985年第3期）考察了翰林学士的渊源和产生的社会背景，阐释了翰林制度的几个特征。文章指出，翰林学士在唐代反宦官、卫皇权的斗争中，发挥着越来越大的作用，但终究无法扭转王朝的崩溃。

赵康《论唐代翰林学士院之沿革及其政治影响》（《学术月刊》1986年第10期）考察了翰林学士院的沿革、学士的职掌，探讨了学士院的政治影响。北京大学李章郁的硕士学位论文《唐代学士制度研究》（1999年）认为，翰林学士自"泾原兵变"起，于贞元年间在中央决策机构中占据重要地位，而后来的承旨学士更与宰相一起，共同协助君主决策。他们都给予翰林学士很高的评价。

袁刚《唐代的翰林学士》（《文史》1990年第33辑）从唐代中枢体制演变的角度进行研究，认为翰林学士起草诏书侵夺了宰相和中枢机构职权，后来便和枢密使、外朝宰相共同构成中枢"新三头"。翰林学士居于北衙，是抗击宦官的中坚力量。然而，在很大程度上由于没有得到南衙的支持，结果失败了。王永平《论翰林学士与中晚唐政治》（《晋阳学刊》1990年第2期）认为，朋党之争使翰林院成为双方角斗的战场，结果却推动翰林学士成为宦官的附庸。

徐茂明《唐代的翰林院与翰林学士设置时间考辩》（《苏州大学学报》1992年第3期）则就较为具体的方面进行考论，辨析了关于翰林院、翰林学士院设立时间的不同观点，主张从"名""实"的角度来探讨几个时间上的问题。并认为，德宗、宪宗时才有"翰林学士"的习称，并进而以此为官称。1999 年的香港大学中文系 70 周年纪念国际学术研讨会上，章群《唐代翰林院与翰林学士》也对"翰林学士"这个名称进行了讨论，还提出，唐代翰林学士无所属，以后竟号为"内相"，这是官制中的"异数"。李厚培《此学士非彼学士——从唐代翰林院的设置说李白的翰林使职》（《人文杂志》2003 年第 1 期）在前人研究的基础上明确提出：翰林院学士与学士院的翰林学士，是两种不同等级的差遣使职，李白就属翰林院学士，这很值得注意。

孙永如《唐代的翰林待诏》（《扬州师院学报》1995 年第 3 期）专门讨论了唐代的翰林待诏，认为学士院产生以后所称的翰林待诏，虽只是艺能供奉之人，在特定条件下也可以发挥一定的政治作用。王定勇、李昌集《唐翰林制沿革考》（《扬州大学学报》2001 年第 5 期）认为，唐代翰林制源于唐初待诏制，唐初待诏之所"别院"是翰林院的雏形。唐初的待诏分为诸伎术杂流和词学文士两类，玄宗时翰林待诏和翰林供奉都不涉及伎术之流，他们是参与政治的词学之士。

傅璇琮对唐代翰林学士注意较早，近几年才作出一系列的考论文章，如《唐玄肃两朝翰林学士考论》（《文学遗产》2000 年第 4 期）、《李白任翰林学士辩》（《文学评论》2000 年第 5 期）、《唐德宗朝翰林学士考论》（《燕京学报》2001 年第 10 期）等，分别考论不同帝王统治下的翰林学士和翰林制度。他认为，涉政的翰林学士虽有荣升高位的显赫，却逃不了在政治斗争中失败的悲惨下场，而其根本的弱点是依附于掌握自己命运的宰相和宦官。他主张，翰林研究的重点要放在文人参政的方式和心态上，对学士的生活和文艺创作进行个案研究。他已与施纯德一起对唐、宋以来记载有关翰林（学士）院制度、掌故的一些文献，进行了点校，结集为《翰学三书》，由辽宁教育出版社出版（2003 年），这是一项很有意义的事情。此外，他还计划作《唐五代翰林学士传论》，我们期待它的早日面世。

毛蕾对唐代翰林进行了较为系统的研究，其专著《唐代翰林学士》

（社会科学文献出版社 2000 年版）考察了学士院的形成和各种制度，并且分别对几个不同政权下的翰林学士的权位、功能及与皇帝的关系进行阐述，指出，翰林学士发挥作用的大小要受到皇帝信任重用程度、皇帝控制朝政的能力和程度、皇帝自身的个性、经历和处境等因素影响。还对翰林院、翰林待诏专辟一章论述，可谓详尽、全面。书后还附有详细的唐代学士年表，为大家的学习研究提供了方便。

关于五代的情况，程遂营《士人与五代中枢政治》（《东方论坛》2001 年第 3 期）把翰林（端明殿）学士作为国家中枢机构成员，认为他们的政治地位在五代时期有所发展，是皇权强化的一种表现。此外，笔者的《五代翰林学士略考》（《社会科学辑刊》2005 年第 7 期）考察了五代历任的翰林学士，并对其制度沿革进行了较为系统的阐述。认为在承上启下的变化时期，五代翰林学士仍占重要的地位，实际职能不减，但其作为临时差遣的性质却在不断淡化。

关于宋代翰林系统的研究，杨果《近百年来宋代中枢秘书制度研究的回顾与反思》（《中国史研究动态》2003 年第 9 期）以 20 世纪的翰林学士研究为主进行了评述，本文不再重复，只于下文将其余部分简要叙述。

赵小军《宋代翰林学士承旨述论》（《晋阳学刊》2003 年第 4 期）专门考察学士中尤为尊贵的翰林学士承旨，认为他们替皇帝起草诏命、参与机要，多备位宰执，很大程度上推动了君主集权的加强。

蔡罕《北宋"翰林图画院"职官制度初探》（《浙江大学学报》1999 年第 3 期）从北宋翰林图画院的职名及人员迁转、"佩鱼""出职"和"当差"等方面，对北宋翰林图画院的职官制度进行了探讨，并对画院和院画家的地位变化进行评价。陈元锋《北宋馆职、词臣的宴赏赋咏活动》（《山东师范大学学报》2003 年第 3 期）以翰林学士作为研究对象之一，考察了其参与宫廷及馆阁宴赏诗会、赋咏吟唱的活动，并探讨其文化内涵和影响。

另外，一些官制史、政治史、文化史、秘书制度史的研究论著也有针对唐宋翰林的论述，如龚延明《宋代官制辞典》（中华书局 1997 年版），白钢主编《中国政治制度通史》第 5、第 6 卷（人民出版社 1996 年版），郑学檬《五代十国史研究》（上海人民出版社 1991 年版),周道济《汉唐宰相制度研究》(台湾大化书局 1976 年版),卓遵宏《唐代进士与政治》(台湾编译馆主编 1987 年版)等,其关于唐宋翰林的相关部分,也都有独到的贡献,限于篇幅,就不一一详述了。

二

　　一般研究所指称的翰林制度,主要针对翰林学士院和翰林学士,其研究重点,主要体现在如下几个大的方面:机构沿革、人员和名号、具体制度变迁、地位和作用的评价等,以下即对研究中的几个要点问题略作介绍。

　　1. 翰林学士、翰林供奉、学士院和翰林院的产生及相互关系。较早的论著一般是把学士院的产生作为翰林学士产生的标志。20 世纪 90 年代以来,逐渐有人从"名""实"的角度考察翰林学士和翰林院的产生时间。目前学界基本认为,翰林学士之"实"在学士院之前产生,"名"的出现则要晚些。但是,"名"的产生和确定在什么时代还有争议。学士院和翰林院是两个不同的内廷机构,并存了很长的时期,这一点早已有人注意到了。但是,他们大多没有细致考究二者的不同,甚至有径直使用"翰林院"来指称唐代的学士院的。其实翰林院和翰林学士院之间,在唐代、宋代都是没有隶属关系的。杨果研究指出,在宋代两者甚至不再处于一个院落内了(学士院宋初在皇城外,元封改制后移到枢密院后),宋代的翰林学士院,在隶属关系上同唐代一样,仍旧无所属,翰林院则属于内侍省,两相独立非常明显(《中国翰林制度研究》,武汉大学出版社 1996 年版)。另外,还有人用考古成果结合文献资料进行研究,从学士院的空间形态考察翰林学士的政治地位,得出更有说服力的结论,后者还注意到唐代东学士院的产生以及与翰林学士院的关系。宋朝翰林学士供职机构正式名号,可以基本认定为翰林学士院,但一般可以简称为学士院或翰林等,同翰林院是相互平行的两个机构。研究者中有不少人从李白的名号开始,进而探索翰林学士和翰林供奉的关系。可以确定,李白属于翰林院,但是也有学士的称呼,而这样的现象不止他一例,这可以说是制度上的不成熟性的表现。关于五代学士院的机构所属及位置等，由于资料缺乏，尚待进一步探索。

2. 翰林学士的相关制度。翰林学士的员额编制，历来存在定员、不定员两说。目前的研究一般都认为唐代的学士员数不定，但是例置六员，即以六员为限的制度。宋代元丰官制前，学士数目不定，有人认为宋前期有定数为六，也有人说不超过六员的限定，这就是"定员"之意，改制后定为二员，但具体实施过程并不严格。其他如考试铨选、升降奖惩、章服班序等也有所变革，日益规范，此不赘述。

学士职掌方面，大体认为包括草制诏、备顾问、参谋议、临时差遣等。作为皇帝侍臣，还有侍从宴游的职责，不过这种职能越到后来越淡化了。翰林学士负责赦书、德音、立后、建储、大诛讨、拜免三公、宰相、命将等制诏的草写。但是，唐代的两制，在草诏方面并不存在泾渭分明的区分，并没有制度上的严格规定。宋代也是如此，仍然存在翰林学士草外制、中书舍人草内制的现象。五代时翰林学士的职掌，又有所调整：立妃、封亲王到后晋便由学士用白麻草制，从郭威开始，对未加使相的枢密使也可降麻制，由学士草写。

翰林学士具有备顾问、参谋议的功能，这使得其地位颇为荣显，能在一定程度上参与决策大政。临时差遣方面，唐代并不多见，研究者对此注意的不多。毛蕾考论指出，唐代翰林学士充任他职，仅见数例，如充职史馆和出任宣慰使等。他们还要奉行皇帝的临时诏命，主持或参与各种修撰、著述以及主持科考覆试等，这些是较为常见的差遣。五代时的临时差遣有所发展，范围更广，而这些到宋代就更为频繁，更为固定化。关于宋代翰林学士的别领差遣，也是讨论较多，需要细致考察的问题：学士领省府外任是否带"知制诰"，是否仍旧有草诏职责，等等，都不能依据古人几句简单的概括就一概而论。

3. 翰林学士的地位、作用的评价及"两制"等。早期的研究一般对唐代翰林学士评价甚高，多会放在中枢决策的层面上考察，尤其是联系到学士升迁为宰相，来强调他的"储相"地位。他们认为，翰林学士随着中央集权的需要而产生，又成为专制统治的工具，学士的存在，某种程度上侵害了中书舍人以至宰相的权力。甚至有人说，翰林院在唐朝成为一个"中枢机构"，能"与中书门下相对峙"。但是，这种侵害不是一开始就非常明确、稳定的。张东光《唐宋时期的中枢秘书官》（《历史研究》1995 年第 4 期）则把两制的演变作为一个历史过程，分成几个阶段进行比较研究。他认为，翰林学士和中书舍人是缓解君权、相权之间矛盾的调节器。

研究唐代翰林学士者，多注意到他们同宦官和藩镇割据间的斗争，认为他们在反对宦官的斗争中起了不可忽视的作用，甚至超过了外朝宰相的作用。也有研究指出，他们与宦官存在既斗争又合作的复杂关系，但斗争的结果往往是学士失败，但这并不影响学者们对翰林学士的地位作出较高评价。有些作品并不深入探究其政治观点和利益的差别，却以阶级分析的观点，强调翰林学士成为一个独立群体，代表庶族地主的利益。也有人认为翰林学士不过是文人参政，本身缺乏政治实力，反对把翰林学士的地位评价太高。还有人认为，翰林学士除了承旨学士外，大多只是例行公事，没有什么权力，如张国刚《唐代官制》（三秦出版社 1987 年版）即持这种观点。

一般认为，唐代的翰林学士由临时差遣到固定的使职，到宋代成为有品级的职事官，地位也十分尊贵，但其政治作用却比唐代减弱，这一点基本能被大家接受。在宋代，翰林学士在某些情况下也当作帖职使用，类似于诸殿阁学士。有研究者认为，两制和经筵官在某些情况下都可以成为职名，包括翰林学士承旨、翰林学士知制诰、翰林侍讲学士等。杨果则认为，翰林学士在宋代是正式职官，如果不带知制诰衔，而别领省府职任，那么，"翰林学士"就当作帖职了。至于翰林制度的稳定，以及翰林学士从差遣到正式职官的转化是如何实现的，还没有比较恰切的解释，尚需更为深入的讨论。另外，翰林学士和中书舍人的两制格局的确立，关系到如何评价他们的地位，是研究翰林制度发展无法回避的问题，目前还有不同的认识，毛蕾认为两制的定型大致在唐代德宗、宪宗时完成。张东光说唐后期是两制的定型期，杨果则认为这一定型的过程始于五代，完成于宋代。

三

总体来看，20 世纪以来，中国有关唐宋翰林的研究大体呈现如下特点。

1. 关于唐代翰林的研究，比宋代翰林的研究更为兴旺，关于五代的研究则相对冷落。从数量上看，80 年代中期开始，关于唐宋翰林的研究论著大量出现，唐代的研究在 90 年代上半期显得有些冷却之后又逐渐升温。宋代翰林的研究，数量上不如唐代，主题分布也有不同。

唐宋翰林的研究，大体可以以 1997 年为界分成前、后两段。尤其在政治制度史的角度上，前期唐代翰林的研究从宏观把握的较多，一般涵盖整个唐代，除了关于翰林学士制度的宏观探讨外，还有以唐代各种学士为对象共同进行研究的。唐代翰林学士与政治的关系，是较为引人注意的一个问题，尤其在中晚唐复杂形势下，翰林学士与宦官、藩镇、宰相的相互关系如何，有多人进行了专门探讨，尽管有些方面还需修正，但毕竟给人们提供了不同的角度和观点。后期的唐代翰林研究更加深入，从宏观上把握的文章减少了。这期间还出现一本专著，即毛蕾的《唐代翰林学士》，本书和傅璇琮的系列论述，都使用了对不同帝王统治时期的翰林学士分别考论的方法，使对翰林的研究更为丰厚，而不显笼统。

关于宋代翰林的研究，前期较多从宏观上考论制度的变迁，还出现了有分量的专著。自 1998 年以后，宋代翰林制度的研究显得平静得多，宏观探索没有了，转而较多地在某些具体方面进行深入细化的研究，如单独考索宋代翰林学士的人员结构，考察宋代的知制诰和翰林学士的关系问题，对学士群体中的一部分（学士承旨）进行论述等，就是很好的说明。

唐宋翰林的研究，更多的是把他们当成具有政治功能的高级中枢秘书来探讨，能够跳出政治和制度层面，重视整个翰林群体的社会文化功能的不多。而已有的这方面的研究又主要针对翰林待诏和翰林供奉。在制度上专门讨论唐、宋翰林待诏、供奉的文章，进行了分类的宏观研究或择取某些方面进行专门探讨，却少有对他们的生活状态进行专门研究的。傅璇琮主张，从翰林学士作为知识分子参政的角度，并同社会大背景联系起来，探索他们的心理历程及其对文艺创作的影响，而且其本人近几年在这个领域所做的研究，即深入探悉翰林学士这一群体的社会文化生活，这对我们以后的研究很有启发意义。

关于宋代翰林，已有人对翰林院下的图画院、翰林医官局等进行研究，而且不断深入。这就不限于政治制度的研究，而是探索到此一群体的社会生活了，甚至对翰林系统内的人际关系、艺术创作都有专门的探讨。这不仅是由于宋代翰林院的制度更加完备规范，有章可循，而且，宋代文化教育有很大进步，科学技术继续发展，关于翰林院的研究也日益被人重视。相对来说，唐代翰林院及各种待诏、供奉的研究，主要在制度方面用力，范围不够开阔。另外，翰林侍读、侍讲等学士，与翰林系统有比较复杂的关系，学者们则关注不多，希望以后能给予充分的注意。

2. 唐、宋翰林制度的发展具有不同的阶段性特征，学者们研究的重点和争议的焦点也有所区别。对唐代翰林的研究，重点在于讨论制度的演进过程，翰林学士的地位和作用，翰林学士与政治和其他群体（如翰林待诏、供奉，宦官，宰相，皇帝）的关系。存在争议较多的也在这几个方面，如学士的正式名号何时产生，翰林学士同供奉等是什么关系，他们何时真正掌握了草诏权，多大程度上参与或影响中央决策，等等，有些争论目前还在进行。

宋代翰林制度及学士的地位趋于稳定，研究者对翰林学士同政治的关系关注较少，注意较多而且争议较多的，则是具体的制度和事实，如翰林系统的机构、编制，学士的知制诰衔和差遣的关系等方面。而已有的研究又主要针对元丰改制以前，对改制之后，尤其南宋翰林的研究相对较少。这不仅由于两宋时代形势有异，还与学界重北宋轻南宋的研究传统有关。

纵观唐宋时代翰林的整体研究，有张东光等对中枢密书的考察，他探讨了两制的发展历程、分工、相互关系、在中枢的地位、政治功能，以期宏观地认识其历史影响，对我们的研究富有启发性。但是，即使时间跨度上包括了唐、宋翰林学士的研究论著，也不能深入探索五代翰林学士的状况，一般只作简单的过渡性概说，以至于关于五代翰林学士的评价，还存在较大的分歧，这需要更为深入的考察。

我们可以看出，这一阶段的翰林研究大致趋向是，由宏观阐述和评价到深入具体考证，由对制度的重视转到对现象的考辨，突破了单纯的政治史、制度史研究范围，对原始文献的辩证研究越来越重视。而这种种转变所带来的成果，正使得我们的认识越来越趋于真实，当然，这还不是结果，相关问题仍需我们进行更进一步的深入探索。

四

回顾唐宋翰林的研究，笔者有如下三个方面的感想，现冒昧提出，希望得到指教。

1. 唐宋翰林研究中，有一部分研究仅停留在表面，尚未深入发掘。宏观上考述制度的文章，的确不少，但是有些只是重复他人的描述，停留在表面，而不是进行新的探索。他们忽略了从小处实实在在的考究，更多关注的是有没有不同于所谓"制度"的现象，这些特殊现象存在的原因是什么，又能说明什么。关于制度为什么不能够"小题大做"，而偏偏反过来呢？就拿翰林学士的宿值来说，提到它的文章很多，然而少有能够说得明白的，所谓"僎值"究竟怎么实行的，只有杨果以实在的事例（苏轼、周必大的宿值日程）形象展现出来。如果大家都只是人云亦云，甚至不考虑在上下文中的特定含义，有几条文献资料就确信不疑，而不能去考察所谓制度的严格程度、实行的效果如何，这显然是经不起推敲的。再如，学士院学士的员额问题、翰林学士"知制诰"衔的问题，颇多争议，如果灵活全面地考察，就不会只是无谓的重复了。这倒不是倡导把小问题说得复杂，见木不见林，而是希望我们进行深入的考察，使结论建立在具体、实在的研究之上，这样才能为宏观研究提供有力的支撑。

2. 历史研究，不能仅限于制度层面、政治层面，而要灵活、全面、拓宽视野，进行多角度的考察。翰林系统的人员可以当成一个群体进行研究，同时也需要某些方面的个案研究，其社会文化角色、生活状态应当给予重视。比如作为皇帝近臣，翰林学士的文化倡导作用、价值观念、对学术的贡献等都可以作为研究对象。不过还不能仅仅注意这一类人物的词臣身份，我们可以在更广阔的社会背景下，把他们当成知识分子的一部分来观察，与其他文人相比，看看有没有什么共性和特殊性。具体研究过程中也要多角度进行考察，还要在所涵盖的范围内力求严谨，避免片面。如翰林学士院产生了学士院使，朝内又产生了枢密使，不仅可以从宦官权重方面解释，还可以从翰林学士的权位日益增重，让君主感到不安而想要分其权的角度来考虑，但是不论哪一点都会显得片面，如果综合考虑的话，恐怕会更准确些。

3. 在利用材料时，我们需要审慎地做考据工作，而不能轻易拿来，虚弱无力地去支撑论点。不论我们的观点怎样，使用"原始材料"时，都需要认真地进行审视、辨别，考虑它在当时的含义，及其针对性，而不能望文生义。对待他人的研究成果时，也应当如此，避免由于理解或使用不当而带来缺憾。如《李白任翰林学士辩》一文关于李白不是翰林学士的辩证固然有力，但是引起作者怀疑的杨果的一句话，却没有进行客观的理解。也即《古代翰林制度及其对封建文化的影响》（《光明日报·史林》1999 年第 266 期）中"历代名流如唐朝的李白、杜甫，宋朝的苏轼、欧阳修……皆是翰林中人"之语，被理解为：杨果把李白当成翰林学士，而与苏轼等人同列。但是，杨果更早的著作已根据（唐）韦执谊的《翰林院故事》明确讲到，"李白、蒋镇等人都供奉于旧翰林院"（前揭《中国翰林制度研究》，第 7页），这里的"旧翰林院""翰林"都包含于我们所称的翰林系统中，却不专指学士院。我们的怀疑应当有充分的根据，建立在坚实的基础上，否则很容易失之周全，这是我们大家都要注意的。

（原载《中国史研究动态》2006 年第 7 期）

20 世纪中国宋史研究的回顾
（至 2008 年）

　　早在南宋灭亡以后，宋史的研究就应该开始了。元、明、清时期，一直延续不断，并且颇有成绩，留下了一大批研究成果。但是，现代科学意义上的中国宋史研究，是从 20 世纪才开始其历程的。20世纪二三十年代，相对独立的宋史研究，在中国学术界开始形成。1931 年的"九一八"事变后，亡国危机日深，宋史研究在中国开始受到重视，发展较快，出现了 20 世纪宋史研究的第一个繁荣期，涌现出第一批宋史研究学者。1949 年以后，中国大陆的宋史研究有了很大发展，但相对比较受冷落，研究队伍发展不快，研究水平不是太高。而同时在我国的台湾地区，在日本，在欧美，宋代在中国历史上的重要性逐渐被肯定，研究者日渐增多。尤其是自 1953 年，法国在著名汉学家白乐日（Etienne Blalazs，1905—1963）的倡议下，建立"宋史计划"（Sung Project），推动宋史研究以来，宋史研究越发为欧美汉学界所重视。1955 年，日本成立"宋史提要协力编纂委员会"。1963 年，中国台北成立"宋史座谈会"，出版《宋史研究集》。1970年起，美国汉学界也在刘子健（1919—1993）的推动下，出版名为"*Sung Studies Newsletter*"（后改名为"*Bulletin of Sung Yuan Studies*"，今又改为"*Journal of Sung Yuan Studies*"）的期刊，介绍各国宋史研究动态。据美国田浩博士 1998 年 8 月的介绍，此期刊的维持日益艰难，已面临停办的威胁。

　　十年浩劫后，中国宋史研究会于 1980 年在上海成立，发行《宋史研究通讯》。由此开始，中国大陆的宋史研究如春潮涌动，迅猛发展，研究队伍日益壮大，研究领域大为拓展，研究水平迅速提高，研究成果的出版目不暇接。经过 30 年来的努力，中国大陆的宋史研究队伍，已成为世界宋史研究的主体力量，呈现出很高的水平。在世界各国的研究学会及学术机构的支持、策划下，如今的宋史研究，蓬勃发展，交流频繁，呈现出万紫千红的繁荣景象。宋史研究正以其蓬勃的生机，昂首阔步，进入 21 世纪并迈向未来。

早在 20 世纪 50 年代，由大陆去台湾的著名学者方豪（1911—1980），就曾对 20 世纪前 50 年的宋史研究状况进行过总结和介绍，但较为简略。

台湾著名学者、中国文化大学教授宋晞先生（1920—2007），自 20 世纪 60 年代，即注意宋史研究的回顾与总结：1966 年，他在台北第 20 次"宋史座谈会"上做了《宋史研究论文与书籍目录》的发言，谈到各国研究宋史的状况；1981 年，在台北第 80 次"宋史座谈会"上，他又做了《世界各国研究宋史近况简述》的报告；1988 年 5 月，在《华冈文科学报》第 16 期，他刊布《宋史研究的发展》一文，自元代谈到 20 世纪 80 年代末；1992 年，又刊布《民国以来我国学者研究宋史的成果之评估与展望》。宋晞先生的这一系列论文，对 20 世纪 90 年代以前的宋史研究状况，做了介绍与评估，功不可没。此外，1971 年，在《史学汇刊》第 4 期上，台湾学者辜瑞兰有《近六十年来国人对宋史的研究》一文。

20 世纪 90 年代初，台湾又有两位学者对 20 世纪以来的宋史研究及教学情况进行总结。1992 年 3 月出版的台北《新史学》第 3 卷第 1 期上，台湾"中研院"历史语言研究所研究员黄宽重先生刊布《海峡两岸宋史研究动向》一文，系统总结 20 世纪以来的宋史研究状况。此文 1993 年载于大陆的《历史研究》第 3 期上，是故在大陆影响较大。1992 年 6 月，台湾举办了"大学人文教育的回顾与展望"，台湾大学教授王德毅先生在会上做了《宋史教学的回顾》的报告，后收入会议论文集中。文中对 20 世纪以来中国的大学中有关宋史的教学情况做了大致介绍。

1988 年，中国历史学会主办的《史学情报》杂志，开辟了"回顾与展望"专栏。在第 3 期的专栏中，刊布了郑飞《宋史研究：面临开拓与深入》一文，对 1978—1988 年的宋史研究做了简略回顾。20

世纪 90 年代，天津教育出版社组织编写"学术研究指南丛书"，约陈振先生撰写《宋辽金史研究概述》，此书于 1995 年出版，署名："李天石、陈振编著"。所叙内容基本截止于 1990 年。在 1997 年《历史研究》第 4 期上，中国社会科学院历史研究所研究员王曾瑜先生发表了《宋史研究的回顾与展望》一文，比较系统、全面地回顾了 20 世纪宋史研究的状况，所叙内容，迄于 1996 年。此文略加修正、补充后，刊于 1997 年第 2 期的《宋史研究通讯》上。

1996—1997 年，在上述诸位先生研究的基础上，张其凡加以综合，并补以己见，撰成《二十世纪中国宋史研究的回顾》一文，约 5 万言，提交 1998 年在宁夏银川举行的中国宋史研究会第 8 届年会。嗣后，略加修订，刊布于《历史文献与传统文化》（暨南大学中国文化史籍研究所编）第 9 集与第 10 集，分别由江西教育出版社 2001 年、南方出版社 2002 年出版。后收入氏著《两宋历史文化概论》，广东人民出版社 2002 年出版。《回顾》所述内容，截止于 1997 年，并有不少错误。

2004 年，台湾的"国家科学委员会"，出版了由高明士主编的《战后台湾历史学研究（1945—2000）》丛书，其第 4 册为《宋辽金元史》，由韩桂华、王明荪编著，大 32 开，1 册，共 246 页。其所述内容，截止于 2000 年。

同年，福建人民出版社组织了"20 世纪中国人文学科学术研究史丛书"，其中的"史学专辑"由陈祖武、杨泓主编，《宋史研究》则由上海师范大学的朱瑞熙、程郁编写，2006 年 1 月出版，大 32 开，1 册，约 38 万字。其所叙内容，截止于 2000 年。

本文参考朱瑞熙、程郁与王明荪、韩桂华之著作，又约请香港理工大学的何冠环先生协助补充香港宋史研究之情况，在张其凡《二十世纪中国宋史研究的回顾》一文的基础上，加以修订、增补而成。研究成果的分类评介基本截止于 20 世纪末，即 2000 年；研究状况概述则截止于 2008 年。

宋晞先生将 20 世纪以来的宋史研究，分为四个时期：（1）自清末至北伐前夕（1905—1927），（2）自北伐完成至对日抗战初期（1928—1938），（3）抗 日 战 争 至 胜 利 以 后（1939—1949），

（4）1950 年以后。他又以（1）至（3）为第一阶段，（4）为第二阶段。黄宽重先生将 20 纪以来的宋史研究分为四期：（1）1911—1949年，是宋史研究的奠基期；（2）1950—1965 年，是两岸宋史研究发生蜕变的时期；（3）1966—1979 年，是两岸宋史研究分歧最大时期，其原因是受"文化大革命"影响；（4）1980 年以后，是两岸宋史研究的成长时期。黄先生并指出，1949 年是重要分水岭。王德毅先生则以 1949 年为界，将宋史教学情况分为两期，加以评介。王曾瑜先生将 20 世纪的宋史研究，以 1949 年为界，分为上半期和下半期。上述四位先生，均注意到了 1949 年前后的重大区别。因此，本文亦将20 世纪以来的宋史研究分为两段，而以 1949 年为界，1949 年以后的宋史研究，又将大陆、香港与台湾的状况分开介绍。

一　宋史研究的开创时期（1900—1949）

宋代虽然是一个经济文化高度发展的时代，开创了中国文化的新格局，但由于并非武功昌盛的时代，遂为津津乐道"盛世政治"的传统史家所轻视。是故谈及宋代，人们首先想到的，便是它的"积贫积弱"。

20 世纪初，日本学者内藤虎次郎（湖南）（1866—1934）于1922 年提出"唐宋变革期"学说，将宋代作为中国近世的开端。此一学说，经过内藤湖南的学生宫崎市定（1901—1995）的进一步阐释后，遂成为日本京都学派研究中国历史的重要理论基础。而以东京大学前田直典（1915—1949）、周藤吉之（1907—1990）、仁井田陞（1904—1966）为代表的日本东京学派，则倾向以马克思的理论来解决中国历史的分期，认为宋代是中国中世纪农奴制的开端。京都学派与东京学派之间，展开了激烈的争论，宋代成为争论的焦点，宫崎市定与周藤吉之，都成为研究宋史的大家。对于日本的中国史研究来说，宋史是其中心之所在，学者辈出，成就斐然。

中国学者在 20 世纪初亦注意到了宋代历史的重要性。近代著名思想家严复（几道）（1854—1921）指出：

古人好读前四史，亦以其文字耳！若研究人心政俗之变，则赵宋一代历史最宜究心。中国所以成为今日现象者，为善为恶，姑不具论，而为宋人之所造就，什八九可断言也。（见 1923 年 1 月刊行的《学衡》杂志第 13 期，《严几道与熊纯如书札节抄〔三十九〕》）

而近代学术大师王国维（1877—1927）也说：

宋代学术，方面最多，进步亦最著。其在哲学，始则有刘敞、欧阳修等脱汉唐旧注之桎梏，以新意说经。后乃有周（敦颐）、程（颢）、程（颐）、张（载）、邵（雍）、朱（熹）诸大家，蔚为有宋一代之哲学。其在科学，则有沈括、李诫等于历数、物理、工艺，均有发明。……考证之学，亦至宋而大盛。故天水一朝人智之活动，与文化之多方面，前之汉、唐，后之元、明，皆所不逮也。近世学术，多发端于宋人，如金石学亦宋人所创学术之一。……近世金石学之复兴，然于著录考订，皆本宋人成法，而于宋人多方面之兴味，反有所不逮。（见 1928 年 4 月刊行的《国学论丛》1 卷 3 号，王国维《宋代之金石学》）

因此，宋史研究日渐受到重视。许多著名学者，虽非专治宋史者，也有不少重要的有关宋史的论著刊布。

王国维对宋代文化有独到的研究和贡献，他的《宋元戏曲史》（1913 年）一书，体裁创新，方法科学，具世界眼光，当时被认为是旷古未有的通俗文学研究专著。他又研究宋代金石学，考证南宋时所传蒙古史料，发表了《宋大曲考》（1910 年）、《五代两宋监本考》《两浙古刊本考》《宋元戏曲考》《唐宋大曲考》（1923 年）、《摩尼教流行中国考》《宋代的金石学》（1928 年）等论著。他在清华大学国学门担任导师两年，培养出一批人才。其门人中，专治宋史的有吴其昌、方壮猷等人，成就虽不算大，但有开风气之功。

史学大师陈垣先生（1880—1971），也写了不少有关宋史的论文，著作类有《旧五代史辑本发覆》《南宋初河北新道教考》《通鉴胡注表微》等，论文则有《火祆教入中国考》《摩尼教入中国考》《北宋校刊南北八史诸臣考》《书通鉴外纪温公序后》《书全谢山通鉴分修诸子书后》《宋高僧传论略》《论景德传灯录》《论五灯会元》《记南宋元明僧宝传》《宋元僧史三种述评》等。他在宋代的宗教方面贡献最大，《通鉴胡注表微》更是宋代史学史和政治史等方面的经典之作。

以《古史辨》而闻名的顾颉刚先生（1893—1980），则有《郑樵著述考》《郑樵传》《郑樵年谱》等有关郑樵的著作。

以治东北史和渤海国史著称的金毓黻先生（1887—1962），字谨庵，又字静庵，辽宁辽阳人。1913—1916 年在北京大学堂文学门学习，1936 年受聘为中央大学历史系教授，1938 年任系主任。1944 年任中央大学文学院院长，1949 年任职北大文科研究所。1952 年，调入中国科学院历史三所（即近代史所）任研究员至逝世。30 年代前，出版《辽东文献征略》8 卷（1927 年），《奉天通志》260 卷（1937 年出齐），《辽海丛书》10 集（收书 87 种，1936 年出齐），《渤海国志长编》20 卷（1932 年）。代表作三部：《东北通史》上编（1936 年，1941 年修订），《中国史学史》（1944 年），《宋辽金史》（1946 年）。他还发表了不少宋史方面的论文，如：《南宋中兴之机运》《宋代官制与行政制度》《宋代府州军监制度考》《堂后官考》《宋代敕令格式》《宋代兵制考实》《宋代国信使之三节人》《岳飞之死与秦桧》（1941 年）、《宋国史所载岳飞战功辩证》（1944 年）、《岳飞战功考实》（1944 年）等。他还撰有大学部定的教材《宋辽金史》，是笔者所见 20 世纪以来公开出版的第一部宋辽金史专著，今天读来，仍不无收益。本书于宋辽、宋金、宋西夏关系均已论及，且指出应注意西辽与高丽之地位，尤为可贵。1971 年，台北乐天出版社再版了此书。金毓黻先生是 20 世纪上半叶较有成就的学者，是中国宋史研究的奠基者与开拓者之一。

金著《宋辽金史》出版后，商务印书馆于 1948 年出版了张孟伦（1905—1988）的《宋代兴亡史》。台湾商务印书馆 1969 年出版了该书第一版。张孟伦先生后任职于兰州大学。

张荫麟先生（1905—1942），笔名素痴，广东东莞人，是"近八十年罕见的史学奇材"，"就他的最后造诣论，可以说他比绝大多数新汉学家更长于考据，比芸芸浮嚣的史观派更精于哲学思维，他比所有讲求新史学的人更重视艺术描绘"。张荫麟早年是清华大学的高才生，1929年于清华毕业后，赴美国斯坦福大学留学，专攻哲学与社会学。1933年冬，他自美国回国后，任教于清华大学历史、哲学两系，并在北京大学讲授历史哲学课。张荫麟学贯中西，治史范围，涉及上下古今几千年，曾有志撰写一部《中国史纲》，但仅完成上古部分。中国最早开设宋辽夏金元史课程的学校，当属北京大学。1933—1936年，蒙文通先生任教北大；1934—1935年，姚从吾先生任教北大，他俩均开设了有关宋辽夏金元史的课程，邓广铭、杨志玖等人在此一时期求学于北大，聆听过蒙、姚二先生的课。1935年，张荫麟先生则在清华大学开设过"宋史"课。丁则良是他这一时期的学生。1937年抗日战争爆发后，北大、清华、南开南迁昆明，组成西南联大。张荫麟、姚从吾在西南联大继续开设宋辽夏金元史。李埏是张荫麟这一时期的学生。1940年春，张荫麟赴贵州遵义，任浙江大学国史教授，兼史地研究所导师，继续开设宋史课，培养青年学子，由此开浙江大学宋史研究之风气。1942年，张荫麟先生英年早逝，年仅37岁。浙大旋聘陈乐素先生继任教席，授宋史，兼史地研究所导师，培养出一批宋史研究的人才，也由此培育了浙大宋史研究的雄厚基础与严谨学风，一直延续到现在。张荫麟先生发表的有关宋史的论文有30多篇，内容涉及宋代的政治、法律、军事、经济、文化、科技等方面，多有开创性课题，他不愧是20世纪宋史研究的奠基者与开拓者之一。他的主要论文有《宋卢道隆吴德仁记里鼓车之造法》《沈括编年事辑》《南宋初年的均贫富思想》《南宋末年的民生与财政》《端平入洛败盟辨》《宋初四川王小波李顺之乱》《宋史兵志补阙》《宋儒太极图说之转变》《陆象山的生平》《南宋之军队》《〈刘锜与顺昌之战〉自序》《〈顺昌战胜破贼录〉疏证》《燕肃著作事迹考》《宋太祖誓碑及政事堂刻石考》《宋太宗继统考实》《宋朝的开国和开国规模》《北宋的外患与变法》《北宋关于家庭制度之法令》《宋代南北社会之差异》等。他的得意弟子丁则良、李埏等人，在40年代即已刊布宋史论文。

陈乐素先生（1902—1990），广东新会人，一代史学大师陈垣先生之子。他早年留学日本，攻读政治经济学。1923 年回国后即开始从事学术研究。1933 年，他发表首篇宋史论文《宋徽宗谋复燕云之失败》，自此，即以研究宋史为主，直至逝世，堪称宋史学界的元老。到浙江大学任教前，他刊布的主要论著有《徐梦莘考》《三朝北盟会编考》《宋初三馆考》等。刊于 1934 年 9 月的《国学季刊》4 卷 3 号的《徐梦莘考》与刊于 1935 年、1936 年的《历史语言研究所集刊》第 6 本第 2、3 分册的《三朝北盟会编考》两文，约 19 万言，"网罗弘富，考订翔实，为先生早期的代表作"（徐规语），奠定其在宋史学界之地位。1942 年，经一代史学大师陈寅恪先生（1890—1969）推荐，陈乐素应浙江大学校长竺可桢（1890—1974）之聘，到贵州遵义的浙江大学，担任历史学教授，兼史地研究所导师。自此他一直任职于浙江大学，直至 1954 年。他继张荫麟之后，发扬与光大了浙江大学的宋史研究，培养出一批宋史的研究生，为浙江大学宋史研究奠定了坚实而雄厚的基础，历数十年而不衰。任教浙江大学后，他刊布的主要论著有《〈直斋书录解题〉作者陈振孙》《南宋定都临安的原因》《主客户对称与北宋户部的户口统计》《读〈宋史·魏杞传〉》《余靖奏议中所见北宋庆历时社会》等文。上述论著，后来均收入其文集《求是集》第一、第二集中，由广东人民出版社出版。他的学生徐规、程光裕、宋晞等人，在 40 年代都已开始刊布论文。陈乐素是 20 世纪中国宋史研究的奠基者与开拓者之一。

　　陶希圣（1899—1988）实际上是用马克思主义重新研究中国古代经济史的倡导者，他在其主办的《食货》杂志中也撰写了不少涉及宋代经济的论文。如《王安石以前田赋不均及田赋改革》（1934 年）、《宋代社会之一斑》（1934 年）、《北宋初期的经济财政诸问题》（1935 年）、《宋代的职田》（1935 年）、《北宋几个大思想家的井田论》（1935 年）等，可谓宋代经济史研究的开拓者。

　　全汉升（1913—2001）吸收西方经济理论，包括马克思《资本论》的论述，在研究宋代经济史方面，取得了突出成就。他的《唐宋帝国与运河》一书，久负盛名。他的论文先后编成《中国经济史论丛》和《中国经济史研究》两部论文集，涉及宋代农业、商业、行会、市场、货币、物价、漕运、经济重心南移、城市、海外贸易、寺院经济等诸多问题，是宋代经济史研究的开创者。他的研究水平甚高，涵盖面甚广。他的论文主要有《宋代寺院所经营之工商业》（1940 年）、《宋末的通货膨胀及其对于物价的影响》（1942 年）、《北宋物价的变动》《南宋初年物价的大变动》（1944 年）、《宋代南方的墟市》（1947 年）、《宋金间的走私贸易》（1944 年）、《宋代广州的国内外贸易》（1939 年）、《南宋稻米的生产及运销》（1948 年）等。到 20 世纪下半期，他的研究重点转向了明清经济史。

聂崇岐（1903—1962），字筱珊，天津蓟县人，1928 年毕业于燕京大学，学问广博，他的宋史论文都是很见功力的佳作，后来编成《宋史丛考》（1980 年）一书，由中华书局出版。其中如《宋役法述》《论宋太祖收兵权》《宋词科考》《宋史地理志考异》《宋代府州军监之分析》等，都是其代表作，颇具影响。1949 年后，他在近代史研究所编辑中国近代史研究资料，仅发表过有关宋史的论文《我国古代历史巨著〈资治通鉴〉》（1956 年）、《〈太平御览〉序》（1959 年）等少数几篇。1962 年去世。

担任过北京大学历史系主任的朱希祖（1879—1944），著有《杨幺事迹考证》《伪齐录校补》《伪楚录辑补》《两宋盛行铁钱之因果》《高宗六龙幸海记考证》等文；李埏著有《北宋楮币起源考》（1943 年）、《宋代四川交子兑界考》（1940 年）、《宋代交子发展史》《宋代秦陇竹木》（1947 年）等文；吴天墀著有《烛影斧声传疑》《张詠治蜀事辑》等文，都有相当学术价值。对王安石变法的讨论，成为近代宋史研究的一大热门，梁启超和柯昌颐都著有《王安石评传》，对此变法持肯定意见，柯昌颐一书的内容较为丰富。主要从事辽史研究的傅乐焕，对宋辽关系等做了深入研究，他的论著已收入其文集《辽史丛考》一书中。

邓广铭先生（1907—1998），字恭三，山东临邑人，1936 年毕业于北京大学史学系，留校任教。其毕业论文为《陈龙川传》，后于1943 年出版。1937 年，他刊布《〈辛稼轩年谱〉及〈稼轩词疏证〉总辨正》一文，颇受好评。1939 年，他完成了《辛稼轩年谱》《稼轩词编年笺注》《稼轩诗文抄存》三部书稿，但正式出版，则到 1947

年以后了。1943 年，邓广铭应聘到重庆北碚的复旦大学历史系任副教授。1944 年和 1945 年，他发表了《陈桥兵变黄袍加身故事考释》《宋太祖太宗皇位授受问题辨析》《赵匡胤的得国及其与张永德李重进的关系》等有关宋初政治的论文，出版专著《岳飞》。1946 年，邓广铭返北大任职。自此直至逝世，均在北大。1948 年和 1949 年，他在《历史语言研究所集刊》第 10 本和第 20 本下，分别刊布《〈宋史职官志〉考正》与《〈宋史刑法志〉考正》两文，由此奠定其在宋史学界的地位。一代史学大师陈寅恪先生在《〈宋史职官志〉考正序言》中称赞邓广铭道："其用力之勤，持论之慎，并世治宋史者，未能或之先也。"

蒙文通先生（1894—1968），原名尔达，字文通，四川盐亭人，学识渊博，经、史、诸子、理学、佛、道莫不钻研，1927 年撰成名著《古史甄微》。自 30 年代开始，又先后刊布《论北宋与南宋和战》（1937 年）、《从〈采石瓜洲毙亮记〉认识到宋代野史中的新闻报道》《从宋朝的商税和城市看中国封建社会的自然经济》《跋〈宋史全文续资治通鉴〉》（1942 年）、《宋代史学》（1943 年）等宋史论文，是较早从事宋史研究的前辈学者，也是 20 世纪中国宋史研究的开拓者与奠基人之一。

张家驹先生（1914—1974），广东广州人，1936 年毕业于燕京研究院，以宋史研究为主，自 30 年代即开始发表文章。他刊发的论文主要有《宋代分路考》（1935 年）、《南宋两浙之盐政》（1935 年）、《两宋与高丽之关系》（1936 年）、《宋室南渡前夕的中国南方社会》（1936 年）、《宋代造船工业之地理分布》（1941 年）、《靖康之乱与北宋人口的南迁》（1942 年）、《宋代社会中心南迁史》（1946 年）等文。他是 20 世纪三四十年代刊文数量较多的学者之一，很有成绩。但由于在中学任教，故影响不大。

此外，张荫麟在清华大学时的学生丁则良发表了《王安石〈日录〉考》（1941 年）、《杯酒释兵权考》（1945 年）、《沈括生卒年考》（1947 年）等文章，曾资生有《宋代政制概略》（1945 年）、《宋辽金元的科举概略》（1944 年）、《宋代荐举制度的运用与精神》（1945年）、《宋辽金元的考核制度概论》（1945 年）、《宋金与元的乡里制度概况》等论文。余嘉锡（1884—1955）撰有《宋江三十六人考实》和《杨家将故事考信录》，对民间流传很广的《水浒》和杨业的历史做了考证。他还有《南宋算学家秦九韶事迹考》（1946 年）。"岭南才女"冼玉清（1895—1965），有《东坡居儋之友生》（1947 年）、《苏轼与海南动物》（1948 年）等论文。主要从事先秦史研究的张政烺（1912—2005），在 40 年代著有《宋四川安抚制置副使知重庆府彭大雅事辑》、50 年代著有《宋江考》，都是很见功力的佳作。方志学专家朱士嘉（1905—1989）著有《宋元方志考》《临安三志考》《宋临安三志版本考》等文。研治魏晋南北朝史的缪钺对宋代诗词造诣颇深，撰有《论宋词》《论宋诗》等文。中外关系史专家张星烺著有《中世纪泉州情况》《宋初华僧往印求经的经过》等文。古代科技史专家李俨著有《宋杨辉算数考》、王振铎著有《指南车记里鼓车之考证及模制》。张须（字煦侯）的《通鉴学》，是近代第一部系统研究《资治通鉴》的专著。谷霁光有《宋代继承问题商榷》（1941 年）等文。

三四十年代，是中国宋史研究的开创期，宋史研究受到诸多从事文史研究学者的关注，除上述诸人成果较多或较为重要外，柴德赓、吴晗（辰伯）、金宝祥、胡适、陈述、邓子琴、黄现璠、马非百、傅衣凌、赵靖、戴裔煊、王毓铨、江应梁、吴调公、汪向荣、张其昀、方国瑜、周叔迦、王叔岷、牟润孙、章炳麟、陈钟凡、冯友兰、黎锦熙、李达、张东荪、熊十力、朱谦之、李源澄、何炳松、嵇文甫、蔡尚思、任继愈、赵纪彬、贺麟、周祖谟、罗根泽、柳诒徵、岑仲勉、陈千钧、白寿彝、阿英、罗振玉、顾廷龙、傅增湘、郭绍虞、王重民、朱东润、宛敏灏、周本淳、竺可桢、严敦杰、商承祚、徐中舒、容庚、杨殿珣、刘节、王献唐、赵士炜、罗福苌、赵万里、吕澂、叶德辉、张秀民、袁同礼、郭沫若、嵇文甫等人均发表过有关宋史的论文，其中不乏佳作。其中，以金毓黻、蒙文通、张荫麟、陈乐素、邓广铭五人对中国宋史学的建立贡献最大，是 20 世纪中国宋史学的主要奠基者与开拓者。这一时期出版的断代史专著有两部：金毓黻《宋辽金史》（1946 年）、张孟伦《宋代兴亡史》（1948 年）。

综观 20 世纪上半叶，在一二十年代，宋史研究的论文寥若晨星，

只是有人偶尔涉及。内容以教育学术、文献整理为主。1931 年的
"九一八"事变后，日本侵华危机日深，中国面临亡国危险。于是，
外患严重的宋代，日益受到学者们的关注。1937 年全面抗日战争爆
发后，在深重的国难面前，更多的学者将目光投向宋史。在艰苦的抗
战期间，学术界仍保有蓬勃之朝气，出版了各种类型的学术刊物，发
表的宋史研究论著空前增多，呈现出兴旺景象，研究范围则政治、经
济、社会等方面均已涉及，而专门的宋史研究人才的培养，也在僻处
贵州遵义的浙江大学不间断地进行着。1945 年抗战胜利后，遂有一
批力作问世，达到了 20 世纪上半叶宋史研究的高峰期。

总的看来，20 世纪三四十年代的宋史研究，筚路蓝缕，具有开
创之功。那一批学者，在艰难困苦的条件下，自强不息，坚毅治学，
孜孜不倦，其精神令人敬佩，其成绩也令人称道。但是，此时的宋史
研究，虽然涉及者多，然而专门或主要从事宋史研究者，也不过张荫
麟、聂崇岐、陈乐素、金毓黻、张家驹、全汉升、邓广铭、张孟伦等
寥寥数人而已；再则，此时的宋史研究内容，以政治史为主，其他方
面不多，范围比较狭窄，为政治服务的色彩较为深厚；同时，由于客
观条件的限制，资料也十分贫乏，因此，研究的深度和力度都还不
够，留下了可供发展的广阔空间。

二 1949—2008 年的宋史研究

1949 年以后，中国大陆和香港、台湾的宋史研究，经历了不同
的发展轨迹。为清晰表述，兹分别介绍。

（一）中国大陆的宋史研究

1949 年以后 60 年的中国大陆的宋史研究，大致可分为两大阶段：
以 1976 年为界，前 27 年为第一阶段，后 32 年为第二阶段。第一阶
段，又可以 1966 年为界，分为前、后两期。

在第一阶段的前期，大陆地区的宋史研究，在 20 世纪上半叶的
基础上有所发展，主要表现在两个方面：一是宋史教学的基地增多
了；二是专门从事宋史研究的人员也增加了。在第一阶段的后期，适

逢"十年浩劫",虽因"评水浒""评法批儒"的政治需要,也发表了不少有关宋史的论文,但有内容、有分量的论文却极少,整个宋史研究停滞不前。1980 年中国宋史研究会成立时,会长邓广铭先生总结第一阶段的情况时说:"从我国史学界对各个断代史的研究情况看来,宋史的研究是较为落后的。这表现在:不但在各种报刊上发表出来的有关宋代史事的论文,比之其他各代显得少些,甚至连一部篇幅较大的宋史专著也迄今无人撰写出来,而其他断代却多已有了。在国外,例如,在日本的中国历史研究者中,其每年发表的有关宋史的论文和专著,也比我们的多。"这一阶段的宋史研究,虽比 1949 年以前有所发展,但与国外、与大陆其他中国断代史的研究相比,就显得落后了。

1976 年粉碎"四人帮",1978 年中共十一届三中全会倡导"改革开放",大陆的宋史研究从此迎来了一个新的发展时期。1980 年 10 月,中国宋史研究会在大陆断代史的研究会中率先成立,由此揭开了大陆宋史研究的新的一页。改革开放 30 年间,不仅刊布的论著数量超过了此前的 20 世纪岁月中所刊发的论著总数,研究的广度和深度更有迅猛的发展。时至今日,中国宋史研究会成为全球最大的宋史研究的组织,它发行的《宋史研究通讯》日益成为宋史学者必不可少的案头书,它的每次年会,都引来全世界宋史研究者的关注。大陆的宋史研究者,已成为全球宋史研究的主力军。

1. 第一阶段(1949—1976)

(1)第一阶段前期,自 1949 年至 1966 年,共约 17 年时间

在这一时期,大陆宋史研究和教学的基地主要有:北京大学历史系,有邓广铭教授;中国科学院哲学社会科学学部历史研究所,设有宋辽金元研究室,聘陈乐素教授为兼职研究员;四川大学历史系,有蒙文通教授;东北师范大学历史系,有张亮采教授;华东师范大学历史系,有束世澂教授。

在这一时期,邓广铭先生在北京大学执掌教席,1950 年任教授。他编写了翦伯赞主编的《中国史纲要》的宋辽金部分(1962 年),出版了专著《岳飞传》(1955 年)、《辛稼轩年谱》(1956 年)、《辛稼轩传》(1956 年)、《稼轩词编年笺注》(1957 年)等书,发表了

《论岳飞》（1951 年）、《论赵匡胤》（1957 年）、《南宋对金斗争的几个问题》（1963 年）等文章，成果卓著，成为大陆宋史学界的领袖人物。他这一阶段的学生从事宋史研究较有成就的有漆侠、李裕民等人。

陈乐素先生在这一阶段调至人民教育出版社任历史室主任，主持编纂中小学历史教科书，并参与吴晗主编的《历史小丛书》的编辑指导工作，故而很少发表论著。他同时兼任中国科学院历史研究所研究员，培养过一些学生，如英年早逝的吴泰。"十年浩劫"结束后，他在杭州大学复职，开始了他第二个研究的旺盛期。

蒙文通先生在四川大学执教，不但培养出郦家驹、朱瑞熙、贾大泉等学生，而且奠定了四川大学历史系宋史研究的基础，为其在 80 年代的发展做好了准备。他发表了《从宋代的商税和城市看中国封建社会的自然经济》（1961 年）等文。吴天墀先生也在四川大学任教，他发表了《北宋中期的王则起义》（1957 年）、《论宋代四川制盐业中的生产关系》（1964 年）等论文。

张亮采先生（1910—1983），辽宁鞍山人，1940 年毕业于在四川三台的国立东北大学史地系。1943 年，东北大学文科研究所研究生结业，是金毓黻先生的及门弟子。1949 年后，在东北师范大学执教，主要从事宋辽、宋金关系的研究，教授宋辽金元史，他发表过《宋辽间的榷场贸易》（1957 年）等文。1954 年与 1956 年，曾培养过两届宋史研究生，裴汝诚、杨德泉、何应忠、杨树森、穆鸿利等人均是其弟子。晚年他转而研究宋代文化史与社会生活史，留下的遗稿尚未整理出版。他与杨树森、李洵合著的《辽宋金元史》，作为东北师范大学教材，于 1956 年 1 月由东北师范大学函授教育处铅印发行。还与吴枫合著《中国古代农业技术简史》。

束世澂先生（1896—1978），字天民，号秋涛，安徽芜湖人。在南京高等师范学校读书时，深受王伯沆、柳诒徵（翼谋）（1880—1956）影响，决心从事文史研究。1924 年后，曾先后在南京金陵大学、中央大学任教。抗日战争时期，在四川大学、安徽大学任教授、历史系主任。1949 年后，在上海的华东师范大学任中国古代史研究生班导师，教授宋史，柯昌基、杨国宜、王家范等人均是他的弟子。

他是上海市政协常委、全国政协委员，其著作有《中英外交史》《中法外交史》《中华民族拓殖南洋史》《郑和南征记》《洪秀全》《中国封建社会及其分期》等书，研究范围广泛，上至先秦，下至当代，均有论文。束世澂尤长于宋代经济史，主张宋代有资本主义萌芽，1956年发表了《论北宋资本主义关系的产生》一文。1966年，他为《文汇报》点名批评，遭张春桥、姚文元迫害。"文化大革命"刚结束即去世。柯昌基继承与发扬了乃师之说，发表了《宋代雇佣关系的初步探索》（1957年）等文，杨国宜则发表了《南宋大地主土地所有制的发展》（1959年）、《王安石变法的阶级性、进步性和局限性》（1961年）、《包拯》（1960年）。束先生兼事中医，是上海有名的老中医。柯昌基留校任教，后去温州师专；"文化大革命"后调到四川南充师范学院，80年代去世。杨国宜亦留校任教，后去合肥师范学院，现在安徽师范大学任职。

张家驹先生，这一阶段在上海师范学院历史系任教，1963年定为副教授，他先后出版了《两宋经济中心的南移》（1957年）、《赵匡胤传》（1959年）、《沈括》（1962年）等专著，发表了《十一二世纪中朝两国的友谊》（1951年）、《宋初的水利建设》（1957年）、《赵匡胤论》（1958年）、《宋代的两淮山水寨——南方人民抗金斗争中的一种武装组织》（1960年）、《辨奸论的伪造为北宋党争缩影说——并略论邵伯温及其〈闻见录〉》（1961年）、《范成大的地理学》（1962年）等论文，他还参加过中华书局组织的《宋史》的点校整理工作。他教授宋辽金元史，还写下了《我对宋辽金元一段教学的几点体会》（1957年），为上海师范学院的宋史研究与教学，奠定了基础。上海还有沈起炜先生，在上海教育学院任教，著有《宋金战争史略》《文天祥》《杨家将》等著作，发表了《论文天祥》（1961年）、《千秋同赞正气歌》（1963年）等论文。

华山先生（1910—1971），原名芷荪，江苏无锡人，1933年清华大学经济系毕业，长期在中学教历史。自1956年7月到山东大学历史系工作后，在五六十年代写出了数十篇有关宋辽金史的文章，还写有一部几十万字的《宋辽金史》（未出版），在不长的时间内崛起成为较有名气的宋史学者。他的有关宋史的论文，汇编为《宋史论集》，1982 年由山东齐鲁书社出版，主要有《关于宋代农业生产的若干问题》《关于宋代的客户问题》《再论宋代客户的身份问题》《从茶叶经济看宋代社会》《宋代的矿冶工业》《南宋初年的宋金陕西之战》《绍兴和议后的南宋帝国》《从采石之战到隆兴和议》等文。

广州的中山大学，有何竹淇先生（1905—1967），号砺生，湖南衡山人，曾发表《何竹淇谈宋代农民战争的特点》（《光明日报》1961 年），编有《两宋农民战争史料汇编》（32 开，共 4 册）与《岳飞抗金史略》。戴裔煊先生（1906—1988）著有《宋代钞盐制度研究》（1957 年）一书，是第一部专门研究宋代盐的生产、运销与钞盐制度沿革的专著；他还发表了《宋代三佛齐重修广州天庆观碑记考释》等论文。华南师范学院的关履权先生（1918—1997），在这一时期发表了《关于王安石变法》（1957 年）、《略论北宋社会经济的发展及其矛盾》（1958 年）、《论两宋农民战争》（1962 年）、《宋代广州的香料贸易》（1963 年）等论文。

武汉大学的李剑农先生（1880—1963），讲授中国经济史，著有《宋元明经济史稿》（1957 年）等。武汉华中师范学院的王瑞明先生，发表了《试谈王小波、李顺领导的农民起义》（1960 年）、《评〈两宋经济重心的南移〉（张家驹著）》、《关于宋代的商税问题》（1961 年）、《脚踏车船不始自杨幺》（1963 年）等论文。

张荫麟先生的高足李埏先生，云南路南人，生于 1914 年，研究中国经济史，在云南大学历史系执教，发表了《〈水浒传〉中所反映的庄园经济》《〈水浒传〉中所反映的庄园和矛盾》等宋史论文，还编写了《唐宋经济史》《宋代史稿》《唐宋社会的等级分析》等教材讲义，用以教学。

赵俪生先生，山东安丘人，生于 1907 年，先后在山东大学和兰州大学任教，着力于中国农民战争史的研究，于 1954 年与夫人高昭一合编了大陆第一本有关农民战争史的著作《中国农民战争史论文集》。他的有关宋史的论文有《北宋末的方腊起义》（1953 年）、《南宋初的钟相、杨幺起义》（1954 年）、《南宋金元之际山东、淮海地区的红袄忠义军》（1954 年）、《靖康建炎年间各种民间武装势力性质的分析》（1956 年）等。他 80 年代的研究生有秦晖、杨善群、霍俊江、白文固、马明达等人，均卓有建树，成为名家，而葛金芳等人，则成为研究宋代经济的卓有成就的学者。1996年，其弟子为其编辑了《赵俪生先生八十寿诞纪念论文集》，16开，443页，凡65万字，由山东大学出版社出版。

漆侠先生（1923—2001），字剑萍，笔名范今、万钧、泛金，山东巨野人。1948年毕业于北京大学历史系，考入北京大学文科研究所，师从邓广铭先生。1953年12月，到天津师范学院（后改为河北大学）工作，1961年定为副教授，他在40年代已发表了《摧兼并（王荆公新法精神之一）》（1947年）、《宋代对武人的防制》（1947年）、《尹洙王安石论"校事"》（1948年）、《李觏与孟子》（1948年）等文章。50年代时，他一度经历了坎坷的遭遇，不得不以"季子涯"的笔名发表文章。在这一阶段，他出版了专著《王安石变法》（1959年），发表了《北宋熙宁时代农田水利事业的发展》（1950年）、《范仲淹的历史地位》（1952年）、《包拯是一个什么样的人物》（1952年）、《论王安石的"保甲法"》（1952年）、《王安石新法的渊源》（1952年）、《宋朝的"差遣"和"通判"是两回事》（1954年）、《宋代手工业简况》（1955年）、《论王安石的变法》（1963年）等论文。

杨德泉先生（1934—1991），陕西人，出身于东北师范大学张亮采先生门下，这一阶段，任教于扬州师院，发表了《谈谈陈旉〈农书〉》（1961年）、《试论宋代城市经济的繁荣》（1962年）、《关于北宋商税的统计》（1963年）、《陈旉及其〈农书〉》（1962年）等论文。80年代，他调回西安，筹建陕西历史博物馆，馆建成而去世。

蒙文通先生的研究生朱瑞熙，1938年生，60年代毕业后，分配到中国科学院近代史研究所工作，在这一阶段已崭露头角，发表了《宋代的"科配"不是差役》（1963年）、《关于北宋乡村下户的差役和免役钱问题》（1964年）、《关于北宋乡村上户的差役和免役钱问题》（1965年）等论文。80年代后，他成为大陆宋史研究中的佼佼者。

安徽大学的万绳楠（1923—1996），毕业于西南联合大学，这一时期发表了《关于南宋初年的抗金斗争》（1956年）、《谈王安石变法》（1961 年）、《关于王安石变法的几点商榷》（1962 年）、《水利世家（北宋时代的陈省华和他的三个儿子陈尧叟、陈尧佐、陈尧咨）》（1962 年）等论文。还写有《历史小丛书》中的《文天祥》，80 年代，他在安徽师范大学执教，将其扩编为《文天祥传》。

此外，四川大学的胡昭曦，生于 1933 年，有《关于评价王安石变法的几个问题》（1965 年）等论文，开封师范学院的张秉仁有《略论蒙古南宋联合攻金之战》（1955 年）等文，周宝珠有《宋代北方的淤田》（1964 年）、《豫西人民的抗金斗争》（1964 年）等文，王云海有《北宋时期的"踏犁"是怎样的生产工具?》（1957 年）等文。担任北京市副市长的吴晗有《阵图和宋辽战争》（1959 年）。西北师范学院的陈守忠有《北宋初年王小波李顺领导的川陕农民起义》（1957 年），北京大学历史系的张政烺有《宋江考》（1953 年），天津师范学院的吉敦谕有《试论北宋中期的农民起义》（1959 年）、《两宋起义"均贫富等贵贱"的斗争》（1962 年），毕业于西北师范学院的张邦炜有《宋代的官田》（1962 年）、《宋代存在着大量身份自由的佃农吗?》（1965 年），杭州大学的徐规有《李焘年表》（1963 年）和《李焘年表补正》（1965 年），杨渭生有《宗泽》（1961 年），中央民族学院的程溯洛有《南宋的官田和农民》（1953 年）、《宋代城市经济概况》（1956 年），吉林大学的苏金源有《试论钟相杨幺起义失败的原因》（1957 年），李春圃有《关于李全的评价问题》（1955 年），苏、李二人还合编了《宋代三次农民起义史料汇编》（王小波李顺、方腊、钟相杨幺，1963 年），孔经纬有《关于唐宋时期已有资本主义萌芽的历史事实》（1956 年）与《关于宋朝富裕普通工商业者成长的某些事实》（1957 年）等。北京大学的在校本科生吴太等（后改名吴泰）出版了《宗泽》（1963 年）一书。

（2）第一阶段后期，自 1966 年至 1976 年，共 10 年时间

大陆经历了十年浩劫。其间的 1973—1976 年，虽因"评法批儒"和评《水浒》的政治需要，发表了不少有关宋史的文章，但其中有学术价值的极为罕见，因此就不加以介绍了。这一时期出版的著作，仅有邓广铭改写的《王安石——中国十一世纪时的改革家》（1975年）而已。

2. 第二阶段（1977—2008）

这一阶段，以十年为一期，又可约略地分为前中后三期，1977年至1987年为前期，1988年至1997年为中期，1998年至2008年为后期。前期可谓"文化大革命"后的过渡与恢复时期，宋史研究的队伍以五六十年代人员为主，课题也多可窥见"文化大革命"之阴影。自1981年第一批硕士研究生毕业后，宋史研究队伍不断注入新鲜血液，研究课题也在改革开放的时代浪潮中彻底摆脱"文化大革命"阴影，开始其科学的历程。中期，经历1989年事变的波折后，宋史研究开始向深度和广度迅猛扩展，博士研究生开始成批加入宋史研究队伍。后期，大规模招收博士生，加快了队伍建设，扩大了课题范围，随着市场经济的建立，思想开始解放，禁区不断被冲破，宋史研究开始其蓬勃发展的历程。

20世纪90年代以后，"文化大革命"前后毕业的研究生成长起来，开始出版著作，于是，好几所院校都有"宋史研究丛书"的编撰出版。

河南大学出版社，从1992年开始出版"宋代研究丛书"共3批15本。书目如下：程民生著《宋代地域经济》、苗春德主编《宋代教育》、王云海主编《宋代司法制度》、姚瀛艇主编《宋代文化史》、周宝珠著《宋代东京研究》为第1批，贾玉英著《宋代监察制度》、苗书梅著《宋代官员选任和管理制度》、周宝珠著《清明上河图与清明上河学》、程民生《宋代地域文化》、王水照主编《宋代文学通论》为第2批，曹家齐《宋代交通管理制度研究》、杨庆存《黄庭坚与宋代文化》、沈冬梅《茶与宋代社会生活》、王曾瑜《岳飞和南宋前期政治与军事研究》、温伟耀《成圣之道——北宋二程修养功夫之研究》为第3批。据悉，他们正在征集稿件，准备再推出一批。2008年，"宋代研究丛书"又推出"日本学者系列"，已见到平田茂树、远藤隆俊、冈元司编《宋代社会的空间与交流》。

河北大学推出了《宋史研究丛书》，已见出版者有漆侠《知困集》《探知集》，邓小南《宋代文官选任诸层面》，姜锡东《宋代商业信用研究》，王曾瑜《宋朝阶级结构》《金朝军制》，李华瑞《宋代酒的生产和征榷》，杨倩描《吴家将》《王安石〈易〉学研究》，郭东旭《宋代法制研究》，梁太济《两宋阶级关系的若干问题》，裴汝诚《半粟集》，高聪明《宋代货币与货币流通研究》，王菱菱《宋代矿冶业研究》，杨渭生《宋代文化新观察》等。

云南大学也推出了《宋史研究丛书》，已见出版者有林文勋《宋代商品经济史研究》，龙登高《宋代东南市场研究》，吴晓亮主编《宋代经济史研究》，王文成《宋代白银货币化研究》，缪坤和《宋代信用票据研究》，黄纯艳《宋代茶法研究》，张锦鹏《宋代商品供给研究》，林文勋、谷更有《唐宋乡村社会力量与基层控制》等。

四川大学古籍研究所编辑了《宋代文化丛书》，由巴蜀书社出版，第 1 辑有 7 本：祝尚书《北宋古文运动发展史》、刁忠民《两宋御史中丞考》、王晓波《寇准年谱》、舒大刚《三苏后代研究》、王智勇《南宋吴氏家族的兴亡》、向以鲜《超越江湖的诗人》、李勇先的《〈舆地纪胜〉研究》。该所还长年编有《宋代文化研究》（论文集），已出版到第 15 集。

吉林文史出版社在 20 世纪 90 年代组织编写了"宋帝列传"，1997 年出版，共 12 本：毛元佑、雷家宏《宋太祖》，张其凡《宋太宗》，汪圣铎《宋真宗》，黄燕生《宋仁宗、宋英宗》，仲伟民《宋神宗》，王菡《宋哲宗》，任崇岳《宋徽宗、宋钦宗》，王曾瑜《宋高宗》，方如金、陈国灿《宋孝宗》，虞云国《宋光宗、宋宁宗》，曾庆瑛、刘耕荒《南宋末三帝》，包括张希清等《宋朝典制》。2004 年 11 月重版，删去了图片，更简陋了。

暨南大学中国文化史籍研究所编有论文集《历史文献与传统文化》，已出版 13 集，每集皆有宋史文章。他们还编有《宋代历史文化研究》及续编各 1 册，人民出版社出版。《续编》为纪念陈乐素先生百年诞辰的论文集。

2004 年，杭州市为弘扬南宋文化，在杭州市社会科学院设立南宋史研究中心，特聘已退休的浙江大学教授何忠礼为主任，方建新教授、徐吉军研究员为副主任，拨出数百万元，组织编写《南宋史丛书》50 册。2005 年与 2006 年、2008 年，已召开过三次"南宋史研讨会"，2008 年的会议还是国际研讨会。《南宋史丛书》已交稿一半以上，预计近两年内将由人民出版社与上海古籍出版社出齐。这是南宋史乃至宋史的一大盛事，也是迄今仅见的地方政府大手笔。2008年12月29日，为已出版的25部书籍，举行了《南宋史丛书》首发仪式。这25部书是：何忠礼《南宋政治史》（46万字），粟品孝《南宋军事史》（47.3万字），何俊、范立舟《南宋思想史》（46.6万字），苗春德、赵国权《南宋教育史》（39.6万字），葛金芳《南宋手工业史》（45.1万字），张锦鹏《南宋交通史》（40.7万字），吴松弟《南宋人口史》（36.7万字），杨倩描《南宋宗教史》（40万字），罗炳良《南宋史学史》（40万字），龚延明《岳飞研究》（38万字），韩酉山《秦桧研究》（40万字），姜青青《马扩研究》（35万字），邹志方《陆游研究》（40万字），束景南《朱熹研究》（35万字），邢舒绪《陆九渊研究》（25万字），辛更儒《辛弃疾研究》（38万字），周梦江、陈凡男《叶适研究》（30万字），张金岭《宋理宗研究》（30万字），俞兆鹏、俞晖《文天祥研究》（30万字），徐吉军《南宋都城临安》（53.2万字），唐俊杰、杜正贤《南宋临安城考古》（16.5万字），顾志兴《南宋临安典籍文化》（29.3万字），邓禾颖、唐俊杰《南宋官窑》（21万字），以上共843万字；杭州市社会科学院南宋史研究中心编《南宋史研究论丛》（上、下），上册33篇，下册34篇，共101万字。

下面分三个时期，介绍一下宋史研究的进展情况与研究队伍的分布。

（1）前期（1977—1987），第一个10年

第一个10年，大陆的宋史研究大致还在恢复与积聚阶段，其最大事件便是中国宋史研究会的成立和《宋史研究通讯》的编纂发行，使大陆宋史学者有了自己的组织，有了交流与交锋的平台。但1987年年会以后，曾有5年间未能举行年会，《宋史研究通讯》也惨淡经营，举步维艰，在一定程度上反映出宋史研究会的窘境。

据不完全统计，这10年间大陆已出版的有关宋史的专著达70部以上，总字数超过1000万。在报刊上发表的宋史研究论文逐年增多，从1978年的80余篇，到1987年的400篇以上，总计超过3000篇。字数超过1500万。宋史研究会编行的年会论文集《宋史研究论文集》，这一阶段出版3本，中州书画社出版了《宋史论集》，中华书

局出版了《宋辽金史论丛》第 1 辑，浙江古籍出版社出版了《宋史研究集刊》，浙江人民出版社出版了《沈括研究》，河南人民出版社出版了《资治通鉴丛论》，共约 167 万字。从这些数字看，与"文化大革命"前 17 年对比，宋史研究可说是空前的繁荣。

断代史著作也出版了几部，如周宝珠、陈振的《简明宋史》，洪焕椿的《宋辽夏金史话》，杨树森、穆鸿利的《辽宋夏金元史》，吴泰的《宋朝史话》，如果再加上《中国通史》第 5—7 册和《中国史稿》第 5 册，则已有 6 部宋史或宋辽夏金元史专著，还有《中国历史大辞典》宋史卷。此外，还有一批宋代的专史著作问世，如《宋明理学史》《宋代社会研究》《宋元时期的海外贸易》《宋代说书史》《宋元佛教》《唐宋词通论》《宋词散论》《宋朝兵制初探》《宋代经济史》《宋代四川经济述论》等。

宋代史籍的整理出版工作，也有很大进展。李焘《续资治通鉴长编》点校本陆续出版，《通志》《文献通考》等大部头史籍也已影印出版。中华书局与上海古籍出版社编行的《唐宋史料笔记丛刊》《宋元笔记丛书》，也已出版了 10 多种。不少宋人文集和其他宋代史籍如《宋宰辅编年录》《元丰九域志》等书也已整理出版，为治宋史者提供了便利，促进了宋史研究工作。专题史料汇编，近年来则有胡昭曦等人的《宋末四川战争史料选编》（57.2 万字）、汤开建等人的《宋代吐蕃史料集（一）》（55.4 万字）等出版。

这一时期，宋史研究虽然有了长足的进步，但是现状尚不能令人满意，有很多缺陷与不足，面临着开拓与深入的艰巨任务。从宏观来说，多卷本《宋史》的编纂工作，迄今尚未提上议事日程；从微观来说，宋代的专史研究不足，还有很多空白点，即或是热点问题，也还需深入。

宋史研究中，有几个热点：一是经济，包括户等和阶级构成、客户问题、租佃制、地租、差役、户口等问题，每次年会中，总有半数以上是这方面的论文；二是王安石变法与熙丰、元祐党争，包括王安石、司马光、苏轼等人物，可称年年有论文，专著不断出；三是两宋之交的和、战问题，岳飞、张浚、秦桧、辛弃疾等人物；四是宋初的改革与统一，包括太祖、太宗、赵普、杨家将等人物；五是三次农民起义：王小波、李顺，宋江、方腊，钟相、杨幺，但近年来已趋向冷落；六是宋蒙战争，包括文天祥等人物。这六方面的论著，占已刊行宋史研究论著的大半。除此而外的两宋历史，则研究不多，甚或空白。如北宋仁宗朝的历史，除庆历新政外，尚少研究；北宋中期的重要政治人物韩琦、富弼，几乎还没有什么研究；北宋后40年的政治与经济状况，也少有人涉足；南宋除一头一尾外，其余时期的研究也不多。又如两宋政治史、军事史、文化史、科技史等专史著作，仍付阙如。如果没有对北宋初年到南宋末年的分段详尽研究，没有从政治、军事、经济、文化、科技等方面的专门研究，是很难把握两宋历史全貌的，从而也就不可能有多卷本《宋史》的问世。因此，不把目光局限于热点问题研究，多做些"垦荒"工作，多进行一些专题的或专门史的微观或中观研究，是非常必要的，由此，宋史研究也许能有突破性进展。

在众多的宋史研究论文中，炒冷饭的重复之作时有所见，不认真读书而故作惊人之语的亦大有人在。因此，重视研究信息，提倡严谨的学风，是非常有必要的。宋史研究中，有不少传统的流行观点，如理学统治论、相权削弱论、对土地政策的非议、对某些人物的评论等，占据统治地位长达数十年，仔细考查起来，却都不尽然，甚至南辕北辙。不循于旧说，不慑于权威，实事求是地考察研究，才能比较真实地反映历史全貌。为此，应当提倡学术争辩，提倡观点交锋，才能越辩越明。80年代初，在讨论宋江问题时，曾各抒己见、激烈争论。遗憾的是，这种现象还不多见。

宋代史籍，虽然长时期历经战火、天灾及人为的毁损，但存留至今者仍可谓汗牛充栋，不胜其览。也正因如此，对宋代史籍还没有足够的重视。现存的宋代文集、笔记、小说等著作到底有多少，迄今仍是未知数，无法确知。这些著作已整理或印行者，还只是一小部分。编辑宋人著作书目提要，整理、介绍、出版宋人著作，势在当行，尚需努力。这是宋史研究进一步开拓和深入的需要。

"宋代是一个值得重视的朝代。从政治制度、学术思想、民族文化心理等方面讲，对近代乃至现代中国的影响，宋代恐怕是其他朝代所不能比拟的。因此，研究并弄清宋代制度、思想、文化等方面的历史状况，不仅可以提供历史的借鉴，而且有助于我们理解和认识近、现代的中国。从这点上讲，以往宋史研究的成果还不够深入，还没有能起到应有的作用。与其他断代史的研究比较，宋史研究略嫌沉闷，不大活跃，甚至可以说比较刻板，思维方式比较陈旧，因而阻碍了宋史研究的发展，迄今尚未出现大的突破。这些问题，是值得宋史学界深思的。"笔者在 1988 年写下的这段话，今天看来，仍是有针对性的。

1988 年以前的 10 年间，宋史研究论著的出版数量还不多，其作者也主要是"文化大革命"前的老中青作者，80 年代后毕业的研究生尚在积蓄力量，晋升职称，争取住房。出版的著作中，也是以个人文集或旧作修订为主，如陈乐素先生的《求是集》，聂崇岐先生的《宋史丛考》，漆侠先生的《求实集》，华山先生的《宋史论集》，关履权先生的《两宋史论》，邓广铭先生的《岳飞传》。徐规先生的《王禹偁事迹著作编年》，关履权先生的《宋代广州的海外贸易》，吴泰、陈高华先生的《宋元时期的海外贸易》等书，则是作者积多年之力而为的力作。而朱瑞熙先生的《宋代社会研究》，涉及面广，论点新颖，但分量较小，今天看来，也嫌单薄，更像是论纲。

第一个 10 年，又可分为前后两个阶段，自 1977 年至 1982 年为第一个阶段。

1976 年 10 月粉碎"四人帮"，1977 年宣告"文化大革命"结束。饱受摧残的宋史研究，从浩劫中复苏，慢慢地开始恢复元气，1978 年，开始招收研究生。当时，招收宋史方向研究生的导师有北京大学邓广铭，中国社会科学院历史研究所陈乐素，杭州大学陈乐素、徐规，开封师范学院张秉仁，上海师范学院程应镠 5 位，这成为"文化大革命"后最早培养宋史研究人才的专家。1979 年秋天，在开封师范学院召开了"《简明宋史》审稿会"，宋史学界的隽彦，一时齐聚开封。这是一次重要的学术会议，不仅直接促成了大陆 1949 年以后第一部断代宋史《简明宋史》的出版，更重要的是，完成了宋史研究会的准备工作，确定于 1980 年在上海师范学院举行"中国宋史研究会成立大会"。

1980 年 10 月，"中国宋史研究会成立大会暨第 1 届年会"在上海师范学院（今上海师范大学）举行，与会代表 60 多人。在会上，正式成立了中国宋史研究会，选举邓广铭为会长，陈乐素为副会长，程应镠为秘书长，理事 13 人。秘书处设在上海师范学院。这种组织形式，反映了当时宋史研究的格局。从此，大陆宋史学者有了自己的学术组织，开始了正常的学术活动。会后，由上海古籍出版社出版了会议论文集。

1982 年 10 月，在郑州举行了第 2 届年会，由河南省社会科学院承办，与会者达 80 多人。会后，由河南人民出版社出版了论文集。

1984 年 10 月，在杭州举行了第 3 届年会，由杭州大学历史系承办，100 多人参加了会议。会后，由浙江人民出版社出版了论文集。

1987 年 9 月，在石家庄举行了第 4 届年会。由河北大学承办，与会代表 107 人。此次会议上，对宋史研究会理事会进行了增补，由于程序的不当，引发了争议。此次会后，宋史研究会的正副会长如下：会长为邓广铭，副会长为陈乐素、徐规、郦家驹、漆侠、乔幼梅、朱瑞熙、王曾瑜，秘书长仍为程应镠，理事共 15 人。会后，由河北人民出版社出版了论文集。

邓广铭先生 1949 年以后一直在北京大学执掌教席，此时任北京大学历史系主任，中国史学会主席团五主席之一。他发表了一系列有关王安石、岳飞及其他方面的论文，并最终修订出版了《王安石》《岳飞传》两书。北京大学又是大陆在"文化大革命"后最早招收宋史博士生的单位。邓广铭还与程应镠一道，在此时主持编纂了第一部大型工具书《中国历史大辞典·宋史卷》，并在 80 年代完成出版。邓广铭先生于 1979 年招收了宋史研究生张希清等人。1982 年开始招收博士生。

陈乐素先生于 1975 年被强迫退休后，一直寓居杭州，进行《宋史艺文志考证》的修订工作。1978 年，他在杭州大学复职，出任历史系教授，被推选为浙江省历史学会会长，同时，又被中国社会科学院历史研究所聘为兼任研究员，故同时在中国社会科学院历史研究所与杭州大学两处招收研究生。在历史研究所招收的研究生是张其凡，在杭州大学招收了何忠礼、周生春、孙云清、翁福清 4 人。他在杭州大学建立了宋史研究室，当时成员主要有徐规、倪士毅、梁太济、龚延明等人。1979 年，陈乐素南下广州，在暨南大学建立宋史研究室，徐规继任杭州大学宋史研究室主任。徐规先生是张荫麟、陈乐素先生的及门高弟，他在五六十年代经历坎坷，发文不多。"文化大革命"后，接连刊出《陈亮永嘉之行及其与永嘉事功学派的关系》《沈括生卒年问题的再探索》（1977 年）、《朱仙镇之役与岳飞班师考辨》《南宋绍兴十年前后"内外大军"人数考》（1978 年）、《沈括"官于宛丘"献疑》（1979 年）等文，1982 年，更出版《王禹偁事迹著作编年》，获日本宋史权威周藤吉之的高度赞扬，从此奠定其在宋史学界的地位。他主持下的杭州大学宋史研究室成为大陆宋史研究的重要基地之一。

程应镠（1916—1994），江西新建人，早年从事魏晋南北朝史研究，有一段坎坷的经历，"哀乐中年感逝川"。"文化大革命"后，他在上海师范学院任职，1979 年，出任恢复后的中国史学会副秘书长。当时，上海师范学院与华东师范大学共同承担点校整理李焘《续资治通鉴长编》一书的任务。1978 年，在程应镠的主持下，上海师范学院历史系和古籍研究所招收了宋史研究生，包括吕友仁、李伟国、萧鲁阳、俞宗宪、朱杰人、王松龄等人；聚集起一批从事宋代文史研究的学者，主要有郑世刚、许沛藻、金圆、孙菊园、裴汝诚等人。他是《宋史》和《续资治通鉴长编》两部大型史籍点校整理的主要组织者和定稿人，他与邓广铭共同担任主编，自 70 年代末开始编纂《中国历史大辞典·宋史卷》。他担任宋史研究会秘书长后，为研究会的发展壮大呕心沥血，付出了大量劳动。继张家驹先生之后，程应镠发展壮大了上海师范学院的宋史研究队伍，使其成为大陆宋史研究的重要基地之一。

开封师范学院历史系，是"文化大革命"后大陆最早招收宋史研究生的院校之一。张秉仁先生（1910—1994）主持的宋史研究室，有王云海、姚瀛艇、周宝珠等人。加上《史学月刊》杂志与河南省社会科学院历史研究所（有陈振）当时都设在开封师范学院，这里也成为宋史研究的基地之一。1978 年，以张秉仁先生的名义，招收了宋史研究生，有穆朝庆、魏天安、刘坤太、张德宗等人。在发起十院校共同编写《中国古代史》教材后，开封师范学院历史系与河南省社会科学院历史研究所又在此时开始共同编写《简明宋史》一书，以填补大陆宋代断代史之空缺。此书于1985年由人民出版社出版，署名周宝珠、陈振主编，约46万字。

在这一时期，发表论文的，除邓广铭、陈乐素、徐规、漆侠、吴天墀、朱瑞熙、周宝珠、关履权、陈守忠、李蔚、柯昌基、胡昭曦、万绳楠、杨国宜、王云海、程溯洛、苏金源、李春圃、张邦炜、赵俪生、裴汝诚、杨德泉、汪槐龄、沈起炜等五六十年代已刊发论文者外，也有少数新人出现，其中最引人注目的，乃是同毕业于北京大学、同服务于中国社会科学院历史研究所的吴泰、王曾瑜二人。吴泰大学时受教于邓广铭先生，毕业后又成为陈乐素先生的研究生，他在这一时期成为宋史研究的风云人物，在这一时期的几个热门话题上，他都发表过重要意见。关于宋江问题的争论，他是首先挑起论战的一方主将，他又较早地提出为岳飞恢复名誉。惜乎他英年早逝于80年代中期，连副研究员也未评上，不免令人扼腕。王曾瑜在"文化大革命"中苦读《宋会要》而出名，在这一时期，他发表了一系列水平较高的论文。还有，与朱瑞熙是同学的蒙文通高足贾大泉，也在此时开始刊发论文。1980年中国宋史研究会成立，最年轻的与会者，是41岁的王曾瑜。这一时期宋史研究队伍的年龄，可见一斑。

这一时期的宋史研究，从批判"四人帮"谬论开始，逐步扩及宋史研究的多个领域。其热门课题主要有四个：①宋江问题；②岳飞问题；③农民起义；④王安石变法。论文也大多集中于这四个课题。

1978年6月8日，吴泰在《光明日报》发表了《历史上的宋江是不是投降派》一文。接着，邓广铭、李培浩在6月29日的《光明日报》上发表《历史上宋江的面貌》一文，在当年《社会科学战线》第2期发表《历史上的宋江不是投降派》一文。有关宋江问题的大论战由此展开，历时约4年之久，成为大陆宋史学界70年代末80年代初的一道风景线。吴泰毕业于北京大学，曾受教于邓广铭先生，故而这场论战被有些人称为"学生与老师的论战"，引人注目，得到当时整个史学界的关注。

有关宋江问题的争论由来已久，20世纪40年代，余嘉锡先生撰《宋江三十六人考》，认为宋江投降了宋廷；50年代，张政烺撰《宋江考》，以 1939 年出土的《折可存墓志铭》为据，认为宋江之降是诈降，并且未征方腊。但是，客观地讲，70 年代末的论战并非余、张之争的继续，而是"文化大革命"后期评《水浒》运动的余音，所以争论的问题"历史上的宋江是不是投降派？""历史上的宋江是否征方腊？"也带有浓厚的"文化大革命"中评《水浒》运动的风格。

吴泰继《历史上的宋江是不是投降派》之后，在 1979 年第 2 期《中国史研究》上又发表《再论宋江的几个问题》一文，坚持认为历史上的宋江是投降派，打过方腊。北郭在 1979 年第 4 期《北方论丛》发表《历史上的宋江是投降派》一文，观点与吴泰一致。邓广铭等人则在 1978 年 8 月 29 日《光明日报》上发表《再论历史上的宋江不是投降派》，在 1980 年第 1 期《社会科学战线》发表《就有关宋江是否投降、是否打方腊的一些史料的使用和鉴定问题答张国光君》，坚持认为历史上的宋江不是投降派，没有打过方腊。这两种截然不同的意见，针锋相对，引发了史学界的极大兴趣，很多人撰文参加讨论，但是双方各执一词，互不相服，虽然发表了几十篇文章，但仍未解决问题。1981 年第 1 期《中华文史论丛》，发表了马泰来《从李若水的〈捕盗偶成〉诗论历史上的宋江》一文，该文据李若水的《捕盗偶成》诗（《忠愍集》卷 2），认为这是当时人记载，铁证如山，证明宋江确曾投降。邓广铭先生看到马泰来之文后，于 1982 年第 4 期《中华文史论丛》发表《关于宋江的投降与征方腊问题》一文，承认宋江确曾投降，但仍否认宋江打过方腊。至此，大论战暂告结束，宋江投降，遂成定论，但宋江是否打过方腊，则仍无定论。时过境迁，此后这个问题日渐淡出人们视野，不见有人提起了。

20 世纪 70 年代末 80 年代初，岳飞是宋史研究中的另一个热门话题。1978 年 6 月，杭州大学在陈乐素主持下，召开学术讨论会，座谈岳飞的评价问题。这是针对"评法批儒"中对岳飞的贬低和攻击而进行的拨乱反正。一时间，有关岳飞的论文充斥报刊，其中主要有倪士毅等《论岳飞》（1978 年），吴泰《应该恢复岳飞的历史地位》（1979 年），徐渭平《论民族英雄岳飞》（1979 年），史平《略论民族英雄岳飞》（1979 年），周宝珠《岳飞冤狱及其平反昭雪前后的斗争》（1979年），汪槐龄《论岳飞的爱国主义》（1979年），邓广铭《"黄龙痛饮"考释》（1979年）、《〈鄂王行实编年〉所记朱仙镇之捷及有关岳飞奉诏班师诸事考辨》（1980年）、《岳飞的〈满江红〉词不是伪作》（1981年）、《论秦桧是杀害岳飞的元凶》（1981年）、《关于岳飞的几个问题》（1981年）、《再论岳飞的〈满江红〉词不是伪作》（1982年）、《八百四十年前的一桩大冤案〈岳飞惨遭杀害始末〉》（1982年）、《绍兴八九年内秦桧的卖国降敌和岳飞的坚决反抗》（1982年），王曾瑜《岳飞之死》《岳飞几次北伐的考证》（均1979年）、《关于岳飞的家世》（1980年）、《岳家军的兵力和编制》（1981年）、《岳飞第一次北伐的考证》（1981年），王继烈《评岳飞的忠君思想》（1980年），蔡栋《〈岳氏宗谱〉和岳飞后代》（1980年），王瑞来《历史上的岳飞与小说中的岳飞》（1981年），豫嵩《关于岳飞的评价问题》（1981年），龚延明《也评岳飞的忠君思想》（1981年），张云霄《岳飞与赵构的斗争》（1982年），刘大有《吴玠与岳飞》（1982年）等。龚延明出版了专著《岳飞》（1980年），邓广铭出版了增订本《岳飞传》（1982年），王曾瑜出版了《岳飞新传》（1982年）。这时的岳飞研究，主要还是着眼于为岳飞恢复名誉，拨"文化大革命"之乱而反之正。由于岳飞的地位和影响，此问题以后一直有人从事研究，还在杭州成立了由徐规先生担任会长的中国岳飞研究会，召开过多次国内与国际学术研讨会。

在这一时期，有关宋代农民起义的研究仍是热点。著作有白钢《〈钟相杨幺佚事〉及其史料价值》（1978年），四川人民出版社出版的《王小波李顺起义考述》（1978年），四川大学历史系编《王小波李顺起义史料汇编》（1978年），杨渭生《方腊起义》（1980年），安徽师范大学历史系《方腊起义研究》（1980年），白钢、向祥海《钟相杨幺起义始末》（1980年）等。《中国农民战争史论丛》也应运而出，1979年至1982年间共出了4辑，其中有关宋代的文章有16篇之多。论文则有邱鸣皋《略论方腊起义的社会背景》（1977年）、《方腊起义大事记略》（1977年），雏飞《谈谈方腊起义的口号问题》（1978年），吴泰《关于方腊评价的若干问题》（1979年），陈振《方腊起义研究中的几个问题》（1979年），杨渭生《〈容斋逸史〉献疑》（1979 年），朱瑞熙《论方腊起义与摩尼教的关系》（1979 年），陈得芝《关于方腊的所谓"漆园誓师"》（1979 年），朱瑞熙《"三面保义"辨》（1980 年），吴泰《方腊出身问题考辨》（1980 年），李祖德《曾敏行的〈独醒杂志〉与方腊起义》（1980 年），李裕民《方腊起义新考》（1980 年），杨渭生《关于方腊起义若干问题的再探索》（1980 年），张海鹏、杨国宜《方腊研究中几个问题的商榷》（1980 年），朱瑞熙《关于〈容斋逸史〉的作者》（1981 年），王冠倬《方腊起义军攻占州县考》（1981 年），白钢《"圣公"考》（1981 年），邱鸣皋《有关方腊的一则资料的辨正》（1981 年）；朱瑞熙《北宋王小波、李顺起义的几个问题》（1979 年），吴天墀《王小波李顺起义为什么在川西地区发生》（1979 年），周子云《王小波、李顺里贯起义发祥地考辨》（1979 年），阎邦本《关于王小波李顺起义的几个问题》（1980 年），鲁阳《王小波李顺起义的起因是"贩茶失职"吗》（1980 年），杨继忠《〈老学庵笔记〉中王小波"自言"的两个问题》（1981 年）；郑从周《谈钟相杨幺起义的特点》（1979 年），李文彬《"车船""拍竿"及"木老鸦"考》（1981 年），曹典礼《钟相起义事略》（1981 年）。三大起义之外的有关文章有陈守忠《试论北宋初年四川地区的士兵暴动和农民起义》（1978 年）、关履权《宋代的茶禁和茶户、茶贩的反抗斗争》（1978 年）、张明福《试论北宋庆历年间的兵变》（1980 年）、向祥海《范汝为起义简论》（1980 年）、裴汝诚《关于李金起义的几个问题》（1980 年）、温岭（陈高华）《南宋末年江西建昌的佃户暴动》（1981 年）、李文彬《南宋李接起义》（1981 年）等。在这几年间，农民起义的研究接中华人民共和国成立后的研究余绪，热闹非凡，争论颇多，形成一个高潮，并且成立了中国农民起义研究会。但进入 80 年代后，日渐衰微，研究者也日逐减少，中国农民起义研究会的活动，也最终停止了。

在"文化大革命"时的"评法批儒"中，被认定为"法家"的王安石，风光热闹地被讨论研究着，有关文章十分之多。邓广铭的《王安石》一书，也有幸在 1975 年改写后出版。"文化大革命"结束后，王安石问题在一段时间内仍是热门。《文史哲》1977 年第 4 期发表了吴泰《关于王安石变法的几个问题——驳"四人帮"及其喉舌散布的一些谬论》、朱瑞熙《四人帮歪曲王安石变法历史的险恶用心》两文，1977年12月8日《光明日报》，发表了吴泰《王安石的历史遭遇和四人帮的罪恶用心》一文，由此揭开了在王安石问题上拨乱反正的一页。其后，谷霁光有《王安石变法与商品经济》（1978年）、裴汝诚有《关于〈王安石变法与商品经济〉的通信》（1978年）、邓广铭有《从一篇黑文看罗思鼎们对宋史和王安石变法的懵懂无知——对〈从王安石变法看儒法论战的演变〉的批判》（1978年）、颜中其有《王安石变法同北宋封建社会各阶级的利害关系》（1979年）、任奇正有《吏治改革的妥协性是王安石变法失败的一个重要原因》（1979年）等文相继刊发。1980年，王曾瑜在《中国社会科学》第3期刊出《王安石变法简论》一文，洋洋数万言，全面否定了王安石变法，引人注目。1980年发表的有关王安石的论文还有姜国柱《论王安石》，陈守忠《王安石变法与熙河之役》，李之勤《熙宁年间宋辽河东边界交涉研究——王安石弃地数百里说质疑》《最早诬蔑王安石弃地的不是邵伯温而是苏辙》，杨渭生《王安石在鄞县的事迹考略》，谷霁光、谷远峰《王安石经济思想若干问题试析》，林岑《略论沈括与王安石的关系》等。其后，有关王安石的研究转入了正常轨道，仍然是宋史研究的热门课题，以此为硕士研究课题者不少。但是，角度、深度与评价都有了较大变化，更加贴近历史实际。

除上述四大热门课题外，发表的论文有研究宋代社会经济特别是租佃制的发展的，有研究宋代人物如宋太祖、赵普、韩侂胄、司马光、朱熹、范仲淹、曲端、余玠、杨家将等人的，还有研究宋金战争的，但比起四大热门来说，还显得薄弱与不足。

总体来说，这一阶段，虽只有四五年时间，但论文数量与研究者数量相比的话，是相当惊人的，这是对"文化大革命"时期"万马齐喑"局面的一种反动，对重获学术研究权利的一种兴奋。这一时期的学术活动，是其后学术发展的先声，是我们应当记住的。

第二阶段自1982年至1987年。

第一个10年中，宋史研究最重大的事件，莫过于宋史人才的培养与中国宋史研究会的成立壮大。

1981 年，"文化大革命"后第一批招收的研究生毕业，开始进入宋史研究队伍。这一批人后来大多成为宋史研究的骨干力量，如兰州大学的葛金芳，杭州大学的何忠礼、周生春，中国社会科学院的张其凡，上海师范学院的萧鲁阳、李伟国、吕友仁、朱杰人、俞宗宪，开封师范学院的魏天安、穆朝庆、刘坤太、张德宗等人。自此以后，每年都有研究生毕业，宋史研究队伍不断有新鲜血液输入，使宋史研究的队伍日益扩大。

据国务院学位办公室的统计，1987 年，历史学分为 14 个专业，全国有权授予博士的学科、专业点共计 67 个，导师 115 人。其中，中国古代史中有博士点 17 个，为各专业之首（其他专业均不到 10 个），导师 37 人（其他专业最多 15 人）。专门史有博士点 8 个，导师 9 人。这些博士点和导师中，招收宋史方向博士生的导师有中国古代史的北京大学邓广铭，河北大学漆侠，杭州大学徐规，专门史（唐宋经济史）的云南大学的李埏。共计 4 个点 4 名导师而已。这十年间，宋史的博士点基本没有增加。

在这 10 年间，大陆宋史研究的队伍已达几百人之多，宋史研究的基地分布南北各省市。

北京大学的邓广铭先生，在 80 年代创建了北京大学中国中古史研究中心，成为宋史研究的重要基地。邓广铭在 1982 年率先招收了宋史的博士生，其后又招收了 5 届，培养出周生春（1982 级）、杨若薇（1983 级）、陈植锷（1984 级）、包伟民（1985 级）、罗家祥（1986 级）5 位博士。他治史强调基本训练，将"年代、地理、职官、目录"作为研究中国古代史的"四把钥匙"。邓广铭治史勇于创新，敢于以精微的论证，推翻前人的定论，无论是他对岳飞、辛弃疾、陈亮等的研究，还是对《宋史》的《职官志》和《刑法志》的考正，都反映了这种特点，他对辛弃疾的研究，更是实现了传记、年谱、词与诗文的完整组合。他点校增订了《陈亮集》（1987 年），与张希清合作校点了《涑水记闻》（1989 年），还著有《陈龙川传》《韩世忠年谱》《辛稼轩年谱》《辛弃疾（稼轩）传》《稼轩词编年笺注》《稼轩诗文抄存》《岳飞传》（增订本，1983 年）等，邓广铭不愧是八九十年代宋史学界的领袖人物。

暨南大学的陈乐素先生，在南下广州后，研究方向转移到宋元明清文化史和岭南地方史上，先后发表了《流放岭南的元祐党人》（1982年）、《珠玑巷史事》（1982年）、《袁本与衢本〈郡斋读书志〉》（1983年）、《桂林石刻〈元祐党籍〉》（1983年）、《略论〈直斋书录解题〉》（1984年）、《北宋国家的古籍整理印行事业及其历史意义》（1988年）等论文。他平生的论著，大半都汇编为《求是集》第一、第二集（1986年、1984年）。1984年，陈乐素在宋史研究室的基础上，为暨南大学创办了古籍研究所（又名中国文化史籍研究所），先后招收了三批宋史研究生。陈乐素治史，从目录学入手，以文献学、校勘学、避讳学、史料学、年代学等为基础，强调版本目录与考据，主张"脑、手、笔、腿四勤"，以"时、地、人、事"为"治史四要"。他每有著述，必先搜集大量史料，进行考订、分析、取舍，然后据以成文；继而又以文稿广事商榷，征求意见，几经删改，方肯刊布，因此，其论著考订精审，言而有据，素称严谨。他对《三朝北盟会编》及其作者徐梦莘的研究，对宋代著名目录学家晁公武、陈振孙及其著作《郡斋读书志》《直斋书录解题》的研究，尤其是对《宋史艺文志》五十年的考证研究，都获得了极有价值的成果。暨南大学古籍研究所研究宋史的还有常绍温、杨芷华、张其凡等人。

广州地区从事宋史研究的，还有华南师范大学的关履权、王棣、高美玲等人，中山大学的曾琼碧等人，广东省社会科学院历史研究所的袁征等。关履权（1918—1997）招收过几届宋史研究生，王棣是他的第一个弟子，1980年入学。关履权出版了《两宋史论》（1983年）一书，还发表了不少论文。曾琼碧出版了《千古罪人秦桧》（1984年）一书，发表了经济史论文十多篇，她也招收过宋史研究生。

上海师范大学（上海师范学院改名）的程应镠先生，出版了《司马光新传》《范仲淹新传》等宋史方面的专著。80年代后期，朱瑞熙调入上海师范大学。这一阶段，由于程应镠先生是秘书长，故宋史研究会设在上海师范大学，具体工作由范荧负责。上海师范大学从事宋史研究的，还有郑世刚、许沛藻、虞云国、戴建国、顾吉辰、范荧、汤勤福等人。

杭州大学（原为浙江大学文理学院，1998 年又并回浙大）的徐规先生，后来担任了宋史研究会副会长、中国岳飞研究会会长。徐规，浙江平阳人，生于 1920 年，1946 年以《宋代妇女的地位》获文学硕士学位。他于 1986 年被批准为博士生导师，自 1989 年开始招生。杭州大学也成为培养宋史研究人才的重要基地之一，其成员有杨渭生、梁太济、何忠礼、龚延明、包伟民等人。1985 年，杭大宋史研究室编辑出版了《沈括研究》一书，汇集了相关论文 18 篇。徐规还主编了两集由杭州大学宋史研究室编的《宋史研究集刊》，分别在 1986 年和 1988 年出版。他还发表了有关宋代文献订误的论文 19 篇，有关宋代人物、史事考评的论文约 20 篇。

杭州与浙江从事宋史研究的还有浙江大学的周生春，杭州师范学院的林正秋，浙江师范大学的方如金、陈国灿，温州师范学院的周梦江等人。

河北大学的漆侠先生（1923—2001），1979 年定为教授。他创建了河北大学宋史研究室，其成员有郭东旭、高树林等人。1983 年被批准为中国古代史专业的博士点，是河北省第一个博士点。1985 年，他开始招收宋史博士生袁征，1987 年，程民生、李华瑞来攻读博士学位。这一阶段，漆侠先生处毕业的博士生仅 1988 年的袁征 1 人。漆侠的研究领域一度以农民战争史为重点，曾担任过中国农民战争史研究会理事长。20 世纪 80 年代中期以后，他的研究以宋史为重点，主要集中于宋代经济史的研究。作为国家重点课题"中国古代经济史断代研究"之五的《宋代经济史》上、下册，于 1987 年和 1988 年由上海人民出版社出版，全书合共 90 余万字，是迄今为止分量最大的宋代经济史研究专著。

李埏先生（1914—2008），云南路南人，生于 1914 年，1940 年毕业于西南联大。曾入北京大学文科研究所，师从向达、姚从吾，攻读宋史。1943 年起，即在云南大学历史系教学。他是张荫麟先生最为赏识的学生之一，长期从事中国经济史的研究与教学工作。1982 年，他在云南大学建立了全国第一个封建经济史研究室，1983 年，成为中国经济史的博士生导师。李埏的研究，以唐宋经济为主。1986 年，他出版了自选论文集《中国封建经济史论集》。

　　四川大学也是大陆宋史研究的重要基地之一，亦是培养宋史博士生的单位之一。吴天墀先生是宋史研究的前辈之一，他生于1913年，别名浦帆，四川万县人。1938年毕业于四川大学历史系。三四十年代即有《宋儒之风操与理性主义》（1939年）、《王安石性格及变法是非》（1939年）、《张詠治蜀事辑》（1940年）、《烛影斧声传疑》（1941年）等文发表。1980年，四川人民出版社出版了他的《西夏史稿》一书，并于1983年出版了增订本。20世纪80年代时，他与徐中舒先生共同指导宋史博士生，1985年蔡崇榜、刘复生为博士生，蔡于1988年毕业，刘于1990年毕业。

　　自20世纪80年代以来，胡昭曦及其硕士生们，即集中精力于晚宋史、宋蒙（元）关系史的研究，出版了《宋蒙（元）关系研究》与《宋蒙（元）关系史》两部书稿，成为晚宋史研究的中心。四川大学的古籍整理研究所，在曾枣庄的主持下，在从事《全宋文》编纂整理的同时，曾枣庄有《苏轼评传》（1982年）、《苏洵评传》（1983年）等著作。四川省社会科学院历史研究所的贾大泉，乃蒙文通高足，有专著《宋代四川经济述论》等。这样，成都便成为雄居西南的大陆宋史研究的重镇。

　　中国社会科学院历史研究所的宋辽金元研究室，一度十分兴盛，80年代时，有郦家驹、朱家源、王曾瑜、陈智超、吴泰、郭正忠等专攻宋史者。郦家驹在20世纪40年代与50年代先后在成都、北京受业于蒙文通先生，80年代曾任中国社会科学院历史研究所副所长，他发表了《试论韩侂胄评价的若干问题》（1981年）、《北宋时期的弊政和改革》（1983年）、《两宋时期土地所有权的转移》（1988年）等文，又是《中国史稿》第五册的主要作者之一。虽然由于担任行政工作，发表的论文不多，但他在中国宋史研究会成立与发展过程中起到了积极的重要作用。吴泰掀起了关于宋江、岳飞等方面的大讨论，名震一时。惜乎在80年代即英年早逝。王曾瑜关于政治、军事、经济方面的论文，朱家源关于经济方面的论文，陈高华、吴泰《宋元时期的海外贸易》，郭正忠关于盐业与经济方面的论文，都有举足轻重之分量。

　　河南是北宋首都开封所在省份，也是宋史研究的重要基地之一。

河南大学（前身是开封师范学院，改河南师范大学，再改今名）在
"文化大革命"后是第一批招收宋史硕士生的单位之一。由河南地区
学者周宝珠、陈振主编的《简明宋史》一书，是大陆第一部断代宋
史专著。这一阶段，河南地区的宋史研究者主要集中于两处：河南大
学与河南省社会科学院历史研究所。河南大学宋史研究室，由张秉仁
先生创建，后发展为历史研究所，其成员，老一辈的有王云海、姚瀛
艇，中青年多为河北大学的博士，如苗书梅、贾玉英等人，还有张德
宗等人；该校历史系研究宋史者有周宝珠、程民生、刘坤太等人。在
郑州的河南省社会科学院，则有任崇岳、魏天安、穆朝庆、萧鲁阳
等人。

武汉地区高校云集，也有不少宋史研究者。华中师范大学较早招
收宋史研究生，由王瑞明先生指导。其高足罗家祥，硕士学业毕业
后，又师从邓广铭先生攻读博士三年。华中师范大学从事宋史研究的
还有张全明等人。武汉大学李涵女士（1922—2008），江苏江阴人，
生于北京，1947 年毕业于燕京大学历史系，1954 年到武汉大学任教，
是著名宋辽金元史学家，在 70 年代末即招收了宋史硕士生。她与刘
经华合著了《范仲淹传》，并发表了不少论文。其研究生杨果女士，
研究宋代官制颇有成就，硕士学位论文就是研究宋代翰林学士的。毕
业于武汉大学的韩茂莉，现在北京大学工作，著有《宋代农业地理》
一书。湖北大学的葛金芳，是赵俪生的弟子，以研究宋代经济史为
主，著有《宋辽夏金经济研析》等书。

辽宁大学的陈光崇先生，乃陈乐素先生的弟子，从事史学史研
究，发表了《欧阳修的史学》《资治通鉴述论》等有关宋代史学的文
章。他在 80 年代初招收的学生杨若薇、赵俊等人，后来都去攻读博
士，小有成就。杨若薇是北京大学的博士，出自邓广铭门下，以《契
丹王朝政治军事制度研究》一书获博士学位，现在香港工作。赵俊是
华东师范大学的博士，出自吴泽门下，现在中国社会科学院研究生院
学报编辑部从事编辑工作，同时进行史学史研究。

（2）中期（1988—1997），第二个 10 年

第二个 10 年中，由于特殊原因，有几年的沉寂时期，无论是研
究生的招生数量还是史学著作的出版情况，史学论文的发表情况，都

有停滞甚或衰微现象。中国社会科学院历史研究所的宋辽金元史研究室，与隋唐五代研究室合并，虽有博士授予权，但这十年内未曾招收过1名宋史博士。即可看作是这十年衰微的一大表现。

1992年春天，邓小平发表了南方谈话。1993年"十四届三中全会"提出"市场经济"概念，中国大陆掀起了新一轮的改革开放热潮。1993年，台湾学者十余人，在宋晞先生带领下，参加在杭州举行的"纪念岳飞诞辰890周年国际学术研讨会"。1995年，以徐规先生为首，大陆10位宋史学者，赴台北参加"第二届宋史学术研讨会"。宋史研究也在频繁的交流中开始其繁荣的历程，进入下一个新的10年。

1992年4月，在开封举行了第5届年会，由河南大学承办，与会代表85人。此次会上，邓广铭先生因年事已高，提出辞职（陈乐素先生已于1990年去世）。宋史研究会理事会进行了换届选举，并规定以后每4年改选1次。改选后，宋史研究会理事有17人，会长：漆侠，副会长：徐规、郦家驹、程应镠、朱瑞熙、陈振、胡昭曦、王曾瑜。此次会后，秘书处迁至河北保定的河北大学，《宋史研究通讯》也在保定出版。大会论文集由河南大学出版社出版。

1994年6月，在成都举行了第6届年会，由四川大学承办，与会代表90余人。会后，由河北大学出版社出版了论文集。

1996年9月，在昆明市举办了第7届年会，由云南大学承办，与会者90余人。在此次年会上，改选了理事会，共选出理事21人，会长仍由漆侠担任，副会长：徐规、李埏、朱瑞熙、胡昭曦、乔幼梅、王曾瑜。会后，由云南民族出版社出版了论文集。

创建中国宋史研究会的三大巨头，邓广铭于1998年去世，陈乐素于1990年去世，程应镠于1994年去世。活跃于1949年以前的宋史学者，至此已基本退出历史舞台。从1992年宋史研究会理事会改选后，改革开放后毕业的研究生开始进入理事会。1996年的理事会中，已有"50后"进入。而研究者中，已有"60后"开始崭露头角。

这一时期的大陆宋史研究的基地主要有：

北京大学有中国中古史研究中心，邓广铭任主任，成员有张希清、邓小南等人。1987 年以后，邓广铭先生未再招收博士生。他与张希清合作校点了《涑水记闻》（1989 年），还著有《北宋政治改革家王安石》（增订本）（1997 年）、《岳飞传》（增订本，1983 年），他的单篇论文，在其晚年编为《邓广铭学术论著自选集》（1994 年）与《邓广铭治史丛稿》（1997 年）。他还有《邓广铭学术文化随笔》（1998 年）一书。1997 年，在他 90 岁寿诞时，弟子为他编辑出版了纪念文集《仰止集》（1999 年）。邓广铭不愧是八九十年代宋史学界的领袖人物。1998 年，邓广铭先生去世。

河北大学宋史研究室，1990 年扩建为历史研究所，漆侠任所长，成员有高树林、郭东旭等人。漆侠先生在这一时期培养的博士生有程民生、李华瑞（1990 年毕业），贾玉英、苗书梅、胡建华（1991 年毕业），高聪明（1993 年毕业），袁一堂（1995 年毕业），刘秋根（1997 年毕业），王菱菱、姜锡东（1998 年毕业）等人。1994 年，漆侠与乔幼梅合作，完成并出版了"中国古代经济史断代研究"之六《辽夏金经济史》，共 38 万字。漆侠的已刊论文，大部分编入了《求实集》和《知困集》中。1992 年，他出任中国宋史研究会会长。1992 年以来，河北大学编辑的《宋史研究丛书》，连续出版了李华瑞的《宋代酒的生产和征榷》、高树林的《元代赋役制度研究》、梁太济的《两宋阶级关系的若干问题》、王曾瑜的《金朝军制》、裴汝诚的《半粟集》等著作，兴旺一时。1998 年 9 月，河北人民出版社还出版了李华瑞的《宋夏关系史》，约 36 万字。

杭州大学（原为浙江大学文理学院，1998 年又并回浙江大学），有宋史研究室，徐规任主任，杨渭生任副主任，成员还有梁太济、何忠礼、包伟民等人。徐规先后担任了宋史研究会副会长、中国岳飞研究会会长。他自 1989 年开始招收宋史博士生，至 1997 年，已有 9 人毕业，他们是王云裳、安国楼（1992 年），刘伟文（1993 年），祖慧、刘连开、李勇先（1995 年），史继刚、唐代剑（1996 年），范立舟、曹家齐（1997 年）等。除唐代剑由梁太济指导外，其他人均由徐规指导。杭州大学已成为培养宋史研究人才的重要基地之一。10年来，徐规先生先后完成了《全宋诗·王禹偁诗》《全宋诗·李焘诗》的点校与辑佚工作，《建炎以来朝野杂记》的校勘与辑佚工作

（此书已由中华书局出版），与梁太济等合作完成了《建炎以来系年要录》的整理工作。徐规主持的《宋史补正》工作，被列为浙江省哲学社会科学"七五"规划重点课题，已出版龚延明的《宋史职官志补正》，何忠礼的《宋史选举志补正》，梁太济、包伟民的《宋史食货志补正》三种。1995 年，杭州大学宋史研究室编辑了《徐规教授从事教学科研工作五十周年纪念文集》，由杭州大学出版社出版。他的个人全集，命名为《仰素集》，以怀念恩师素痴（张荫麟）、乐素（陈乐素），全书共 90 万字，杭州大学出版社 1999 年 5 月出版。杭州大学古籍研究所的龚延明、方建新、祖慧，浙江大学人文学院的周生春，也研究宋史。

浙江省从事宋史研究的还有杭州师范学院的林正秋，浙江师范大学的方如金、陈国灿，温州师范学院（现温州大学）的周梦江等人。这一阶段，周梦江出版了《叶适与永嘉学派》（1992 年）、《叶适年谱》（1996 年）等书。林正秋出版了《宋代生活风俗研究》（1997 年）等书。著有《北宋文化史述论》（1992 年）的陈植锷，也在杭州大学工作，惜于 1994 年英年早逝，年方 47 岁。

云南大学，有中国经济史研究室，李埏任主任，治宋史的成员有林文勋、吴晓亮等人。李埏先生培养出博士生 14 人，治宋史的有林文勋（1991 年毕业）、李槐（1992 年毕业）、龙登高（1993 年毕业）、李桂英（1994 年毕业）、黄纯艳（1996 年毕业）、吴松（1998 年毕业）、孙洪升（1998 年毕业）、王文成（2000 年毕业）8 人。20 世纪 90 年代以来，云南大学出版社连续出版了林文勋的《宋代四川商品经济史研究》与吴晓亮、林文勋主编的《宋代经济史研究》及龙登高的《宋代东南市场研究》等书。因此，云南大学也是培养宋史研究者的重要基地之一。1996 年第 7 届年会即在云南大学召开，李埏先生也于此年被推选为中国宋史研究会副会长。1992 年，云南大学历史系编辑出版了《纪念李埏教授从事学术活动五十周年史学论文集》。

上海师范大学（上海师范学院改名）历史系和古籍所均有宋史学者，程应镠先生是带头人。1993 年，他执教 50 周年时，其学生将其论文汇编为《流金集》，上海古籍出版社 1995 年出版。1994 年，程先生去世。1987 年，朱瑞熙自中国社会科学院近代史所调入上海师范大学古籍所，1997 年被四川大学聘为兼职博士生导师，1998 年开始招收博士生。虽然，1992 年中国宋史研究会秘书处迁往保定市河北大学，但上海师范大学仍是宋史研究的重要基地之一。其成员还有郑世刚、许沛藻、顾吉辰、戴建国、虞云国、汤勤福、范荧、程郁等人。上海治宋史者还有上海大学的来可泓，复旦大学的吴松弟，华东师大的裴汝诚、严文儒等人。裴汝诚有《半粟集》（论文集，2000年）。

四川大学也是大陆宋史研究的重要基地之一，亦是培养宋史博士生的单位之一。1998 年 9 月，四川大学出版社出版了吴天墀的文集《吴天墀文史存稿》，42 万字。蔡崇榜的博士论文《宋代修史制度研究》与刘复生的博士论文《北宋中期的儒学复兴运动》两书，均已在台湾出版。90 年代，胡昭曦先生与蔡崇榜先生先后成为博士生导师。胡昭曦，四川自贡人，生于 1933 年。胡昭曦、刘复生、粟品孝合著了《宋代蜀学研究》一书，1998 年 4 月西南师范大学出版社出版了《胡昭曦宋史论集》，36.4 万字，收文 25 篇。四川大学在 1994年主办了第 6 届年会。

四川大学的古籍整理研究所，在曾枣庄的主持下，从事《全宋文》编纂整理的同时，出版了一批宋史研究著作，主要有《现存宋人别集版本目录》《宋人传记资料索引补编》《中国地方志宋代人物资料索引》《现存宋人著述总录》《宋人年谱集目·宋编宋人年谱选刊》等工具书，刁忠民的《两宋御史中丞考》、王晓波的《寇准年谱》、王智勇的《南宋吴氏家族的兴亡》、舒大刚的《三苏后代研究》、祝尚书的《北宋古文运动发展史》、向以鲜的《超越江湖的诗人——后村研究》、李勇先的《〈舆地纪胜〉研究》等专著。四川师范大学的张邦炜，先后出版了《婚姻与社会（宋代）》（1989 年）、《宋代皇亲与政治》（1993 年）、《中国封建社会兴亡史·两宋卷》（1996 年）等著作，着力于宋代社会生活的研究。这样，成都便继续是雄踞西南的大陆宋史研究的重镇。

河南大学仍是宋史研究的重要基地之一。河南大学在这 10 年中第一个主办宋史年会——1992 年的第 5 届年会。近年来，该校出版社出版了"宋代研究丛书"两批：第一批有五本，程民生著《宋代地域经济》、苗春德主编《宋代教育》、王云海主编《宋代司法制度》、姚瀛艇主编《宋代文化史》、周宝珠著《宋代东京研究》；第二批亦有五本，贾玉英著《宋代监察制度》、苗书梅著《宋代官员选任和管理制度》、周宝珠著《清明上河图与清明上河学》、程民生《宋代地域文化》、王水照主编《宋代文学通论》。在郑州的河南省社会科学院历史研究所，则有任崇岳、魏天安、穆朝庆、萧鲁阳等人，陈振原来也在此所工作，后调至南京师范大学。任崇岳是中国社会科学院1981届毕业的研究生，兼治宋元史和民族史，著述颇丰。魏天安是河南大学1981届毕业的研究生，研究宋代经济，有《宋代行会制度史》（1997年）一书。穆朝庆是河南大学1981届毕业的研究生，他在《历史研究》与《中国史研究》等杂志发表过多篇有关人口与经济的论文。萧鲁阳是上海师范大学1981届毕业的研究生，对宋代文献、思想颇有研究。郑州大学则有徐规先生的博士安国楼，他著有《宋朝周边民族政策研究》一书。

中国社会科学院历史研究所的宋辽金元研究室，一度十分兴盛，进入90年代后，却日渐衰微，连研究室也和隋唐研究室合二为一了，从事宋史研究的名家，仅余王曾瑜、陈智超两人而已。历史研究所也是招收宋史博士生的单位之一，但1997年以前，未招收过1名宋史博士生。虽然如此，郦家驹的《韩酉山〈秦桧传〉序》（1999年）、王曾瑜的《宋朝阶级结构》（1996年）、陈智超的《解开"宋会要"之谜》（1995年）和《宋会要辑稿续编》、郭正忠的《宋代盐业经济史》《宋盐管窥》及《三至十四世纪的中国度量衡》等著作，仍有举足轻重之分量，保持着较高的水平，令海内外宋史学界不敢轻视。

暨南大学的陈乐素先生发表了《岭南学者梁廷楠》（1990年）等论文，主编了《宋元文史研究》与《历史文献与传统文化》第1集。晚年，他倾注了大半精力，去完成自40年代即已开始的《宋史艺文志考证》的工作，终成初稿。其论著考证精审，言而有据，素称严谨。他对《三朝北盟会编》及其对宋代著名目录学家晁公武、陈振孙及其著作《郡斋读书志》《直斋书录解题》的研究，尤其是对《宋史艺文志》50年的考证研究，都获得了极有价值的成果。1990年陈乐素先生去世后，暨南大学中国文化史籍研究所于 1992 年编辑出版了《陈乐素教授（九十）诞辰纪念文集》。暨南大学中国文化史籍研究所还从 1990 年开始编辑出版《传统历史文献与传统文化》，至 1998 年，已出版 6 集，内中多有宋史研究文章。

常绍温先生（1923—2004），1923 年生，在四川的武汉大学本科毕业，1950 年中央大学（今南京大学）研究生毕业，到广州后主要从事宋代文化史的研究，发表了《北宋诗风士风与政治》《略谈南宋女诗人王清惠及其诗词》等文。1987 年她出任古籍研究所所长，并招收宋史研究生 1 批 2 人，1990 年毕业。

暨大从事宋史研究的还有张其凡、杨芷华等人。近 8 年，张其凡连续出版了《赵普评传》（1991 年）、《五代禁军初探》（1993 年）、《宋初政治探研》（1995 年）、《宋太宗》（1997 年）等专著，发表了有关政治、军事的多篇论文。杨芷华则完成了关于李昴英的系列研究文章，点校出版了李昴英的《文溪存稿》（1994 年）。1997 年，暨南大学召开了"宋元文化国际学术研讨会"。

广州地区从事宋史研究的，还有华南师范大学的关履权、王棣、高美玲等，中山大学的曾琼碧等人。关履权出版了《宋代广州的海外贸易》（1994 年）一书，于 1997 年去世。曾琼碧也退休了。王棣发表了经济史等方面的论文。

山东大学在 20 世纪 90 年代后期，也成为培养宋史博士生的基地。博士生导师是乔幼梅与王育济。乔幼梅在 1996 年出任中国宋史研究会副会长。她在中青年时曾有过艰辛而坎坷的经历，20 世纪 80 年代后重拾旧业，先后到南京大学与河北大学进修元史和宋史，其研究重点是宋辽夏金经济史，与其师漆侠先生相近。她曾与漆侠先生合著《辽夏金经济史》，又出版了论文集《宋辽夏金经济史研究》。山东大学的王育济，是宋史学界的后起之秀，在宋代政治史的研究方面常有惊人之语。除一系列宋代政治史的论文外，他出版了《理学·实学·朴学》与《天理与人欲》两书，写作了《宋太祖传》。1996 年乔幼梅与王育济成为山东大学的博士生导师，开始招收博士生。同在济南的山东师范大学，有赵继颜先生，也以研究宋史为主。1991 年，他出版了《中国农民战争史·宋辽金元卷》。

武汉地区高校云集，也有不少宋史的研究者。华中师范大学王瑞明先生有《宋代政治史概论》（1989 年）、《宋儒风采》（1997 年）等专著，主编了《文献通考研究》（1994 年）。华中师范大学从事宋史研究的还有罗家祥、张全明等人。武汉大学的李涵女士，与刘经华合著了《范仲淹传》，并发表了不少论文。其弟子杨果女士，研究宋代官制颇有成就，著有《中国翰林制度研究》（1996 年）一书。1994 年她师从石泉先生攻读博士学位，以"宋代两湖平原地理研究"为题。硕士毕业于武汉大学的韩茂莉，在陕西师范大学获博士学位后，到北京大学做博士后，遂留校工作，有《宋代农业地理》（1993 年）与《辽金农业地理》（1999 年）等书。湖北大学的葛金芳，是赵俪生的弟子，以研究宋代经济史为主，著有《宋辽夏金经济研析》（1991 年）一书，他的思辨与分析能力，在宋史学界是独步一时的。

根据《宋史研究通讯》统计：1988 年发表宋史论文 658 篇，1989 年发表 494 篇，1990 年 503 篇，1991 年 434 篇，1992 年 453 篇，1993 年 501 篇，1994 年 500 篇，1995 年 482 篇，1996 年 413 篇，1997 年 442 篇。10 年间共发表论文约 4880 篇。

（3）后期（1998—2008），第三个 10 年

1997 年，开始申报一级学科硕士点、博士点。1998 年与 2000 年，历史学先后批准了 13 个一级学科博士点：北京大学、北京师范大学、南开大学、武汉大学、复旦大学、中山大学、厦门大学、吉林大学、四川大学、中国社会科学院、中国人民大学、南京大学、华东师范大学。2003 年，又批准了东北师范大学、首都师范大学、山东大学、陕西师范大学、华中师范大学、云南大学 6 所大学为历史学一级学科博士点。2005 年，再批准天津师范大学、郑州大学、上海师范大学、福建师范大学、暨南大学、西北大学 6 校的历史学一级学科博士点。至 2007 年，至少有 25 所高校有历史学一级学科博士点。

据招生目录与实地调查，至 2008 年，大陆培养宋史博士生的单位有 17 个，具体情况如下。

北京大学中国古代史研究中心，有张希清（2008 年后已不招生）、邓小南招收宋史博士生。这个中心是教育部人文社会科学重点研究基地，张希清担任主任至 2007 年。他领衔主编了《10—13 世纪

中国文化的碰撞与融合》（2006 年）、《澶渊之盟新论》（2007 年）等书，主办了"邓广铭教授百年诞辰纪念大会"，会后出版了论文集。邓小南则出版了《祖宗之法——北宋前期政治述略》（2006 年）一书。此中心拥有一个四合院，藏书甚为可观，工作条件也较好。历史系还有赵冬梅等人也治宋史。

北京师范大学历史学院，游彪招收博士生。他是在中国社会科学院历史研究所读的博士，导师王曾瑜，2000 年毕业后到北京师范大学工作，有《宋代荫补制度研究》（2001 年）、《宋代寺院经济史稿》（2003 年）、《正说宋朝十八帝》（2005 年）、《宋代特殊群体研究》（2006 年）等著作。北京师范大学研究宋史的还有罗炳良、汝企和等人。罗炳良有《南宋史学史》等著作，汝企和点校了《续编两朝纲目备要》（1995 年）。

首都师范大学唐宋史研究中心，李华瑞是博士生导师。李华瑞原在河北大学宋史研究中心，2003 年调入。2008 年，首都师范大学成立唐宋史研究中心。李华瑞有《宋夏关系史》（1998 年）、《王安石变法研究史》（2004 年）、《宋夏史研究》（2006 年）等书。

河北大学宋史研究中心，姜锡东、郭东旭、汪圣铎、王菱菱、刘秋根等人是博士生导师，姜锡东有《宋代商业信用研究》（1993 年）、《中国经济发展史·宋辽夏金》（1999 年）、《宋代商人和商业资本》（2002 年）等著作，郭东旭有《宋代法制研究》（1997 年）、《宋朝法律史论》（2001 年）、《宋代法律与社会》（2008 年），汪圣铎有《两宋财政史》（上下册，1995 年）、《宋真宗》（1996 年）、《两宋货币史》（2003 年）、《宋代社会生活研究》（2003 年）等著作。王菱菱有《宋代矿冶史研究》（2005 年）。其他还有刘冬春、王青松、刘金柱、肖爱民、丁建军、阎孟祥、王福鑫、王茂华、贾文龙、王晓薇等人。这个中心是教育部省属高校人文社会科学重点研究基地，中国宋史研究会秘书处设此，负责编辑出版《宋史研究通讯》。这个中心，承办过 2000 年第 9 届年会。2005 年 7 月，又举办了"中韩宋辽夏金元史学术研讨会"。漆侠先生共招收了 26 名博士生，他 2001 年去世时，尚有博士生 10 人未毕业。此后，河北大学宋史研究中心在2002 年招收博士生 6 人。2003 年招收博士生 9 人，2004 年招收博士生 10 人，2005 年招收博士生 9 人，2006 年招收 9 人，2007 年招收 7 人，2008 年招收 7 人。全国各高校的宋史博士生队伍，以河北大学最为庞大。宋史研究人员的队伍，也以河北大学最多。

河南大学历史文化学院，有程民生、贾玉英、苗书梅等人招收博士生。2007 年 8 月，承办过宋史研究会理事会，举办过宋史研究生讲习班。该院治宋史者还有刘坤太、马玉臣、张明华、孔学、祁琛云、张显云等人。程民生是一位多产的学者，其著作有《宋代地域经济》（1992 年）、《宋代地域文化》（1997 年）、《神人同居的世界》（1993 年）、《中国北方经济史》（2004 年）、《宋代物价研究》（2008 年）等。贾玉英有《中国监察制度发展史》（2004 年），张明华有《〈新五代史〉研究》（2007 年），马玉臣有《〈中书备对〉辑佚校注》（2007 年）。

山东大学历史文化学院，王育济曾招收博士生（现已不招宋史博士生）。这个学校从事宋史研究的，还有张熙惟、范学辉等人。

陕西师范大学历史学院有李裕民，浙江崇德人，1940 年生，1963 年毕业于杭州大学历史系，旋即考入北京大学，导师邓广铭。硕士毕业后分配到山西大学工作。李裕民于 1996 年调入陕西师范大学。2001 年开始招收宋史博士生，2005 年退休后不再招生。2007 年，李裕民在神木主持召开"全国杨家将学术研讨会"。他发表过 200 多篇论文，有《〈司马光日记〉校注》（1994 年）、《宋史新探》（1999 年）、《宋史考论》（2009 年）等著作，是邓广铭、陈乐素等人之后第二代有影响有成就的学者。

西北大学文博学院，陈峰是博士生导师。陈峰有《武士的悲哀：北宋崇文抑武现象透析》（2000 年）、《宋史论稿》（2004 年）等，他曾在 2005 年举办过"朱熹与宋代历史学术研讨会"和宋史研究生讲习班（2007 年）。此校研究宋史的还有张明、景新强等人。

四川大学历史文化学院，刘复生、蔡崇榜是博士生导师，其他还有粟品孝等人治宋史，古籍所也有不少人从事宋代文化研究，但不参加宋史研究会活动。川大还有段玉明、韦兵等人治宋史。刘复生有《僰国与泸夷——民族迁徙、冲突与融合》（2000 年）、《中国古代思想史·宋辽西夏金元卷》（2006 年），段玉明有《大理国史》（2003

年），粟品孝有《朱熹与宋代蜀学》（1998 年）、《南宋军事史》
（2008 年）等。

四川研究宋代哲学思想的还有四川省社会科学院哲学所的蔡方
鹿，他先后出版了《一代学者宗师：张栻及其哲学》（1991 年）、
《魏了翁评传》（1993 年）与《宋代四川理学研究》（2003 年）等
专著。

四川师范大学，则有张邦炜、张金岭、魏华仙、成荫等人。张邦
炜有《宋代婚姻家族史论》（2004 年）和《宋代政治文化史论》
（2005 年）等书，张金岭有《晚宋时期财政危机研究》（2001 年）、
《宋理宗研究》（2008 年），魏华仙有《宋代四类物品的生产和消费
研究》（2006 年）。

云南大学历史系，林文勋、吴晓亮招收博士生。其他还有张锦
鹏、刘欣、奎建荣等人。云南大学还承办了 2008 年第 13 届年会。林
文勋与黄纯艳合著了《中国古代专卖制度与商品经济》（2003 年），
与谷更有合著了《唐宋乡村社会力量与基层控制》（2005 年）；张锦
鹏著有《宋代商品供给研究》（2003 年）、《南宋交通史》（2008
年）等。

武汉大学历史学院，杨果是博士生导师。杨果有《宋代两湖平原
地理研究》（2001 年），此外有陈曦等人治宋史。

华中师范大学历史文化学院，有王瑞明、张全明等人。王瑞明有
《宋代政治史概要》（1989 年）、《马端临评传》（2001 年）、《中国古
代史考论》（2007 年）等著作。张全明则有《宋太祖的人生哲学》、
《中国历史地理论纲》等书，还分别与王瑞明、王玉德合作撰写了
《朱熹集导读》《中华五千年生态文化》等书。

华中科技大学历史研究所，有罗家祥、雷家宏等人。罗家祥有
《朋党之争与北宋政治》（2002 年）、《宋代政治与学术论稿》（2008
年）等论著，雷家宏则有《宋代社会与文化管窥》（2008 年）。

湖北大学，有葛金芳、曾育荣等人。葛金芳已于 2006 年退休。
葛金芳著有《中华文化通志》第四典《土地赋役志》（1998 年）、
《中国经济通史》第五卷《宋辽夏金》（2002 年）、《宋代经济史讲演
录》（2008 年）、《南宋手工业史》（2008 年），主编《中国传统社会

探研》（2005 年）。曾育荣合著有《中国历史·五代史》（2009 年）。

武汉地区，承办 2010 年的第 14 届宋史年会。

南京大学历史学系，李昌宪招收宋史博士生。魏良弢先生在此前也招收过宋史博士生，如贾海涛、路育松等人即是其博士生。此外有尤东进、贵和平等人治宋史。李昌宪著有《宋代安抚使考》（1997年）、《司马光评传》（1998 年）、《中国行政区划通史·宋西夏卷》（2007 年），发表关于宋代行政区划的论文多篇。

上海师范大学历史系虞云国，古籍研究所朱瑞熙、戴建国、汤勤福招收博士生。其他还有：黄纯艳、范荧、程郁、燕永成、赵龙等人治宋史。上海师范大学承办了 2006 年第 12 届年会。虞云国、戴建国、汤勤福在中国古代史招收博士生。虞云国有《宋代台谏制度研究》（2001 年）、《细说宋朝》（2002 年）等，朱瑞熙有《嘤城集》（2001 年），戴建国有《宋代法制初探》（2000 年）、《宋代刑法史研究》（2008 年），汤勤福有《朱熹的史学思想》（2000 年），范荧有《上海的民间信仰研究》（2006 年），黄纯艳有《宋代茶法研究》（2002 年）、《宋代海外贸易》（2003 年）等、点校《宋代经济谱录》（2008 年），朱瑞熙、程郁有《（二十世纪）宋史研究》（2006 年），燕永成有《南宋史学研究》（2007 年）、点校《宋太宗实录》（2005年）。

浙江大学历史系是包伟民、何忠礼，古籍研究所有龚延明、祖慧、方建新，经济学院有周生春。如今，何、龚已退休，包伟民已宣布不招研究生。包伟民曾在 2000 年主办了第一届宋史研究生讲习班，开了个好头。在 2009 年浙江大学的招生目录上，中国古代史招收博士生的有：方建新，宋史、中国古代社会文化史；周生春，江南区域史；包伟民，宋辽金史、中国古代经济史。中国古典文献学专业招收博士生的有：方建新，宋代文献学研究、浙江古代地方文献整理与研究；祖慧，中国古代职官科举文献。政治经济学专业招收博士生有：周生春，制度经济学。何俊在哲学专业招收博士生，他也研究宋史，致力于宋代思想史的研究。包伟民在 2009 年实际未招博士生，他已去中国人民大学报到。包伟民有《宋代地方财政史研究》（2001 年）、《传统国家与社会（960—1279 年）》（2009 年），选编《（浙江大学）

史学文存（1936—2000）》（2001 年），主编《江南市镇及其近代命运（1840—1949）》（1998 年）。何忠礼有《中国古代史史料学》（2004 年）、《宋代政治史》（2007 年）、《南宋政治史》（2008 年），点校《朱熹年谱》等。龚延明有《宋代官制辞典》（1997 年）、《岳飞评传》（2001 年）、《中国古代职官科举研究》（2006 年）。祖慧有《沈括评传》（2004 年），方建新有《二十世纪宋史研究论著目录》（2006 年）。何俊有《南宋儒学的建构》（2004 年），主编《宋学研究集刊》（2008 年出版第 1 辑），与范立舟合著《南宋思想史》（2008 年）。此外，还有杨渭生《宋丽关系史研究》（1997 年）、《两宋文化史研究》（1998 年）、《宋代文化新观察》（2008 年），梁太济《唐宋历史文献研究丛稿》（2004 年），倪士毅《中国古代目录学史》（1998 年）。

中山大学历史学系，曹家齐招收博士生。2009 年他的第一届博士生毕业。曹家齐有《宋代交通管理制度研究》（2002 年）、《唐宋时期南方地区交通研究》（2005 年）、《宋史研究丛稿》（2006 年）等书。

华南师范大学历史文化学院，王棣招收博士生，已有博士生毕业。王棣有《宋代经济史稿》（2001 年）一书。

暨南大学中国文化史籍研究所，张其凡、范立舟招收博士生。张其凡 1999 年开始招收博士生后，已毕业博士生 13 人，如李贵录的《三槐王氏家族研究》（2004 年）、郎国华的《从蛮夷到神州：宋代广东经济发展研究》（2006 年）、金强的《宋代岭南谪官研究》（2009 年）、韦祖松的《帝国生存环境的诠释——北宋国家安全问题研究》（2008 年），均为其博士论文。范立舟自 2007 年开始招收宋史博士生。张其凡有《两宋历史文化概论》（2002 年）、《宋代史》（上、下册，2004 年）、《宋代典籍研究》（2005 年）等著作出版，还整理了《张乖崖集》（2000 年）和《崔清献公全录》（2008 年）两部古籍；范立舟则有《理学的产生及其历史命运》（2001 年）、《宋代理学与中国传统历史观念》（2003 年）、《宋代思想学术论稿》（2004 年）等著作，与何俊合著《南宋思想史》（2008 年）。杨芷华有《李昂英》（2006 年，约 24.5 万字）。2002 年，他们主办了"纪念陈乐素教授百年诞辰国际学术研讨会"，出版了由陈智超完成的陈乐素遗著《〈宋史·艺文志〉考证》一书，并出版了《宋代历史文化研究续集》，收录研讨会论文。

中国社会科学院历史研究所，有王曾瑜为导师，招收过两名博士生：游彪（2000 年毕业）、关树东（2003 年毕业）；他还有两名博士后：沈冬梅、李晓。现在历史研究所治宋史者有 4 人，沈冬梅、江小涛、关树东 3 人是副研究员，邓小南的博士梁建国为助理研究员。《中国史研究》的张彤副编审也治宋史。自关树东毕业后，历史研究所尚未招收过宋辽金史的博士生。王曾瑜有《荒淫无道宋高宗》（1999 年）、《尽忠报国：岳飞新传》（2001 年）、《岳飞和南宋前期政治与军事研究》（2002 年）等著作，陈智超有《陈智超自选集》（2003 年），沈冬梅有《茶与宋代社会生活》（2007 年）一书。

其他从事宋史研究的人员主要还有：

北京国家图书馆善本部的王菡，中国政法大学商学院的李晓，中国人民大学历史学院的诸葛忆兵、李全德、皮庆生。王菡有《宋哲宗》（1997 年）一书，诸葛忆兵有《宋朝宰辅制度研究》（2000 年）与《宋代文史考论》（2002 年）等书，李晓有《宋代工商业经济与政府干预研究》（2000 年）、《宋朝政府购买制度研究》（2007 年）等书。

上海复旦大学历史地理研究所的吴松弟，他招收历史地理学科的博士生。吴松弟撰写了《中国人口史》《中国移民史》的宋代部分，还有《南宋人口史》（2008 年）。复旦大学历史系的姜鹏、余蔚。华东师范大学古籍所的顾宏义、戴扬本、方笑一、严文儒。上海人民出版社的李伟国。顾宏义有《天裂》（2000 年）、《天平》（2007 年）等著作，戴扬本有《北宋转运使考述》（2007 年），方笑一有《北宋新学与文学：以王安石为中心》（2008 年）。

兰州市西北师范大学有陈守忠、李清凌、刘建丽、胡小鹏、何玉红等人。兰州大学承办过 2002 年第 10 届宋史年会。陈守忠有《宋史论略》（2001 年，23 万字），胡小鹏有《中国手工业经济通史·宋元卷》（2004 年，65 万字）、李清凌有《西北经济史》（1997 年）、刘建丽有《宋代西北吐蕃研究》（1998 年）。

重庆西南大学的张文，重庆师范大学的喻学忠。张文有《宋朝社会救济研究》（2001 年。）

沈阳辽宁大学唐宋史研究所的王美华、耿元骊、赵旭。

长春市吉林大学的武玉环、程妮娜、赵永春，武玉环、程妮娜均招收博士生，以研究辽金史为主。东北师范大学的穆鸿利、杨树森等人，也研究宋辽金史。穆鸿利有《河朔集（宋夏元史论）》（2005 年）与《松漠集（辽金史论)》（2005 年），赵永春有《金宋关系史研究》（1999 年）、《辽宋金元史论》（2004 年）、《金宋关系史》（2005 年）等著作。

郑州市河南省社会科学院历史所的魏天安、穆朝庆、杨世利等。

芜湖市安徽师范大学的杨国宜、萧建新、吴晓萍。杨国宜有《包拯集校补》（1989 年），萧建新有《宋代法制文明研究》（2008 年）、《〈新安集〉整理与研究》（2008 年），吴晓萍有《宋代外交制度研究》（2006 年）。合肥市安徽省社会科学院韩酉山，出版过《张孝祥年谱》（1993 年）、《秦桧传》（1999 年）、《韩南涧（元吉）年谱》（2005 年）、《秦桧研究》（2008 年）等著作。

南充市西华师范大学的蔡东洲、胡宁，他们合著过《安丙研究》（2004 年）。西华师范大学还承办过 2004 年第 11 届宋史年会。蔡东洲招收宋史的硕士生。

南昌市的俞兆鹏、许怀林、余晖等人。俞兆鹏与朱瑞熙是大学同学，论文甚多，有《谢叠山大传》（1996 年）、《求真集》（2004 年）等著作。

苏州市的方健。业余治宋史者，当以方健最有成就。有《范仲淹评传》，列入南京大学的"中国思想家评传"中，于 2001 年出版，凡 37 万字。

金华市浙江师范大学的方如金、陈国灿。他们合著过《陈亮与浙东学派研究》等书。

银川市宁夏大学的王天顺、杜建录等人，以研究西夏史为主，兼治宋史。

由此可以推知，每年毕业的宋史的博士生至少都有十几名，几年下来，数目十分可观。这使大陆宋史研究不仅后继有人，而且队伍持续扩大，成果大量涌现。由于体制所限，首先必须有博士点才能招收博士生，有些颇有成就的先生因此未能指导博士生，有些遗憾。

有些大学，如吉林大学、东北师范大学、中国人民大学、南开大学、厦门大学、福建师范大学、华东师范大学、复旦大学、华中师范大学、郑州大学等学校，虽有历史学一级学科点，但似未招收中国古代史的宋史方向的博士生。

1998 年 8 月，在银川市举行了第 8 届年会，由宁夏大学承办，与会者 128 人。此次会上，香港会员第 1 次出席了年会，会上任命时在香港中文大学任教的陈学霖先生为宋史研究会理事。同时，还有美国及中国台湾地区学者列席会议。自此以后，每 1 届年会，同时都冠以"国际学术研讨会"名义，以容纳台湾地区及国外学者。会后，由宁夏人民出版社出版论文集。

2000 年 8 月，在保定举行了第 9 届年会，由河北大学承办，与会者 67 人。会后由河北大学出版社出版论文集。

2002 年 8 月，在兰州市举行了第 10 届年会，由兰州大学承办，与会者 160 多人。漆侠先生已于 2001 年去世。此次年会上，理事会换届，新选出理事 25 人，实行双会长制，由朱瑞熙、王曾瑜任会长，副会长则有龚延明、张邦炜、杨果、李华瑞、张希清、程民生。香港的理事仍由陈学霖先生担任。会后，由兰州大学出版社出版论文集。

2004 年 8 月，在华蓥山市举行了第 11 届年会，由西华师范大学（原南充师范学院）承办，与会者 100 多人。会后，由巴蜀书社出版论文集。

2006 年 8 月，在上海举行了第 12 届年会，由上海师范大学承办，与会者 160 多人。此次年会上，为理事会的换届选举问题发生了激烈争论，最终产生了 27 人组成的理事会，邓小南出任会长，副会长有11 名：副会长兼秘书长姜锡东，副会长李华瑞、程民生、陈峰、刘复生、杨果、葛金芳、戴建国、包伟民、林文勋、张其凡。香港的理事，由在香港理工大学任教的何冠环先生担任。会后，由上海人民出版社出版论文集。

2008 年 8 月，在昆明市举行了第 13 届年会，由云南大学承办，与会者 100 多人。这次年会，首次采用事先出题，召集人员参加讨论的分组形式，收效甚好。会后，云南大学出版社出版论文集。

自 1992 年以后，固定每两年举行一次年会，有力地促进了大陆宋史学者的交流。自 1998 年以后，年会更成为海内外宋史学者的大聚会，在世界上影响越来越大。中国已成为世界宋史研究的中心，中国的宋史研究队伍，也成为世界宋史学界的核心与最重要力量。

中国宋史研究会主办的《宋史研究通讯》，自 1992 年以后，基本上每年出版两期，成为海内外宋史学界了解大陆及海外宋史研究情况的一个窗口，影响也日益扩大，迄今已经出版了 51 期。

中国宋史研究会于 2000 年在杭州，2005 年在西安，2007 年在开封，举办宋史研究生讲习班。第四期拟于 2009 年在北京首都师范大学举办。这种讲习班，可以让研究生听到名师讲座，互相交流，对研究生学习，大有裨益。

这 10 年间，发表的宋史研究论文的数量：1998 年，286 篇；1999 年，375 篇；2000 年，364 篇；2001 年，1050 篇；2002 年，830 篇；2003 年，986 篇；2004 年，1094 篇；2005 年，695 篇；2006 年，552 篇；2007 年，424 篇。共计约 6660 篇。

（二）港台地区的宋史研究

1. 台湾地区

（1）概述

1949 年时，台湾只有台湾大学一所大学，因而也仅有台湾大学历史系。当时，台湾大学校长傅斯年先生长于史学，重视历史教学，为台湾大学聘请了一批从大陆来台的名教授，如姚从吾、刘崇铉、沈刚伯、张贵永、李宗侗、夏德仪、劳干、方豪等人，台湾大学历史系遂负盛名，蒸蒸日上。50 年代，台湾大学历史系由名师开设断代史，相当齐备，当时学生人数少，又必须做毕业论文，所以学生向师长请益的时间较长，受益也多，培养出不少人才。

姚从吾（1894—1970），原名士鳌，字占卿，河南襄城人。1917年入北京大学文科史学门，毕业后复入北京大学研究所国学门进修。自 1923 年至 1934 年在德国留学 11 年，专治匈奴史、蒙古史及中西交通史。他于 1934 年回国后，在北京大学任教，讲授宋辽金元史，兼指导学生撰写有关元史的硕士论文，他此时的弟子有邓广铭、杨志玖等人。抗战期间姚从吾任教西南联合大学，继续讲授宋辽金元史。到台湾后，以治辽金元史为主，任台湾大学教授前后达 21 年。姚从吾先生逝世后，台湾大学史学系师生为他编了《姚从吾全集》，由台北市正中书局于 1971 年至 1982 年间，分 7 册出版。

方豪（1911—1980），字杰人，浙江杭州人。1941 年后，先后在浙江大学、复旦大学、辅仁大学等校任教授，以治中西交通史见长，他研究历史，得陈垣先生提携甚多，由其引导走上研究中国历史之路。他受张荫麟、邓广铭之影响，亦治宋史，到台湾后，先后任教政治大学、台湾大学，以治宋史为主，亦治中西交通史。他著有《宋史》（1979 年），其论文汇编为《方豪六十自定稿》。方豪每学年均开设宋史课，讲授辽金元史，而且均指导学生论文。

这一时期，方豪、姚从吾培养出的学生有林瑞翰、陶晋生、王德毅、萧启庆等人。台湾大学历史系在 1955—1966 年间只设硕士班，1967 年起，增设博士班。到 1992 年，在台湾大学历史系获博士学位的研究宋史的共有 8 位：1971 年，赵雅书，博士学位论文为《蚕桑业与丝织业在宋代的经济地位》；1974 年，张元，博士学位论文为《宋代理学家的历史观——以〈资治通鉴纲目〉为例》；1976 年，梁庚尧，博士学位论文为《南宋的农村经济》；1977 年，黄敏枝，博士学位论文为《宋代寺院经济的研究》；1979 年，黄宽重，博士学位论文为《南宋抗金义军之研究》；1980 年，李东华，博士学位论文为《泉州与我国中古的海上交通（九至十五世纪）》；1986 年，刘静贞，博士学位论文为《北宋前期皇权发展之研究——皇帝政治角色分析》；1988 年，曹在松，博士学位论文为《叶適"经世"思想研究》。八人中，赵雅书、张元、黄敏枝三人由方豪指导，刘静贞和韩国的曹在松二人由王德毅指导，梁庚尧由林瑞翰指导，黄宽重则由陶晋生、王德毅指导。

1962 年，张其昀在台北市阳明山的华冈创建了私立中国文化大学（初名中国文化学院），1949 年随张其昀去台的宋晞主持文学院。张其昀曾任浙江大学史地系主任，在 40 年代即发表了不少有关宋代

杭州的研究论文；宋晞乃陈乐素的弟子，素治宋史；后来，陈乐素的
另一位弟子程光裕也到中国文化大学任教。蒋复璁、杨家骆等知名学
者也在中国文化大学任教。因此，中国文化大学重视历史教学，以宋
史为重点，成为台湾大学之后的另一个重要的宋史教学研究基地。其
地位在台湾仅次于台湾大学。

　　中国文化大学在蒋复璁、杨家骆、宋晞、程光裕指导下获得博士
学位的研究宋史的有 15 位：石文济、卓用国、李美月、赵振绩、朱
重圣、黄繁光、蒋义斌、陈信雄、姜吉仲、俞垣濬、崔景玉、江天
健、刘振志、韩桂华、陈保银。石文济的博士学位论文为《南宋中兴
四镇》，赵振绩的博士学位论文为《契丹族系考》，卓用国（韩国）
的博士学位论文为《韩国高丽朝的教育演变及其受中国儒学的影
响》，李美月的博士学位论文为《通鉴考异引书考》，陈信雄的博士
学位论文为《澎湖宋元陶瓷初探》，姜吉仲（韩国）的博士学位论文
为《高丽与宋、辽、金间关系之研究（以探讨外交与贸易关系为
主)》，俞垣濬（韩国）的博士学位论文为《南宋经界法之研究》，朱
重圣的博士学位论文为《北宋茶之生产、管理与运输》，黄繁光的博
士学位论文为《宋代民户的职役负担》，蒋义斌的博士学位论文为
《宋代儒释调和论及排佛论之演进——王安石之融通儒释及程朱学派
之排佛反王》，刘振志的博士学位论文为《宋代国力研究——功利学
派国家战略思想与宋廷国策之探讨》，崔景玉（韩国）的博士学位论
文为《唐宋史书的礼治思想——以〈通典〉与〈资治通鉴〉为中
心》，陈保银的博士学位论文为《宋代商业信用凭证研究》，江天健
的博士学位论文为《北宋市马之研究》，韩桂华的博士学位论文为
《北宋漕运之研究》。王明荪亦受教于宋晞，以《元代的士人与政治》
在中国文化大学获博士学位。1988 年与 1995 年，中国文化大学在台
北两次举办"国际宋史研讨会"，影响甚大。

　　台湾政治大学有治宋史的林天蔚教授，也有他指导的宋史研究的
博士毕业：谭溯澄以《宋代之军队》、曹兴仁以《宋代文官制度之研
究》、迟景德以《北宋宰相制度之研究》、权重达以《资治通鉴对中
韩学术之影响》、熊琬以《朱子理论学与佛学之探讨》获博士学位。
在台湾师范大学中国文学研究所获博士学位的有：刘兆祐（《宋史艺

文志史部佚籍考》）、龚鹏程（《江西诗社宗派研究》）、梁承武（《朱子哲学思想之发展及其成就》）。在东吴大学获博士学位的有周全（《宋遗民志节与文学研究》）、黄文吉（《宋南渡词人研究》）。政治大学与台湾师范大学等校历史系设博士班，是近年的事，90 年代以前则无。

20 世纪末，台湾有 10 所大学设有历史学系，11 所大学设有历史研究所，每年均有宋辽金元史的硕士学位论文完成，取得学位。在各大学开设宋史课程的，除台湾大学与中国文化大学、政治大学外，主要有台南成功大学的金中枢、台中中兴大学的王明荪、台北淡江大学的叶鸿洒与黄繁光、东吴大学的刘静贞、台湾师范大学的葛绍欧与廖隆盛、辅仁大学的王德毅（兼）、新竹清华大学的张元等。

台北的宋史学界在美国斯坦福大学教授刘子健的奔走联络下，由刘子健、姚从吾、蒋复璁、赵铁寒、方豪发起，于 1963 年成立了第一个由民间组成的纯学术团体——宋史座谈会，凡对宋、辽、金、西夏、元史研究有兴趣者均可参加。宋史座谈会成立初期，由执行秘书赵铁寒负责，除定期举行座谈会外，并与台湾教育主管部门合作出版《宋史研究集》。宋史座谈会的成立，标示着台湾的宋史研究迈入了新的阶段。至 2001 年底，已举行过 145 次座谈会。

1993 年 4 月，由台湾大学历史系发起，在台北市召开了"宋史教学研讨会"，邀请了台湾各大学与"中研院"担任宋史教学研究的学者专家共聚一堂，交换宋史教学的心得，对促进与提高宋史教学大有帮助。会后出版了《宋史教学研讨会论文集》。

1995 年秋季以后，为推动跨校际团体研究之风气，台湾大学、清华大学、台湾师范大学、淡江大学、中国文化大学、东吴大学等校教师与研究生 20 多人，发起了"宋史官箴研读"计划，先后读完了宋元重要官箴 7 部，以及《袁氏世范》《名公书判清明集》等典籍。2000 年秋起，史料研读范围扩大至现存宋人墓志铭拓片。这是台湾宋史学界继"宋史座谈会"后，再一次宋史研究的大举动，是团结与引导年青学子传承踏实严谨学风的范例。可以预期，这项计划必将大大推动中国台湾地区宋史研究的深入与繁荣，能够引导台湾宋史学界走向另一个学术高峰。

2000 年，台湾实现了政党更替，民进党陈水扁上台后，竭力推行"去中国化"政策，使台湾地区的中国史研究受到重挫，宋史研究的发展，已不及 20 世纪 90 年代。《宋史研究集》，在 2005 年宋晞退休后，由王德毅先生接掌，出至第 37 集以后，因无资助已停止出版。"宋史座谈会"也大致停止了。2008 年，台湾再次政党更替，国民党重新执政，情况或会好转。

近八年间，宋史研究人员的动向：中国文化大学方面，蒋义斌教授于 2000 年 8 月由专任改为兼任（迄 2008 年 7 月止），至台北大学历史系专任，并曾担任该系主任数年。李纪祥教授于 2002 年 8 月改为兼任（迄今），至佛光大学历史系专任，现兼该校文学院院长之职。2006 年 8 月，王明荪教授自中兴大学退休，开始在中国文化大学历史系所专任。2007 年 3 月，宋晞教授过世。其他高校及研究机构方面的人员情况是，"中研院"史语所黄宽重先生，于 2007 年 9 月至 2008 年 5 月借调担任"国家"图书馆馆长；2008 年 8 月起借调至中兴大学任副校长并兼该校人文研究中心主任。史语所陈雯怡于 2007 年夏天获美国哈佛大学博士学位，已返回该所专任助理研究员。

台湾"清华大学"历史所：萧启庆教授（"中研院"院士）退休，任梅贻琦名誉讲座教授，并指导研究生论文；黄敏枝教授于 2005 年 8 月至 2007 年 8 月担任所长，并于 2008 年 7 月退休。

政治大学历史系所：刘祥光副教授于 1996 年获美国哥伦比亚大学博士学位，1997 年 8 月起专任迄今。

台湾师范大学历史系所：葛绍欧教授过世；廖隆盛教授于 2007 年退休；陈昭扬于 2008 年 8 月获聘为专任助理教授。

成功大学历史系所：金中枢教授、陈宝银副教授（2007 年 7 月）先后退休；刘静贞教授于 2007 年 8 月至该系所专任。

中兴大学历史系所：黄纯怡获博士学位后，专任讲师迄今；2006 年 7 月王明荪教授退休。

中正大学历史系所：杨宇勋于 2007 年升为副教授，同年 8 月担任该系所主任迄今。

东吴大学历史系所："中研院"院士陶晋生教授原任教于美国亚利桑那大学，退休后获聘为该系讲座教授迄今；刘静贞教授于 2007

年 7 月离职。

淡江大学历史系所：叶鸿洒教授退休；黄繁光教授于 2006 年 8 月至 2008 年 8 月担任系主任；林煌达原本任教于长庚技术学院通识中心，2007 年升为副教授，并于同年 8 月改至该系所专任。

另外，廖咸惠于 2001 年 8 月，获美国加州大学洛杉矶分校历史学博士，2002 年 8 月起任台湾暨南大学（南投）历史系所专任助理教授迄今。翁育瑄于 2002 年 9 月获得日本御茶水女子大学博士学位，现任东海大学历史系所专任助理教授。沈宗宪副教授，任教于台湾师范大学国际与侨教学院人文社会学科。沈佩津副教授，现任教于崇仁医护管理专科学校。

1998—2008 年台湾地区各大学历史所宋史研究已通过博士论文（研究生、题目、学年度、指导教授）如下：

①中国文化大学史学研究所（10 人）

李淑媛《唐宋家庭财产继承之研究》，1999 年，王吉林指导

张围东《宋代"崇文总目"之研究》，2001 年，宋晞指导

李恩敬《高丽与北宋越窑青瓷之交流之研究》，2002 年 12 月，刘良佑指导

陈俊良《朱熹论语集注的思想史分析》，2004 年 12 月，蒋义斌指导

翁建道《北宋出征行营之研究》，2005 年，王明荪指导

万霭云《宋代的消防体系与文化》，2006 年，宋晞指导

邱佳慧《诸儒鸣道与道学之再检讨》，2006 年，蒋义斌指导

钟佳伶《宋代弓手研究》，2007 年，宋晞指导

赵太顺《苏轼及其书学》，2007 年，宋晞指导

郑丞良《南宋明州先贤祠研究》，2008 年 12 月，蒋义斌指导

②台湾大学历史研究所（3 人）

刘馨珺《南宋县衙的狱讼》，2001 年 12 月，王德毅指导

张文昌《唐宋礼书研究——从公礼到家礼》，2006 年 7 月，高明士指导

吴雅婷《移动的风貌：宋代旅行活动的社会文化内涵》，2007 年 7 月，梁庚尧指导

③台湾师范大学历史研究所（7 人）

陈君恺《宋代医政之研究》，1998 年 10 月，杜正胜指导

沈宗宪《国家祀典与左道妖异——宋代信仰与政治关系之研究》，2000 年，王德毅指导

杨宇勋《取民与养民：南宋人民和政府收支的互动关系》，2001 年，廖隆盛指导

徐秀芳《宋代士族妇女的婚姻生活——以人际关系为中心》，2001 年，王德毅指导

王启屏《宋代的食羊文化》，2003 年，王德毅指导

雷家圣《宋代监当官体系之研究》，2004 年，王明荪、廖隆盛指导

何淑宜《士人与儒礼：元明时期祖先祭礼之研究》，2008 年，林丽月指导

④其他各校历史研究所（8 人）

林煌达《南宋吏制研究》，中正大学，2001 年，毛汉光、王明荪指导

黄纯怡《宋代刑罚修正之研究》，中兴大学，2003 年，王明荪指导

汤佩津《北宋的南边政策——以交趾为中心》，中正大学，2004 年，毛汉光、王明荪指导

宁慧如《南宋儒者的入仕与教学——特别关注道学家的双重实践》，中正大学，2005 年，王德毅指导

陈昭扬《征服王朝下是士人——金代汉族士人的政治、社会、文化论析》，清华大学，2007 年，萧启庆指导

简雪玲《南宋浙东诸子之历史思想》，中兴大学，2007 年，王明荪指导

萧百芳《南宋道教的"洞天福地"研究》，成功大学，2007 年，丁煌指导

曾金兰《宋代丹道南宗发展史研究——以张伯端与白玉蟾为中心》，成功大学，2007 年，丁煌指导

此外，目前尚在修课（博士班一二年级生）及撰写论文（博三

以上）阶段的博士生，中国文化大学有：蔡松林撰写论文《宋代的游民问题研究》，王明撰写论文《南宋宰相群体之研究》，均由王明荪教授指导。刚入学的有林鸿伟。有关台湾大学以外的其他学校在学作宋史的博士生，大致有郑铭德（清华大学博七）、张志玮（政治大学博二）、张志强（中正大学博一）等。

台湾地区的宋史研究，始自1949年，可分为四个时期：1949年至1965年为艰难开创期，1966年至1979年为成长繁荣期，1980—2000年为平稳发展期，2000—2008年为政治压抑下的艰难发展期。下面，分别叙述四个时期的概况。

（2）艰难开创期（1949—1965）

1949年，不少史学精英迁到台湾，在他们的耕耘下，台湾的中国史研究有很大发展。除了研究人员之外，原"中研院"历史语言研究所、"中央"图书馆、故宫博物院等机构的部分文物也搬运来台，为中国史研究带来契机。不过，这一时期，台湾史学界处境的艰难尤甚于大陆。50—60年代是台湾政治、经济最困难的时期，当局为巩固政权，采取高压统治，使学术研究蒙上一层阴影。经济既窘困，重要的文物史料又未公开，更不能畅所欲言，整个学术环境是相当沉闷的。学术著作中除罗香林的《蒲寿庚传》（1956年）与徐复观的《象山学术》（1955年）外，多属论文。如方豪对宋代中西交通、水利、战争的研究；宋晞讨论宋代士大夫对商人的态度，商人与商业活动；赵铁寒对宋代太学、州学及国策的探讨；刘子健检讨宋代行政、士风与学校教育；林瑞翰研究南宋初期政局、保甲、马与盐榷；程光裕对濮议、茶的讨论；王德毅对科举、南宋史家李心传、李焘及宋四朝国史的探讨；金中枢、侯绍文对科举制度，周道济、阎沁恒、雷飞龙、罗球庆对宋代中央官制、兵制，牟润孙、屈万里、何佑森对宋代学术、学风，钱公博对宋代盐业等讨论均可为代表。此后，欧美掀起研究中国的热潮，法国的"宋史计划"又告展开，亟须宋代史料，促使台湾出版界大量翻印研究宋代的典籍，《续资治通鉴长编》（1961年），《太平寰宇记》等4种地理书（1962年）、《三朝北盟会编》（1964年）、《圣宋名贤五百家播芳大全文粹》（1964年）、《玉海》（1964年）、《皇朝编年纲目备要》（1966年）等重要书籍，相继影印出版，大大便利了宋史研究者。

此外还出版了不少具有分量的宋史专著，除方豪的《宋史》、宋晞《宋史研究论丛》（1962 年）外，以孙克宽《宋元道教之发展》（1962 年）、钱穆《宋明理学概述》（1963 年）、刘子健《欧阳修的治学与从政》（1963 年）、陶晋生《金海陵帝的伐宋与采石战役的考实》（1963 年）、王德毅《李焘父子年谱》（1963 年）、范寿康《朱熹及其哲学》（1964 年）、王建秋《宋代的太学与太学生》（1965 年）等为代表。方豪《宋史》，1954 年初版，1979 年由华冈出版社出版了新一版。这是 20 世纪以来，以现代著作形式写作的第一部断代宋史专著，其内容广泛，涵盖了政治、军事、社会、经济、制度、文史、地理等方面，还附有宋史研究的参考资料。

这一阶段，虽则有政治高压，但大批的大陆学者迁到台湾，使台湾的宋史研究乃至历史学研究，从无到有，逐渐发展，奠定了六七十年代发展的基础。

（3）成长繁荣期（1966—1979）

这十四年是台湾宋史研究成长繁荣的时候。以"中研院"、台湾大学、中国文化学院为核心，在培养人才、整理古籍及学术交流等方面均有长足进步，尤以政治、教育学术及财经方面的成果较为丰富。宋史座谈会，1973 年，由宋晞接任主持人，王德毅襄助，进一步发展。至 1998 年，已举办宋史座谈会 132 次，与教育主管部门所属"编译所"合作出版的《宋史研究集》已出版至第 29 辑，在海内外产生了较大影响，推动了台湾地区宋史研究的发展。台湾大学、中国文化大学的史学研究所、政治大学政治研究所等，相继成立硕士班、博士班，培养了不少新进的研究人员。对外资讯畅通，《思与言》及《食货月刊》等学刊介绍欧美社会科学方法与理论，加上古籍影印流传，可资利用的史料增多，使得宋史研究论著的质与量都明显上升。这一时期，有黎杰《宋史》（1968 年）、刘伯骥《宋代政教史》（1971 年）、陶晋生《中国近古史》（1979 年）、王明荪《宋辽金元史》（1979 年）等专著出版。

此外，这一时期主要的论著有：

①社会经济方面：方豪对宋代佛教在栽茶、旅游、史学、书法、

绘画、印刷、造纸、造桥、社会文化、译经、遗骸之收瘗等方面的贡献，先后写了12篇论文；宋晞探讨赋税及宋商在宋丽贸易中的贡献；廖隆盛讨论宋夏关系中的青白盐；梁庚尧探讨南宋荒田开垦、农村土地分配与租佃、农产市场与价格，著有《南宋土地利用政策》（1977年）；王德毅研究南宋义役、杂税、身丁钱、李椿年与南宋土地经界、养老与慈幼，著有《宋代灾荒的救济政策》（1968年）；金中枢探讨宋代社会福利制度；赵雅书有《宋代的田赋制与田赋收入状况》（1969年），及对蚕丝业地理分布、和买绢、耕织图、折帛钱等的研究；黄敏枝研究宋代寺院与庄园、工商业经营、社会等。此外还有庞德新《宋代两京市民生活》（1974年）、陈彦义《北宋统治阶层社会流动之研究》（1966年）、黄宽重《略论南宋时代的归正人》等。

②政治制度：刘子健对南宋立国提出背海立国与包容政治的解释，并论及君主与言官、武官地位等；梁天锡研究宰辅互兼制度、南宋御营司、督府、北宋台谏制度，专书有《宋代祠禄制度》（1978年）；陶晋生探讨宋金关系及余靖与宋辽夏外交、南宋山水寨的防守策略等；王民信讨论澶渊之盟；金中枢研究三省长官置废及举官制度；林瑞翰讨论宋太祖御将、太宗治术、兵制、边防及监牧；金中枢、王德毅、李弘祺检讨宋代科举；迟景德研究北宋宰相名称、官阶与三司及宰枢分立制度演变；徐道邻研究宋律、法律教育、法律考试及各级审判制度；彭瀛添研究两宋邮驿制度；宋晞探讨朱熹的政论、宋代的商人政策；齐觉生探究北宋县令制度与外交；程光裕有《宋太宗对辽战争考》（1972年）；汪伯琴剖析宋初二帝传立问题；陈璋论南宋初四川都转运使；石文济研究市舶司的职权；陈芳明检讨宋初弭兵论；廖隆盛讨论北宋对吐蕃政策；林天蔚分析蔡京与讲议司；罗文讨论宋代人事行政制度及对路的规划；黄宽重有《晚宋朝臣对国是的争议——理宗时代的和战、边防与流民》（1978年）；蒋复璁将研究北宋政治、国策的论文集成《宋史新探》（1966年）。

③人物与学术：姚从吾的《余玠评传》对余玠与晚宋内外政治问题有深入的讨论，赵效宣有《李纲年谱长编》（1968年），李安有《岳飞史迹考》（1970年），王德毅有《徐梦莘年表》《范石湖先生年谱》《吕夷简与范仲淹》《司马光和资治通鉴》《刘恕及其史学》《刘

敀及其史学贡献》《靖康要录及其作者考》《北宋九朝实录修纂考》《朱熹五朝及三朝名臣言行录的史料价值》等论文，陈芳明有《宋辽金史的纂修与正统之争》《宋代正统论的形成背景及其内容》，钱穆著《朱子新学案》（1971 年）及讨论黄震、王应麟，陈仲玉讨论宋代金石学，胡昌智研究吕祖谦的史学，汪伯琴论《宋史全文》在宋代史籍中的价值，姚从吾探讨《铁函心史》中南北人的问题。此外还有程元敏《王柏之诗经学》（1968 年），蔡仁厚《宋明理学》（2 册，1977 年），戴景贤《北宋周张二程思想之分析》（1979 年），乐蘅军《宋代话本研究》（1969 年），蔡秋来《两宋书院之研究》（1968 年），麦仲贤《宋元理学家著述生卒年表》（1968 年）、《宋代绘画艺术成就之探研》（1977 年），牟宗三《心体与性体》（1969 年），朱传誉《宋代新闻史》（1967 年），吴康《邵子易学》（1969 年），刘兆祐《晁公武及其郡斋读书志》（1969 年）、《宋史艺文志史部佚籍考》（1973 年），黄宽重撰孟珙与程珌年谱等。

④工具书的编辑与典籍出版：工具书的编辑方面，以宋晞、王德毅贡献最大。宋晞注意搜集有关宋代的中文研究成果，编有《宋史研究论文与书籍目录》（1966 年），王德毅则有《宋人传记资料索引》（1976 年）（与昌彼得等合编）、《宋会要人名索引》（1978 年）及《宋文集中碑铭传记资料不著名讳人物汇考》（1975 年）、《宋会要辑稿校勘记》（1978 年）等力作。此外有"中央图书馆"编《现存宋人著述目录》（1971 年），中国文化大学史学系教授王恢编《太平寰宇记索引》（1975 年）。这一时期翻印出版的宋代典籍，则包括商务印书馆影印四库全书珍本，《宋大诏令集》（1972 年）、《山堂群书考索》（1969 年）、《海录碎事》（1969 年）、《事类赋》（1969 年）、《记纂渊海》（1972 年）等，对宋史研究贡献最大者厥为赵铁寒主编的《宋史资料萃编》2 辑（1967、1969 年）及大化书局影印的 37 种宋元地方志（1978 年）。王民信又主编了《宋史资料萃编》第 3、4 辑。

这一阶段，中国台湾地区的宋史研究与日本的宋史研究交相辉映，成为全世界宋史研究的两大中心。欧、美、日、韩等国的研究宋史者，大多到台湾留过学。

（4）平稳发展期（1980—2000）

1980—2000 年，海峡两岸在经济、政治、学术方面都有很大进步，宋史研究也呈现新气象，并且经由交流，增进了双方的相互了解，为学术合作与良性竞争，奠定了良好基础。

台湾研究宋史的人数，始终只有 20 余人，数量上难与中国大陆的宋史研究者相比，但由于资料较公开，阅读方便，训练较严谨，对外交流频仍，受到美国、日本学者治学方法的影响，因此论著的品质提高，进入平稳发展期。

这一时期，林瑞翰著《宋代政治史》（1989 年），台湾大学历史系编辑出版了《转变与定型：宋代社会文化学术研讨会论文集》（2000 年，16 开，662 页），中国文化大学则出版了《宋旭轩教授八十荣寿论文集》（2000 年，16 开，1148 页）。此外，下列几方面的成绩较为显著。

①社会经济：梁庚尧对城乡经济、盐等的研究相当深入，著有《南宋的农地利用政策》（1977 年）、《南宋的农村经济》（1984 年）外，论文有《市易法述》《南宋的市镇》《宋元时代的苏州》《南宋社会》《南宋淮浙盐的运销》《南宋城市的发展》等，1997 年汇编为《宋代社会经济史论集》上、下两大册，共 1380 页，分为四个专题："西北边粮与宋夏战争""财政对政策与朝议的影响""地区发展与城镇社会""官户、士人的家境与活动"，收入 20 篇论文。在宗教及其社会活动方面：黄敏枝有《宋代佛教社会经济史论集》（1989 年）及《宋代功德坟寺》等，黄启江著《北宋佛教史稿》（1996 年），蒋义斌著《宋代儒释调和论及排佛论之演讲》与《宋儒与佛教》（1997 年）、《全真教祖王重阳思想初探》，陈元朋著《两宋的"尚医士人"与"儒医"》（1997 年），刘静贞著有《不举子：宋人的生育问题》（1998 年）、《从果报观念看宋人家庭伦理关系》《宋人的冥报观——洪迈〈夷坚志〉试探》《略论朱儒的宗教观念——以范仲淹的宗教观为例》，杨美莉有《宋人的罗汉信仰》。侯家驹研究宋代财政，有《北宋交子界制考》《北宋岁出入统计之谜》等；朱重圣研究北宋茶业，著有《北宋茶之生产与经营》（1985 年）；李东华研究宋代中外交通，著有《泉州与我国中古时代的海上交通》（1986 年）；黄宽重

探讨南宋地方武力、叛乱与家族，著有《南宋时代抗金的义军》（1988 年）、《南宋茶商武力的发展：内乱与御侮》《南宋茶商赖文政之乱》《宋代变乱研究的检讨》《南宋飞虎军：从地方军到调驻军的演变》《南宋对地方武力的控制与利用：以镇抚使为例》《南宋四明袁氏家族研究》；陶晋生有《北宋几个家族间的婚姻关系》及《北宋韩氏家族》等文，他还有《北宋士族：家族、婚姻、生活》（2001 年）一书；王世宗著《南宋高宗朝变乱的研究》（1989 年）；柳立言著《宋代同居制度下的所谓"共财"》（1994 年）与《北宋吴越钱家婚宦论述》（1994 年）；叶鸿洒研究宋代科技，有《北宋科技发展重要特色之分析》与《试探北宋火药武器的研制与应用》《靖康之难对南宋以后中国传统天文学发展的影响》《试探北宋医学教育之发展》等文。

②政治军事：林瑞翰著有《宋代政治史》（1989 年）。在政治演变方面，朱重圣有《赵普对宋初国事之影响》；刘静贞著有《北宋前期皇帝和他们的权力》（1996 年），译有日本寺地遵所著《南宋初期政治史研究》（与李今芸合作，1995 年），还有论文《权威的象征：宋真宗大中祥符时代探析》《从皇后干政到太后摄政——北宋真仁之际女主政治权力试探》《范仲淹的政治理念与实践》；廖隆盛《从澶渊之盟对北宋后期军政的影响看靖康之难发生的原因》，林天蔚《从南宋机速房的建立——论宋代君权与相权的升降》，葛绍欧《南宋开封府尹宗泽》，徐秉愉《由苗刘之变看南宋初期的君权》，黄宽重《马扩与两宋之际政局变动》《郦琼兵变与南宋初期的政局》《从害韩至杀岳：南宋收兵权的变奏》《孟珙与四川》，柳立言《南宋政治初探：高宗阴影下的孝宗》《"杯酒释兵权"新说质疑》《浅谈宋代妇女的守节与再嫁》《宋初一个武将家族的兴起——真定曹氏》《从官箴看宋代的地方官》《宋辽"澶渊之盟"新探》《从赵鼎〈家训笔录〉看南宋浙东的一个士大夫家族》，蒋义斌《史浩与南宋孝宗朝政局——兼论孝宗之不久相》，陈家秀《吴氏武将对四川之统治及南宋的对策》，陈君恺《北宋地方世袭政权府州折氏与中央政府关系初探》。在政治制度方面，有谢兴国《宋代府州通判之建置》，金中枢《宋代公教人员退休制度研究》《宋代的敦遣制度》，梁天锡《宋代枢

密院制度》（1980 年）、《南宋宰辅带衔编修制度》，郑寿彭《宋代开封府研究》（1980 年），赵效宣《宋代驿站制度》（1983 年）。军事方面有黄宽重《南宋时代邕州的横山寨》《宋代城郭的防御设施及材料》，李天鸣《宋元战史》（1988 年），江天健《北宋对于西夏边防研究论集》（1993 年）、《北宋市马之研究》（1995 年）、《北宋英宗濮议之剖析》（1998 年）。

③教育与学术：李弘祺著《宋代教育散论》（1980 年）、《宋代官学教育与科举》（1994 年），还有论文《传统中国的历史教育：以宋代为中心》（1986 年）；叶鸿洒著《宋代书院制度之成长及其影响》；朱重圣著《宋代太学之取士及其组织》；周愚文著《宋代儿童的生活与教育》（1996 年）；梁庚尧有论文《南宋教学行业兴盛的背景》（1997 年）；葛绍欧有关于国子祭酒和宋代四川地区、湖州、徽州的文化教育论文；刘祥光有关于徽州地区官学与文人的论文；苏云峰有《宋代的南海教育》一文；郑志敏有《略论宋代的医学教育》一文；科举方面有林瑞翰《宋代制科考》《宋太祖至仁宗朝乡贡考》，金中枢《北宋科举制度研究再续》等，李震洲《宋代考选制度》（1984 年），宁慧如《北宋进士科考试内容之演变》（1996 年）。学术思想方面，有潘美月《宋代藏书家考》（1980 年），裴普贤《欧阳修诗本义研究》（1981 年），何泽恒《欧阳修的经史学》（1980 年），程元敏《王柏之生平与学术》（1983 年），龚鹏程《江西诗社宗派研究》（1983 年），钱穆《宋代理学三书随札》（1983 年），唐君毅《中国哲学原论：原教篇》（1984 年），罗光《中国哲学思想史——宋代篇》（1984 年），刘述先《朱子哲学思想的发展与完成》（1988 年），陈荣捷《朱子门人》（1982 年）、《朱学论集》（1982 年）与《朱子新探索》（1988 年），吴万居《宋代书院与宋代学术之关系》（1991 年），潘美月《宋代藏书家考》（1980 年），乔衍琯《宋代书目考》（1987 年）。

④史学：王德毅对这一专题用力最勤，除前述对李心传、司马光等史家及史学著作研究外，本时期则探讨袁枢与《通鉴纪事本末》，宋代的圣训、宝训、日历、玉牒，《宋元史质》，时政记及《宣和奉使高丽图经》的史料价值等。林瑞翰研究《五代史记》；张元对《资治通

鉴》《读史管见》《文献通考》均有讨论，还有《苏轼的史论》；宋晞有《南宋浙东史学》；林天蔚有《北宋党争对实录纂修的影响》等；陈芳明有《宋代国家处境与史学发展》（1996 年）、《宋代史学的特质及其影响》（1999 年）、《宋代史家的唐史学》（1999 年）等论文；赵叔键、林煌达也有关于《新五代史》的论文；黄盛雄有《通鉴史论研究》（1979 年）；曾祥铎有《资治通鉴史论研究》（1991 年）。

⑤对外关系：陶晋生《宋辽关系史研究》（1984 年）及有关宋金关系的论文为代表性成果，廖隆盛有《北宋对西夏的和市驭边政策》，江天健有《北宋时期与西方诸国陆路贸易》，郑梁生有《宋元时代东传日本的医学与医书》，宋晞有《明州在宋丽贸易史上的地位》《论北宋与高丽的文化与贸易关系》，李东华有《两宋福建与高丽关系浅探》，蔡茂松有《高丽大觉国师义天对中韩佛学的贡献》，黄宽重有《南宋与高丽的关系》《高丽与金、宋的关系》《高丽与金、宋关系年表》《宋代中韩文物交流初探》《宋、高丽贸易与文物交流》。

⑥版本、校勘、补遗：台湾学界虽然没有进行具体的典籍点校工作，但对版本、校勘等问题十分重视。早年郑骞在《朱熹八朝名臣言行录的原本与删节本》一文中，以四部丛刊本所收朱熹《八朝名臣言行录》，与文海出版社影印李衡、李幼武删节的《宋名臣言行录》对照，列举若干实例，说明删节本的缺失。乔衍琯在《崇文总目辑本勘异》文中，利用钱侗辑释本与四库本校勘，发现四库本优于流行的钱氏辑释本。梁庚尧《刘爚〈云庄集〉的版本及其真伪》，将《云庄集》中所收刘爚的文章与真德秀异同者，加以考订。陈学霖在《范成大〈揽辔录〉传本探索》中，比较《揽辔录》若干不同节本。程光裕《宣和奉使高丽图经考略》一文，则以宋椠孤本为准，与知不足斋丛书本、康雍间抄本、朝鲜抄本及韩国亚细亚文化社排印本互校。黄宽重也在《四库全书本得失的检讨：以程珌的〈洺水集〉为例》文中，比较不同版本的《洺水集》，评价四库本的优劣，并对四库本失收的文集予以辑补；在《胡淡庵集的传本与补遗》文中，则讨论胡铨《淡庵集》版本流传情形，并补现行二种刊本中失收的文章 88 篇。张元对《资治通鉴》《文献通考》等史籍，有精细的研究，

有《马端临对胡寅史论的看法》等文。

除上述论著外，其他宋史方面的著作，尚有宋晞《宋史研究论丛》第2、3、4辑（1980年、1988年、1992年），林天蔚《宋代史事质疑》（1987年），李一冰《苏东坡新传》（1983年），黄宽重《南宋史研究集》（1985年）、《南宋军政与文献探索》（1989年）、《宋史丛论》（1993年），彭利芸《宋代婚俗研究》（1988年），姜穆《王安石大传》（1995年）等。而宋晞长期搜集以中文发表的宋史著作，编为《宋史研究论文与书籍目录》，最便利于研究检索之用；第一编于1966年10月出版，所收论著为1905年至1965年；1976年10月出版再版本，增加1966年至1975年间之续编与三编；1982年年底，出版增订本，在再版本基础上又增加了1976年至1981年间条目；最近又大量增补1982年至1996年间资料，正分期发表，拟于1999年出版。1985年9月，台湾商务印书馆出版蒋复璁《珍帚斋文集》5册，内卷3为《宋史新探》。1996年，程光裕汇集其论著为《常溪集》，凡5大册2888页，其中有关宋史的论文有数十篇。

（5）政治压抑下的艰难发展期（2000—2008）

2000年台湾地区政党更替后，民进党执政，陈水扁任台湾地区领导人，大力推进"台独"，实行"去中国化政策"，台湾地区的中国史研究受到打击，只能在艰难中前行。好在情况比"艰难开创期"要好一些，海峡两岸的学术交流仍然频密，宋史研究仍然在发展。因为大陆的具体学术成果的分类介绍截止于2000年，故台湾方面这八年间学术成果，就不再具体介绍了，以示一致。

2. 香港地区

香港是一个自由港，经济发达，商业活动占据主要地位。由于香港的大学教师待遇优厚，故能够吸引欧美学者前往任教，有利于教学科研保持高水平。香港史学人才的培养，主要在香港大学与香港中文大学。

香港大学中文系，始建于1927年，是香港地区中国历史文化教学与研究的最早基地。近20年来，赵令扬先生主持中文系，培养了不少中国历史方面的人才，各个断代均有博士教其学，研其事。近年来，宋史是许振兴博士主持。在香港大学攻读博士学位且治宋史者还有不少，如黄富荣博士即是。

香港中文大学历史系，自 70 年代开始培养硕士，毕业硕士中，治宋史的主要有何冠环、赵雨乐、杨炎廷、伍伯常、曾瑞龙、白智刚、王章伟、张志义等，指导教师是罗球庆先生。罗球庆早年受教于钱穆、牟润孙等人，后赴美国哈佛大学，师从杨联陞教授（1914—1990）治宋史，1966 年起执教于香港中文大学，至 1994 年退休，长达 28 年之久。他主要从事宋代军事史和制度史的研究，发表了《北宋兵制研究》等文。他培养的硕士，不少赴国外攻读博士，如何冠环、曾瑞龙、伍伯常在美国亚利桑那大学获博士学位，赵雨乐在日本京都大学获博士学位。罗球庆的弟子，构成了香港宋史研究队伍的骨干与支架。1994 年他退休时，他的弟子们专门编辑了《宋史论文集·罗球庆老师荣休纪念专辑》，由香港中国史研究会出版。

1992 年，陈学霖自美国来港，就任香港中文大学历史系讲座教授，兼系主任。陈学霖，1938 年生于香港，自香港大学毕业后赴美国，在普林斯顿大学获哲学博士学位，曾任教于美国西雅图华盛顿大学 18 年。兼治宋元明史，1993 年，台湾东大图书公司出版了他的《宋史论集》，收其宋史论文 9 篇。他来港后，成为香港宋史学界的领袖人物。2001 年，北京的中国友谊出版公司出版了他的著作《史学漫识》，分为上、下编，收元、明史论文 12 篇，附录 3 篇，凡 460 页，约 32 万字。2003 年，香港中文大学出版社出版其著作《金宋史论丛》，收文 10 篇，凡 276 页，内有宋史论文 4 篇。陈氏在 1998 年当选为中国宋史研究会香港区理事，成为中国宋史界与香港宋史界交往的桥梁。

陈氏在中文大学担任博士导师经年，所指导的宋元史博士研究生有来自四川的邹重华与胡务，邹重华的博士论文题目为《士族与学术：宋代四川学术文化发达原因探讨》（1998 年），胡务的博士论文题目为《元代庙学：无法割舍的儒学教育链》（2000 年）。二人毕业后，邹重华留在香港工作，任职京港学术交流中心，业余继续从事宋史研究，已发表论文多篇，并与粟品孝合编《宋代四川家族与学术论集》（2005 年）；胡务毕业后任教于西南财经大学，他的博士论文于2005 年由成都巴蜀书社出版。

陈氏除执掌中文大学历史系外，还一直担任香港学术水平最高的学报《中国文化研究所学报》的主编，2006 年自中文大学历史系讲座教授兼系主任退下后，他仍然担任该学报的主编，每年仍往来美国、中国香港、台湾地区与大陆，活跃于宋史界，发挥元老的作用。

在中文大学历史系讲授宋史者，前些年是澳大利亚国立大学的博士苏基朗，1997 年美国亚利桑那大学的曾瑞龙博士接任。曾博士于2003 年夏离世后，该教席长期搁置，宋史课程亦没有重开，直至2008 年秋，才聘得台湾大学宋史名家梁庚尧教授以客座身份重开此一课程。梁庚尧教授在当年 12 月结束教学，返回台湾。

陈学霖教授在中文大学的教席退下不久，他的普林斯顿大学学弟，原美国布朗大学教授戴仁柱（Richard Davis）在 2006 年 8 月应聘出任香港岭南大学历史系讲座教授兼系主任。戴仁柱的代表作是《宋代宫廷与家族：明州史氏研究》（1986 年）。他较为国内学者所知的著作是《十三世纪中国政治与文化危机》（刘晓译，2003 年），他最近期的著作，除了《新五代史英译》（2006 年）外，还有负责撰写2008 年出版的《剑桥中国史》第五卷《宋史卷》（第一部分）的光宗、宁宗及理宗章节。岭南大学虽没有专门的宋史课程，但戴氏亦指导宋史博士研究生，假以时日，岭南大学历史系会在香港的宋史教研方面增添新力量。戴氏近年多次应邀出席内地多个宋史会议，他逐渐成为香港宋史界领军人物。

梁天锡教授是香港私立大专院校治宋史的前辈学者，他长期担任香港能仁书院的宋史教席，著作等身，惜于 2006 年遽归道山，他晚年著作有《北宋传法院及其译经制度》（2003 年）。香港新亚研究所亦有年轻学人从事宋史研究，不过多数研究成果没有公开发表。

香港珠海学院设有中国文化研究所，初由香港大学退休教授罗香林（1906—1978）任所长，有硕士班与博士班。1978 年罗香林先生去世后，延聘宋晞教授为所长迄 2007 年。珠海书院出版《珠海学报》多期，水平颇高。毕业于该学院的博士有梁天锡教授，以《宋枢密院制度》获博士学位，他以研究官制为主，著作有《宋枢密院制度》《宋代祠禄制度考实》《宋宰相年表新编》《宋宰辅研究论集》等。此外，博士论文还有区静飞的《西夏建国初期与北宋关系》、邓炽安的

《南宋权相政治》等。香港珠海学院是香港私立大专中最有宋史教研传统的，2008年9月又聘得刚从北京大学退休的张希清教授讲授宋史课程半年。珠海学院即将升格为香港珠海大学，它将是香港宋史教研的另一支生力军。

刚于年前升格为大学的树仁大学，一直设有历史系，是众多香港私立大专院校最有规模的，它一直开设有宋史研读的本科课程。伍伯常博士曾以客座身份任教数年。去年伍博士转职理工大学，没有再任树仁大学兼课，该科转由别的教员暂代。倘树仁大学能聘得专治宋史的学者专任此一课程，并在将来开办宋史研究生课程，它将会是香港宋史研究的另一支生力军。

香港地区学者，到大陆、台湾地区与世界各地，比较容易，因此，他们和中国大陆、台湾地区及欧、美、日本的学者联系比较密切，信息通畅，极利于从事研究。但是，五六十年代，除从大陆去的几位前辈学人外，鲜有从事宋史研究者。盖因其时香港经济尚未起飞，谋生不易也。70年代后，香港经济渐趋繁荣，生活水准迅速上升，学术研究亦随之活跃。1981年5月9日，香港珠海学院中国文化研究所所长宋晞与新亚研究所所长孙国栋合作举办了"宋史研讨会"，为香港研究宋史而举行会议之始。1984年12月，香港中文大学历史系主任张春树教授发起召开了"国际宋史研讨会"，为海峡两岸暨香港的宋史学者创造了共同研讨的机会。这是1949年以后海峡两岸暨香港宋史学界的第一次聚会，故到会人数虽只有20余人，但影响颇大，与会的除两岸暨香港学者外，还有美国、德国与澳大利亚的学者。香港大学亚洲研究中心于1985年7月举办了"中国中古史国际研讨会"，出席者有美国、日本、韩国及中国台湾地区学者，但无大陆学者与会。

现据所知，将香港地区的宋史研究者简介如下：

香港中文大学历史系，除前述罗球庆与陈学霖外，还有苏基朗。苏基朗在香港中文大学历史系读完本科与硕士学位，赴澳大利亚深造，毕业于国立澳大利亚大学，博士论文为《福建南部的经济发展（946—1276）》，曾任教于新加坡大学，90年代以来在香港中文大学历史系任教。他著有《唐宋时代闽南泉州史地论稿》（1991年）与

《唐宋法制史研究》（1996 年）等书。他近年转向中国古代法制史，他最近期的著作是 *Prosperity，region，and institutions in maritime China：the South Fukien pattern，946 – 1368*（Canbridge：Harvard University Asia Centre，2000）。1997 年，苏基朗转授隋唐史，宋史教席由曾瑞龙接任。曾瑞龙 1997 年于美国亚利桑那大学获博士学位，乃陶晋生之高足。他热衷于研究军事，从军事学角度来研究宋代战争，令人耳目一新。他撰有《向战略防御的过渡：宋辽陈家谷与君子馆战役（986A. D)》《北宋初年战略决策研究：以宋太宗第二次经略幽燕（986）为例》《北宋中叶拓边活动的开端——庆历朝水洛城事件发微》等文。他任职的五年，在教研方面极有成绩，2003 年夏，他将历年研究宋辽战争的成果写为专著《经略幽燕——宋辽战争军事灾难的战略分析》，由香港中文大学出版社出版。不幸的是他在 2003 年夏"非典"期间，身染急病辞世，上述一书竟成遗作。他的逝世是香港宋史学界近年最大的损失。2006 年他的夫人及同门师兄弟，再将他生前编定的宋夏战争研究手稿，加上数篇未刊文稿，以《拓边西北——北宋中后期对夏战争研究》（香港中华书局 2006 年版）为书名出版。此二书是香港宋史研究近年最有代表性的杰作。他的家人及同门师兄弟会在明年（2009 年）初将他在中文大学的硕士论文《北宋种氏将门的形成》整理出版。曾瑞龙在中文大学指导的硕士研究生有多人，计有梁伟基、郭芳杰、杨军等人。毕业后继续宋史研究而成绩斐然的，首推长期在香港中华书局担任责任编辑的梁伟基，他是中文大学宋史研究后起之秀的代表者，系曾瑞龙与苏基朗共同指导的研究生，他的硕士论文题目是《南宋高宗初年（1127—1142）财经官僚与权力结构的关系》，他除了在中华书局编辑数种宋史专刊外，近年还在《中国文化研究所学报》及《新史学》等一级学报发表多篇论文，包括有：《先南征，后北伐：宋初统一全国的唯一战略（969—976)？》《南宋政权之建立与财经官僚：高宗初年的知临安府（1127—1142)》《从"帝姬和亲"到"废立异姓"：北宋靖康之难新探》《南宋高宗朝吕颐浩执政下的官僚群体构造特质》。

　　香港大学的许振兴，以研究杨亿而获博士学位，他以研究宋代史学史与帝王学为主，有《〈古今源流至论〉的宋朝〈宝训〉资料》

《〈三朝宝训〉与〈经幄管见〉——论宋代帝王学的法祖思想》等文，他还对石介进行过研究。2005 年，香港瑞荣企业出版了他对宋初斧声烛影悬案考证的著作《宋纪受终考研究》，凡 201 页。香港大学中文学院是香港所有大专院校开设有完整的宋史本科课程及硕士、博士宋史研究生课程者。近年来出自许振兴门下的博士研究生多人，其中研究成绩最受学界激赏的，是原受业于中文大学罗球庆及陶晋生的王章伟，研究兴趣为宋代社会史，他在中文大学的硕士论文是《河南吕氏家族研究》（1991 年），博士论文是《在国家与社会之间——宋代巫觋信仰研究》（2003 年），并于 2005 年由香港中华书局出版，该书的普及本亦由台湾三民书店于 2006 年以《文明世界的魔法师——宋代的巫觋与巫术》之书名出版。同样出身中文大学的张志义，亦在香港大学攻读宋史博士学位，他的博士论文是《南宋福建路下四州佛教寺院与地区发展之研究》（2003 年）。

许振兴指导的博士生，研究成绩不俗的还有周莲弟，她的硕士论文是《宋仁宗朝台谏制度研究》（1997 年），她的博士论文是《周必大（1126—1183）研究》（2002 年）。其他还有现任职香港理工大学中文及双语学系的邹陈惠仪，她的博士论文为《曾巩（1019—1083）经世思想研究》（2003 年）；稍后的有罗荣贵，他的博士论文题目是《陈傅良研究》（2004 年）。另外，先任职香港岭南大学持续进修学院的邱逸，他的博士论文是《宋代的〈孙子兵法〉研究》（2005 年）。另有吴锦龙，他的博士论文题目是《元代对宋诗评价之研究》（2008年）。而曾震宇亦继续以金史作为他的博士论文题目，他现任职于香港公开大学李嘉诚专业进修学院。

许振兴指导的宋史硕士生有多人，计有佘慧婷（《王洙〈宋史质〉研究》，2008 年）、黄慧娴（《〈皇朝大事记〉与南宋科举》，2008 年）、谢炜珞（《歌妓与唐宋词》，2007 年）、曾震宇（《〈大金国志〉研究》，2003 年）、朱国源（《章颖〈宋朝南渡十将传〉研究》，2002 年）、朱芳（《南宋咏梅词研究》，1999 年）、潘正松（《五代至宋初外戚与军事关系研究》，1998 年）。另有研究李焘史学的蔡崇禧。

此外，1984 年在香港大学获硕士学位的黄珮玉，其硕士论文

《张元干研究》，于 1986 年 11 月出版。

　　冯锦荣曾在京都大学求学 7 载，返港后任教于香港大学中文系，以研究中国科技史为主，曾与赵令扬合编《亚洲科技与文明》一书，有《北宋仁宗景祐朝的星历与五行书》等文。

　　香港理工大学的何冠环，在香港中文大学获学士、硕士后，负笈美国亚利桑那大学，师从陶晋生先生，1990 年获博士学位。其博士论文是 Politics and Factionalism：K'ou Chun and his T'ung-nein（《政治与朋党：寇准及其同年进士》）。曾先后任教于香港浸会学院、香港公开进修学院、新加坡理工大学、香港教育学院，现任教于香港理工大学，同时还在香港中文大学历史系讲授东南亚史。何冠环的硕士论文是《论太宗朝的赵普》。他以研究宋初政治尤其是党争为主，著有《宋初朋党与太平兴国三年进士》（1994 年），发表了《司马光通鉴与金帝王学》《宋初三朝武将的量化分析》《宋太宗箭疾新考》《金匮之盟真伪新考》《论靖康之难中的种师道与种师中》《论宋太宗朝武将之党争》《论宋太祖朝武将之党争》《败军之将刘平》等论文。2003 年 6 月，香港中华书局出版了他的论文集《北宋武将研究》，收文 12 篇，590 页，是其近年代表作之集大成。近年他除了继续研究北宋武将外，还开始对北宋内臣进行研究。2006 年，何冠环以高票当选为中国宋史研究会理事，得票数名列第一。他过去几年一直担任香港理工大学通识教育中心的行政职务，2008 年年底，他调往该校新近成立的中国文化学系，会增加一点宋史教研工作。陈学霖先生离开香港中文大学返回美国以后，何氏已成为香港宋史学界的领军人物。

　　何冠环的同门学弟伍伯常博士，从美国学成回港后，一直在香港城市大学任教，至 2007 年夏转职香港理工大学通识教育中心。他的研究范围是唐、五代、北宋时期的政治、社会、军事和边区民族之间的互动关系。他在香港中文大学的硕士论文题目是《中唐迄五代的军事传统与北宋的统一战略》，他在亚里桑那大学的博士论文题目为 The Continuity of China's Cultural Heritage during the Tang-Song Era：The Social-Political Significance and Cultural Impact of the Civil Administration of the Southern Tang（《南宋吏治对宋代社会及政治的影响》）。他近年发表的计有《北宋初年的文士与豪侠：以柳开的作风形象为中心》《北宋选任陪臣的原则：论猜防政策下的南唐陪臣》《唐德宗的建藩政策：论中唐以来制御叛藩战略格局的形成》等多篇论文。连同上面提到的邹陈惠仪，香港理工大学现时共有三人研究宋史。

香港公开大学的赵雨乐，1988 年在香港中文大学毕业获硕士学位后，负笈日本京都大学，师从竺沙雅章教授，1993 年获博士学位。返港后，曾先后任教于香港中文大学历史系、浸会学院历史系。他深受京都学派的熏陶，致力于研究唐宋之际的重大变化，著有《唐宋变革期军政制度史研究（一）——三班官制之演变》（1991 年）、《唐宋变革期之军政制度——官僚机构与等级之编成》（1994 年，此为其博士论文），在 2007 年由香港中华书局出版他的唐宋史研究论集《从宫廷到战场：中国中古与近世诸考察》。他的研究范围广泛，发表了《唐宋变革期内诸司使之等级问题初探》《试析宋代改武德司为皇城司的因由——唐宋之际武德使活动的初步探索》等文。除宋史外，兼治唐五代史，现为中国唐史研究会理事，他亦研究香港史，已出版专著数种。值得一提的是，内地辽史学者杨若薇数年前转任香港公开大学，连同前面介绍的曾震宇博士，香港公开大学现在宋辽金史学者各一人。

香港城市大学的黄富荣，是香港大学的博士，以研究宋代哲学为主，尤其对"宋初三先生"有较深研究，有《从近年对宋初三先生的研究谈到三先生对宋代理学的影响》《狂士道学家——石介思想述评》《孙复生平探索》《试论胡瑗之改经——胡瑗经学特色之一》《试论胡瑗的分斋教学法》等论文刊行。近期的著作有《略论胡瑗的分斋教学法及其历史命运》，继续宋代思想史研究。

香港科技大学虽没有历史系的开设，但它设有人文学部，负责通识教育，而且有研究生点。2005 年来自哈佛大学的钱立方博士曾任教一段时间。钱博士研究宋代盐政，她的博士论文［Salt and State：An Annotated Translation of the Songshi Salt Monopoly Treatise（Ann Arbor：Center for Chinere Studies，University of Michigan，2004）］（1994 年）译注《宋史·食货志》有关盐的卷帙，修改后已于 2004 年出版。她离任后，在 2006 年 9 月，她的学弟、出身北京大学历史系的刘光临博士接替其缺至今。刘博士出身包弼德（Peter Bol）门下，研究宋代财政史，他的博士论文是 Wrestling for Power：The State and the Economy in Later Imperiial China 1000 – 1770。他是香港宋史教研队伍的另一支生力军。顺便一提，多年前任职香港科技大学吴家玮校长特别助理的秦家德博士（秦家懿之妹），亦曾是研究宋史的学者，她的博士论文由西方著名的学报《通报》出版，书名为《北宋的后妃研究》（Palace Women in the Northern Sung 960 – 1126）（1981 年）。她与钱立方博士一样，甚少与香港及内地宋史界交往，故不大为人所知。

香港中文大学的《中国文化研究所学报》，常刊出宋史研究的论文。香港大学亚洲研究中心刊行的《东方文化》与《香港大学中文系集刊》，也刊出宋史研究的论文。因为香港的学术刊物较少，不少香港学者常在台湾的刊物上发文，在台湾出版学术著作，故常被视为台湾学者。如梁天锡即是一例。90 年代以来，香港学者在内地的杂志刊文者增加，还有在内地出书的，如何冠环《宋初朋党与太平兴国三年进士》一书即由北京中华书局出版。1997 年 12 月，在香港大学中文系 70 周年纪念国际学术研讨会上，香港学者有关宋代的论文有 9 篇，具体如下：香港大学中文系李家树《宋程大昌〈诗论〉对〈毛诗序〉的态度》，香港理工大学中文及双语学系李学铭《"至道三年避宋真宗讳"考》，香港教育学院社会科学系何冠环《败军之将刘平》，香港大学中文系许振兴《〈古今源流至论〉的宋朝〈宝训〉资料》，香港教育学院中文系潘铭燊《宋代教育与印书》，香港城市大学语文学部黄富荣《试论胡瑗的分斋教学法》，香港大学中文系河沛雄《宋代古文家的"尊韩"》，香港大学中文系周莲弟《论宋仁宗嘉祐时期富弼推行的政策》，香港公开大学邹陈惠仪《曾巩与王安石关系剖析》等，这已是香港大半的宋史研究队伍了。

香港的宋史研究者，有两大长处，一是信息灵通，尤其对海峡两岸暨香港地区的研究状况十分清楚；二是学汇中西，往往在接受传统中国文化教育基础上，又深受欧美文化熏陶，因而其治史往往有过人之处。但研究队伍偏少，且多为业余从事宋史研究，本地区学者之间的专业研讨机会少，是其短处。

香港的宋史学者，因学校的要求，除了需间以英语讲授宋史外，不少人需要以英文发表宋史著作，陈学霖、苏基朗、曾瑞龙、钱立方似均曾以英文发表过宋史研究成果，因此，在欧美颇有影响。

　　21 世纪后，随着香港与内地关系的密切，香港学者参加内地学术活动者日增，研究宋史的学者，以何冠环与内地学术联系最多，其成就也最为引人注目。内地的论文集中，也常收录香港学者的文章。

　　近十年来，越来越多宋史学者，从海外或内地来到香港，短时期或长时期加入香港的宋史研究队伍。宋史研究生的培养方面，暂时仍以香港大学较有条件。

　　至于出版宋史研究书刊方面，香港中文大学出版社和香港中华书局是出版这方面书籍的最主要出版机构。学报方面，香港中文大学的《中国文化研究所学报》（陈学霖主编），是水平最高、出版最稳定的一级学报。香港大学的《东方学报》，最大问题是常常脱期，论文水平不稳定。本来由岭南大学马幼垣主编的《岭南学报》水准甚高，但因经费问题，出版三期，却无以为继。香港城市大学与复旦大学合编的《九州学林》，近年成为新兴的香港文史学报，香港及海外的宋史学者，均有文章刊载于该学报。

宋代历史的基本史料概说

一　宋代史料概况

  宋代，由于官方非常重视当代史的编修工作，史馆组织较前代严密，修史制度也比前代完备，因此编修了大量官方的当代史书。在宋代的士大夫中，编写当代史也蔚成风气，尤其在南宋初年更为活跃，因此便留下私人编撰的大量史书。宋代印刷术普遍推广，书坊书贾大量涌现，加速与扩大了官、私史书的传播，亦大大增加其流传后世的机会。因此，保存到今天的宋代史料，远超唐代，数量巨大。

  在宋代，官府主持编修了六种当代史：（1）起居注：通过记述皇帝言行，反映当时大事。起居注的编修，自宋太宗淳化五年（994）直至南宋末年，300 年间，一直延续不断。可惜的是，现已全部不存。（2）时政记：皇帝与宰相或枢密使商讨军国大事的记载，分为中书时政记与枢密院时政记。自太宗太平兴国八年（983）开始，时政记基本未中断。今亦不存。（3）日历：日历是按日记述的编年体大事记。其所据除起居注、时政记外，还有内外官司收到的圣旨指挥；记载文武大臣去世消息时，附有其传记。日历的分量十分之大，宋高宗在位 36 年的日历即达 1000 卷之多。今亦不存。（4）实录：据日历编成的编年体史书，比日历简练，允许臣僚阅读或抄录。今仅存《太宗实录》残本。2005 年，甘肃人民出版社出版了燕永成点校的《宋太宗实录》。（5）国史：据实录修成的纪传体史书，有本纪、列传与志。宋代正式修成的国史有四部：①三朝国史 150 卷，记宋太祖、太宗、真宗三朝事，仁宗天圣八年（1030）修成。②两朝国史 120 卷，记宋仁宗、英宗两朝事，神宗元丰五年（1082）修成。③四朝国史 350 卷，记宋神宗、哲宗、徽宗、钦宗四朝事，孝宗淳熙十三年（1186）修成。④中兴四朝国史，卷数不详，记宋高宗、孝宗、光宗、宁宗四朝事，理宗宝祐五年（1257）修成。上述四部国史，现均已不存。（6）会要：当时属政书而非史书，将政治、经济、文化等方面资料分门别类排列。宋代曾 10 次编修会要，成书的主要有 7 部：①庆历国朝会要 150 卷，庆历四年（1044）修成，记宋太祖、太宗、真宗三朝及仁宗朝庆历三年以前事。②元丰增修国朝会要 300 卷，宋神宗元丰四年（1081）修成，记太祖至英宗五朝及神宗朝熙宁十年（1077）以前事，分为帝系、后妃、礼（又分为五类）、乐、舆服、仪制、崇儒、运历、瑞异、职官、选举、道释、食货、刑法、兵、蕃夷共 21 类。③乾道续四朝会要 300 卷，宋孝宗乾道六年（1170）修成，记北宋神宗、哲宗、徽宗、钦宗四朝事。④乾道中兴会要 200 卷，宋孝宗乾道九年（1173）修成，记宋高宗一朝事。⑤嘉泰孝宗会要 200 卷，宋宁宗嘉泰元年（1201）修成，记宋孝宗一朝事。⑥庆元光宗会要 100 卷，宋宁宗庆元六年（1200）修成，记宋光宗一朝事。⑦淳祐宁宗会要 325 卷，宋理宗淳祐二年（1242）修成，记宁宗一朝事。上述 7 种会要，今均已不存。

宋代官方修史，有四个特点①：（1）当代史的修撰受到特别重视，以南宋详而北宋略。但南宋理宗以后，则多阙漏。（2）史无专官，修史例以他职兼领。（3）皇帝干预修史。（4）史官心存避忌，唯恐触及朝廷、君亲之讳，不敢秉笔直书。

宋代私人修史，是被允许的，因此，宋代私人撰述的史学著作相当多，几部大史书如《续资治通鉴长编》《东都事略》《隆平集》《建炎以来系年要录》等，均为私人修成，大都传留至今。此外，宋代的诗文集、笔记小说等，也保存了大量珍贵史料，值得重视。

---

① 详见蔡崇榜《宋代修史制度研究》，台北文津出版社 1991 年版，第 188—197 页。

二 宋代历史的主要史料

宋代历史的主要史料，有如下 9 种。

1.《宋会要辑稿》

宋代历次编修的会要，大部分在明初仍然保存。明初修《永乐大典》时，将会要各部分内容分别编入各韵中。会要原本，大致毁于明中叶。清嘉庆十四年（1809），徐松奉命修《全唐文》，他利用在《全唐文》馆可以调用《永乐大典》（以下简称《大典》）及官府备有抄写人员的机会，以搜集《全唐文》资料为名，命书手将其所见到的《大典》中所收各本《宋会要》的内容全部录出，得五六百卷，是为辑本。徐松生前没有来得及整理这一部《宋会要》辑本，以后这部辑本为缪荃孙所得，又经缪之手归广雅书局。当时任两广总督的张之洞聘缪荃孙和屠寄整理绅本，但整理工作仅完成职官部分即因张之洞离任而中断，辑本遂为书局提调王秉恩匿为己有。民国四年（1915），著名藏书家吴兴、刘承干用重金购得辑本，收入嘉业堂，并先后聘刘富曾与费有容重加整理、改编，是为清本。1931 年，北平图书馆（即今北京图书馆）从刘承干处购得清本，成立了以陈垣为委员长的编印委员会，于 1935 年将此清本以徐松辑本的名义影印，名为《宋会要辑稿》，共线装 200 册。中华人民共和国成立后，中华书局又于 1957 年将《宋会要辑稿》缩印为平装本，16 开 8 大册，即现在的通行本。1987 年、2005 年，中华书局多次重印。此外，陈智超编辑了《宋会要辑稿补编》1 册，1988 年 7 月由北京全国图书馆文献缩微复制中心印行。

通行的《宋会要辑稿》（以下简称《辑稿》）与《宋会要》原本已有很大不同。

第一，从内容上看，《辑稿》已较原本为少。（1）自宋末至明初，历经变乱，原本恐已不全。前面说过，宋修会要，共有 10 次，应有 10 部，但现在《辑稿》中注明者只有 7 部。（2）修《永乐大典》时，将整部会要分入各韵，难保没有遗漏。（3）徐松自《永乐大典》中辑《宋会要》时，《大典》已经散失 1000 余册，并非全帙。

（4）徐松检阅《大典》、书手从《大典》中抄录时，又会有遗漏。有人用残存的《大典》与《辑稿》对照，已发现若干条佚文。（5）在刘富曾整理徐松辑本过程中，辑本又有遗落。当时有人将刘富曾清本与徐松原辑本对比，即发现少数条文辑本有而清本无。

第二，从形式上看，辑本已非原本的本来面目。原本《宋会要》，各本分类稍有不同，分门更有差异。辑本合为一本，门类全部打通。

第三，经过多次转抄，脱、衍、误、倒之处，触目皆是。

尽管《辑稿》有上述种种问题，但它仍然是现存宋代史料中最原始、最丰富、最集中的一部，因而也是史料价值最高的一部。

《辑稿》共分 17 类：帝系、后妃、乐、礼、舆服、仪制、瑞异、运历、崇儒、职官、选举、食货、刑法、兵、方域、蕃夷、道释，约 800 万字。在每一类中，又分若干子目。同一问题的材料，按时间顺序排列。内容包括皇帝的诏令，政府的规定，臣僚的章奏，地方的报告等，可以说是一部关于宋代历史的百科全书。

在《辑稿》的 17 类中，较为重要的有以下 6 类：（1）食货：这是有关宋代经济最集中的史料，在全书中约占 20% 的比重（但亦有部分内容重复）。它的篇幅远远超过了《文献通考》有关部分，也远远超过《宋史》的《食货志》。（2）职官：它的分量比食货还大，约占全书的四分之一。职官部分不但是研究宋代政权机构、政治制度的重要史料，也是研究宋代经济、文化等方面的重要史料，例如，它的"市舶司"一门，是研究宋代对外贸易情况最重要的史料。如果要研究宋代官修国史的情况，必须参考它的"秘书省"一门。（3）刑法：它不但记录了宋代的法制史，在"刑法禁约"一门中，还保存了不少关于宋代阶级斗争、秘密宗教的史料。（4）兵：它不但是有关宋代军事制度的重要史料，在"讨叛""捕贼"两门中，还有不少阶级斗争、民族斗争等方面的重要材料。（5）方域：包括有关地理、交通、治河等方面的史料。（6）蕃夷：包括有关民族关系及对外关系的重要材料。除此六类以外，其他门类也有许多重要史料，如"瑞异"类中就有不少关于地震、日食等自然科学史的材料。

《宋会要》的史料价值虽然很高，但因为现在通行的《辑稿》未经很好整理，篇幅又大，初学者使用起来会有不少困难。为了更好地利用这部《辑稿》，要注意以下 3 点：（1）因为《辑稿》基本上属于原始资料汇编的性质，在使用前，最好先对宋代政治、经济、文化等方面的制度有个概略的了解，检阅《辑稿》时才能心中有数，得心应手。（2）尽量利用已有的成果。例如，《辑稿》没有细目，使用起来很不方便。开封师范学院（现河南大学）历史系在 1963 年编写了《宋会要辑稿标目》（油印本），日本东洋文库宋代史研究委员会在 1970 年编印了《宋会要研究备要——目录》，就给我们提供了许多方便。台湾大学教授王德毅编写的《宋会要辑稿人名索引》（台北新文丰出版公司 1978 年出版）也颇便检阅。1986 年 8 月，上海古籍出版社出版了王云海的《宋会要辑稿考校》一书，书末附有《宋会要辑稿篇目索引》。河南师范大学学报增刊，出版了王云海的《宋会要辑稿研究》一书。两书都是研究和利用《辑稿》的重要参考资料。社会科学文献出版社 1995 年 5 月出版了陈智超的《解开〈宋会要〉之谜》，凡 32 万字，分为"解谜"和"复原"两篇，是研究《辑稿》的力作。（3）引用《辑稿》的材料，特别是重要材料，应尽可能参考其他史籍的相同记载。这是由于辗转传抄，《辑稿》错误不少，同一问题，经常要参考几种史籍的记载，才能得到正确的理解。

20 世纪 80 年代，中国社会科学院历史研究所宋辽金元研究室曾组织人员，对《辑稿》进行整理，惜未完成而中辍。1997 年，海峡两岸宋史学者商定，合作整理出版《辑稿》，由河北大学漆侠教授和台湾大学王德毅教授共主其事。随着漆侠教授的逝世，此事再次中辍。整理出版《辑稿》，将会大大方便对此书的研究和利用，必将促进宋史研究的发展和深入。此事尚待有心人。

2. 《续资治通鉴长编》

《续资治通鉴长编》（以下简称《长编》）520 卷，是记载北宋 168 年历史的编年体史书，是研究北宋历史最基本的史料之一。

《长编》作者李焘（1115—1184），字仁甫，号巽岩，眉州丹稜县（今四川丹稜县）人。父亲李中，曾知仙井监，只是一个中级地方官吏，但家富藏书，熟悉本朝典故。李焘生于徽宗政和五年（1115），绍兴八年（1138）24 岁时中进士。他曾有意于应考贤良方正能直言极谏科，但没有找到荐举人，于是在四川各地做了二十几年地方官，主要精力集中在史学特别是当代史学上。他一生著述甚丰，主要著作就是《长编》。淳熙十年（1183），他69岁，《长编》才最后完成。他在进书状中说："臣网罗收拾，垂四十年""精力几尽此书"。第二年他就去世了。

关于编著《长编》的目的，他在隆兴元年（1163）《长编》第一次进书状中说得很清楚："臣尝尽力史学，于本朝故事尤切欣慕。每恨学士大夫，各信所传，不考诸实录、正史，纷错难信……臣辄发愤讨论，使众说咸会于一。"他是要写成一部信史，传之后世。

根据李焘的自述，他30岁左右在华阳县主簿任上，就已经立志编著《长编》，并着手搜集材料。大约在绍兴二十九年（1159），他在司马光《百官公卿表》的基础上，大大扩充篇幅，增补内容，完成《皇朝公卿百官表》（此据《宋会要辑稿》崇儒五之三六，《建炎以来系年要录》卷183作《续皇朝百官公卿表》）112卷，凡百官沿革，公卿除拜，自建隆至宣和，列为年表。这是编写《长编》的重要准备。孝宗隆兴元年，李焘知荣州，第一次奏进《长编》17卷，包括太祖一朝建隆至开宝十七年事迹。乾道三年（1167），他被召赴临安，除兵部员外郎兼国史院编修官，修神、哲、徽、钦四朝国史及徽宗实录。在国史院工作，使他能掌握许多在外间看不到的国家档案和秘籍，使《长编》的取材更加丰富；同时，修国史的工作又与修《长编》的工作互相促进。到临安的第二年，他又上太祖至英宗五朝《长编》108卷，其中太祖朝事迹是在原有基础上增补的，后四朝是新修的。淳熙元年（1174），他在知泸州任上，第三次进《长编》，据进书状，为神宗至钦宗四朝，据周必大撰《李焘神道碑》及彭龟年《止堂集》，则只有神、哲两朝。淳熙十年（1183），这部巨著最后完成，当时分980卷，另有总目5卷，举要（即摘要）68卷，修换事目10卷。

李焘非常推崇司马光和他所著的《资治通鉴》（以下简称《通鉴》），他的这部《长编》实际是追踵《通鉴》而作的。从内容上说，《通鉴》截止于五代末，《长编》开始于宋初，互相衔接。从书名看，《长编》原名《续资治通鉴》，后来定名《续资治通鉴长编》，一则是李焘自谦，不敢自比《通鉴》；二则因司马光修《通鉴》时，命助手刘恕等人先修丛目，再修长编，最后由他删削加工而成，李焘认为自己这部著作也是长编体的，所以命名为《续资治通鉴长编》。他希望孝宗"择儒者正直若（司马）光者，属以删削之任，遂勒成我宋大典，垂亿万年"。至于修书的义例和方法，也正如他自己所说的，"悉同（司马）光所创立，错综铨次，皆有依凭"（《长编》乾道进书表）。李焘的政治思想也同司马光一样，倾向保守，反对变革。这种倾向在《长编》中也有反映。

李焘的《长编》有两个最显著的特点，在今天看来也是最显著的优点：第一，他始终遵循司马光主持编修《通鉴》的长编时确定的原则："宁失于繁，无失于略。"《长编》虽然主要取材于宋代的实录、国史，但绝不限于这些材料，而是旁征博引，经史子集、笔记小说、家乘志状，只要有关史实，都加以采录。周密在《癸辛杂识》中记述李焘修《长编》的情况说："焘为《长编》，以木厨十枚，每厨抽替匣二十枚。每替以甲子志之，凡本年之事，有所闻，必归此匣，分日月先后次第之，井然有条。"这种方法有点像我们今天抄录卡片，然后分类整理。据不完全统计，今本《长编》所引的书籍，有名可考的约有400种，其中大部分已经失传。由于李焘宁繁勿略，《长编》为后人保存了许多珍贵的宋代史料。第二，继承并发展了《通鉴考异》的优良传统。司马光著《通鉴》，同一事件遇有不同记载，在《考异》中胪列异同，并说明自己采择的依据和理由。这种做法使后来的研究者得益不少。他们不但可以看到作者如何取材、决断，即使不同意作者的论断，也能够知道相反方面的记载。李焘十分推崇司马光的这种做法。淳熙十年（1183）七月，他曾就修四朝国史事向孝宗报告自己的做法：在此之前，神宗、哲宗、徽宗朝诸臣列传已经分别改修过2次到4次，他的计划是，"若旧本有误处，及有合添处，即当时著其误削去，合添处仍具述所据何书，考按无违，乃听修换，仍录出为考异；不然则从旧，更勿增改"（《历代名臣奏议》卷277《国史类·高斯得进修史故事》）。可见他的修史态度是十分严肃认真的。今本《长编》的注文有12000余条，70余万字，就带有考异的性质。《长编》注文是全书一个不可分割的重要组成部分，不能忽视。李焘对王安石变法是持否定态度的，《宋史》本传说他"耻读王氏书"，虽然如此，他在《长编》中仍然大量收录了王安石的《熙宁奏对日录》和其他变法派人物的记载。我们研究王安石变法，最主要的材料只能从《长编》中寻找。从这一个例子也可见《长编》的史料价值。

《长编》正文原来有 980 卷，因为篇幅过大，当时恐怕就只刻印了一部分，而没有全刻本，另由秘书省按照《通鉴》的规格抄写一部藏于秘阁。清康熙初年，徐乾学得到一部宋刻本的《长编》，但仅有 175 卷，包括太祖至英宗五朝内容，篇幅只是全本的五分之一。乾隆时修《四库全书》，从《永乐大典》"宋"字韵中录出《长编》收入《全书》，这就是通称的阁本。阁本《长编》也不是全本，缺徽宗、钦宗两朝事迹以及治平四年四月至熙宁三年三月，元祐八年七月至绍圣四年三月共 7 年记事，四库馆臣按篇幅大小把它分为 520 卷。嘉庆二十四年（1819）张金吾以阁本的传抄本为依据，用活字排印，是为爱日精庐本。这个本子的错误很多。光绪七年（1881），浙江巡抚谭钟麟命黄以周等人以杭州文澜阁《四库全书》所收的《长编》校爱日精庐本，并参考了 175 卷的宋刻本和其他宋人著作，刻版印刷，是为浙江书局本。这个本子胜过爱日精庐本。对于阁本原缺之徽、钦两朝及治平至绍圣中 7 年事迹，黄以周等人将南宋人杨仲良所编的《续资治通鉴长编纪事本末》中收录的《长编》原文，仍按年月编排，再以南宋人托名李焘作的《续宋编年资治通鉴》作为附注，编为《续资治通鉴长编拾补》60 卷。《拾补》内容与《长编》原本相比，虽然相差很多，但总算恢复了一个轮廓。20 世纪 80 年代以来，上海师范学院和华东师范大学的古籍整理研究所共同整理《长编》，他们以浙江书局本为工作底本，用现存的两个宋刻本《长编》残本和其他有关史籍校勘，写出校记。整理本加了标点符号，分段提行，眉目清晰，给读者带来很多方便。缺点是没有把李焘自注与后人加的注文分开，造成了一些混乱，校勘和标点也存在一些问题。但仍然是到目前为止最好的版本。整理本由中华书局分册陆续出版。到1993 年 3 月，已出齐了 34 册 520 卷。2004 年，又将点校本重编为 20册，重新出版，是目前的常见本。

《长编》点校本是陆续出版的，时间长达十多年，因此，能够配齐 34 册一套的人不是很多。点校本《长编》，越先出的错误越多，后出的则错误大为减少，这是应当注意的。

1986 年 2 月，上海古籍出版社影印出版了浙江书局本《长编》，附有黄以周的《拾补》，共 16 开 5 大册，是目前易见且常利用的本子。2004 年，中华书局出版了《续资治通鉴长编拾补》的点校本，顾吉辰点校，全 4 册。

日本京都大学的梅原郁编有《长编语汇索引》；他还编有《长编人名索引》，国内不难见到，颇便利用。

徐规著有《李焘年表》，并数次增补，均刊于《文史》上。裴汝诚、许沛藻著有《续资治通鉴长编考略》，中华书局 1985 年 4 月版，对《长编》的"版本著录""撰修始末""修换事目""取材""注文"几个方面进行了研究，可资参考。

3. 《宋史》

《宋史》496 卷，包括本纪 47 卷，志 162 卷，表 32 卷，列传 255 卷，约 500 万字。中华书局点校本分为 40 册，在二十四史中是篇幅最大的一部。

元顺帝至正三年（1343）三月，下诏修辽、金、宋三史，五年十月，最后修成《宋史》，历时仅两年半。进《宋史》表领衔署名的是阿鲁图，其实他与《宋史》的修纂毫无关系，他在给顺帝的奏折中就说："臣素不读汉人文书，未解其义。"（《元史·阿鲁图传》）只是这时他任右丞相，照例领修三史，主持编修工作。都总裁官是脱脱。在《宋史》修纂中起主要作用的有：（1）揭傒斯，他是总裁官之一，《元史》卷 181 本传说他"毅然以笔削自任"，《辽史》修成以后，有旨及早修成金、宋二史，"傒斯留宿史馆，朝夕不敢休，因得寒疾，七日卒"。故进《宋史》时，总裁官中无其名。（2）张起岩，也是总裁官之一。《元史》卷 182 本传说他"对宋儒道学源委，尤多究心"，史官每有"立言未当"，他都"据理审定"。（3）欧阳玄，也是总裁官之一。《元史》卷 182 本传说辽、金、宋三史，都是由他"发凡举例"，论、赞、表、奏，也都是由他执笔。其中，欧阳玄所起的作用最大，是实际的总负责人。除此之外，总裁官还有：帖睦尔达世、贺惟一、李好文、王沂、杨宗瑞。总裁官共有 7 人，加上揭傒斯则为 8

人。参与修纂《宋史》的史官则有：斡玉伦徒、泰不华、乾文传、贡师道、余阙、贾鲁、危素等 23 人。

《宋史》篇幅大，成书时间短促，所以问题很多。修成以后，对它的批评甚多。例如赵翼在《廿二史札记》卷 23、24 中就用大量事实指出《宋史》内容的"繁芜"，论述的"是非失当"，史实的"错谬"，等等。因为《宋史》问题多，从明代以来就有许多人着手重修宋史，成书的就有明代王洙的《宋史质》100 卷，柯维骐《宋史新编》200 卷，王维俭《宋史记》250 卷，钱士升《南宋书》60 卷，清代陈黄中《宋史稿》219 卷（未刊，稿本已佚），甚至朝鲜李朝正宗李祘也编了一部 148 卷的《宋史筌》。计划重修而没有实现的有顾炎武、朱彝尊、全祖望、杭世骏、邵晋涵、章学诚等人。

尽管《宋史》有种种问题，但直到现在，续修的许多宋史没有一部能取代它的地位，顾、朱这些大家想重修而终于未修，这都不是偶然的。《宋史》自有它存在的价值，其中很重要的一点，是它保存了大量当时的史料。

根据《元史》记载，元灭南宋后，主持临安留守事的董文炳认为"国可灭，史不可没"，于是将宋朝史馆保存的宋代历朝所修的"宋史及诸注记五千余册"送到大都国史院（《元史·董文炳传》）。这就是后来编修《宋史》的主要材料。苏天爵在《三史质疑》中提到，当时保留下来的官修宋史，具体有"太祖至宁宗实录凡三千卷，国史凡六百卷，编年又千余卷"，还有理宗日历两三百册，实录数十册，度宗日历若干册（《滋溪文稿》卷 25）。《宋史》所以能在短期内修成，是同这批史籍的保存分不开的。

赵翼在《廿二史札记》卷 23《宋史各传回护处》中说："元修《宋史》，度宗以前多本之宋朝国史。"这句话一般说来是对的。元朝的史官虽然掌握了宋代的国史、实录和日历，但后两者都是编年体，只有国史是纪传体，同正史的体裁一致；而且实录篇幅比国史大，日历又比实录篇幅大，只有国史的篇幅大致同后来的《宋史》相当。元朝史官利用经过编纂的宋朝国史，只要稍加些贯通和整理工作，就可符合正史的要求。实际上，他们也正是采取了这样一种省事的办法。

但如做进一步分析，赵翼这个论断还有问题。第一，宋代国史只修到宁宗朝，理宗朝国史没有修成，所以赵翼说"度宗以前，多本之国史"是不够准确的。第二，《宋史》的纪、志、表、传，情况各有不同，不能一概而论。

关于《宋史》本纪部分。从《长编》注文可知宋代国史与实录的记载不尽相同。查《宋史》太祖本纪，已知国史与实录有矛盾的地方，本纪大都与实录相同，可见《宋史》本纪并不是沿袭国史，也参考了实录。再用《太宗实录》残本与《宋史》本纪相当部分对比，发现本纪不但有不少地方与实录不同，而且还包含了一些实录没有的内容，可见《宋史》本纪又不是全部抄袭实录，还有其他来源。

关于《宋史》各志。正史的志，一般认为比本纪、列传难修，因为需要作更多的分析、综合。《宋史》各志共有162卷，篇幅甚大。元修《宋史》所以能在短期内完成各志，是因为有现成的底本，即宋《三朝国史》《两朝国史》《四朝国史》和《中兴四朝国史》的志，只要稍加综合，再补上理宗以后部分即成。《宋史》15个志都有序，除《地理志》《河渠志》《刑法志》外，其他20个志的序言都或明或暗地说明取材于"旧史""前史"，即指宋的国史；有的更直接说取材于"国史"，如卷149《舆服志》序说："今取旧史所载，著于编，作《舆服志》。"卷155《选举志》序说："今辑旧史所录，胪为六门。"卷173《食货志》序说："宋旧史志食货之法……仍之则徒重篇帙，约之则不见其始末。姑去其泰甚，而存其可为鉴者焉。"现存宋人著作中也有征引国史各志的片断，与《宋史》对照，大都符合。所以说，《宋史》各志主要取材于国史各志，这个论断大致是不差的。只是元人修《宋史》，实在过于粗率，有时连一些最基本的剪裁、贯通工作都没有做。钱大昕在《廿二史考异》卷68就指出，《宋史》的《律历志》，"惟总序一篇乃元史臣之笔。自一卷至三卷，本之《三朝史》；四卷至九卷，本之《两朝史》；十卷至十三卷，本之《四朝史》；十四卷以后，本之《中兴史》。四史体裁，本未画一，史臣汇为一志，初未镕范，故首尾绝不相应"。此外，宋国史中本有老释、符瑞两志（见《宋史·方伎传》序），元修《宋史》时被删去了。

关于《宋史》的表。《宋史》有《宰辅表》5 卷，《宗室世系表》27 卷，卷数虽只占全书的6.4％，但篇幅竟占全书的20％。宋国史无表。《宋史》的《宰辅表》主要取材于实录。《宗室世系表》虽没有说明来源，但宋宗正寺定期编修玉牒、属籍、宗藩庆系录、仙源积庆图、仙源类谱；其中的仙源积庆图，"考定世次枝分派别而系以本宗"（《宋史·职官志四》），大约就是《宋史》的《宗室世系表》的主要来源。

关于《宋史》列传。《宋史》列传与国史列传的关系可以从几个方面来考察：（1）宋人文集中附录的国史本传与《宋史》列传比较，如包拯、欧阳修、范纯仁等；（2）《长编》等书所引国史列传片断与《宋史》比较；（3）《宋史》列传本身反映出的问题。这些方面，前人已做了一些工作①。大致说来，《宋史》宁宗朝以前列传，大部分来源于国史列传，但也有删改补充，传论改动得较多。至于理宗朝以后列传，因为无国史作依据，可能来源于实录、日历的附传，有些材料则是元初收集的。

总之，《宋史》虽然修于元末，但它的主要材料是宋代的国史、实录、日历等书。这些史籍现在几乎全部失传了，别的史籍虽然征引，但同《宋史》取舍、详略各有不同；即使相同的部分，也可以参互考校。这就是《宋史》的史料价值，也是它能存在下去的主要原因之一。同时，《宋史》也是迄今为止唯一一部比较系统、比较全面地记录宋代 320 年历史的史籍，是学习、研究这一段历史的入门和基本参考书。

自元代以来，《宋史》曾多次刊刻。过去最好的版本是商务印书馆用元至正本和明成化本配补影印的"百衲本"。1977 年中华书局出版了标点本《宋史》，它以"百衲本"为底本，作了校勘、整理工作，并加了标点符号，是目前为止最好的版本。但这本书的整理工作还存在一些问题，还不能完全取代以前的版本，这是使用时应注意的。

---

① ［日］周藤吉之：《宋朝国史之编纂和国史列传》，《宋代史研究》，东洋文库 1969年版。

对《宋史》进行匡谬补正的有邓广铭《宋史职官志考正》《宋史刑法志考正》，陈乐素《宋史艺文志考证》。20世纪80年代以来，杭州大学宋史研究室在徐规教授主持下，进行《宋史》补正工作，已出版何忠礼《宋史选举志补正》，龚延明《宋史职官志补正》，梁太济、包伟民《宋史食货志补正》等。

1992年10月，上海古籍出版社出版了俞如云编的《宋史人名索引》4册，方便了宋史研究者利用《宋史》此书。

4.《文献通考》

《文献通考》（以下简称《通考》）348卷，作者马端临（约1254—1323），字贵与，饶州乐平（今江西乐平）人，生于宋末，著书于元初。他的父亲马廷鸾，在宋理宗时曾任史馆校勘、国史院编修官、实录院检讨官等史官，度宗时历任签书枢密院事、同知枢密院事，官至右丞相兼枢密使，死于元初。这样一个家庭环境，为马端临著《通考》提供了许多有利条件，所以他在《通考》自序中说："自念业绍箕裘，家藏坟索，插架之收储，趋庭之问答，其于文献盖庶几焉。"

马端临认为历史有继承也有发展变化，所以著史应有"会通、因仍之道"，应寻求其"变通张弛之故"。因此他推崇《史记》《资治通鉴》这样的通史，而轻视《汉书》这样的断代史。他又认为《通鉴》也有缺点，"详于理乱兴衰而略于典章经制"，杜佑的《通典》虽然详于"典章经制"，但记载只到唐天宝年间为止，即使天宝以前，"节目之间，未为明备；而去取之际，颇欠精审"。马端临的《通考》就是贯彻他自己的历史观点，继杜佑的《通典》而作的一部历史巨著。

《通考》共分24门，其中田赋、钱币、户口、职役、征榷、市籴、土贡、国用、选举、学校、职官、郊社、宗庙、王礼、乐、兵、刑、舆地、四裔19门是继承《通典》的。在天宝以前部分，补《通典》之未备；天宝以后至宋宁宗嘉定末年部分，是《通考》新增的。至于经籍、帝系、封建、象纬、物异5门，则是《通典》无而《通考》新创的。这24门，包括了中国古代社会从经济基础到上层建筑的大多领域。《通考》虽说从上古论述至宋末，但有关宋代的内容，约占全书一半以上，是全书的主干，也是其最有价值的部分。

《通考》的体例是这样的：每门有小序，合载于卷首。每门之下又分为若干子目（类），每一目的内容也是按时间先后排列。但《通考》不同于《宋会要》，它不限于排比材料，而是有叙述、有考证，也有论断。《通考》的每一条目，凡是顶格排行的，就是马端临称之为"叙事"的部分，"本之经史，而参之以历代会要以及百家传记之书"，这也就是《文献通考》中的所谓"文"。《通考》中关于宋代部分的"叙事"，有相当部分取材于宋代的四部国史以及历朝会要，但不一定是全文转录，而是有所去取删节。《通考》中凡是低一格排行的，就是马端临称之为"论事"的部分，"先取当时臣僚之奏疏，次及近代诸儒之评论，以至名流之燕谈、稗官之纪录"，这也就是《文献通考》中的所谓"献"。《通考》中引用宋人的评论，较多的有沙随程氏（程迥）、石林叶氏（叶梦得）、致堂胡氏（胡寅）、山斋易氏（易祓）、止斋陈氏（陈傅良）、水心叶氏（叶适）、东莱吕氏（吕祖谦）、巽岩李氏（李焘）、"先公"（马廷鸾）等，从中也可以看出作者的思想倾向。他还引用了不少宋人的笔记，如吴曾的《能改斋漫录》、洪迈的《容斋随笔》、沈括的《梦溪笔谈》、王明清的《挥麈录》等。《通考》中凡是低两格排行的，是马端临自己的议论，"其载诸史传之记录而可疑，稽诸先儒之论辩而未当者，研精覃思，悠然有得，则窃著己意附其后焉"。他虽未明言，但这一部分应当就是《文献通考》中的所谓"考"。

对研究宋代历史来说，《通考》的"叙事"部分当然有很高的史料价值，因为它主要根据的是现已失传的宋代国史和现已残缺的会要。它的"论事"部分，引用的宋人议论及著作，有些现在已经失传了；即使现存的，也可作为校勘资料。马端临自己的"考"，有许多精辟的见解，包含有不少重要史料，同样不能忽视。

《通考》最初刻于元泰定元年（1324），有西湖书院刊本，现已不存。现存的有元至元五年（1339）余谦补修本，明正德十六年（1521）慎独斋刘洪刊本，嘉靖四年（1525）冯天驭刊本，清乾隆十三年（1748）武英殿刊"三通"合刻本，光绪二十二年（1896）浙江书局刊本；比较易见的是商务印书馆1936年的万有文库"十通"

本。其中以晚出的浙江书局本错误较少，但仍存在不少问题①。引用《通考》时，也应当用其他史籍核对。

5.《玉海》

《玉海》204卷，宋末王应麟撰。王应麟（1223—1294），字伯厚，号深宁居士，一号厚斋，庆元（今浙江宁波）人，理宗淳祐元年（1241）中进士。但他并不满足于进士出身，而以"通儒"自任，发愤读书，终于在宝祐四年（1256）考中了极难考中的博学宏辞科（只取了一人）。在他的影响、帮助下，三年之后他的弟弟应凤也中了此科，一时称荣。

《玉海》就是他为准备报考博学宏辞科的人编的，显然也包括了自己的经验。《玉海》最后4卷名为《辞学指南》，就是指导准备报考此科的人如何编题、作文、诵书，要注意那些语意等。博学宏辞科一直延续到清代，历来是进身翰林甚至宰相的重要途径。所以《玉海》这部类书在中国古代社会长期为人们所重视，虽然篇幅很大，在元代就有庆元路儒学刊本，明代更有南京国子监刊本，《四库全书总目提要》说它"贯串奥博，唐宋诸大类书未有能过之者"。我们今天重视这部书，主要是因为它保存、提供了许多比较可靠的宋代史料。

在南宋，考博学宏辞科的人要学会做各种体裁的文章，包括制、诰、诏、书、表、露布、檄、箴、铭、记、赞、颂、序，每次考试，出6道题，包括其中的6种体裁（制和表一般每次都有），内容则一半为古代，另一半为当代，所谓"质之古以觇记览之博，参之今以观翰墨之华"（《玉海·辞学指南》序）。因此，考博学宏辞科的人需要博古通今，既熟悉历史典故，又懂得本朝故事，而且事实必须准确。针对这种需要，《玉海》共分21门：天文、律历、地理、帝学、圣文、艺文、诏令、礼仪、车服、器用、郊祀、音乐、学校、选举、官制、兵制、朝贡、宫室、食货、兵捷、祥瑞。每门又分若干类，共241类。每类又按年代先后分若干细目。每一细目则精心编选经史子集稗官小说有关记载，间亦加以自己的按语。在全书中，占比重较多

---

① 参看徐光烈《〈文献通考·征榷考〉校勘试释》，《上海师范学院学报》增刊，1980年10月。

的有艺文（29 卷）、宫室（21 卷）、官制（17 卷）、兵制（16 卷）、地理（12 卷）、郊祀（11 卷）、食货（11 卷）等门。

有关宋代内容，在《玉海》全书中约占四分之一稍多。因为王应麟多次任史官，能"尽阅馆阁之所藏"（《玉海》李桓序），所以宋代部分多取材于现已失传的日历、实录、国史，有不少是现存其他史籍没有引用的，十分珍贵；而且即使同为其他史籍所引用的材料，也有详略之不同，文字之互异，可以参互考校。

《玉海》的条目分得很细，如卷 185 食货门会计类，有关宋代的就有景德、祥符、庆历、皇祐、治平、元祐、宣和、绍兴、乾道、绍熙、庆元、端平会计录等共 21 个细目，所以，为了充分利用《玉海》，最好自己先编制一部细目。

《玉海》在清代康熙、乾隆、嘉庆年间 3 次刊刻过。现在通行的是嘉庆十一年（1806）江宁布政使康基田以至元浙东初刻本为底本的校刻本。

6. 《建炎以来系年要录》与《建炎以来朝野杂记》

《建炎以来系年要录》（以下简称《要录》）200 卷、《建炎以来朝野杂记》（以下简称《杂记》）甲集 20 卷、乙集 20 卷，李心传撰。

李心传（1166—1243），字微之，隆州井研（今四川井研县）人。父亲舜臣，《宋史》卷 404 本传说他"通古今，推迹兴废，洞见根本"。他曾任宗正寺主簿，参加过重修《神宗玉牒》的工作。李心传生于孝宗乾道三年（1167），30 岁以后曾几次应考，都没有被录取，从此专心著述。宁宗嘉泰二年（1202），他写成《建炎以来朝野杂记》甲集 20 卷。嘉定元年（1208），正准备续撰《杂记》，有旨给札抄上《建炎以来系年要录》，续撰《杂记》事暂时中止，可见《要录》成书于该年或稍前。嘉定九年（1216），他又写成《杂记》乙集 20 卷。嘉定十六年（1223），国史院牒四川转运使，取索李心传所著《孝宗系年要录》，以为编修国史的参考。由于李心传在学术上特别是史学上的成就，在崔与之等 22 人先后推荐下，理宗宝庆二年（1226）他奉诏至临安，入史馆，时年 60 岁。这以后，他曾参与编修中兴四朝（高、孝、光、宁）国史、实录和《十三朝会要》。另据张端义《贵耳集》记载，李心传曾告诉他，《杂记》戊、丁集将写成。

287

可见《杂记》至少有 5 集,淳祐四年(1244),李心传卒于湖州,终年 78 岁。

李心传上述史学著作,除《要录》与《杂记》甲、乙集以外,现在都失传了。他还撰有《道命录》与《旧闻证误》等书。《要录》与《杂记》这两部不同体裁的史籍的编纂工作,他是同时交错进行的,而且完成于 50 岁以前。《要录》是编年体史书,记载宋高宗一朝从建炎元年至绍兴三十二年共 36 年的历史。《杂记》是会要体史书,分门别类记载高宗至宁宗四朝事实。《杂记》甲集分 13 门:上德、郊庙、典礼、制作、朝事、时事、故事、杂事、官制、取士、财赋、兵马、边防。每门下又分若干子目。乙集少郊庙一门。这两部书内容有交叉的地方,可以互为补充。

关于这两部书的材料来源及编修目的,李心传在《杂记》甲集序中曾说:"心传年十四五时,侍先君子官行都,颇得窃窥玉牒所藏金匮石室之副;退而过庭,则获剽闻名卿才大夫之议论。每念渡江以来,纪载未备,使明君、良臣、名儒、猛将之行事,犹郁而未彰。至于七十年间,兵戎财赋之源流,礼乐制度之因革,有司之传,往往失坠,甚可惜也。乃缉建炎至今朝野所闻之事,凡不涉一时之利害与诸人之得失者,分门著录,起丁未(建炎元年,1127)迄壬戌(嘉泰二年,1202),以类相从,凡六百有五事,勒为二十卷。"他的友人许奕在缴上《要录》的奏状中也说:"李心传博通群书,尤熟本朝故事。尝谓中兴以来,明君良臣,丰功盛烈,虽已见之《实录》等书,而南渡之初,一时私家记录,往往传闻失实,私意乱真,垂之方来,何所考信?于是纂辑科条,编年纪载,专以《日历》《会要》为本,然后网罗天下放失旧闻,可信者取之,可削者辨之,可疑者阙之,集众说之长,酌繁简之中,久而成编。"(《建炎以来朝野杂记》卷首)。可见,他编著这两部书,利用了他父亲舜臣任宗正寺主簿的条件,阅读了玉牒所保存的各种官修史籍和档案的副本,接触了一些官僚、学者,听到了他们关于政事的议论,再加上几十年的辛勤搜集,专心著述,终于写成《要录》《杂记》这两部关于南宋前期历史的重要史籍。

《要录》的编著继承了《通鉴》和《长编》的传统。全书以官修的日历、实录、会要为基础，广泛搜集各种记载，经过精细的考订，作出自己的论述。书中也有详细的注文，说明材料的来源、去取的依据等。《四库全书总目提要》评价《要录》说："其书虽取法李焘，而精审较胜。"《要录》只记载高宗36年间事，篇幅却达200卷之多，尤其是建炎元年至绍兴九年的13年间，几乎每年10卷，较《长编》详细，这也是年代较近、材料保存较多的缘故。至于本书的书名，据《杂记》卷首所载当年宣取《要录》的指挥，多作《高宗系年要录》，《宋史》本传也作《高宗系年录》，但自《四库全书》定为《建炎以来系年要录》以后，后人一直沿用这个名称。其实，本书只记高宗一朝史实，应以《高宗系年要录》为正；至于《建炎以来系年要录》这个名称，从《建炎以来朝野杂记》的取名和内容就可以知道，是作者一部内容更为广泛的编年体史书的名字，《高宗系年要录》只是其中的一部分，还应包括孝宗、光宗、宁宗的系年要录。但现在孝宗要录已不传，光宗、宁宗要录究竟是否成书也不可知了。

《杂记》虽是会要体史书，但与会要不尽相同，不仅是排比有关原始材料，而且加上作者自己的分析、论断。例如，甲集卷17《本朝视汉唐户多丁少之弊》条，李心传指出宋朝元丰至绍兴户口统计，每户只有二点一口，与西汉的四点八口、东汉的五点二口、唐代的五点八口相比，相差很多，显然有虚假。进而分析"诡名子户、漏口者众"的原因是有丁赋，并举同在本朝，没有丁赋的四川每户3口，而有丁赋的两浙每户只有1.5口为证。尽管作者的分析、论断不一定全面、正确，但对后人研究这一段历史还是有很多启发。《通考》作者马端临认为《杂记》是"南渡以来野史之最详者"，给予高度的评价。

《要录》有光绪五年（1879）仁寿萧氏和光绪八年广雅书局两种刻本，还有1936年商务印书馆"国学丛书"排印本（1956年中华书局曾用原纸型重印，1988年，中华书局再次重印）。这三个本子都来源于《四库全书》本，而《四库》本《要录》又是从《永乐大典》中录出。修《大典》时曾在注文中加进了一些后人的著作，修《四库全书》时又有窜改，再经过多次传抄、翻刻，这几个版本都有不少问题。商务排印本阅读起来较方便，但断句错误百出，还有很多缺漏。如今最好的本子是上海古籍出版社影印的四库全书文渊阁本。

日本梅原郁先生编有《建炎以来系年要录人名索引》。

《杂记》先有《函海》本及《武英殿聚珍版丛书》木活字本，光绪二十一年（1895）会稽孙星华据殿本翻刻，并参照归安陆心源藏影宋本做了校改。1937 年商务印书馆又据孙刻本排印。2000 年 7 月，中华书局出版了徐规教授点校的《建炎以来朝野杂记》两册。

7.《三朝北盟会编》

《三朝北盟会编》250 卷，徐梦莘编。所谓"三朝"，指宋徽宗、钦宗、高宗三朝。"北盟"，指与北方金朝的交涉、和战。"会编"（原名"集编"），指明本书是一部材料汇编。《三朝北盟会编》（以下简称《会编》）就是北宋末年至南宋初年 46 年间，宋金关系的材料汇编。它起自宋徽宗政和七年（1117），宋朝派人自登州（今山东蓬莱市）渡海与金朝商议夹攻辽朝，终于高宗绍兴三十二年（1162），金海陵王完颜亮大举侵宋失败。全书分三帙：上帙 25 卷，记徽宗政和、宣和年间事；中帙 75 卷，记钦宗靖康年间事；下帙 150 卷，记高宗建炎、绍兴年间事。

《会编》是编年体，按时间顺序排列有关材料。顶格排行的是"纲"，是编者徐梦莘用自己的话概述事件经过，一般都很简单。低一格排行的则是有关这一事件的材料，有时一事引用好几段材料。例如卷 2 第一条，"纲"是"（政和八年）五月二十七日戊申，广安军草泽安尧臣上书乞寝燕云等事"，这是编者的概述。下面照录安尧臣上书全文约 4000 字。只有中帙的最后 5 卷，因材料无法系年月，编为"诸录杂记"。

徐梦莘（1126—1207），字商老，临江（江西清江）人。生于靖康元年（1126），这一年金军攻陷宋都开封，次年虏徽宗、钦宗北去，北宋灭亡。再过两年，金军一度南下江西，徐梦莘的母亲背负他南逃，才幸免于难。国恨家仇，对徐梦莘是极大的刺激，也是促使他编纂《会编》的原因。所以他在《会编》序中一开头便说："呜呼，靖康之祸古未有也！"又说，"缙绅草茅，伤时感事，忠愤所激，据所闻见，笔而为记录者无虑数百家。然各说有同异，事有疑信，深惧日月浸久，是非混淆，臣子大节，邪正莫辨，一介忠耿，湮没不传"，于是编纂《会编》。《会编》始修于何时，不得而知；成书于光宗绍熙五年（1194），当时徐梦莘已经69岁，可见他编修此书，曾经过长时间的搜集材料过程。《会编》修成以后，他又把后来搜集到的补充材料编为《北盟集补》50卷，但没有留传下来。

关于《会编》的取材，徐梦莘在序中也有说明："取诸家所说及诏、敕、制、诰、书、疏、奏议、纪传、行实、碑志、文集、杂著，事涉北盟者，悉取铨次。"在《会编》篇首，他还列举了书中征引的书目196种。但检阅原书，实际引用的、有书名或篇名可考的，大大超过了这个数目。书中还有三分之一左右的材料没有注明书名或篇名，其中有一部分可以肯定是引自《四朝国史》《长编》和李焘的另一部著作《四系录》；估计这些没有注明出处的材料，来源于官修的正史，或者是经过政府认可的私人著作。

《会编》有很高的史料价值，这不但是因为它引用的材料十分丰富，并且其中相当一部分的原本今天已经失传了；还因为它保存了这些材料的原来面目，没有改动。徐梦莘在《会编》序中阐明了他引用材料的原则："其辞则因原本之旧，其事则集诸家之说。不敢私为去取，不敢妄立褒贬。参考折衷，其实自见。使忠臣义士、乱臣贼子善恶之迹，万世之下不得而掩没也。"这当然不是说他自己没有倾向，这种倾向当然也影响他对材料的去取，他对材料的引用也有删节，但是，他对材料确实没有改动。这就使得后人在研究这一段历史时，能够得到许多保存了本来面目的材料，可以从中得出自己的结论。

还要说明的是，《会编》虽然只包括与宋金关系有关的内容，但在当时，即北宋末南宋初，宋金关系在政治生活中占有突出的地位，影响到社会的各个方面。所以，《会编》对于研究当时社会的各个方面都很有价值，不仅限于宋金关系。由于《长编》中关于徽宗、钦宗部分全部散佚，而《会编》北宋末的部分共有100卷之多，就使它更显得珍贵了。

《会编》通行的刊本有光绪四年（1878）袁祖安的活字排印本及光绪三十四年（1908）许涵度校刻本。这两个本子的祖本都有不少问题，袁、许在校刊中又不甚谨慎，所以都有许多错误。1987年，上海古籍出版社影印出版了许涵度刻本，16 开两大册，较易见到。

陈乐素先生对徐梦莘与《三朝北盟会编》都有深入的研究，《徐梦莘考》和《三朝北盟会编考》两文，"网罗弘富，考订详实"。使用《三朝北盟会编》时，应注意参考这两篇文章，两文收入陈著《求是集》第一集，广东人民出版社 1986 年 5 月版。台湾王德毅先生有《徐梦莘年表》，可供参考。

8.《大事记讲义》

《大事记讲义》，全称《类编皇朝大事记讲义》，23 卷，吕中撰，本书有 23 卷、24 卷两种本子，24 卷本之卷 24 乃记"高宗皇帝"事，故以北宋事而云，23 卷本即已是全帙。

吕中，字时可，晋江（今属福建）人。宋理宗淳祐七年（1247）进士，廷对第六人，授肇庆府学教授。除国史实录院检阅，历沂靖惠王府诸王宫大小学教授，迁国子监丞兼崇政殿说书，以兄卒归。景定（1260—1264）中，复旧官，主管成都玉局观，卒。

吕中的著作，除本书外，尚有《皇朝中兴大事记讲义》与《皇朝大事记》《皇朝中兴大事记》三书传世。此外，还著有《国朝治迹要略》14 卷，今已佚。

《大事记讲义》23 卷，卷 1 是序论，包括"规模""制度""国势"3 篇，卷 2、卷 3 是"太祖皇帝"，卷 4、卷 5"太宗皇帝"，卷 6、卷 7"真宗皇帝"，卷 8、卷 9、卷 10、卷 11、卷 12"仁宗皇帝"，卷 13"英宗皇帝"，卷 14、卷 15、卷 16、卷 17"神宗皇帝"，卷 18、卷 19、卷 20"哲宗皇帝"，卷 21、卷 22"徽宗皇帝"，卷 23"钦宗皇帝"。

另有《皇朝大事记》9 卷，"始太祖，迄钦宗，后附治体、制度、国势论三篇"（《爱日精庐藏书志》卷 20），当系《大事记讲义》23 卷本的删节本。

《大事记讲义》是宋人编的北宋九朝历史的简明读本，有其特点："是书年以纪大事，一朝之事类之，随朝分类，随事通释，考求源委，显微阐幽，言近而指远也。"该书先胪列大事，然后加以评论，使读者不仅明了大事，而且可知其原委后果。因此，此书在当时风行，并非偶然。元人编《宋史全文》，大量引用此书评论，亦足证此书之价值。我们今天读此书，不仅可以知道南宋人是如何编北宋史的，更可以了解南宋人是如何评论北宋史事的。尤其对初学者来说，收益更大。

《大事记讲义》常见的有四库全书本及台湾文海出版社影印的本子。但均有缺佚。

三　宋代历史的其他史料简介

除上述 9 种主要史料外，有关宋代的基本史料还有很多。下面，择要予以介绍。

1. 总集类

《全宋文》，四川大学古籍整理研究所整理编纂，巴蜀书社出版，已出版 50 册。由于整理者水平不一，错误不少，使用时应加注意。

《全宋诗》，北京大学古文献研究所主持编纂，全国各地都有人参与其中，是迄今分量最大的宋人诗歌总集，北京大学出版社出版。已出版 72 册。本书的问题与《全宋文》相同，而且更应注意。

《全宋词》，唐圭璋编，中华书局 1965 年版，共 5 册。1988 年 3 月第 4 次印刷。

《宋诗话全编》，吴文治主编，江苏古籍出版社 1998 年版，共 10 册。

《宋诗钞初集》，（清）吴之振、吕留良、吴自牧选；《宋诗钞补》，（清）管庭英、蒋光煦补。中华书局 1986 年排印本合为一本，名《宋诗钞》，共 4 册。两书共收录宋诗 100 家。

《宋文鉴》（《皇朝文鉴》）150 卷，（宋）吕祖谦编，齐治平点校，中华书局 1992 年版，共 3 册。

《宋朝诸臣奏议》（《国朝诸臣奏议》）150 卷，（宋）赵汝愚辑，北京大学中国中古史研究中心点校整理，上海古籍出版社 1999 年版，16 开 2 册。

《历代名臣奏议》350 卷，明朝永乐十四年（1416）黄淮、杨士奇等奉敕编。全书共分 46 门，所收奏议，远自殷商，下迄元代。其中很多宋人奏议是现存其他文集和史籍所未见的，弥足珍贵：上海古籍出版社将永乐十四年内府刊本于 1989 年影印出版，16 开。5 大册，附有"篇名目录"和"作者索引"。

《圣宋名贤五百家播芳大全文粹》110 卷，（宋）魏齐贤、叶棻同编。本书录宋文，十之六七是骈文。有四库全书文渊阁本。

《两宋名贤小集》380 卷，（宋）陈思编，（元）陈世隆补。所录宋人文集，始于杨亿，终于潘音，凡 157 家。有四库全书文渊阁本。

《宋代蜀文辑存》100 卷，傅增湘纂辑。本书收录之文 2600 余篇，作者 450 余人。有台北新文丰出版公司 1974 年版影印本。本书对研究宋代四川人物，很有用处。

《宋人年谱丛刊》，吴洪泽、尹波主编，李文泽、刁忠民主审，大 32 开，全 12 册，四川大学出版社 2003 年版，约 500 万字。本书共收古今人所作宋人年谱 163 种。附有《人名索引》等。

2. 纪传体类

《东都事略》130 卷，（宋）王称撰。记述北宋时期历史，分为本纪、世家（皇后及皇子的传记）、列传和附录（金、西夏等传）。洪迈认为它"信而有证，可以据依"。南宋时修神、哲、徽、钦《四朝国史》时，曾参考此书。有清眉山程氏刊本与台湾文海出版社影印本。

《隆平集》20 卷，曾巩撰。记述北宋太祖至英宗五朝史实，可能是《五朝国史》之稿本。有七业堂刊本与台湾文海出版社影印本。

《宋史翼》40 卷，（清）陆心源辑。本书辑补列传 40 卷，共 944 人，每传后注明出处。有台湾文海出版社 1967 年版影印本。

3. 编年类

《皇朝编年纲目备要》（又作《宋九朝编年备要》）30 卷，（宋）陈均撰。此书约撰成于宋理宗绍定（1228—1233）年间。其内容涵盖北宋。它虽是主要据李焘《长编》删节而成，但也参考了日历、实录及其他史籍。今本《长编》佚徽宗、钦宗等部分内容，本书就更具参考价值了。本书有日本静嘉堂文库影印本。2006 年 12 月，中华书局出版了许沛藻、金圆、顾吉辰、孙菊园的点校本，大 32 开，全 2 册。

《中兴两朝编年纲目备要》18 卷，（宋）陈均撰。"两朝"，盖指高宗、孝宗也。有（清）道光十七年（1837）张蓉镜手跋钞本，藏台北"中央"图书馆，北京国家图书馆亦有藏本。

《续编两朝纲目备要》16卷，（宋）佚名编。所谓"两朝"，盖指光宗、宁宗也。此书记述宋光宗绍熙元年（1190）至宁宗嘉定十七年（1224）凡三十五年史事。本书有汝企和点校本，中华书局1995年版。

《皇宋十朝纲要》25卷，（宋）李埴撰。"十朝"，指北宋九朝加南宋高宗一朝。作者是李焘的儿子。此书可与《长编》《建炎以来系年要录》相互印证。有《六经堪丛书》本与台湾文海出版社影印本。

《中兴两朝圣政》64卷，作者佚名。"两朝"，指高宗、孝宗。本书为编年体。现存此书缺卷30—45。有宛委别藏本和台湾文海出版社影印本。此书编写，在《建炎以来系年要录》之前。从史源上说，其价值高于《要录》。

《中兴小历》40卷，（宋）熊克撰。此书记载宋高宗一朝史事。本书有广雅书局刊本。还有顾吉辰、郭群一标点本，福建人民出版社1985年9月版；但此标点本问题不少，书名亦误作《中兴小记》。《中兴小记》之名，实乃清四库馆臣自《永乐大典》辑出时，避清高宗乾隆（名弘历）之讳而改，当以《中兴小历》为正。本书撰写，亦在《建炎以来系年要录》之前。另，又名《皇朝中兴纪事本末》，北京图书馆出版社2005年版影印本，大16开，共2册。

《宋史全文》，又作《宋史全文续资治通鉴长编》36卷。作者佚名，估计是元初宋遗民所作。现存部分包括宋太祖到理宗朝，度宗以后有目无文。夹注有评语。有元、明刻本和台湾文海出版社影印本。2004年8月，黑龙江人民出版社出版了李之亮的点校本，大32开，全3册。

《宋季三朝政要》6卷，作者佚名，当为宋元间人。本书前5卷记述宋末三朝理宗、度宗、恭帝事，附录1卷为宋人陈仲微《广卫二王本末》，史料价值最高，记帝昰（端宗）、帝昺事。有《学津讨原》《守山阁丛书》《粤雅堂丛书》本与台湾文海出版社影印本。

4. 传记类

《宋名臣言行录》75卷，（宋）朱熹、李幼武编。前集10卷、后

集 14 卷共 24 卷，为朱熹所编；续集 8 卷、别集 26 卷、外集 17 卷共
51 卷为李幼武编。本书所收，包括了宋太祖至宋宁宗间共 229 人的
事迹，皆为所谓名臣。全书分为五部分：①前集 10 卷，收录 55 人，
系太祖至英宗五朝人物，《四部丛刊》本名为《五朝名臣言行录》。
②后集 14 卷，收录 42 人，系神宗至徽宗朝人物，故又称《三朝名臣
言行录》。③续集 8 卷，收录 26 人，所录人物至北宋末年，故又称
《皇朝名臣言行续录》。④别集 26 卷，收录南宋高宗、孝宗、光宗、
宁宗四朝人物 65 人，故又称《四朝名臣言行录》。⑤外集 17 卷，收
录南宋道学名臣 38 人。本书各条记载，均注明出处，可以查考。有
《四部丛刊》本与台湾文海出版社影印本。

　　《宋人轶事汇编》20 卷，136 篇，民国初年丁传靖（闇公）所
辑。本书师从《名臣言行录》，从 500 多种宋元明清笔记中，辑出宋
代名人 612 人的有关史料，并注明出处。本书对研究宋代人物，很有
帮助。但须注意，本书所言，应返查所注出处，方可引用。有中华书
局 1981 年版，32 开，共 3 册。

　　《名臣碑传琬琰集》107 卷，（南宋）杜大珪编。本书主要收录墓
志铭、神道碑铭与别传等材料，分为三部分：①上集 27 卷，为神道
碑。②中集 55 卷，为志铭行状。③下集 25 卷，别传居多，或及实
录、国史。有影印文渊阁四库全书本与台湾文海出版社影印本。20
世纪 30 年代，哈佛燕京社编纂"引得"时，"择录其所载宋实录及
已失佚于宋集诸文，共 80 篇，汇为一书，依其编次，厘为三卷，名
之曰《琬琰集删存》。"《删存》有上海古籍出版社 1990 年版，32
开，1 册。

　　《宋稗类钞》8 卷，（清）潘永因编。此书是采录清代以前的野
史、笔记、诗话等书之材料，经过章节与文字上的整理，编辑而
成。此书收录了宋人的许多传闻纪事，缺点是未注明出处，不便利
用。但在研究中作为查找线索之需，本书还是有些参考价值的。本
书有刘卓英点校本，书目文献出版社 1985 年版，32 开，上、下
两册。

　　《宋人传记资料索引》，今人昌彼得、王德毅等编，中华书局
1988 年版，32 开，共 6 册。王德毅增订。本书采用宋人文集 347 种，

元人文集 20 种，总集 12 种，史传典籍 90 种，宋元地方志 28 种，金石文 8 种，共计 505 种典籍。本书搜罗宋代人物多达 22000 人。本书对于研究宋代人物，贡献极大，颇便利用。1994 年 8 月，四川大学出版社出版了李国玲编纂的《宋人传记资料索引补编》，全 3 册。此书采用了 1000 多种典籍，补入人物 14000 余人，补录材料者 6000 多人，仍按《宋人传记资料索引》之格式排列。此书系四川大学古籍研究所整理编辑《全宋文》之副产品，编纂者对宋史并非研究有故，此书所收典籍，多为明清方志，因此，此书价值远逊于原书。但是，无论如何，对研究宋代人物，不无小补。

《中国地方志宋代人物资料索引》，沈志宏、王蓉贵编。四川辞书出版社 1997 年版，32 开，4 册。

《伊洛渊源录》14 卷，（宋）朱熹撰。为理学家树碑立传，排定传承源流，是研究宋代理学的重要史料，有台湾文海出版社 1968 年版影印本。

《昭忠录》1 卷，作者宋人，佚名。此书记述了自理宗绍定四年（1231）至宋亡期间抗元死难者 130 多人事迹。有影印文渊阁四库全书本。

5. 纪事本末类

《续资治通鉴长编纪事本末》150 卷，（宋）杨仲良撰。此书可稍补今本《长编》之缺佚，清人黄以周据以另编《长编拾补》60 卷。此书有广雅书局本，台湾文海出版社据以影印。

《太平治迹统类》40 卷，（宋）彭百川撰。本书记述北宋九朝事迹。据邓广铭先生研究，本书是李焘《长编》的另一种纪事本末体。[①] 有四库全书文渊阁本和江苏广陵古籍刻印社 1990 年版影印本，32 开，1 册。

《宋史纪事本末》28 卷，（明）陈邦瞻撰。此书记述两宋 320 年间事，分立 109 目，颇便于初学者。但本书所云，不可作为史料直接引用，应返查《宋史》。有中华书局 1977 年版点校本，32 开，共 3 册。

---

① 详见《对有关〈太平治迹统类〉诸问题的新考索》，载《邓广铭治史丛稿》，北京大学出版社 1997 年 6 月版，第 350—352 页。

6. 典章类

《宋大诏令集》240 卷，编者宋人，佚名。现缺卷 71—93、106—115、167—177 共 44 卷，实存 196 卷。本书收录了宋太祖建隆年间至宋徽宗宣和年间诏书共 380 余篇，分为 17 门，分类排列。有中华书局 1962 年版排印本，16 开，1 册。

《宋宰辅编年录》20 卷，（宋）徐自明撰。本书起于太祖建隆元年（960），迄于宋宁宗嘉定八年（1215），记载了两宋十三朝 255 年间宰相执政大臣的任免情况。本书可与《宋大诏令集》对照看。本书有王瑞来校补本，中华书局 1986 年 12 月版，32 开，共 4 册，附有（明）吕邦耀编辑的《续宋宰辅编年录》26 卷，起于宋嘉定八年（1215），迄于元至元十九年（1282）"文天祥死节"，记载了 60 多年间的宰执任免情况，正好可补《宋宰辅编年录》之缺。

《宋朝事实》20 卷，（宋）李攸撰。分门记述北宋时事，往往有《宋文鉴》《名臣碑传琬琰集》《播芳大全文粹》诸书所缺漏者。有中华书局 1955 年版排印本。《丛书集成初编》本，3 册。

7. 类书

《皇朝事实类苑》78 卷，（宋）江少虞撰。本书分 22 门，每条事下，均注明出处，凡引书 60 多种。有四库全书本 63 卷；上海古籍出版社 1981 年版点校本，书名作《宋朝事实类苑》，78 卷。

《山堂考索》212 卷，（宋）章如愚撰。此书全名《山堂先生群书考索》，故又称《群书考索》。本书前集 66 卷，分 16 门；后集 65 卷，分 10 门；续集 56 卷，分 17 门；别集 25 卷，分 11 门。共计 54 门，212 卷。有元延祐（1314—1320）刻本，（明）正德戊辰（三年，1508 年）慎独斋刊本。

《记纂渊海》195 卷，（宋）潘自牧撰。本书共分 58 门，其下分子目，目内依经、史、子、传记、集、本朝等项之序，摘录各书中的有关文词。有宋刻本，（明）万历年间（1573—1620）陈文琏重纂本。

《古今合璧事类备要》366 卷，（宋）谢维新撰。本书分：前集 69 卷，41 门；后集 81 卷，48 门；续集 56 卷，6 门；别集 94 卷，六门；外集 66 卷，16 门。有影印文渊阁四库全书本。

《源流至论》40 卷，有影印文渊阁四库全书本。本书前集 10 卷，后集 10 卷，续集 10 卷，（宋）林駉撰。别集 10 卷，（宋）黄履翁撰。

《锦绣万花谷》150 卷，不著编者，宋人编。本书前集 40 卷，后集 40 卷，续集 40 卷，别集 30 卷。有上海古籍出版社 1992 年版影印本，1 册。

《海录碎事》22 卷，（宋）叶廷珪撰。李之亮点校，中华书局 2002 年版，上、下册。

8. 法律类

《宋刑统》30 卷，（宋）窦仪等编修。全书分 213 门，附《编敕》4 卷。有《嘉业堂丛书》本，中华书局 1984 年版点校本。

《名公书判清明集》14 卷，南宋后期人编纂。所收皆断案判词。有（明）隆庆三年（1569）刻本。有中华书局 1984 年版点校本。

《折狱龟鉴》8 卷，（宋）郑克编撰。本书分 20 门，辑录上自春秋，下至北宋徽宗时期的历代有关平反冤滥、抉择奸慝的案例故事 270 余条、390 余事，并以按语的形式对大部分案例进行了分析、考辩。有上海古籍出版社 1988 年版，刘俊文译注点校。

《庆元条法事类》437 卷（一作 80 卷），嘉泰二年（1202），右丞相谢深甫监修编成，次年颁行。全书分 16 门，每门又分类，每类载敕、令、格、式、申明等。有清人传钞本，1949 年木刻本，均缺 42 卷。

《洗冤集录》5 卷，（宋）宋慈撰。本书博采治狱之书及历年公布之条例、格目，订正补充，加以己论，分检覆总说、验尸等 53 项。淳祐七年（1247），此书颁行全国，成为办案官吏检验的指南。有元刻本，（清）孙星衍依元刻本重刻的校勘本。

9. 都城类

《东京梦华录》10 卷，（宋）孟元老撰。记北宋都城东京开封府事。有中华书局 1982 年重印邓之诚注录本，2006 年伊永文笺注本。

《都城纪胜》1 卷，（宋）耐得翁撰。记南宋都城临安府琐事。有《武林掌故丛编》本，浙江人民出版社 1983 年版标点本。

《西湖老人繁胜录》1 卷，（宋）西湖老人撰。记杭州事。原书久佚，今本从《永乐大典》录出，有《武林掌故丛编》本，浙江人民出版社 1983 年版标点本。

《梦粱录》20 卷，（宋）吴自牧撰。记杭州事。有《知不足斋丛书》本，浙江人民出版社 1980 年版标点本。

《武林旧事》10 卷，（宋）周密撰。记杭州杂事。有《知不足斋丛书》本，浙江西湖书社 1981 年版标点本。

以上五书，中国商业出版社合为一本，1982 年 3 月出版，是常见易觅之本。

《汴京遗迹志》24 卷，（明）李濂撰，记北宋都城开封事。周宝珠、程民生点校，中华书局 1999 年版。

《宋东京考》20 卷，（清）周城撰，记开封事。单远慕点校，中华书局 1988 年 8 月版。

10. 笔记小说类

宋代的笔记小说，流传至今者不下百余种，是一批珍贵的史料。中华书局、上海古籍出版社等出版社自 20 世纪 80 年代以来，组织人员点校整理，已出版点校本 50 种以上。在使用宋代笔记小说时，应首先注意使用这些点校本，然后方及其他版本。

点校本主要有：（这些宋人笔记，作者均为宋人，故不再标出）

《老学庵笔记》10 卷，陆游撰，李剑雄、刘德权点校，中华书局 1979 年版。

《渑水燕谈录》10 卷，王辟之撰，吕友仁点校，中华书局 1981 年版。

《归田录》2 卷，欧阳修撰，李伟国点校，中华书局 1981 年版。

《默记》3 卷，王铚撰，朱杰人点校，中华书局 1981 年版。

《燕翼诒谋录》5 卷，王栐撰，诚刚点校，中华书局 1981 年版。

《桯史》15 卷，岳珂撰，吴企明点校，中华书局 1981 年版。

《龙川略志》10 卷、《龙川别志》2 卷，苏辙撰，俞宗宪点校，中华书局 1982 年版。

《东轩笔录》15 卷，魏泰撰，李裕民点校，中华书局 1983 年版。

《泊宅编》10 卷（又 3 卷），方勺撰，许沛藻、杨立扬点校，中华书局 1983 年版。

《铁围山丛谈》6 卷，蔡绦撰，冯惠民、沈锡麟点校，中华书局 1983 年版。

《青琐高议》20 卷，刘斧撰辑，分前集 10 卷，后集 10 卷，上海古籍出版社 1983 年版。

《邵氏闻见录》20 卷，邵伯温撰，李剑雄、刘德权点校，中华书局 1983 年版。

《邵氏闻见后录》30 卷，邵博撰，刘德权、李剑雄点校，中华书局 1983 年版。

《鸡肋编》3 卷，庄绰撰，萧鲁阳点校，中华书局 1983 年版。

《春渚纪闻》10 卷，何薳撰，张明华点校，中华书局 1983 年版。

《鹤林玉露》18 卷，罗大经撰，王瑞来点校，中华书局 1983 年版。本书分甲乙丙三编，各 6 卷。

《齐东野语》20 卷，周密撰，张茂鹏点校，中华书局 1983 年版。

《宾退录》10 卷，赵与时撰，齐治平点校，上海古籍出版社 1983 年版。

《青箱杂记》10 卷，吴处厚撰，李裕民点校，中华书局 1985 年版。

《芦浦笔记》10 卷，刘昌诗撰，张荣铮、秦呈瑞点校，中华书局 1986 年版。

《考古质疑》6 卷，叶大庆撰，李伟国点校，上海古籍出版社 1985 年版。此书另有陈大同校证本，广东高等教育出版社 1989 年版。

《瓮牖闲评》8 卷，袁文撰，李伟国点校，上海古籍出版社 1985 年版。

《湘山野录》3 卷、《续录》1 卷，释文莹撰，郑世刚点校，中华书局 1984 年版。

《玉壶清话》10 卷，释文莹撰，杨立扬点校，中华书局 1984 年版。

《梁谿漫志》10 卷，费衮撰，傅毓铃标点，山西人民出版社 1986 年版。

《野客丛书》30 卷，王楙撰，王文锦点校，中华书局 1987 年版。

《西溪丛语》2卷，姚宽撰，孔凡礼点校，中华书局1993年版。

《家世旧闻》2卷，陆游撰，孔凡礼点校，中华书局1993年版。

《清波杂志》12卷，周煇撰，刘永翔校注，中华书局1994年版。

《云麓漫钞》15卷，赵彦卫撰，傅根清点校，中华书局1996年版。

《涑水记闻》16卷，司马光撰，邓广铭、张希清点校，中华书局1989年版。

《四朝闻见录》5卷，叶绍翁撰，沈锡麟、冯惠民点校，中华书局1989年版。

《麟台故事》5卷，程俱撰，张富祥校证，中华书局2000年版。

《游宦纪闻》10卷，张世南撰，张茂鹏点校，中华书局1981年版。

《旧闻证误》4卷，补遗1卷，李心传撰，崔文印点校，中华书局1981年版。此书与《游宦纪闻》合为一本。

《东斋记事》5卷，范镇撰，汝沛点校，中华书局1980年版。

《春明退朝录》3卷，宋敏求撰，诚刚点校，中华书局1980年版。此书与《东斋记事》合为一本。

《石林燕语》10卷，叶梦得撰，侯忠义点校，中华书局1984年版。

《癸辛杂识》6卷，包括前集1卷，后集1卷，别集2卷，周密撰，吴企明点校，中华书局1988年版。

《墨庄漫录》10卷，张邦基撰，孔凡礼点校，中华书局2002年版。

《过亭录》1卷，范公偁撰，孔凡礼点校，中华书局2002年版。

《可书》1卷，张知甫撰，孔凡礼点校，中华书局2002年版。

上述三书，中华书局合为1册。

《侯鲭录》8卷，赵令畤撰，孔凡礼点校，中华书局2002年版。

《墨客挥犀》10卷，《续墨客挥犀》10卷，彭□撰，孔凡礼点校，中华书局2000年版。此书与《侯鲭录》合为一本。

《师友谈记》1卷，李廌撰，孔凡礼点校，中华书局2002年版。

《曲洧旧闻》10卷，朱弁撰，孔凡礼点校，中华书局2002年版。

《西塘集耆旧续闻》10卷，陈鹄撰，孔凡礼点校，中华书局2002

年版，与上述二书合为一本。

《揽辔录》1卷、《骖鸾录》1卷、《桂海虞衡志》1卷、《吴船录》2卷、《梅谱》1卷、《菊谱》1卷，范成大撰，孔凡礼点校，中华书局2002年版，合为一本，名为《范成大笔记六种》。

《容斋随笔》五集74卷，洪迈撰，上海古籍出版社1978年版点校本。本书分为五集：《容斋随笔》16卷，《容斋续笔》16卷，《容斋三笔》16卷，《容斋四笔》16卷，《容斋五笔》10卷。中华书局2005年出版孔凡礼点校本，上、下两册。

《朝野类要》，赵升编，王瑞来点校，中华书局2007年版。

《能改斋漫录》18卷，吴曾撰，上海古籍出版社1979年版点校本。

《后山谈丛》6卷，陈师道撰，李伟国点校，上海古籍出版社1989年版。

《萍洲可谈》3卷，朱彧撰，李伟国点校，上海古籍出版社1989年版。

《杨文公谈苑》1卷，杨亿口述，（宋）黄鉴笔录，（宋）宋庠整理，李裕民辑校，上海古籍出版社1993年版。

《倦游杂录》1卷，张师正撰，李裕民辑校，上海古籍出版社1993年版。此书与《杨文公谈苑》合为一本。

《麈史》3卷，王得臣撰，俞宗宪点校，上海古籍出版社1986年版。

《独醒杂志》10卷，曾敏行撰，朱杰人标校，上海古籍出版社1986年版。

《投辖录》1卷，《玉照新志》5卷，王明清撰，汪新森、朱菊如校点，上海古籍出版社1991年版。

《挥麈录》20卷，王明清撰，上海书店出版社2001年版点校本。本书包括前录4卷，后卷11卷，第三录3卷，余话2卷。

其余尚未点校的笔记小说，数量远多于已点校者，此处不再列举。

11. 文集类

传世的宋人文集数量很大，仅《四库全书·别集类》收录的即有

388 部之多，还有很多《四库全书》未收录者。这些文集中，包含了非常丰富和重要的史料，必须予以足够的重视。

下面，大致按作者时代之先后，列出较重要的宋人文集。因作者均为宋人，不再注明时代，还有部分元初文集，也包含宋史资料，此处就不胪列了。有点校本的，就笔者所见，尽量列出，但仍难免会有遗漏。

《骑省集》24 卷，徐铉，《四部丛刊》本。

《咸平集》30 卷，田锡，《宋人集》丁编。

《乖崖集》12 卷，张咏，《续古逸丛书》本，张其凡整理本，中华书局 2000 年版。

《河东集》15 卷，柳开，《四部丛刊》本。

《小畜集》30 卷、外集 7 卷，王禹偁，《四部丛刊》本。

《文庄集》36 卷，夏竦，《四库珍本》本。

《范文正公集》20 卷、别集 4 卷、补编 5 卷，范仲淹，《二范全集》本及《四部丛刊》本。

《文恭集》40 卷，胡宿，《武英殿聚珍版丛书》本（以下简称聚珍本）。

《景文集》62 卷，宋祁，《湖北先正遗书》本。

《包拯集》（原名《包孝肃奏议》）10 卷，包拯，中华书局 1963 年版排印本。杨国宜校注本，黄山书社 1996 年版。

《武溪集》20 卷、补佚 1 卷、奏议 2 卷，余靖，明成化刊本及《广东丛书》本。黄志辉校笺本，天津古籍出版社 2000 年版。

《徂徕集》20 卷，石介，阳湖孙氏影宋本。

《欧阳文忠公文集》153 卷，欧阳修，《四部丛刊》本。

《欧阳修全集》6 册，李逸安点校，中华书局 2001 年版。

《乐全集》40 卷，张方平，《四库珍本》本。

《苏舜钦集》（原名《苏学士集》）16 卷，苏舜钦，中华书局 1961 年排印本。傅平骧、胡问陶编年校注本，巴蜀书社 1991 年版。

《安阳集》50 卷，韩琦，清乾隆刊本。另有《韩魏公集》20 卷，《丛书集成》本。李少尧、徐正英编年笺注本，巴蜀书社 2000 年版。

《直讲李先生文集》37 卷、年谱 1 卷、外集 3 卷，李觏，《四部丛刊》本。王国轩点校，中华书局 1981 年版，名为《李觏集》。

《嘉祐集》15 卷，苏洵，《四部丛刊》本。笺注本，曾枣庄、金成礼笺注，上海古籍出版社 1993 年版。

《蔡襄集》40 卷，蔡襄、吴以宁点校，上海古籍出版社 1996 年版。本书原名《宋端明殿学士蔡忠惠公文集》，简称《蔡端明集》或《蔡忠惠集》。

《张载集》，张载，中华书局 1978 年版编校本。包括《正蒙》17 篇，《横渠易说》7 篇，《经学理窟》12 篇，《张子语录》5 篇，以及《文集佚存》、《拾遗》。

《都官集》14 卷，陈舜俞，《宋人集》甲编。

《丹渊集》40 卷，文同，《四部丛刊》本。

《公是集》54 卷，刘敞，聚珍本，《丛书集成》本。

《元丰类稿》50 卷，曾巩，《四部丛刊》本，万有文库本。陈杏珍、晁继周点校，名《曾巩集》，中华书局 1998 年版，上、下两册。

《华阳集》40 卷，王珪，聚珍本。

《温国文正司马公文集》80 卷，司马光，《四部丛刊》本。另有《传家集》80 卷，乾隆培养堂藏重校刊本。

《苏魏公集》72 卷，苏颂，清道光同安重刊本。王同策、管成学、颜中其等点校，中华书局 1988 年版，2 册。

《临川先生文集》100 卷，王安石，《四部丛刊》本。另有《王文公文集》上、下册，唐武标校，上海人民出版社 1974 年版。

《二程集》，程颢、程颐，中华书局 1981 年版编校本，共 6 册。

《苏轼诗集》50 卷，孔凡礼点校，中华书局 1982 年版。

《栾城集》50 卷、后集 24 卷、三集 10 卷、应诏集 12 卷，苏辙，《四部丛刊》本。曾枣庄、马德富点校，全三册，上海古籍出版社 1987 年版。

《范太史集》55 卷，范祖禹，《四库珍本》本。

《谠论集》5 卷，陈次升，《四库珍本》本。

《豫章黄先生文集》30 卷，黄庭坚，《四部丛刊》本。

《滴水集》16 卷，李复，《关陇丛书》本。

《西台集》20 卷，毕仲游，聚珍本，《丛书集成》本。

《王令集》，王令，沈文倬校点，上海古籍出版社1980年版。

《乐静集》30卷，李昭玘，《四库珍本》本。

《灌园集》20卷，吕南公，《四库珍本》本。

《尽言集》13卷，刘安世，《四部丛刊》续编本。

《后山居士文集》20卷，陈师道，上海古籍出版社1984年版影印宋刻本，2册。

《淮海集》40卷、后集6卷，秦观，《四部丛刊》本。《淮海集笺注》，徐培均笺注，上海古籍出版社1994年版。

《龟山集》42卷，杨时，光绪五年重刊本。

《张右史文集》76卷，张耒，《四部丛刊》本。中华书局1990年版点校本，2册，李逸安、孙通海、傅信点校，名为《张耒集》。

《四明尊尧集》11卷，陈瓘，（清）光绪十年（1884年）章祥翠竹室刻本，全名为《宋忠肃陈了斋四明尊尧集》，此书有明刻本4卷。

《姑溪居士集》70卷，李之仪，《粤雅堂丛书》本。

《鄂国金佗粹编、续编校注》58卷，岳飞，王曾瑜校注，中华书局1989年版，2册。含《粹编》28卷，《续编》30卷。

《忠穆集》8卷，吕颐浩，《四库珍本》本。

《高峰文集》12卷，廖刚，《四库珍本》本。

《石林奏议》15卷，叶梦得，光绪归安陆氏影宋刊本。

《庄简集》18卷，李光，《四库珍本》本。

《昆陵集》16卷，张守，《常州先哲遗书》本。

《浮溪集》32卷，汪藻，《四部丛刊》本。

《梁溪集》180卷，李纲，清福建刊本。王瑞明点校本，名《李纲全集》，岳麓书社2004年版，上、中、下3册。

《忠正德文集》10卷，赵鼎，道光吴杰刊本。

《松隐文集》39卷，曹勋，《嘉业堂丛书》本。

《简斋集》16卷，陈与义，聚珍本。

《相山集》30卷，王之道，《四库珍本》本。

《崇正辩》3卷，《斐然集》30卷，胡寅，容肇祖点校，中华书局1993年版。

《五峰集》5卷，胡宏，《四库珍本》本。

《鄮峰真隐漫录》50 卷，史浩，光绪二十六年重刊本。

《梅溪集》54 卷，王十朋，《四部丛刊》本。《王十朋全集》，包括诗集 29 卷，文集 25 卷，上海古籍出版社 1998 年版，梅溪集重刊委员会编。

《盘洲集》80 卷，洪适，《四部丛刊》本。

《南涧甲乙稿》22 卷，韩元吉，聚珍本，《丛书集成》本。

《文定集》24 卷，汪应辰，聚珍本。

《汉滨集》16 卷，王之望，《湖北先正遗书》本。

《陆游集》（原名《剑南诗稿》及《渭南文集》），陆游，中华书局 1976 年版排印本。

《范石湖集》（原名《石湖诗集》及《石湖词》）35 卷，范成大，中华书局 1962 年版排印本。

《郑忠肃奏议遗集》2 卷，郑兴裔，《四库珍本》本。

《周益国文忠公集》200 卷，周必大，道光刊本。

《晦庵集》100 卷、续集 5 卷、别集 7 卷，朱熹，《四部丛刊》本。

《江湖长翁文集》40 卷，陈造，（明）万历刊本。

《浪语集》35 卷，薛季宣，《永嘉丛书》本。张良权点校本，上海社会科学院出版社 2003 年版，名《薛季宣集》，大 32 开，1 册。

《周行己集》10 卷，周行己撰，原名《浮沚集》，周梦江点校，上海社会科学院出版社 2002 年版，大 32 开，1 册。

《东莱吕太史文集》36 卷，吕祖谦，《续金华丛书》本。

《止斋文集》51 卷，陈傅良，《四部丛刊》本。周梦江点校，书名作《陈傅良先生文集》，浙江大学出版社 1999 年版。

《陈亮集》（增订本）39 卷，邓广铭点校，中华书局 1987 年版，上、下册。

《攻媿集》112，楼钥，《四部丛刊》本。

《王双溪先生集》12 卷，王炎，康熙王氏刊本。

《象山集》28 卷、外集 4 卷、语录 4 卷，陆九渊，《四部丛刊》本。另有《陆九渊集》，中华书局 1980 年版点校本。

《定斋集》20 卷，蔡戡，《常州先哲遗书》本。

《九华集》25 卷，员兴宗，《四库珍本》本。

《东塘集》20 卷，袁说友，《四库珍本》本。

《止堂集》18 卷，彭龟年，聚珍本。

《絜斋集》24 卷，袁燮，聚珍本。

《水心集》29 卷、别集 16 卷，叶适，《四部丛刊》及《永嘉丛书》（别集）本。《叶适集》，刘公纯、王孝鱼、李哲夫点校，中华书局 1961 年版，3 册。

《勉斋集》40 卷，黄榦，康熙闽刊本，《丛书集成》本。

《后乐集》20 卷，卫泾，《四库珍本》本。

《鹤山大全文集》100 卷，魏了翁，《四部丛刊》本。

《西山先生真文忠公文集》55 卷，真德秀，《四部丛刊》本。

《蒙斋文集》20 卷，袁甫，聚珍本。

《鹤林集》40 卷，吴泳，《四库珍本》本。

《左史谏草》1 卷，吕午，《四库珍本》本。

《可斋杂稿》34 卷、续稿 8 卷、续稿后 12 卷，李曾伯，《四库珍本》本。

《后村先生大全集》196 卷，刘克庄，《四部丛刊》本。

《耻堂存稿》8 卷，高斯得，聚珍本。

《雪坡舍人集》50 卷，姚勉，《豫章丛书》本。

《鲁斋集》20 卷，王柏，《续金华丛书》本。

《本堂集》94 卷，陈著，光绪四明陈氏刊本。

《文溪存稿》20 卷，李昴英撰，杨芷华点校，暨南大学出版社 1994 年版。

《黄氏日钞》97 卷，黄震，耕余楼刊本。

《四明文献集》5 卷，王应麟，《四明丛书》本。

《湖山类稿》5 卷，《水云集》1 卷，汪元量，《武林往哲遗著》本。孔凡礼辑校，中华书局 1984 年版，5 卷，名《增订湖山类稿》）。

《叠山集》16 卷，谢枋得，《四部丛刊》本，《丛书集成》本。

《文山集》21 卷，文天祥，《四部丛刊》本。

四川大学刘琳、沈治宏编有《现存宋人著述总录》，大 32 开，1 册，巴蜀书社 1995 年版。沈治宏另编有《现存宋人别集版本目录》，

16 开 1 册，巴蜀书社 1990 年版。此前，中国宋史研究会编有《北图、上图等所藏宋人文集目录》，曾油印成 16 开，1 册，发给宋史研究会会员。

12. 方志类

（1）总志五部

《太平寰宇记》200 卷，乐史，乾隆南昌万氏重刊本。

《元丰九域志》10 卷，王存，聚珍本。王文楚、魏嵩山点校，中华书局 1983 年版，2 册。

《舆地广记》38 卷，欧阳忞，李勇先、王小红校注，四川大学出版社 2003 年版，大 32 开，上、下两册。

《舆地纪胜》200 卷，王象之，道光岑氏刊本。

《方舆胜览》70 卷，祝穆撰，施和金点校，中华书局 2003 年版，32 开，全 3 册。

（2）地方志

《长安志》20 卷，宋敏求，光绪思贤讲舍重刻灵岩山馆本。

《景定建康志》50 卷，周应合等，嘉庆金陵孙忠愍祠刻本。

《吴郡图经续记》3 卷，朱长文，《学津讨原》本。

《吴郡志》50 卷，范成大，民国南浔张氏影宋刻本。

《重修琴川志》15 卷，孙应时等，汲古阁刊本。

《咸淳昆陵志》30 卷，史能之，嘉庆重刊本。

《嘉定镇江志》22 卷，卢宪，道光丹徒包氏刊本。

《玉峰志》3 卷，凌万顷，《太仓旧志五种》本。

《玉峰续志》1 卷，边实，《太仓旧志五种》本。

《云间志》3 卷，杨潜，嘉庆华亭沈氏古倪园刊本。

《新安志》10 卷，罗愿，光绪黟县李氏翻刻本。本书有萧建新、杨国宜校注，徐力审订的版本，名为《〈新安志〉整理与研究》，黄山书社 2008 年版，32 开，1 册。

《乾道临安志》3 卷（原本 15 卷），周淙，《武林掌故丛编》本。

《淳祐临安志》6 卷（残本），施谔，《武林掌故丛编》本。

以上两书合为一本，名《南宋临安两志》，浙江人民出版社 1983 年版标点本。

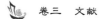

《咸淳临安志》100 卷，潜说友，道光钱塘汪氏刊本。

《澉水志》，常棠，《汇编》本。

《嘉泰吴兴志》20 卷，李景和，《吴兴丛书》本。

《乾道四明图经》12 卷，张津，《宋元四明六志》本。

《宝庆四明志》21 卷，罗濬，《宋元四明六志》本。

《开庆四明续志》，梅应发，《宋元四明续志》本。

《昌国图志》，宝庆年间修，清抄本。

《嘉泰会稽志》20 卷，施宿，民国影印嘉庆采鞠轩刊本。

《宝庆会稽续志》8 卷，张误等，民国影印嘉庆采鞠轩刊本。

《剡录》10 卷，高似孙，道光刊本。

《嘉定赤城志》40 卷，陈耆卿，《台州丛书》本。

《严州图经》8 卷，刘文富，光绪浙西村舍丛刻，《丛书集成》本。

《景定严州续志》10 卷，郑瑶等，《诵芬室丛书》本，《丛书集成》本。

《淳熙三山志》42 卷，梁克家，崇祯刊本。

《仙溪志》4 卷，赵与泌等，铁琴铜剑楼抄本。

《临汀志》，赵与沐等，中华书局影印《永乐大典》卷 7889—7895。

台湾大化书局与北京中华书局均有《宋元方志丛刊》出版，将宋元方志基本收齐，颇便利用。

13. 学案类

《宋元学案》100 卷，（清）黄宗羲原著，全祖望补修。陈金生、梁运华点校，中华书局 1986 年版，32 开，共 4 册。这是研究宋代学术思想史的必读书。

《宋元学案补编》100 卷，（清）王梓材，冯云濠撰，张寿镛校补，台湾世界书局 1974 年版，32 开，共 8 册。

《朱子语类》140 卷，黎靖德编，王星贤点校，中华书局 1986 年版，32 开，共 8 册。日本京都中文出版社 1984 年版影印（明）成化本，16 开，2 大册。

14. 目录类

《郡斋读书志》，晁公武撰。有两种版本传世：一为 20 卷本，一为7卷本（包括志4卷，后志2卷，附志1卷）。上海古籍出版社1990年版校证本，32开，1册。

《直斋书录解题》，22卷，陈振孙撰，上海古籍出版社1987年版点校本，32开，1册。

宋代其他方面史籍尚多，如年谱类、中外关系类、自然科学史类、兵书类、佛道类等方面的典籍，就有很多。限于篇幅，不一一举出了。有心读者，可查看《四库全书总目》和《中国丛书综录》的有关记载。

卷 四

自 传

从帕米尔高原到南海之滨

——我的求学之路

  说起我的老家，算是四川省蓬溪县蓬莱镇，现在已划属大堂县，归遂宁市管辖了。但是，我对蓬莱镇并没有什么印象，迄今也从未回过蓬莱镇。那个地方，与我关系不大，但籍贯还得填上"蓬溪县"。

  1949 年 8 月 13 日，我出生在重庆市离著名的抗战纪功碑不远的七星岗医院。当时，家父母住在重庆市上清寺。家父张用发，是私人银行聚兴诚的职员。家母彭科碧，则在家操持家务。我是家中长子，家父母时年 25 岁。两个月后的 10 月 25 日，人民解放军即解放了重庆市，重庆的抗战纪功碑，也就此改成了解放碑。解放碑周围，今日已成为重庆市最为繁华的地带。长大成人后，我于 1969 年与二弟晋文首次回到重庆，嗣后，1974 年，与小弟立新陪父母回过重庆。1998 年，我们一家三口，又陪父母回过重庆。记得在初中时，还写过一篇作文《我的家乡：重庆》，内中想象成分较多，是参考了地理课本写的。实际上，我对重庆还是不熟悉，也没有留下多少印象。重庆也未给我留下什么烙印。

  1949 年，家父从重庆聚兴诚银行调往聚兴诚上海总行工作，于是我们举家迁往上海。我依稀记得，父亲先行，我和母亲是坐船东下的，似乎走了半个多月才到上海。在上海，我家住在静安寺一带。1951 年，二弟晋文即在上海出生。也许是因此吧，48 年后的 1998 年，晋文之女眉眉又考回上海金融专科学校学习，再入上海师范大学读书，最终在上海工作、成家，又回归了她父亲的出生地。

  1952 年，上海组织了"华东金融工作队"，去新疆和青海工作，家父选择了新疆，于是，我家四口即从上海奔赴新疆。

1952 年的新疆，百废待兴，尤其是金融、财务、税收等方面人才奇缺。"华东金融工作队"进疆后，从创办"银行学校"开始，培养了大批金融干部，组建起新疆的金融、财政机构，为新疆的建设做出了不可磨灭的贡献。21 世纪初，有一部电视连续剧《冰山下的来客》，由金鑫、何政军等人主演，在一定程度上反映了"华东金融工作队"在新疆的工作情况，父亲生前时常提及此剧。进疆后，"华东金融工作队"中有一些人陆续不辞而别，先后离队回了内地，但大多数人则始终坚持留在新疆工作，献了青春献子女，把一生都献给了新疆的金融事业。家父于 2012 年 3 月 3 日在乌鲁木齐病逝，享年 88 岁。他在新疆工作、生活了 60 年，为新疆的金融事业贡献了毕生精力，去世后也长眠在天山脚下了。

家父进疆后，先是分配到和田地区的皮山县银行工作。小弟立新，就于 1953 年在皮山县出生。1955 年，家父调至喀什工作。这一年，我 6 岁，二弟晋文 4 岁，小弟立新 2 岁。

喀什，古称疏勒，地处古代丝绸之路要冲，是一座历史文化名城。汉代，此地是西域三十六国中的疏勒国。公元 10 世纪宋朝时，成为喀喇汗国的首都，曾创造出灿烂的古代文明，在中国古代历史上留下了光辉的一页。元代以后，维吾尔族崛起，喀什逐渐成为维吾尔族聚居的中心城市，城内的艾提尕尔清真寺闻名世界，成为伊斯兰世界著名的大寺之一。喀什又是瓜果之乡、歌舞之乡，不仅有闻名遐迩的伽师瓜，而且杏子、桃子、梨子、桑葚、樱桃、无花果等水果也闻名于世，甜美无比。喀什还是维吾尔族的歌舞之乡，喀什地区文工团，一直是实力强劲的文艺团体。著名的"木卡姆"歌剧，也产生在喀什地区的麦盖提县。

1949 年年底，人民解放军第一野战军第一兵团进驻新疆后，其所辖两个军，第二军进驻南疆，第六军进驻北疆。1950 年 1 月 22 日，建立了喀什地区党委（1952 年 2 月改称南疆区党委），下辖喀什、和田、莎车、阿克苏四个地委。作为行政机构，设立了南疆行政公署，是一个副省级行政单位，行署驻喀什市。当时第二军的政委王恩茂，成为南疆区党委第一任书记，直至调任新疆分局书记。第二军军部则改编为南疆军区，一直延续至今，仍然守卫着边疆。南疆区党委和南疆行署于 1956 年 4 月被撤销，改为喀什地委和喀什专署，莎车地区被并入喀什地区，不再设地委和专署。和田、阿克苏两地委则不再属喀什地委管辖。

我家五口到喀什后，因为组织上对"华东金融工作队"的关怀，二弟得以进入南疆行署幼儿园。我因年龄大（6 岁），未能进入幼儿园，遂去报考南疆干部子弟小学（简称南小）。当时，入小学有简单的语文、算术考试，我通过了这两项考试，但最后登记时，把年龄报成"6—7 岁"，结果被拒收。盖因当时规定，只招收 7 岁以上的孩子入学。事先家母曾一再叮咛，要报"7 岁"，但我不大会说谎，遂报成了"6—7 岁"，被招生老师识穿拒收。也因此一幕，招生老师记住了我，1956 年再去报考南小时，招生老师未考试即直接登记录取了我。小弟年幼，留在家中，未去幼儿园。于是，1955 年至 1956 年，我和小弟在家玩了一年。1956 年，我上了小学，小弟进了行署幼儿园。

1956 年上小学时，正逢推广简体字和新式汉语拼音。我们语文课的一个重要作业，即抄写《繁简字体对照表》，我记得至少抄了几十遍。这段训练，使我对繁体字较为熟悉，后来学习与研究历史时，得益不少。语文课上，起初学的是注音字母（现在台湾还在用），后来又学了拼音字母，因此注音字母与拼音字母均会运用，以后与台湾学者交往时，也颇有益处。我在南小一直上了六年，其后，二弟、小弟也都在这所小学完成了小学学业。这所小学，最初是"干部子弟小学"，所以入学是有资格限制的。1956 年我能入学，还因父母是"华东金融工作队"的干部而被照顾的。这所小学，位于当时喀什市西郊的一个高坡上，堪称当时喀什最好的小学，从一年级起，学生即全部寄宿，教学、管理都很严格，给我打下了很好的学习基础。依稀记得，当时学校周围很荒凉，还有野兽出没，晚上上厕所的时候，还曾看见过野狼。当时南小的校长是柯品凡，一位庄重威严的中年人。副校长徐修珍，是一位女同志，经常穿一件军大衣，一副英姿飒爽的军人姿态。校医室女医生姓刘，待人亲切。三年级前，是翟生明当班主任。四年级，彭鹏当班主任。五年级，鲁业煌（女）任班主任。他们三位都是语文老师。六年级的班主任是语文老师王清先，她爱人是南疆军区的军官。数学老师是余炳华，一位才华横溢的青年老师。其余老师则记不太清了。小学同学，能记得的有谭斌、杨维忠、戴肃生、文志俊、崔玲玲、刘殿国、杨来新、王滋芳、李晓林、吕玉杰、于新生、姜瑞、李军、杨中旦、周菊叶、曲恒毅等人。

在六年小学生活中，记得在二年级时，因朗诵语文课本上的《北京》一课，获了个奖。这似乎是我小学唯一一次获奖。我虽然学习成绩很好，但纪律很差，又贪玩，并不是一个好学生。

我上小学期间，学制屡改，一会儿是"六年制"，一会儿又要改为"五三二制"（即小学五年，初中三年，高中二年），因此五六年级与初一的课，不少重复，令人学习兴趣大减。

1962 年，我小学毕业，要上初中了。这一年，正逢"三年严重困难时期"。三年困难时期，在全国是 1960—1962 年。在新疆，尤其是喀什地区，则主要表现在 1962 年。记得在 1961 年 9 月前，我们在学校食堂吃饭还是不定量随便吃的。1961 年 9 月，才开始定量分餐，按照年龄分为大口、中口、小口。我们五年级 2 班，只有包括我在内的 4 个人是中口，其余全是大口。也就是说，我是年龄最小的 4 个人之一。大口、中口每顿配给的馒头大小不同。1962 年报考初中时，年龄卡得特别严，超过 15 岁的一律不许报考初中，结果我们班的年龄发生了较大变化，我成了年龄最大的一批人中的 1 个，这种人为的年龄变化，令我感叹不已。即便如此，仍有几个同学因为超过 15 岁，不允许报考初中，其中就包括我们班的女团员周菊叶。与我很要好的一位姓林的男同学，家在飞机场，也因超龄，只好回山东老家了。最终，我如愿考入了喀什第二中学，被分到初 65 级 3 班。

在新疆的南疆各县市，一般第一中学都是维吾尔中学，第二中学则是汉族中学。喀什二中建于 1956 年，是南疆创办最早的汉族中学，1960 年成为完全中学，拥有初、高中六个年级的学生。学校位于喀什市西郊，离南小不远，是当时喀什乃至整个南疆最好的中学，学生全部寄宿。我们入学时，校长是冯登先，教导主任是魏忠，副主任是刘玉柏、朱淑君。教师中，以北京大学、北京师范大学毕业生为主，教师队伍水平甚高。教语文的刘玉柏、何淑民、林正龙，教代数的尤志勖、杨世明、许玉堂，教几何的陈英栋、教生物的高英杰、居述宝，教化学的徐端福，教俄语的段淑杰、徐安民，教地理的孟凡孔、教历史的伍正祥、张进军，教物理的薛秀兰，教体育的吴嗣潢、陈鹤云，教政治的苏宗核、王宏瑞，很多老师的音容笑貌，至今宛在眼前。陈鹤云老师在"文化大革命"初期，从学校的水塔跳下身亡，在同学们中间留下了悲痛的一页。陈老师不仅体育技术好，文采也不错。每当因下雨不能上体育课时，陈老师便在课堂中上课，讲述体育掌故，比如国家男篮"五虎"，杨伯镛、钱澄海等人的事迹，我们听得津津有味，分外流连。初65级共有4个班，3班是男生最多的一个班，全班45人中，29个男生，16个女生。现在可以回忆起的初中同学，有杨维忠、戴肃生、刘殿国、王诚、孙志培、安建民、漆酒泉、齐全生、伍建章、周丽、崔玲玲、李和平、史九如、张新民、唐新民、于新生、郝文聚、徐大华、吕玉华、王秀华、曾成英、薛正梅、陈淑秀、邹绍彬、唐爱华、吕会民等人。杨瑞、任树智则上到初二时辍学，分别去了驾训学校和火电厂。我从初二开始，即是全班成绩第一名，以学习成绩好闻名全校。犹记得，1965年时经全校统计，我的十几门功课，平均分96.4分，列全校第三名。记得第一名是初66级的余志民，平均分97.4分；第二名是高66级的于翔（女），平均分96.7分。但我不是一个循规蹈矩的学生，喜欢调皮捣蛋，班主任多不喜欢我。尤其是初二时的班主任，年轻的教语文的宿志锷老师。每学期开始，同学们选举班干部，由于我与同学的关系都不错，学习成绩又好，于是当选学习委员，过不了两个月，宿老师就会把我撤掉，换成女生。这样的闹剧上演了好几个学期。另外，宿老师特别偏袒女生，他有一句名言："女生打了你的左脸，你应该把右脸伸过去。"结果，惹得全班男生大多对他不满，初三时终于调离我班。其实，宿老师还是不错的，后来还当上了喀什二中的副校长或校长。

　　初中时，有一件事印象较深。1964年，传达了毛主席指示，说中小学生学习负担太重，至少要砍掉三分之一。于是，当时不再布置课外作业，上课时老师都留10分钟时间让同学们完成作业。这样的情况，一直持续到1965年初中毕业。学习负担减轻了，但大多数同学成绩反而提高了。另一件印象深刻的事，就是修建学校体育场。同学们反穿衣服兜土，花了几个月时间，终于建成了一座标准体育场，同学们有了体育活动的场地。可惜的是，那块体育场在 20 世纪 80 年代变成了家属宿舍。

1965 年我初中毕业，正逢大讲阶级斗争的时候，非常重视家庭出身。出身不好的一般都不让报考高中，动员去报考中专。记得初中同班好友于新生虽然学习不错，但因为出身问题，不让报考高中，最后上了乌鲁木齐农机校。我则侥幸上了高中。那年考高中，我考得不理想，但很自负，认为考上高中无问题。家母带着二弟前去学校看榜，第一纵行从头到尾看了十几排，都未见我的名字，吓了一跳，结果在第二行头一名找到了我的名字。原来录取榜是横行排列，我考了第二名。我们这一级叫高 68 级，分为两个班，1 班班主任起初定为毕槐林，很快改为程霞明，2 班班主任沈正光。据说程、沈两位老师约定，按中考成绩排名，单数位的学生归 2 班，双数位的学生归 1 班，结果我分到了高 68 级 1 班。进了高 681 班一看，大多是原初中 653 班、654 班的同学，而高 682 班则多是初 651 班、652 班的同学，颇有趣味。记得当时是刘玉柏教 1 班语文，沈正光教 2 班语文，程霞明教俄语，王强邦教物理，毕槐林教化学，其余则记不清了。

从 1965 年 9 月到 1966 年 5 月，我们算是完整上完了高中一年级的各项课程。之后便是"文化大革命"，完全停课了。这一学年，记得在班上是我和蔡毅治、吴汉杰的学习成绩名列前三。上高中时，从疏勒县八一中学考来了一批学生，都是军队子女，分到我们高 681 班有王小平、李桂新、周惠霞、任娜娜、王建邦、屈云彩、周林、吴建国等人。其余同学还有马文彬、冯智蓉、罗永平、杨建军、王秀珍、刘克礼、李宏、陈苹、宋云芳、余琼、谭渝琼、郝文聚、王爱姣、曾成英、郁建萍、伍建章、阎桂香、齐全生、党育、孙志敏、褚远志、孙志培、安建民、吴建东、徐建三、钟玉民、郭金海、陈淑秀等人。

1965 年 5 月 16 日，中共中央发表关于开展"文化大革命"的"5·16 通知"，"文化大革命"在全国轰轰烈烈地展开了。边疆喀什地区也不例外。喀什只有一所大学——喀什师专，还有喀什师范汉专部招收大专生，下来就数到喀什二中了。因此，喀什二中的运动，也就格外激烈。当时，红卫兵运动席卷全国，喀什二中也成立了红卫兵，每个班是一个中队。起初，我很走红，担任了高 681 中队的中队长，还当选为高 68 级的级代表，风光一时。后来，地委派来了以路占斌为组长的工作组进驻二中，矛头指向群众，开始抓反动学生。当时，我想不通，认为运动的方向不对，于是和班上几个同学组成了"刀尖小组"，写了一封告状信，认为工作组工作大方向不对，喀什地委也有问题，希望中央和自治区书记王恩茂干预。此信抄了两份，我自己跑到街上邮局，专门用双挂号寄出：一封寄给毛主席，另一封寄给自治区第一书记王恩茂。我们怎么也没想到，两封信全落到了喀什地委手中。于是，地委指派二中革委会筹委会主任薛秀兰老师来担任高 681 班红卫兵中队指导员，专门监督我。不久，就开始了对我的批判。经过全班揭发批判，最后给我定了几大罪状，开除出红卫兵，结论是："三类有余，四类不足，运动结束后处理。"这是按照"5·16 通知"定的性：三类是指有严重错误的，四类是反动分子。一时间，同学们都不敢与我接近，更不要说谈话了。我在路上遇到高 68 级 2 班的文志俊同学，讲了几句话，结果他马上被校革委会叫去批评警告了一顿。为不连累他人，于是我再也不找其他人讲话了。那正好是毛主席接见红卫兵的八九月间，一时间我成了喀什二中最为孤立的一个人，两三个月间，没有人正眼瞧我一下，没有人敢和我说话，任我自生自灭。那时，听说喀什师专有一个学生因受不了批斗而自杀了。但我心底里一直不服气，我发誓绝不自杀，我一定要活到平反那一天。

一时间我成了喀什二中最为冤屈的人物，获得了大家的同情。摆脱掉反动帽子后，毛主席已经接见了五六次红卫兵，我们也急切地想去北京。但喀什到乌鲁木齐只能坐汽车，等我们到地委要求派车，坐汽车到乌鲁木齐后，已是 1966 年 11 月了。10 月份，形式一下子翻了过来，红卫兵响应号召学习红军长征，搞徒步串联。于是我与同班的罗敏（即罗永平），库车二中的一位王同学（名字记不得了）三人一道，12 月 8 日从乌鲁木齐出发，向兰州徒步进发。我们沿铁路东进，一直走到 1967 年 2 月 5 日才到达兰州，住进甘肃统计局红卫兵接待站，在兰州过了春节。但是不巧，刚到兰州，中央即停止大串联，同时号召大中学校同学回校复课闹革命。我们三人不甘心，从兰州爬上火车，到了西安。从西安又爬上火车，于 2 月 15 日凌晨到达北京。

那是生平第一次到北京，记得北京天气很冷，风刮得像小刀子似地割在脸上。由于2月15日零点开始，全国红卫兵接待站撤销，我们无法找到住宿处，只好在街上乱逛。先是去了朝思暮想的天安门广场，又在陶然亭体育场与一大群外地红卫兵一块儿蜷缩了一晚上，真是又冷又饿。我们只好于2月16日去前门火车站遣返处，一个人领了一张返回乌鲁木齐的火车票和一口袋干粮，于2月17日乘车离开了北京，先到西安，后又坐火车到兰州，再到乌鲁木齐，停留了一段时间，于1967年4月间乘汽车回到了喀什。

其后，加入了褚远志、孙才林等几个人创建的"昆仑铁骑"战斗队，参加了喀什地区的"文化大革命"。记得战斗队最盛时共有十几个人，还有高兴明、李能伟、朱小军、朱小雄、胥文麟、蒋树国、罗敏、徐建三、王和平、傅鹰、贺固平和我小弟立新等人。褚志远和我算是负责人。在学校，我们的战斗队参加了喀什二中红旗公社，在喀什，参加了喀什红卫兵革命造反司令部（红造司）。喀什二中红旗公社的头儿先是陈永衡，后来是张永海、崔卫国等人。红造司则由喀什师专的胡立政出任司令，张永海出任副司令。

1967—1968年间，除在喀什二中住宿外，我们战斗队还曾一度去七里桥的六运司一队住过一段时间。我还带人去喀什日报社和地区外贸局各住过几个月。当时，学校都停了课，学生们除了上街游行、刷标语外，就是印传单，办油印报纸。我们"昆仑铁骑"的报纸名叫"铁骑兵"，在喀什还有一定影响呢！"昆仑铁骑"被同学们戏称为"铁驴"，也是喀什举足轻重的一个战斗队。就这样混了一年半，到1968年年底，家父已被打倒，隔离审查，家母看社会上乱哄哄的，就借了点钱，让我和二弟晋文一同回了趟重庆，看看老家。在重庆过完春节以后，又去了一趟南充市，在小姑张用和家住了约一个月。1969年2月，我俩回到了乌鲁木齐市，3月初，回到了喀什。

其时，喀什有一批学生已响应毛主席"知识青年到农村去"的号召，去了巴楚县下马力林场，其中，有我高中的好友谭斌、徐建三等人。于是，我找到了家在巴楚县的同一战斗队的胥文麟，与他一道到了巴楚县，接着又去了下马力林场，探望谭斌、徐建三等人，在林场玩了半个月，才返回喀什。

回到喀什后得知，二弟晋文与一帮喀什二中学生，去了泽普县亚司墩林场。其余喀什二中及其他中学的初68级以上的同学，也都在酝酿，准备到农村去了。

　　当时，喀什市的学生要去喀什市附近的疏勒县与疏附县的农村当知青，是有限制的，非父母在本县的中学生是不能去的。因两县的农村就在喀什市周围，回家方便。"文化大革命"中与我同在"昆仑铁骑"的孙才林、胥文麟等人来找我，我们商量去疏附县农村插队。我先到了疏附县知青办，开了3个证明，说我们都是疏附县干部子女，地区知青办才为我们开介绍信，让我们到疏附县再教育，到县上报到后，被分到了离县城8公里的大畜场当农工。其后，大畜场又陆续去了一些汉族和维吾尔族知青，记得似乎总共有12个汉族知青，七八个维吾尔族知青。于是，我们开始了约三年的大畜场知青生涯，小弟立新，后来与同学去了麦盖提县，在红旗公社当插队知青。

　　大畜场是一个以养马（故称大畜）为主的牧场，还养羊，我们去后，负责种植农田，定为一级农工，每月工资是26.16元。据说这是财政部1963年定的。头两年，我们十分卖力，先后新开了200亩农田，种上了粮食。大畜场的粮食产量，在我们去时只有两万斤，第二年，增加到四万斤，第三年，增加到十万斤，在当时县上引起轰动，受到好评。时任大畜场革命领导小组组长的郑集中，也因此成为县委委员，升任商业局局长。

　　当时一同在大畜场的知青，除我们三人外，能记得名字的还有马生才、侯振安、刘庆华、柳贞、丁亚玲（女）、刘莎其（女）、潘定新（女）、范继永（女）、曹福金等人，其余则记不清了。

　　我开始时去田里劳动，后来成为木工组长，带领老木匠和他的小徒弟，负责做木工，盖房子。我们先后为大畜场盖了十几间房子，改善了住宿与办公条件，我也一个人住上了一间房子。

　　1970年，上海的复旦大学、华东师范大学、上海交通大学三校到新疆招收学生，称为"工农兵学员"。这是1966年停止高考后大学第一次恢复招生，因为当时毛主席发出了"大学还是要办"的指示。那一年，听闻高68级2班的刘月明有幸从疏附县色满公社被招入复旦大学学习计算机专业，令我深受震动，十分羡慕。此后，各工厂、单位开始陆续招工，大畜场的知青，也陆续被招工、招干，离开了农场。转眼间，大畜场的 12 个汉族知青，就剩我和柳贞、潘定新 3 人了。这时，喀什财校招生，县知青办点名让我去，我思考再三，拒绝了，未去报到。结果，柳贞去了财校，两年后从财校毕业，分到喀什地区建设银行工作。于是，大畜场只剩我和潘定新了。县商业局的干部肖明道的妻子小廖，此时从湖南转来疏附县，分到大畜场做知青。大畜场的汉族知青，仍有 3 人。维吾尔族知青，也差不多都招干、招工走了，一时十分凄凉。

1972 年 3 月，开始了"文化大革命"后第一次公开招收大学生。我到县上报了名，参加了由县上组织的语文、数学两门功课的考试。在几十名考生中，我位列第一。当时，在疏附县有 4 所高校招生，内有在咸阳的西北轻工学院，其余三所是自治区的院校，我自以为西北轻工学院是肯定会录取我的。结果，无一所院校录取我，我很奇怪。高中时高 68 级 2 班的班主任沈正光老师，当时在地区文教处工作，托人传话，让我去他那一趟。我去后，沈老师告诉我，因我父亲的问题没有结论，故既不算是出身好的考生，又不算"可以教育好的子女"（这是指出身不好者），所以各校都不好录取我。这一年，为解决中学师资缺乏问题，自治区在乌鲁木齐成立了"新疆教师培训部"，培训中学教师，学制 9 个月，不转户口、粮食关系等。"教师培训部"也参加了这次高校招生。沈老师说，他向招生组推荐，说我学习成绩极好，此校学制又只有 9 个月，应招水平高的学生，希望他们录取我。该校招生老师表示可以考虑。沈老师讲明情况后，让我自己考虑决定，是否去新疆教师培训部上学。我从沈老师那儿出来后，回到家中，越想越委屈，大哭了一场。然后，去找好友李效华商量。两人谈了很久，也做不出决定。于是一同去喀什市农具厂，找原喀什师专的胡立政商量，他年纪比我们大些，此时在市农具厂工作，想听听他的意见。胡立政的一句话，我至今铭记不忘："树挪死，人挪活。"正是这句话，使我下决心接受现实，去新疆教师培训部学习，好歹是个读书的机会。我把这个决定告诉沈老师后，不久即收到了录取通知书，到设在乌鲁木齐的新疆教师培训部农基班学习。

1972 年 4 月，地区招生办通知我，在喀什招收的大学生，坐车去乌鲁木齐报到。第一批报到的大学生包了一辆客车去乌鲁木齐，坐了30多人。我未赶上，成了第二批的。我们第二批同行的只有6人，于是搭乘运输公司到乌鲁木齐的班车。记得还有南昌、李子彦、王宝成、安留党等5人，和我一道，坐了6天汽车，赶到乌鲁木齐市。然后，他们分别去乌鲁木齐和西安的高校报到，我则赶到设在乌鲁木齐至昌吉之间的三坪的新疆教师培训部报到。

报到后，得到的第一个消息是，师训部的学制要改为两年，要迁户口、粮食关系。原来，新疆师训部的负责人是高林。这是一位上过延安抗大的老同志，"文化大革命"前创办过新疆师范学院并任院长，办学很有经验。师训部负责人，是高林在"文化大革命"中复出后担任的第一个职务。高林认为，9个月时间，根本不可能培训出合格的中学教师，坚持要将学制改为两年，并且和当时的高校招生一样，迁移户口等，最终获得上面批准。这样，我就获得了在农业基础班学习两年的机会。此班后来改称生物班。除"农基知识""气象知识"等课程外，基本按照大学生物系的要求开设课程，授课老师也多是由新疆大学请来的老师。如皮锡铭老师教我们植物分类学等，向礼陔老师教我们动物分类学等，周培之老师教我们生理学等。当时，师训部共有两个班，除生物班之外，还有数学班，各有40多人。1972年秋季，又招收了一个体育班，也有40多人。师训部的领导，除高林外，只记得阎学儒是教革组长，原新疆工学院副院长乔雷海任后勤组长，系主任是祝慎之。有这样一个学习机会，我和同学们十分珍惜，因此大家学习格外努力。其中，动植物的系统分类、形态解剖、生理学等课程，给我留下了深刻印象。由于有农场，师训部的生活，比乌鲁木齐其他高校都好，在杂粮比例较高的乌鲁木齐，我们则以白面、大米为主，还可以放开肚子吃饱。由于远离城市，同学们学习也比较专心，心无旁骛。

1972年4月至1973年2月的第一学年，生物班的成绩公布了，记得只有四个人是各科全优，我便名列其中。四人中，三人是喀什二中的学生，这一下喀什二中可露了脸，喀什二中的同学都颇以为自豪。因此，在师训部，喀什二中名声大噪，对其教学水平，公认是比较高的。

1972 年 6 月，我们生物班全体去天池，进行实习，做动植物标本采集工作。每 3 人分为 1 个组，进行采集工作。我和柯子勤、盛庭珍在一个组内。我们班在天池住了半个月，天池周围的山冈，我们几乎都爬遍了，收集、制作了大量的动植物标本。据说，我们这次收集、整理的动植物标本，超过了新疆大学历届生物系学生的实习成绩。因为住在天池对面的当地林木班那儿，出来必须划船横过天池，因此多次在天池荡舟，每次我都争着充当舵手。在天池，留下了我们多少欢乐的身影，天池也深深映入我的心田。"曾经沧海难为水"，此后，除非陪友人去玩，我再也没有了去天池的雅兴。

去天池前，我们已获通知，数学班将被送去北京师范学院，插入数学系、物理系，再学习 2 年；生物班则去安徽，再学习 3 年。生物班的人，可以在 3 个大学的 9 个专业中选择其一，我选择了芜湖的安徽师范大学历史系。其余同学，分别到合肥的安徽大学、宣城的安徽劳动大学与师范大学的 9 个专业学习，从一年级开始再学三年。1973 年 9 月，我们生物班近 50 人，乘乌鲁木齐至上海的火车离开乌鲁木齐，远赴安徽，经过三日三夜的旅行后，分别在蚌埠与南京站下车。安徽大学的同学从蚌埠去了合肥，我们安徽师范大学的同学则从南京到了芜湖。安徽劳动大学的同学则又从芜湖奔赴宣城。于是，我们变成了 1973 级学生。后来，安徽大学生物系与安徽师范大学化学系的部分同学经过交涉，插入二年级学习，于 1975 年毕业。其余同学则仍学习了三年，于 1976 年毕业。这样，从 1972 年 4 月至 1976 年 9 月，我的大学生涯维持了四年半，先后在乌鲁木齐和芜湖两个城市，新疆教师培训部与安徽师范大学两个学校，生物与历史两个专业学习，比之 1978 年后的本科生还多了半年学习时间。小弟立新，也在 1973 年 9 月被录取到新疆大学物理系学习。

从 1972 年 4 月到 1973 年 7 月，在三坪新疆教师培训部学习了一年半生物，当时，生活条件不错，同学之间处得十分融洽，结下了深厚的友谊。我还参加了校篮球队，常去打球，看球，留下了十分美好的回忆。师训部的同学，有方振华、温小军、黄生荣、魏惠玲、秦学世、柯子勤、西格尔、道不代、盛庭珍、赵文杰、孙芳婷、覃荔萍、高标、杨淑芳、倪素萍、李志斌、吕元根、高翠梅、杨秀梅、马玉梅、尔鸿斌、李大勇、孙广勇、杨秀珍、赵新雅、李清国、刘伟、刘兴华、朱松山、陈绍清、崔师文、郑树新等。迄今，我们生物班的同学，还经常在乌鲁木齐聚会，缅怀过去，畅叙友谊。

在芜湖的三年大学生涯中，经历了几次大事件："批林批孔""评法批儒""评《水浒》，批宋江""反击右倾翻案风"等，1976年的南京"四一事件"与北京的"四五运动"等，最终是1976年周恩来、朱德、毛泽东三大开国领袖相继去世与1976年的"唐山大地震"。

那些年，历史专业颇为吃香，工厂、机关、部队、学校都来人请历史系派人去讲"儒法斗争史"。我们一进校，便赶上了这个热潮。那时，没有统一的讲义、课本，只能自己编写讲稿。于是，赶鸭子上架，不得不抓紧阅读历史书籍，从中摘抄编写讲稿。全班一下子诞生了几十份讲稿，同学的水平高低，立见分晓。基础差的同学，有迫切感，学习抓得特紧。客观结果是，大家的历史知识水平都有了迅速的提高。因此，之后的学习，大家都抓得较紧，认真听课，努力读书，尽量丰富自己的专业知识。在大学期间，有幸得识几位恩师：张海鹏、杨国宜、万绳楠等先生，并获其青睐和培养，一同参加了学术调查活动，收益良多，初步打下了史学研究的底子。历史系总支书记谷国华，班主任董光琨，也很关心我。三年的时间，虽是"文化大革命"时期，但因缘际会，也打下了较好的历史知识基础。

在安徽师范大学学习期间，大约在1975年评《水浒》时，中国社会科学院历史研究所的白钢先生到校访问，因谈方腊问题，系里指定我参加接待。由此结识了白钢先生，此后成为我终生的朋友，受益匪浅。

1976年7月，我们毕业了。因为是"代培生"，所以由新疆教育局分配，基本原则是"哪儿来哪儿去"。我于是被分回了喀什地区。我们是在参加完1976年9月18日全国一同举行的"毛主席追悼会"后离校返疆的，路上辗转，探亲访友，多有逗留。10月6日在郑州时，听到了"四人帮"被粉碎的消息。游历直到1976年11月，才返抵喀什。小弟立新，也于1976年7月毕业，被分回喀什，当时已经到地区地震办公室工作了。我因回来得迟，被分回疏附县，再分到疏附县第二中学任教师,这令我颇感沮丧,一直拖到 1977 年 3 月才去报到上班。上班后,即让我担任高二的班主任,教高二的语文课,全校(初、高中)的历史课,一度还教地理课。第一学期,每周六天,要上 20 节课,任务十分繁重。当时,"文化大革命"刚结束,学校对教学抓得比较紧。我任班主任的高二班,只有 17 人,据校长介绍,这个年级在初中有两个班,近百人,但初二下学期和初三一学年全在学校农场劳动,没有上课,故基础比较差。当时,高中是两年学制,高二即是高中毕业班了。我接手后才发现,这个班的学生,基础确实较差,竟然不会汉语拼音、不会查字典,于是下决心要给他们补上。我抽出正规的语文课时间,请小学语文老师来教汉语拼音(当时二中二小是一个学校),并进行考试,成绩计入语文科。又抽出一周时间,反复教他们查字典。这样,才避免了高中毕业生不会拼音、不会查字典的尴尬局面。至今,那个班的同学对此仍感念犹深。我和这个班的同学,年龄相差不过十岁左右,我用一个兄长的身份去关怀他们,教导他们,虽然只有一年半的时间,但结下了深厚的友谊。高中毕业时,在我坚持下,学校给这个班的 17 个人全部颁发了"毕业证",令我稍感欣慰。

1977 年 5 月,中央宣布恢复高考,并于当年 10 月举行了高考。这次高考,由各省、市、自治区、直辖市自己出题。12 月,我参加了喀什地区的高考评卷,负责评阅历史考卷。高考评卷结束后,又看到通知,全国开始招考研究生。这是 1949 年以后第一次全国大规模地招收研究生。我从中看到了希望,赶紧到喀什报了名。由于边疆消息闭塞,全国的研究生招生目录也看不到几张。与母校安徽师范大学联系,他们当时不招研究生,恩师张海鹏先生建议我去报考开封师范学院的宋史研究生。我又联系到在安徽师范大学读书时偶然认识的中国社会科学院历史研究所的白钢先生,他给我寄来了中国社会科学院研究生院的招生目录,并鼓励我报考历史所的研究生。于是,我选择了中国社会科学院研究生院历史系的宋史专业为第一志愿,导师是陈乐素教授;开封师范学院历史系的宋史专业为第二志愿,导师为张秉仁教授。报名后,即投入了积极的复习备考中。当时,疏附二中除我以外,还有 3 位老师报考研究生:教数学的清华大学毕业生吴雄华,教生物的安徽农学院毕业生吴克明，教外语的新疆大学毕业生杨平安。他们三人都是"文化大革命"前的大学毕业生。我们四人一同去找校长，要求给我们时间复习功课。结果校长答应，每天上午上课后，下午的活动（包括政治学习）我们可以不参加，去复习备考。这下子，我们争取到了不少时间。1978 年的春节，我也仅仅休息了 3 天，其余时间全在看书复习。

1978 年 5 月 15 日及 16 日两天，喀什地区与克孜勒苏自治州的 60 多名考生，集中在喀什大十字附近的夜大二楼参加研究生入学考试，分为两个考场。我共考了 4 门：政治、外语、基础课、专业课。我的外语选了俄语，基础课是中国古代史，专业课是宋史。结果我政治科考了 52 分，俄语科考了 63 分，中国古代史科考了 73 分，宋史科考了 72 分，总分 260 分。因为那年中国社会科学院的政治题是哲学所出的，答案要求较高，故政治科 50 分即算及格，所以我四门功课全部及格，在报考中国社会科学院研究生院历史系宋史专业的 19 人中，名列第一，而且是唯一过分数线的考生。6 月 27 日，我接到了复试通知书，要我到北京参加复试。

6 月 29 日，我从喀什乘飞机经停库车到了乌鲁木齐，换乘飞机，于 7 月 1 日凌晨到达北京。7 月 3 日，参加了历史所的研究生复试。1978 年 9 月，我接到了中国社会科学院研究生院的录取通知书。我们疏附二中参加考试的四人中，吴雄华被录取到中国科学院研究生院。其余二人则未考上。9 月底，我乘汽车离开喀什，到乌鲁木齐换乘火车，经过十几天时间的奔波，赶到了北京。当时，中国社会科学院研究生院刚成立，寄寓在北京师范大学。我去报到后，交出了户口、粮食关系，并到阶梯教室上了一次课，记得是中国人民大学的郑杭生讲《反杜林论》。这一年，历史研究所共招收了 30 名研究生，其中有 7 人分别去了成都、武汉、上海、厦门、杭州，因为导师在这几个城市的四川大学、武汉大学、华东师范大学、厦门大学与杭州大学。我的导师陈乐素教授在杭州大学工作，我遂南下杭州，于 10 月到达杭州大学，开始了研究生阶段的学习。在杭大期间，上的课有：倪士毅的《中国目录学史》，黎子耀的《左传研究》，徐规的《宋史研究》等专业课程，以及外语（日语）和政治。到广州后，陈乐素先生开设了《史源学实习》一课，杭大4位同学与山东大学张熙惟、华南师范大学王棣一同听课。

当时，杭州大学也招收了4名宋史研究生：何忠礼、翁福清、孙云清、周生春。那一年，整个杭州大学招收了79名研究生，包括上述4人，但我不在内。1979年12月，陈先生调到广州的暨南大学工作，我也于1980年3月南下广州，到暨南大学继续跟陈先生学习。1981年7月，在暨南大学完成了研究生学业，通过了中国社会科学院研究生院的毕业答辩，获授历史学硕士学位。我的硕士学位论文答辩委员会，由华南师范大学关履权教授任主任，成员包括陈乐素先生、朱家源先生、鲍彦邦先生、中山大学的曾琼碧女士共5人。当时，我们中国社会科学院研究生院的院长和学位评定委员会主席，都是周扬，我们的毕业证书和学位证书，都是他签名的。毕业后，于1981年9月分配到广州的暨南大学工作。我的学习生涯到此结束。暨大学习期间，与血液病专业的汪明春，眼科专业的孙洪臣共住一套宿舍，他们俩也是跟导师一同来暨大的。毕业后，汪留校，孙则去了大连医学院。

回顾我的求学生涯，在边城喀什完成了中小学阶段学习。二十多年的喀什生活，深深地给我打上了"新疆人"的烙印。此后四十多年的岁月，不仅没有磨灭这些烙印，反而更深刻了。大学阶段，先是到乌鲁木齐，再到安徽芜湖。研究生阶段，又落户北京，负笈杭州，再落脚于广州。求学的足迹，从帕米尔高原脚下的喀什起步，向东到达长江中下游的长三角地区，最终南下，来到南海之滨，落户广州，走遍了大半个中国。虽经历了"文化大革命"十年的蹉跎，但终于完成了大学及研究生学业，走上了高校教师的岗位，达成了家父的心愿和自己的志向。有意思的是，每个阶段的学习，都要转换两三个地方，留下几群同学，因而使同学的圈子更为广泛。也许，这是一种幸运的眷顾吧。

我是1981年9月到暨南大学报到的，户口、粮食关系在北京三年后，也于此时转入广州。1982年5月，评定为讲师。1988年11月评定为副教授。1994年11月，评定为研究员。1997年，主持暨南大学中国古代史专业申报博士点，获国务院学位委员会批准。1998年，评定为博士生导师。1999 年，开始招收博士研究生，直到 2012 年。1993 年至 2003 年间，先后担任暨南大学中国文化史籍研究所副所长、所长。2006 年，被推选为中国宋史研究会副会长。2009 年，被广东省人民政府聘为省文史馆研究馆员。2011 年，评定为二级教授。

在大学任教三十余年间，先后出版了《赵普评传》《五代禁军初探》《宋初政治探研》《宋太宗》《张乖崖集》（整理）、《两宋历史文化概论》《宋代史》（上、下册）、《宋代典籍研究》《南宋名臣崔与之》《宋丞相崔清献公全集》（整理）、《中国历史·五代史》《宋代政治军事论稿》《宋代人物论稿》《类编皇朝大事记讲义 类编皇朝中兴大事记讲义》（整理）等十余部著作，先后在《历史研究》《国际社会科学杂志》《中国史研究》《文史》《中华文史论丛》《文献》《文史哲》《史学月刊》《史学集刊》《中州学刊》《学术研究》《浙江大学学报》《军事学术》《暨南学报》等数十种刊物上发表论文 200 多篇，已刊论著逾 400 万字，算是有些成绩吧。十余年间，共培养博士 20 多名，硕士 20 多名，自认是一名合格的高校教师。2014 年 6 月，正式退休。

二〇一三年元月二十三日至二十七日
列席十一届广东省政协第一次会议期间起草于广东迎宾馆房间
二月十八日改订于广州暨南花园骏雅阁
二〇一五年元月十八日修订于广州暨南花园骏雅阁

附录　论著一览

一　专著

1. 《赵普评传》，北京出版社 1991 年版。
2. 《五代禁军初探》，暨南大学出版社 1993 年版。
3. 《宋初政治探研》，暨南大学出版社 1995 年版。
4. 《宋太宗》，吉林文史出版社 1997 年版。
5. 《张乖崖集》（整理），中华书局 2000 年版。
6. 《两宋历史文化概论》，广东人民出版社 2002 年版。
7. 《经世谋臣赵普》，兰州大学出版社 2002 年版。
8. 《宋代史》，澳亚周刊出版有限公司 2004 年版。
9. 《宋代典籍研究》，华夏文化艺术出版社 2005 年版。
10. 《宋代政治军事论稿》，安徽人民出版社 2009 年版。
11. 《宋代人物论稿》，上海人民出版社 2009 年版。
12. 《番禺集》，广东人民出版社 2017 年版。
13. 《儒林公议》（整理），中华书局 2017 年版。
14. 《王文正公笔录》（整理），中华书局 2017 年版。

二　合著

1. 《宋史选译》，与汤开建合撰，巴蜀书社 1988 年版。
2. 《南宋名臣崔与之》，与金强合撰，广东人民出版社 2007 年版。
3. 《宋丞相崔清献公全录》，与孙志章合作整理，广东人民出版社 2008 年版。

4.《中国历史·五代史》，与陶懋炳、曾育荣合撰，人民出版社 2009
年版。

5.《类编皇朝大事记讲义　类编皇朝中兴大事记讲义》，与白晓霞合
作整理，上海人民出版社 2014 年版。

6.《清虚杂著三编》，与张睿合作整理，中华书局 2017 年版。

三　主编

1.《陈乐素教授（九十）诞辰纪念文集》，副主编，广东人民出版社
1992 年版。

2.《历史文献与传统文化》（第 3 集），广东人民出版社 1994 年版。

3.《陈垣教授诞生百一十周年纪念文集》，暨南大学出版社 1994
年版。

4.《宋代历史文化研究》，与陆勇强主编，人民出版社 2000 年版。

5.《历史文献论集》，暨南大学出版社 2002 年版。

6.《历史文献与传统文化》（第 10 集），兰州大学出版社 2003 年版。

7.《宋代历史文化研究续集》，与范立舟主编，人民出版社 2003
年版。

8.《北宋中后期政治探索》，香港华夏文化出版社 2005 年版。

9.《徐规先生九十华诞纪念文集》，与李裕民主编，浙江大学出版社
2009 年版。

四　参编

1.《中国历史便览》，撰写《宋代历史人物词条》（93 条），人民出版
社 1990 年版。

2.《中国政治制度史》，第八章第五、第六节"宋朝的军事制度、宋
朝的财政管理制度"，天津人民出版社 1991 年版。

3.《中国军事史略》，第五编第一、第二章（合撰），军事科学出版社
1992 年版。

4.《中国政治制度通史·第六卷》，宋代卷第八章"宋代军事制度"，
人民出版社 1996 年版。

五　论文

1. 《赵普早年事迹考辩》，《安徽师大学报》1981 年第 3 期。

2. 《赵普的家世》，《华南师院学报》1982 年第 2 期。

3. 《论赵普》（论文摘要），《学习与思考》（后更名为《中国社会科学院研究生院学报》）1982 年第 5 期。

4. 《赵普传略》，《中学历史教学》（华南师范学院历史系办）1982 年第 5 期。

5. 《从高梁河之败到雍熙北征》，《华南师范大学学报》1983 年第 3 期。

6. 《赵普著述考》，《暨南学报》1983 年第 4 期。

7. 《吕端与宋初的黄老思想》，《宋史研究论文集（1982 年宋史年会论文集）》，河南人民出版社 1984 年版。

8. 《五代政权递嬗之考察——兼评周世宗的整军》，《华南师范大学学报》1985 年第 1 期；《新华文摘》1985 年第 4 期文摘；人大复印报刊资料《历史学》1985 年第 5 期收录。

9. 《沈括生卒年考辩》，《沈括研究》，浙江人民出版社 1985 年版。

10. 《“半部论语治天下”探索》，《学林漫录》第 10 集，中华书局 1985 年版。

11. 《校点本〈旧五代史〉献疑（九则）》，《安徽史学》1985 年第 3 期。

12. 《五代都城的变迁》，《暨南学报》1985 年第 4 期。

13. 《宋初中书事权初探》，《华南师范大学学报》1986 年第 2 期。

14. 《北宋“皇帝与士大夫共治天下”略论》，香港《中报月刊》1986 年 5 月号。

15. 《三史〈通鉴、旧五代史、宋史〉点校本献疑》，《古籍整理与研究》1987 年第 1 期。

16. 《宋太宗论》，《历史研究》1987 年第 2 期。

17. 《三司、台谏、中书事权——宋初中书事权再探》，《暨南学报》1987 年第 3 期。

18. 《庸将负盛名——略论曹彬》，《宋史研究论文集（1987 年年会论文集)》，浙江人民出版社 1987 年版。

19. 《雍熙北征到澶渊之盟——真宗朝政治研究之一》，《史学月刊》 1988 年第 1 期。

20. 《五代后梁禁军探微》，《安徽师大学报》1988 年第 3 期。

21. 《治蜀名臣张詠》，《西南师范大学学报》1988 年第 3 期。

22. 《略论吕端的政治品格》，《锦州师院学报》1988 年第 3 期。

23. 《宋史研究：面临开拓与深入》（笔名郑飞），《史学情报》1988 年第 3 期。

24. 《北宋张詠〈乖崖集〉版本源流及其价值》，《古籍整理研究学刊》1988 年第 2 期。

25. 《试论宋初的法制建设》，《中州学刊》1988 年第 4 期。

26. 《五代宋初禁军之发展》（译文），《宋元文史研究》，广东人民出版社 1988 年版。

27. 《试论宋太祖朝的用人》，《宋元文史研究》，广东人民出版社 1988 年版。

28. 《宋初择人用吏述论》，《晋阳学刊》1988 年第 6 期。

29. 《赵普政治思想初探》，《北京师范学院学报》1989 年第 2 期。

30. 《五代晋汉禁军考略》，《广州师院学报》1989 年第 3 期。

31. 《五代后周禁军考述》，《安徽师大学报》1989 年第 3 期。

32. 《宋初兵制改革初探》，《暨南学报》1989 年第 4 期。

33. 《宋初经济政策刍议》，《华南师范大学学报》1989 年第 4 期。

34. 《"均贫富"口号勿庸置疑》，《历史研究》1989 年第 4 期。

35. 《〈宋史〉点校本献疑》，《宋史研究通讯》1990 年第 1 期。

36. 《读史札记两则：张齐贤与张齐义关系辩证、忠献非韩世忠》，《暨南学报》1990 年第 2 期。

37. 《藏园题记一则》，《文献》1990 年第 3 期。

38. 《〈辞源〉辩证一则》，《暨南学报》1990 年第 3 期。

39. 《〈四库提要〉辩证四则》，《宋史研究通讯》1990 年第 3 期。

40. 《张詠：宋代治蜀第一人》，《历史文献与传统文化》（第 1 集），广东人民出版社 1990 年版。

41. 《〈武经总要〉编纂时间考》，《军事史林》1990 年第 6 期。

42. 《陈垣治学的特点》（笔名郑飞），《澳门日报》1990 年 12 月 16 日第 32 版。

43. 《〈宋史〉点校本抉误》，《宋史研究通讯》1991 年第 1 期。

44. 《五代后唐禁军考实——五代禁军再探》，《暨南学报》1991 年第 2 期。

45. 《宋朝军事指挥体制述论》，《中学历史教学》1991 年第 3 期。

46. 《〈宋史〉点校本献疑》，《古籍整理研究学刊》1991 年第 3 期。

47. 《"纪念陈垣教授诞辰 110 周年国际学术研讨会"综述》（笔名淮沛），《暨南学报》1991 年第 3 期。

48. 《陈垣与桑原骘藏》（〔日本〕竺沙雅章撰，冯锦荣译，张其凡译校），《历史研究》1991 年第 3 期。

49. 《吕中与〈大事记讲义〉》，《安徽师大学报》1992 年第 1 期。

50. 《宋代分期问题管见》，《宋史研究通讯》1992 年第 1 期。

51. 《一九九一年宋史研究概述》，《中国典籍与文化》1992 年第 2 期。

52. 《先师及其宋史研究》，《暨南学报》1992 年第 3 期。

53. 《宋代宦官对军队的监督与指挥概述》，《中州学刊》1992 年第 3 期。

54. 《〈宋史〉点校本质疑》，《陈乐素教授（九十）诞辰纪念文集》，广东人民出版社 1992 年版。

55. 《论赵普》，《历史文献与传统文化》（第 2 集），广东人民出版社 1992 年版。

56. 《陈抟与麻衣道者》（译文），《历史文献与传统文化》（第 2 集），广东人民出版社 1992 年版。

57. 《康王庙与康保裔》（笔名郑飞），《澳门日报》1993 年 2 月 7 日第 26 版"学海"栏。

58. 《唐代岭南宰相姜公辅》（笔名郑飞），《澳门日报》1993 年 10 月 31 日第 26 版"学海"栏。

59. 《试论宋代政治思想的发展》，《中国史研究》1993 年第 1 期。

60. 《〈长编〉点校本二至六册献疑》，《暨南学报》1993 年第 2 期。

61. 《论宋代政治史的分期》，《中华文史论丛》第 51 辑，上海古籍出版社 1993 年版。

62. 《宋代城市研究的扛鼎之作——评介〈宋代东京研究〉》，《史学月刊》1993 年第 6 期。

63. 《陈乐素》（现代已故历史学家），《中国历史学年鉴》（1992年），生活·读书·新知三联书店 1993 年版。

64. 《简克己与陈去华——宋代理学南传的关键人物》（笔名郑飞），《澳门日报》1994 年 3 月 20 日第 31 版"学海"栏。

65. 《宋代广州三祠》（笔名郑飞），《澳门日报》1994 年 3 月 6 日第 31 版"学海"栏。

66. 《宋初政治与宗教》（［日本］竺沙雅章撰，张其凡译），《历史文献与传统文化》（第 3 集），广东人民出版社 1994 年版。

67. 《〈续资治通鉴长编〉7—12 册校读志疑》，《历史文献与传统文化》（第 3 集），广东人民出版社 1994 年版。

68. 《郑学檬著〈五代十国史研究〉》，台北《新史学》第 4 卷第 3 期（1994 年 9 月）。

69. 《五代史研究的深入与开拓——读郑学檬著〈五代十国史研究〉》，《福建论坛》1994 年第 2 期。

70. 《宋真宗"天书封祀"闹剧之剖析——真宗朝政治研究之二》，《历史文献与传统文化》（第 4 集），广东人民出版社 1994 年版。

71. 《岭南古典文献整理的初步成果》，《古籍整理出版情况简报》1994 年第 5 期。

72. 《有功于广州人民的状元陈镇孙》，《岭南文史》1995 年第 1 期。

73. 《宋代岭南主要理学人物缕述》，《暨南学报》1995 年第 3 期。

74. 《论宋代岭南三大家》，《徐规教授从事教学科研工作五十周年纪念文集》，杭州大学出版社 1995 年版。

75. 《暨南大学中国文化史籍研究所的宋元历史文化研究概况》，《宋史研究通讯》1996 年第 1 期。

76. 《菊坡学派：南宋岭南学术的主流》，《第二届宋史学术研讨会论文集》，台北中国文化大学出版社 1996 年版。

77. 《张詠年谱》，《历史文化与传统文化》（第 5、6 集），广东人民出版社 1996 年版。

78. 《岳飞军事思想试探——兼论宋代军事思想的发展》，《岳飞研究》（第4辑），中华书局1996年版；《暨南学报》1997年第3期。

79. 《读〈宋初朋党与太平兴国三年进士〉》，《中国史研究》1996年第3期。

80. 《"平生愿执菊坡鞭"——陈献章与崔与之》，《暨南学报》1996年第3期。

81. 《抉幽阐微、填补空白——〈宋代修史制度研究〉评介》，《史学月刊》1996年第3期。

82. 《宋代潮州名宦王大宝》，《潮学研究》（第5辑），汕头大学出版社1996年版。

83. 《北宋"西昆诗派"领袖刘筠生卒年考辩》，《宋史研究通讯》1997年第1期。

84. 《论宋太宗朝的科举取士》，《中州学刊》1997年第2期。

85. 《冯元：博学多识的一代大儒》，《暨南学报》1998年第3期。

86. 《台北出版〈宋儒与佛教〉和〈两宋的"尚医士人"与儒医〉两书》，《中国史研究动态》1998年第10期。

87. 《〈大事记讲义〉初探》，《暨南学报》1999年第2期。

88. 《清官楷模、廉政典范——纪念包拯诞生100周年》，《历史文献与传统文化》（第7集），江西教育出版社1999年版。

89. 《二十世纪中国宋史研究的开拓者与奠基者之一——陈乐素教授》，《学林往事》（中册），朝华出版社2000年版。

90. 《陈乐素与二十世纪中国的宋史研究——陈乐素教授十周年祭》，《暨南学报》2000年第2期。

91. 《关于〈儒林公议〉的版本》，《文献》2000年第4期。

92. 《浅谈陈垣先生的"史源学实习课"》，《励耘承学录》，北京师范大学出版社2000年版。

93. 《"史源学实习课"功效良多》，《南方日报》2000年11月18日第A4版。

94. 《关于"唐宋变革期"的介绍与思考》，《暨南学报》2001年第1期。

95. 《"皇帝与士大夫共治天下"试析》，《暨南学报》2001 年第 6 期。

96. 《方健：〈范仲淹评传〉》，《中国学术》2002 年第 4 期。

97. 《六十年沧桑成此书——写在〈宋史艺文志考证〉出版之际》，《中国史研究动态》2002 年第 11 期。

98. 《关于宋太祖早年事迹的三点考证》，《史学月刊》2002 年第 12 期。

99. 《陈瓘年谱》，合撰，《暨南史学》（第 1 辑），暨南大学出版社 2002 年版。

100. 《研究中国古代人物的一部力作——评〈范仲淹传〉》，《苏州大学学报》2003 年第 2 期。

101. 《中华书局点校本〈宋史〉献疑》，《湖北大学学报》2003 年第 3 期。

102. 《宋代经济研究的佳作——读王棣〈宋代经济史稿〉》，《学术研究》2003 年第 8 期。

103. 《论宋神宗在熙丰变法中主导权的逐步强化》，合撰，《江西社会科学》2003 年第 5 期。

104. 《陈垣〈北宋校刊南北八史诸臣考〉读后》，《宋代历史文化研究续编》，人民出版社 2003 年版。

105. 《宋代考据名家：李大性》，《历史文献与传统文化》（第 10 集），兰州大学出版社 2003 年版；又载《岭南学术百家》，广东人民出版社 2004 年版。

106. 《关于寇准生年的再考证》，《中国史研究》2003 年第 4 期。

107. 《〈舆地纪胜·琼州〉正误》，合撰，《文史》2004 年第 1 辑，总 66 辑。

108. 《宋代"谪宦"类型分析》，合撰，《青海社会科学》2004 年第 2 期。

109. 《宋代岭南谪宦类型分析》，合撰，《学术研究》2004 年第 3 期。

110. 《陈瓘与〈四明尊尧集〉》，合撰，《浙江大学学报》2004 年第 3 期。

111. 《论"隆兴和议"前后南宋主战派阵营的分化与重构》，合撰，

《甘肃社会科学》2004 年第 3 期。

112. 《熙丰变法中宋神宗作用考析》，合撰，《暨南学报》2004 年第 3 期。

113. 《王巩及其著作考述》，合撰，《历史文献与传统文化》（第 11 集），华文出版社 2004 年版。

114. 《关于 1849 年"詹姆士·岑马士事件"的两则珍贵史料》，合撰，澳门《文化杂志》2004 年秋季刊，中文版第 52 期。

115. 《元朝与印度的海上贸易》，合撰，《内蒙古大学学报》2004 年第 6 期。

116. 《张载分权思想初探》，合撰，《暨南学报》2005 年第 1 期。

117. 《论宋初皇帝的法制思想与实践》，合撰，《信阳师范学院学报》2005 年第 1 期。

118. 《北宋名臣谢泌生平及思想述评》，合撰，《安徽史学》2005 年第 3 期。

119. 《乾兴元年至明道二年政局初探》，合撰，《中州学刊》2005 年第 3 期。

120. 《五代翰林学士略考》，合撰，《社会科学辑刊》2005 年第 7 期。

121. 《孔孟"权"思想发微》，合撰，《西南民族大学学报》2005 年第 7 期。

122. 《宋代对监察进行监督的特点》，合撰，《广西社会科学》2005 年第 9 期。

123. 《简论高琼澶渊之功》，合撰，《历史教学》2005 年第 10 期。

124. 《宋代岭南谪宦表》，合撰，《中国古文献与传统文化学术研讨会论文集》，北京华文出版社 2005 年版；又收入《古文献与传统文化》，北京华文出版社 2007 年版。

125. 《宋元时期中国与南印度的交往——以马八儿、俱蓝国为例》，合撰，《内蒙古大学学报》2005 年第 5 期。

126. 《吕颐浩与南宋初年的经济改革》，合撰，《内蒙古大学学报》2006 年第 2 期。

127. 《谈谈高氏荆南国史研究》，合撰，《湖北大学学报》2006 年第 3 期。

128. 《〈孙子兵法〉的为将之道与韩世忠的将帅风范》，合撰，《兰州学刊》2006 年第 5 期。

129. 《许振兴〈宋纪受终考研究〉评介》，《中国史研究动态》2006 年第 6 期。

130. 《〈四库全书总目〉之提要与书前提要的差异》，合撰，《学术研究》2006 年第 7 期。

131. 《20 世纪以来中国关于唐宋翰林研究之综述》，合撰，《中国史研究动态》2006 年第 7 期。

132. 《宋朝惩治官员之原因初探》，合撰，《兰州学刊》2006 年第 11 期。

133. 《崔与之著述的版本源流及其价值》，合撰，《安徽师大学报》2007 年第 3 期。

134. 《〈中国历史上的人才选拔制度〉评介》，《中国史研究动态》2007 年第 5 期。

135. 《〈隆平集〉版本考略》，合撰，《图书馆论坛》2007 年第 5 期。

136. 《〈惜抱轩书录〉与姚鼐的学术倾向》，合撰，《史学月刊》2007 年第 5 期。

137. 《宋真宗朝寇准与丁谓争斗事实考述》，合撰，《古文献与传统文化》（第 12 集），华文出版社 2007 年版。

138. 《寇准、丁谓之争与宋真宗朝后期政治》，合撰，《暨南史学》（第 5 辑），暨南大学出版社 2007 年版。

139. 《深切怀念宋晞（旭轩）先生》，《宋旭轩教授纪念集》，台北华泰印刷有限公司 2008 年版，又载《宋史研究通讯》2008 年第 1 期。

140. 《南宋"四蜀"考》，合撰，《中国历史地理论丛》2008 年第 1 期。

141. 《关于宋代人口政策的若干问题》，合撰，《江汉论坛》2008 年第 2 期。

142. 《"民本"思想解析》，合撰，《湖北社会科学》2008 年第 5 期。

143. 《杨业之死发覆》，《史学月刊》2008 年第 5 期。

144. 《关于〈宣和乙巳奉使录〉的书名与作者问题》，《史学集刊》

2008 年第 3 期。

145. 《"铁面御史"赵抃生平考述》，合撰，《暨南学报》2008 年第 5 期。

146. 《宋代兵制改革及其特点》，《河北学刊》2008 年第 5 期。

147. 《寇准的宦历、性格及思想》，合撰，《邓广铭教授百年诞辰纪念论文集》，中华书局 2008 年版。

148. 《台湾电视连续剧〈包青天〉杂谈（十六则）》（笔名昆仑客），《宋代人物论稿》，上海人民出版社 2009 年版。

149. 《沈括：中国十一世纪伟大的科学家——沈括逝世八百九十周年祭》，《宋代人物论稿》，上海人民出版社 2009 年版。

150. 《南汉与安南交往考》，合撰，《东南亚研究》2009 年第 1 期。

151. 《铁面御史赵抃研究》，合撰，《徐规先生九十诞辰纪念文集》，浙江大学出版社 2009 年版。

152. 《周梦江先生与永嘉学派研究——读周著四部书》，《宋史研究论丛》2009 年第 1 期。

153. 《1949 年以来有关南汉的考古与研究成果》，合撰，《中国史研究动态》2009 年第 2 期。

154. 《南宋宰相留正的家世与生平》，合撰，《国际社会科学杂志（中文版）》2009 年第 3 期。

155. 《金朝"南人"胡化考略》，合撰，《史学集刊》2009 年第 4 期。

156. 《曾布奸臣论辩析——立足于北宋中后期党争的考察》，合撰，《暨南学报》2009 年第 6 期。

157. 《南宋江南民力涵养论始末》，合撰，《中州学刊》2010 年第 1 期。

158. 《南宋中兴的历史分析》，合撰，《浙江学刊》2010 年第 2 期。

159. 《"义利之辨"与北宋新旧党的对立》，合撰，《中州学刊》2010 年第 3 期。

160. 《辽道宗"愿后世生中国"诸说考辩》，合撰，《文史哲》2010 年第 5 期。

161. 《二十世纪以来香港地区宋史研究概述》，《中国史研究动态》

2010 年第 8 期。

162. 《有关宋理宗两个问题的考察》，合撰，《商丘师范学院学报》
2011 年第 5 期。

163. 《杨亿与钱若水交游考》，合撰，《商丘师范学院学报》2012 年
第 2 期。

164. 《二十世纪以来中国宋史研究回顾与展望》，合撰，《中国史研
究动态》2012 年第 4 期。

165. 《"失败者"的历史：陈桥兵变新探》，合撰，《南昌大学学报》
2012 年第 5 期。

166. 《留正与光宗朝前期政局》，合撰，《第二届海峡两岸"宋代社
会文化"学术研讨会论文集》，台北中国文化大学 2012 年版。

167. 《陶懋炳著〈五代史略〉引文正误》，合撰，《徽音永著（徐规
教授纪念文集)》，华东师范大学出版社 2012 年版。

168. 《留正与光宗朝后期政局》，合撰，《南宋史及南宋都城临安研
究》，人民出版社 2012 年版。

169. 《南宋状元王十朋简论》，《王十朋诞辰九百周年全国学术研讨
会论文集》，北京线装书局 2012 年版。

170. 《南宋史籍〈中兴大事记讲义〉的发现及其价值》，《文献》
2013 年第 3 期。

171. 《走出神秘主义 迈向科学殿堂——近百年中国命理学研究述
评》，合撰，《甘肃社会科学》2013 年第 5 期。

172. 《20 世纪中国宋史研究的岭南三杰》，《陈乐素先生诞生百一十
周年纪念文集》，齐鲁书社 2014 年版。

173. 《张齐贤年谱》，合撰，《历史文献与传统文化》（第 18 辑），齐
鲁书社 2014 年版。

174. 《方大琮年谱（上）》，合撰，《历史文献与传统文化》（第 19
辑），暨南大学出版社 2014 年版。

175. 《方大琮年谱（下）》，合撰，《历史文献与传统文化》（第 20
辑），暨南大学出版社 2015 年版。

176. 《〈全宋文〉所收田况奏议三误》，《中国典籍与文化》2015 年
第 2 期。

177. 《杨沂中诱捕岳飞史实祛疑》，合撰，《中国史研究》2015 年第
　　　4 期。
178. 《宋太宗朝宰执集团研究——以年龄为中心的考察》，合撰，
　　　《河北大学学报》2016 年第 4 期。
179. 《科举制度的骄子——宋代贤相王曾》，《程应镠先生百年诞辰
　　　纪念文集》，上海古籍出版社 2016 年版。

最后的印记　永远的别离

——忆先师张其凡教授

（代后记）

　　先生走了，永远地离开了我们——没有任何预感和征兆，也没有只言片语的遗嘱，却留下了数部还来不及校对、编订、整理的遗著，这部题名为《五代宋史论集》的著作即为其中之一。

　　先生的太快太早离去，无疑是一个天大的意外！超出了所有牵挂者的想象！起初的胃溃疡，与住院期间莫名其妙感染上的败血症，这两种在今天看来绝非重症的疾病，在折磨了入院治疗 19 天的先生后，最终还是暴露出极端凶残的本性，对弥留之际的先生实施了最为沉重的一击——2016 年 11 月 24 日 22 时 45 分，先生强而有力的心脏，尽管经过一轮长达半小时的抢救后曾短暂复苏，但终究还是在此刻骤然地停止了最后一次的搏动，先生 68 岁的生命随之画上了永久的休止符！无尽的哀伤和悲痛，瞬间在亲人、朋友和弟子之间弥漫开来，经久不散！

　　两个多月之后，再次手捧先生生前选定篇目，由哲嗣张睿师弟编定的这部书稿，那种无法言说的极度痛苦，又立即占据了整个身心，仍令我悲恸不已。平常灵巧的手指，也全然不听使唤，乃至根本无法在无比熟悉的键盘上，敲出哪怕任何一行连贯的语句。然而，视学术为生命的先生，一生守信，言出必行，由于出版合同业已签订，交稿时间迫在眉睫，所以，即便有无数个无法静下心来写作这篇文字的理由，我却不能不强抑悲伤，重新捡拾起曾经几度放弃过的勇气，在依旧寒气入骨的初春，为这部遗著配上最后一个部件，以使先生的在天之灵为之安心。

本书收录的是先生生前近年的作品，论题选定在五代史和宋代史的范围内。其内容和价值究竟如何，相信忠实细心的读者诸君阅读后自有评价。而作为先生入室弟子的笔者，则既不便也无资格涉及相关话题的讨论。我倒是更愿意借此机会，回忆过去的一年中，先生留给我的印记，以寄托沉痛的哀思。

　　自 2014 年 6 月退休之后，先生近年来一直饱受频繁发作的痛风的困扰，2016 年的四五月份，病症又陡然加剧，严重影响了先生的生活起居，乃至步行都极为艰难，下楼更是成为一种奢望。而现代医学，目前对于这种疾病尚且缺乏有效的根治手段，药物的疗效也相当有限，加之对口就诊的医院，仅仅开具作用几乎完全可以忽略不计的常规药品，因而，为避免排队、挂号、缴费、问诊、取药等诸多麻烦，减少医护人员冷脸恶语相向而引起的不快，先生宁愿经常去药店购药，也很少前往离家即便步行也顶多不过 20 分钟路程的医院，更不要说是进行专门的检查和住院治疗。可以想见的是，在这种被迫的消极态度的主导下，先生的病情又怎么可能得到缓解呢？

　　由于工作单位在武汉，这些年事情太多且繁杂，平时的我与先生联系不多，一两个月才与先生通一次电话，问候一声，有事则长，无事则短，长则一两个小时，短则三五分钟。获悉上述情况后，我在电话中劝先生住院观察。先生却轻描淡写地说，身体还好，病情不算严重，完全没有必要去医院；即便住进医院，也不可能有好的控制办法，而且生活上还有诸多不便，反而不如待在家里舒服自在。实际上，当时的病情远比先生所说的严重，电话中的故作轻松，只不过是为避免我们担心而做出的掩饰而已。想到 8 月中下旬之间将在中山大学召开第 17 届宋史年会，届时有机会拜见先生，所以那时的我并未多想。而自那次通话后直到 8 月中旬，我再未联系先生。甚至每年在 8 月 13 日先生生日当天照例发出的祝福短信，也因疏忽而遗忘，哪里料到这竟是先生生前的最后一个生日！

　　8 月 19 日，是宋史年会的报到时间。当天下午，走出广州南火车站，坐上出租车，我第一时间拨通了先生家中的座机电话，提出17：00 左右登门拜访的请求。接通后，电话那头仅仅传来"不用"两个字，便随即挂断，先生直截了当地一口回绝了我。明显听得出来，先生情绪不高，甚至可以用冷淡二字来形容。因事先就有同门专门提醒，痛风发作后，先生一律谢绝了所有希望上门看望的学生，并特别强调谁也别来。这种没有任何解释，却又拒人于千里之外的不近人情，与先生一贯的好客热情，判若两人。后来才知道，不只是学生，先生同样断然推掉了参加本次年会的宋史学界诸多外地老友探望的预约。先生是典型的直脾气，火气说来就来，既然有言在先，对先生素来敬畏的师兄弟们，自然不敢顶风而上。正因如此，所以我并未对这次通话的结果感到意外。不过，先生的禁令和阻拦，丝毫不曾动摇我的初衷，我早就下定决心，这次到广州的当天，无论如何一定要拜见先生，哪怕是被骂着赶出门来，也在所不惜。因为这次参加年会，本身我就是抱着看望先生的目的而来。

办理完与会报到的手续，等我赶到先生长住的暨南花园骏雅阁19C号，时针刚刚划过17：00。而一路上多少有些发怵的心理，在走出电梯看到先生的家门阒然大开的那一刻，迅速复归平静，我明白，先生是在等我！迈入家门，坐在略显陈旧的木质沙发上的先生并未起身，只是淡淡地招呼我坐下。在先生身边坐定之后，借着昏暗的光线，我才发现，一年多未见，先生憔悴苍老了许多，气色大不如前，精神状况也不是太好，不由得人心中隐隐发疼。话题自然也就从先生的病情开始。据先生介绍，痛风的部位以前集中于左手的某些关节，对于生活起居并无大碍，从上半年开始，除左手的手指仍然僵硬外，又逐渐下移，并在不同的关节间停留，从左膝关节到脚趾，再到右腿的膝、指关节，轮流游走了一遍。目前，主要在左腿上，关节基本无法弯曲和伸展，即使勉强站起来步行，也只能一步步往前挪，完全不能抬腿和自如地迈步，行动确实不便，故而已经有好长时间没有下过楼了。先生又将仍然肿胀疼痛的关节部位，一一指给我看。我忍不住用手指轻轻触摸那红肿突起的关节，双眼也似乎变得模糊起来，但依然分明能察觉那红肿得只剩下薄薄一层的皮肤发出的刺眼的亮光。真不知道痛风让先生吃了多少苦头，否则先生的情绪断不至于如此低落！

先生是性情中人，一向讲义气，重交情，人缘极好，也非常看重宋史年会的活动，曾将两年一届的年会形象地比喻为学术"派对"，认为是与平常难得一见的友人相聚的大好机会，故而此前的每届年会都参加，从第一届到第十六届，届届如此，从未缺席过一次。可是对于这次在家门口召开的年会，虽然早就已经提交了论文，先生却明确表态不能参加。先生的说法是，这么多年好不容易在广州召开了一次年会，好歹算得上是半个东道主，于情于理都应该出席，无奈腿脚确实不便。即使到会，也无法前往会场，只能终日坐在宾馆的房间里，还需要有人跑前跑后照顾饮食，那些朋友又肯定会来所住的客房叙旧。如此一来，显然会被不明真相的人误以为是在摆架子，仿佛是专门等人来看望一样。与其这样，索性不如不去。话虽说得轻松，但言语之中还是能使人真切地感受到先生的千般不舍和万般不愿。客观来看，先生放弃参会的理由，无疑足够令人信服，但私心以为，并不仅限于此，还有更深层次的原因，那就是生性好强、硬气不服输的性格，使先生不希望别人看到自己被疾病折磨后的萎靡状态，不然的话，又如何能解释得通先生之前会将所有人拒之门外呢？

聊完病情，先生的心情慢慢有所好转，在详细询问我最近的工作和研究情况后，先生语重心长地叮嘱我，除上好课外，接下来的两三年间还需要将更多的时间集中到学问上，如果到了五十岁，还不能解决正高问题，恐怕无论如何也说不过去。而要实现这个目标，研究的方向务必更加明确单一，与宋代史无关的文章尽量不要写，只有单纯数量叠加意义的论文，也大可不必浪费时间，目前应当集中精力撰写几篇像样的文章，为评职称作准备，这才是当务之急啊。先生所言，饱含希望和要求，也是鞭策和督促，更是针对个人现状和发展提出的切中肯綮的忠告，其间含蕴的殷切情怀，令人永生难忘！

当天的谈话持续了一个多小时。由于个人晚间18：30还另有安排，先生因身体的缘故又不肯与我一同前往，同我进行沟通的电话又多次不合时宜地打断谈话，所以在向先生禀报后，我几次欲起身告辞，不料正在兴头上的先生，却一再示意我坐下，表示还有好些话要说，其中既包括他手头正在做的研究，也有其他学生的前途和去向问题。囿于时间的关系，先生仅仅将以上内容说了个大概。也许最后实在是被接二连三打给我的电话，搅得兴味索然，先生不得不黯然打住话头，轻轻说了一声：你去吧。辞别先生，走到楼下，早已是日影西沉，暮色四合了。可是，令我绝未料到的是，这竟然是先生生前与我的最后一次长时间单独的面对面交流！他当时一定还有好多话，还来不及讲，却被我紧凑的日程安排硬生生给堵住了。先生的惋惜和惆怅，我已经无法想象，但如果时间可以重来，那一天的安排无论如何重要，都是能够也必须让位于与先生的这次谈话的。可是，历史不容假设，人生也没有复盘的可能，与先生的促膝长谈，注定此生永远不会再有！

先生果然没有能在会议期间露面。而我作为不速之客贸然造访先生的举动，当天就在同门师兄弟与先生的好友间迅速扩散，因为它已经在相当程度上意味着，先生拒不见人的态度有所松动。这也就为21日会议的最后一天，我们与先生共聚晚餐打开了口子。那次聚餐，由一位同门师姐组织，在征得先生同意后，将地点选在了离先生家不远的，位于国防大厦内的一家称为"兰州味道"的餐馆，参加者包括先生在内一共有十几位。当天晚上，大家坐了满满一大桌。席间的气氛相当融洽，话题也未更多地停留在先生的病情上。先生话不多，在以茶代酒逐个举杯敬了在座的每个人之后，就只是静静地坐着，默默地听着。这是先生最后一次与笔者同席而刻在脑海中的印记。

时间飞逝，由于当晚还有几位老友与先生相约在家中见面，大约21：00，先生向在座的各位说明情况后就先行告退了。一位师弟和我，不约而同地起身护送先生。一路上，我用左手一直握着先生的右手，也由此更能感觉到先生迈步的艰难与不易。先生每一次的向前抬腿，似乎都极费气力，尤其是过马路，从人行道下至仅有一级台阶高低的路面时，先生的右手则将我攥得更紧，唯有如此，才能维持身体的平衡。而从路面上至人行道，包括迈台阶，无疑更是费劲，在我们的左右搀扶下，先生的每一步都需要将硕大的身躯，或左或右倾斜才能成功，难度可想而知。尽管在行进的途中，我们刻意放慢脚步，将平常只需10分钟不到的路程，延长至20多分钟，但对于先生而言，显然还是太快，以至于能清晰地听到先生粗重的喘息之声。应该说，这远远算不上一次贴心的陪护，却也是终生再也无法弥补的一次陪护！

从广州返回武汉后，直到10月13日，我为得到一位与先生极为熟悉的宋史学者的电话号码，才又一次与先生联系。先生立即将翻查到的号码，在没有挂断电话的情况下告诉给我。另外，先生又说到，暨南大学古籍所正在组织本单位的老师出版文集，他本人也有一本（即《五代宋史论集》），该书拟将与我合作撰写、发表的一篇文章收入其中，希望我能将正式文稿的电子版发至他的邮箱。这次通话，未再涉及其他内容，故而时间极短，大约只有两三分钟。先生的指示，当晚我就照办了。这是我与先生最后的一次电话交流，也是我最后一次给先生发送电子邮件！

再次知道先生的消息，已经是整整一个月后了。11月12日，时值周六，深夜临睡之前，一位同门打电话告诉我，先生住院已达一周之久，如果不是一位师姐的亲戚，恰巧当天下午在医院偶然遇到邱师母，打听到这个情况，估计消息还会隐瞒更久，但具体的病情还不太清楚。经历了整整一个晚上的提心吊胆之后，第二天一大早，我试图与在南方日报社工作的金强师兄通话，以获悉先生的详情，接听电话的却是其夫人王丽娟女士。原来他一早就去了医院，手机却忘了带在身边。我请她转告金师兄，回家后记得第一时间一定联系我，并告知所了解到的先生患病的具体情形。

等待的煎熬一直延续至下午三点多钟，手机清脆的电话铃声才突然响起，电话那头，未及开口，金师兄便已泣不成声。在断断续续的通话中，我大致清楚了相关情况：11月6日早上起床，先生因胃溃疡大出血而晕倒在卫生间，师母发现后才被送至医院，鉴于当天的失血量过大，先生被直接转入重症监护室进行抢救。两天之后，转出至普通病房。但住院数日，出血的情况仍未得到控制。因为胃部溃疡面积较大，治疗期间接连几天粒米未进，全靠输液提供营养，先生的好胃口应该是实在被憋坏了，因而当天早上先生特别想吃点东西，表示哪怕是喝上几口稀饭也行。师母拗不过，只好给先生喂了小半碗米汤。谁知不到一会儿，先生就全部给吐了出来，并伴有将近半脸盆的血水。先生当天的大便也带血，整个便池全都泡在殷红的鲜血当中，看起来极其刺眼。总体来说，先生的身体状况极为糟糕。由于担心先生病情恶化，发生不测，过于伤感的金师兄在电话中数次哽咽，最后竟然完全说不出话来，也不愿再说，乃至匆匆挂断了电话。

下午六点多钟，我再次打电话给金师兄，他的心情稍稍平静下来。我也进一步了解到，先生溃疡部位的活检结果，最早下周一（11月14日）才能出来，有可能还会稍晚一些。先生目前说话很吃力，声音极为微弱，说上几句，就会不停地咳嗽，甚至会喷出一大口鲜血，触目惊心！本来我打算乘坐当天晚间的火车，于第二天上午至医院探望先生的，他劝我缓缓，毕竟先生不方便说话，等过几天情况稍好，再到广州也不迟。想想这番话也在理，于是我就打消了南下的念头。

　　因挂念先生而悬着的心，终究没有办法落下来，次日上午十点上完课，我又与师母通过一次电话，并希望动身前往广州看看先生。师母当即予以制止，给出的说法与金师兄相同，虽说先生意识正常，但难于讲话，情绪激动之后，难免又要咯血，不妨等病情好转再来。我赶赴广州的想法因此而再度取消，却也因此错过了看到清醒状态下的先生最后一面的机会！

　　接下来的两天，陆陆续续传来的有关先生病情的消息，令人喜忧参半。值得庆幸的是，尽管胃部溃疡面积较大，但并未发生癌变，病症仍然应该在可以控制的范围内；不容乐观的是，先生住院期间输液的创口发生红肿，系因感染败血症而至，并开始持续发热发烧，至于败血症因何而起，医院也没有弄明白。客观而论，在现代医疗技术高度发展的今天，单纯的胃溃疡与败血症，根本就不是绝症，如果治疗及时，绝对不可能危及患者的性命。可是，后来先生的病情，却偏偏朝着最坏的方向急剧发展，完全出乎所有人的意料之外。由此，我再一次深深地体会到，善良的愿望，有时真的不足以换来理想的结局，甚至还往往会被愚弄和利用！而就在我们暗暗为先生祈祷的同时，无法接受的最悲情的结果，却正在以再难阻遏之势掩袭而至！

　　从17日白天开始，先生的身体状况急转直下，意识时而模糊，时而清醒，语无伦次，听者不知所云，甚至连师母都无法听明白。直到18日下午六点多钟，意识略有恢复的先生，在与师母谈话的过程中，脑袋突然向旁一歪，不再出声，心跳、呼吸骤停！师母见状，惊恐不已，一边赶紧大声呼喊医护人员前来急救，一边哭喊着先生的名字，并使用全身力气，用双手一起一落地按压先生的胸膛。在师母及时有效的帮助下，十几秒之后，先生的心脏又有了微弱的跳动，但双眼已经无法睁开，也永远地闭上了！当晚八点多钟，先生第二次被送入重症监护室，生前就再也没能从里面离开！这里也是我见先生最后一面的地方！

20日上午，抵达广州后，我心急火燎地赶往先生入住的医院，希望能在规定的探视时间进入病房亲眼看看病重的先生。11：10，穿着医院的防护服，戴着口罩，我平生第一次走进了ICU病房。笼罩在整个房间的沉重气氛，简直能令人窒息，我的心也犹如掉进了冰窖。来到先生病床前，眼前的一幕，更是让我心如刀割。先生面色蜡黄，双目紧闭，额头上缠着一层又一层的纱布，面部被呼吸罩遮住大半，身上插满了数不清的管子，病床两旁摆满了各种机器和仪器，守在先生身旁的师母，趴在先生身上，正撕心裂肺地一遍遍哭喊着先生的名字，尝试着唤醒先生。我竭力控制不让早已浸满眼眶的泪水滑落下来，用蒙着一层薄雾似的双眼，凝重地注视着先生，默默地、静静地注视着，没说一句话，只是用双手轻轻地将先生裸露在外的冰冷的右手和右脚，小心翼翼地挪向被子里面。而在全程20分钟的过程中，处于深度昏迷状态下的先生，一动不动，没有丝毫的知觉上的反应。医院指定的探视时间很快结束，在医护人员的再三催促下，怀着极度抑郁的心情，我悄悄地退出了病房，将先生孤独地留在了病床上，永远地躺在那里！

21日下午，已经返汉的我得知，为强化先生的凝血功能，在广州的同门正在通过各种方式，呼吁学生和社会各界人士，为先生自愿输献A型血，以便每天提取一个至两个单位的血小板，然后注入先生血管内。而一切似乎冥冥中早已注定，在众多的志愿者中，当天唯一一个通过体检为先生献血的，竟然是暨南大学古籍所2016级中国古代史专业的一位硕士生，也是我在湖北大学历史专业的本科学生赵启佳同学，并且这位同学与先生生前尚无一面之缘。然而，三代人之间的师生情分，居然通过献血这样一种奇特的方式而得以传承！而今想来，仍不免觉得有些怪异，命运有时的确有些让人捉摸不透。

隔了一天之后的23日，先生的病情似乎又有好转的迹象，据说自主呼吸的能力稍有恢复，心跳和血压也有逐渐趋于正常的征兆，我们紧绷多日的神经终于稍稍松弛下来，甚至乐观地认为，凭借坚韧的意志和顽强的生命力，先生已经成功地击退了病魔最为凶狠的进攻，挺过了难关，未来几天，病情应该会朝好的方面转化。可惜的是，我们再次出现了误判，距离与先生告别的时间已经越来越近！

11月24日，在这个永生都不敢面对，又终生不能忘记的日子，先生走过属于自己68岁人生的最后一天，终究永远地沉沉睡去，再也没有可能醒来！

噩耗传来，泪飞如雨，一夜无眠。第二天一大早，我又一次登上列车，前往广州，送别先生。当天晚上，与白效咏师兄一道守灵，其间我曾经一次又一次长时间地伫立在灵桌前，久久地凝神注视着先生的遗像，脑海中则清晰地浮现出前前后后15年来与先生相处的一幕又一幕，先生的言谈举止和音容笑貌，都是如此的真切，一切都历历在目，恍如昨日！虽然眼前镜框中的先生，眉宇间仍然透露着豪爽、自信和乐观，厚重镜片下明亮的眼光依然那样的慈祥、坚定和执着，但他们注定已经永远凝固在某一个属于先生的时间节点上，却再也没有重现的可能！与先生的别离，已然无法回避！

先生走了，匆匆忙忙孑然地走了！真心希望在那遥远的地方，依然有挚爱的学术和志同道合的朋友，永久与先生做伴！也真心愿意那一方净土，能给予铮铮铁骨的正直者以理解和接纳，能给予与人为善的质朴心灵以尊重和欣赏！

世界上最遥远的距离，并不是天之南，地之北，而是从人心到人心；世界上最接近的距离，也并不在相依的嘴唇和牙齿之间，还是从人心到人心。所以，尽管先生真的走了，与我阴阳两隔，远过万水千山，但先生那颗已经深深嵌入我体内的"心"，依然生机勃勃，活力无限，并且将永远地坚毅地活着！

权以此作为后记，深切缅怀先师！愿天国之中，永远没有疾病和痛苦，只有您倾心的学术和朋友、正直与善良！

曾育荣

2017年2月13日识于武汉青山雅苑